GRUNDRISSE DES RECHTS

Brox/Henssler · Handelsrecht

Handelsrecht

mit Grundzügen des Wertpapierrechts

Begründet von
Dr. Hans Brox †
Bundesverfassungsrichter a. D.
em. o. Professor an der Universität Münster

seit der 19. Auflage fortgeführt von
Dr. Martin Henssler
o. Professor an der Universität zu Köln

22., neu bearbeitete Auflage 2016

Bis zur 18. Auflage erschien das Werk unter dem Titel
„Handels- und Wertpapierrecht"

www.beck.de

ISBN 978 3 406 67473 0

© 2016 Verlag C. H. Beck oHG
Wilhelmstraße 9, 80801 München
Druck und Bindung: Druckerei C. H. Beck, Nördlingen
(Adresse wie Verlag)

Satz: Thomas Schäfer, www.schaefer-buchsatz.de
Umschlaggestaltung: Druckerei C. H. Beck, Nördlingen

Gedruckt auf säurefreiem, alterungsbeständigem Papier
(hergestellt aus chlorfrei gebleichtem Zellstoff)

Vorwort zur 22. Auflage

Hans Brox, der große Rechtswissenschaftler und Pädagoge, der die Ausbildung vieler junger Juristen in den letzten 30 Jahren durch seine Lehrbücher geprägt hat, hat die Neuauflage dieses Grundrisses seit der 19. Auflage in meine Hände gegeben. Die nunmehr 22. Auflage führt den bewährten didaktischen Ansatz fort und legt besonderes Gewicht auf die ausbildungsgerechte Aufbereitung der aktuellen Entwicklungen. In der aktuellen Neuauflage ist dieser didaktische Ansatz durch die Aufnahme von Übersichten noch einmal gestärkt worden. Die geänderte Examensrelevanz der verschiedenen Bereiche des Handels- und Wertpapierrechts hat innerhalb des Lehrbuchs zu einer klaren Verschiebung der Schwerpunkte geführt. Deutlich gekürzt worden ist das Wertpapierrecht, insbesondere das Wechsel- und Scheckrecht, das nicht mehr zum Prüfungsgegenstand im 1. Juristischen Staatsexamen zählt. Aufgenommen wurden stattdessen examensrelevante Grundlagen des Rechts der Kreditkarte und der ec-Karte, die als Formen des bargeldlosen Zahlungsverkehrs den Scheck nahezu vollständig ersetzt haben. Gesetzgebung, Rechtsprechung und Schrifttum sind bis Oktober 2015 berücksichtigt.

Bei der Neubearbeitung haben mich meine wissenschaftlichen Mitarbeiter am Institut für Arbeits- und Wirtschaftsrecht, Frau gepr. Rechtskandidatin Ines Holz, Frau Ass. jur. Franziska Trottmann, Herr Rechtsreferendar David Markworth und Herr Ass. jur. Kai Oliver Ulmer, mit bewährter Tatkraft und Zuverlässigkeit unterstützt. Hierfür sei Ihnen allen herzlich gedankt.

Ich wünsche allen Lesern eine ertragreiche Lektüre und freue mich über jede Anregung zur Verbesserung.

Köln, im November 2015 *Martin Henssler*

Aus dem Vorwort zur ersten Auflage (1978)

Dieses Buch soll eine Hilfe für Studenten der Rechts- und Wirtschaftswissenschaften bei der Einarbeitung und Wiederholung sein. Dabei werden Grundkenntnisse des Bürgerlichen Rechts vorausgesetzt und schwerpunktmäßig die Fragen behandelt, die examensmäßig bedeutsam sind.

Der Zweck des Buches wird nur dann erreicht, wenn der Leser die Gesetzesbestimmungen nachliest und die jeweils vorangestellten Fälle zu lösen versucht.

Inhaltsverzeichnis

Abkürzungsverzeichnis XIII
Literaturverzeichnis XIX

A. Handelsrecht

§ 1. Einführung in das Handelsrecht 1
    I. Begriff 1
    II. Bedeutung 4
    III. Rechtsgrundlagen 6
    IV. Übersicht über handelsrechtliche Abweichungen vom BGB   11
    V. Schrifttum 12

I. Teil. Handelsstand

Erster Abschnitt. Der Kaufmann 14

§ 2. Die Kaufmannseigenschaft 14
    I. Betrieb eines Handelsgewerbes 15
    II. Istkaufmann (§ 1 I, II) und Kannkaufmann (§§ 2, 3 II) ... 20

§ 3. Handelsgesellschaften und ihre Gesellschafter als Kaufleute
    (§ 6) 23
    I. Kapitalgesellschaften 24
    II. Personenhandelsgesellschaften 25
    III. Sonderformen 29

§ 4. Kaufmann kraft Eintragung und Scheinkaufmann 29
    I. Kaufmann kraft Eintragung (§ 5) 29
    II. Scheinkaufmann 32

Zweiter Abschnitt. Das Handelsregister 36

§ 5. Das Handelsregister und das formelle Registerrecht 36
    I. Begriff und Bedeutung 37
    II. Formelles Handelsregisterrecht 39

§ 6. Die Publizitätswirkungen des Handelsregisters 42
    I. Schutz Dritter bei Nichteintragung oder Nichtbekanntmachung einzutragender Tatsachen (§ 15 I) 43
    II. Schutz bei richtiger Eintragung und Bekanntmachung
    (§ 15 II) 49
    III. Schutz Dritter bei falscher Bekanntmachung (§ 15 III) ... 53

Dritter Abschnitt. Die Handelsfirma und das Handelsunternehmen — 60

§ 7. Die Handelsfirma — 60
  I. Begriff und Abgrenzung — 61
  II. Grundsätze des Firmenrechts — 63
  III. Firmenschutz — 69

§ 8. Das Handelsunternehmen — 71
  I. Begriff — 72
  II. Niederlassungen des Unternehmens — 73
  III. Unternehmenserwerb unter Lebenden (§ 25) — 75
  IV. Eintritt in das Unternehmen eines Einzelkaufmanns (§ 28) — 85
  V. Unternehmenserwerb von Todes wegen (§ 27) — 89

Vierter Abschnitt. Die handelsrechtliche Rechnungslegung — 93

§ 9. Die handelsrechtliche Rechnungslegung — 93
  I. Grundlagen — 93
  II. Inhalt der handelsrechtlichen Rechnungslegungspflichten — 95
  III. Die Grundsätze der handelsrechtlichen Rechnungslegung — 104
  IV. Verpflichtete und Folgen der Pflichtverletzungen — 106
  V. Handelsbücher im Rechtsstreit — 107

Fünfter Abschnitt. Die Prokura und die Handlungsvollmacht — 109

§ 10. Die Prokura (§§ 48 ff.) — 109
  I. Bedeutung der Prokura — 109
  II. Erteilung der Prokura — 110
  III. Umfang und Grenzen der Prokura — 112
  IV. Gesamt- und Filialprokura — 115
  V. Erlöschen der Prokura — 116

§ 11. Die Handlungsvollmacht (§ 54) — 120
  I. Bedeutung der Handlungsvollmacht — 121
  II. Erteilung der Handlungsvollmacht — 122
  III. Umfang und Grenzen der Handlungsvollmacht — 123
  IV. Erlöschen der Handlungsvollmacht — 125
  V. Die Handlungsvollmacht von Hilfspersonen im Außendienst (§ 55) — 126

§ 12. Die Ladenvollmacht (§ 56) — 129
  I. Bedeutung — 129
  II. Voraussetzungen — 130
  III. Folgen — 132

Sechster Abschnitt. Der Handelsvertreter und der Handelsmakler 132

§ 13. Der Handelsvertreter 132
   I. Begriff, Abgrenzung und Arten 133
   II. Innenverhältnis zum Unternehmer 140
   III. Außenverhältnis zum Kunden 145
   IV. Beendigung des Vertragsverhältnisses 145

§ 14. Der Handelsmakler 151
   I. Begriff und Abgrenzung 151
   II. Rechte und Pflichten des Handelsmaklers 153

II. Teil. Handelsgeschäfte

Erster Abschnitt. Allgemeine Vorschriften 157

§ 15. Begriff, Arten und Zustandekommen der Handelsgeschäfte ... 157
   I. Begriff 158
   II. Arten 161
   III. Zustandekommen des Handelsgeschäfts durch Schweigen 162

§ 16. Der Eigentums- und Pfandrechtserwerb (§ 366) 173
   I. Eigentumserwerb 174
   II. Pfandrechtserwerb 179

§ 17. Das kaufmännische Zurückbehaltungsrecht (§§ 369 ff.) 181
   I. Bedeutung 182
   II. Voraussetzungen und Ausschluss 183
   III. Wirkungen 186
   IV. Erlöschen 188

§ 18. Das Kontokorrent (§§ 355 ff.) 189
   I. Bedeutung und Begriff 189
   II. Voraussetzungen 191
   III. Wirkungen 193
   IV. Sicherheiten und Pfändung 196
   V. Beendigung 198

§ 19. Weitere Besonderheiten beim Handelsgeschäft 199
   I. Erfüllung von Handelsgeschäften 200
   II. Entgeltlichkeit der Leistung des Kaufmanns 201
   III. Kaufmännische Sorgfaltspflicht (§ 347) 202
   IV. Unwirksamkeit des Abtretungsverbots (§ 354a) 203
   V. Vertragsstrafe des Kaufmanns (§ 348) 206
   VI. Bürgschaft des Kaufmanns (§ 349 f.) 207

Zweiter Abschnitt. Der Handelskauf 209

§ 20. Verzögerungen beim Handelskauf 210
    I. Besondere Folgen des Annahmeverzugs des Käufers
       (§§ 373 f.) 210
    II. Bestimmungskauf (§ 375) 215
    III. Fixhandelskauf (§ 376) 216

§ 21. Besonderheiten der Mängelhaftung beim Handelskauf
(§§ 377 f.) 219
    I. Bedeutung des § 377 219
    II. Voraussetzungen der Rügelast 220
    III. Ordnungsmäßigkeit der Rüge 225
    IV. Rechtsfolgen bei ordnungsgemäßer Rüge 228
    V. Rechtsfolgen bei nicht ordnungsgemäßer Rüge 229
    VI. Aufbewahrungspflicht und Notverkaufsrecht
        des Käufers 231

§ 22. Grundzüge des internationalen Handelskaufs 233
    I. Incoterms 233
    II. UN-Kaufrecht 234

Dritter Abschnitt. Die sonstigen Handelsgeschäfte 237

§ 23. Das Kommissionsgeschäft (§§ 383 ff.) 237
    I. Begriff und Abgrenzung 237
    II. Kommissionsvertrag 239
    III. Ausführungsgeschäft 243

§ 24. Das Frachtgeschäft 247
    I. Begriff, Rechtsverhältnisse und Urkunden 247
    II. Frachtvertrag 249

§ 25. Das Speditionsgeschäft (§§ 453 ff.) 252
    I. Begriff und Rechtsverhältnisse 252
    II. Speditionsvertrag 254

§ 26. Das Lagergeschäft (§§ 467 ff.) 257
    I. Begriff, Arten und Urkunden 257
    II. Lagervertrag 258

III. Teil. Handelsrechtliches Gutachten

§ 27. Das Gutachten zu einem Handelsrechtsfall 261
    I. Übereinstimmung mit der Lösung bürgerlich-rechtlicher
       Fälle 261
    II. Besonderheiten bei der Lösung handelsrechtlicher Fälle 262

B. Grundzüge des Wertpapierrechts

Erster Abschnitt. Grundlagen des Wertpapierrechts 267

§ 28. Funktionen, Begriff und wirtschaftliche Bedeutung der Wertpapiere 268
  I. Funktionen 268
  II. Begriff 271
  III. Wirtschaftliche Bedeutung 274
  IV. Anhang. Schrifttum zum Wertpapierrecht 276

§ 29. Arten der Wertpapiere 277
  I. Inhaberpapiere 277
  II. Orderpapiere 278
  III. Rektapapiere 283
  IV. Überblick 285

§ 30. Die Entstehung der Wertpapiere 286
  I. Wertpapiertheorien 286
  II. Übersicht über die Wertpapiertheorien 290

Zweiter Abschnitt. Wechsel- und Scheckrecht; Recht der kartengestützten Zahlungssysteme 291

§ 31. Der Wechsel: Begriff, Funktion und Formstrenge 291
  I. Das Wechselrechtsverhältnis 291
  II. Bedeutung des Akzepts 292
  III. Funktion 293
  IV. Formelle Wechselstrenge 293

§ 32. Die Übertragung des Wechsels 296
  I. Übertragung der Wechselforderung durch Zession 296
  II. Übertragung durch Indossament 297
  III. Wirkungen der Übertragung durch Indossament 297

§ 33. Erfüllung durch den Bezogenen und Wechselrückgriff 299
  I. Erfüllung durch den Bezogenen 299
  II. Voraussetzungen der Wechselhaftung 300
  III. Rechtsfolgen 301
  IV. Einwendungen des Wechselschuldners 301

§ 34. Der Scheck 302
  I. Bedeutung 302
  II. Vergleich von Scheck und Wechsel 303
  III. Entstehung 305

IV. Übertragung ... 306
V. Einlösung ... 307
VI. Rückgriff ... 309

Dritter Abschnitt. Kreditkarten und Zahlungskarten/Debitkarten 310

§ 35. Das Recht der Kreditkarte ... 311
I. Grundlagen ... 311
II. Die Vertragsbeziehungen im Einzelnen ... 314

§ 36. Bargeldlose Zahlung an automatisierten Kassen mit Zahlungsgarantie ... 317
I. Die Vertragsbeziehungen im *electronic cash*-System ... 318
II. Die Durchführung des *electronic cash*-Verfahrens ... 319
III. Das *clearing*-Verfahren ... 319
IV. Haftung ... 320
V. Elektronisches Lastschriftverfahren ... 320

Vierter Abschnitt. Die Wertpapiere des BGB und des HGB ... 321

§ 37. Die Anweisung ... 321
I. Begriff, Entstehung und Rechtsverhältnisse ... 322
II. Wirkungen ... 323
III. Übertragung ... 324

§ 38. Die Schuldverschreibung auf den Inhaber ... 324
I. Begriff und Bedeutung ... 324
II. Entstehung und Übertragung ... 325
III. Geltendmachung der Forderung und Erfüllung ... 326
IV. Einwendungen ... 327
V. Nebenpapiere ... 328
VI. Inhaberzeichen ... 329

§ 39. Die qualifizierten Legitimationspapiere ... 331
I. Begriff, Arten und Abgrenzung ... 332
II. Entstehung und Übertragung des Rechts ... 333
III. Geltendmachung des Rechts und Erfüllung ... 335

§ 40. Die handelsrechtlichen Wertpapiere ... 338
I. Gemeinsame Regelungen ... 338
II. Besonderheiten bei den Traditionspapieren ... 339

Gesetzesregister ... 343
Sachregister ... 349

Abkürzungsverzeichnis

a. A.	anderer Ansicht
ABl.	Amtsblatt
Abs.	Absatz
AcP	Archiv für die civilistische Praxis
ADHGB	Allgemeines Deutsches Handelsgesetzbuch
ADSp	Allgemeine Deutsche Spediteurbedingungen
a. E.	am Ende
a. F.	alte Fassung
AG	Aktiengesellschaft bzw. Amtsgericht
AGB	Allgemeine Geschäftsbedingungen
AktG	Aktiengesetz
Alt.	Alternative
Anh.	Anhang
Anm.	Anmerkung
AO	Abgabenordnung
ArbGG	Arbeitsgerichtsgesetz
arg. e.	Argument aus
Art.	Artikel
Aufl.	Auflage
BAGE	Entscheidungen des Bundesarbeitsgerichts
BB	Betriebs-Berater
Bd.	Band
BeckRS	Beck-Rechtsprechung (beck-online)
Beih.	Beiheft
Beil.	Beilage
BetrVG	Betriebsverfassungsgesetz
BeurkG	Beurkundungsgesetz
BFHE	Entscheidungen des Bundesfinanzhofs
BGB	Bürgerliches Gesetzbuch
BGBl.	Bundesgesetzblatt
BGH	Bundesgerichtshof
BGHZ	Entscheidungen des Bundesgerichtshofs in Zivilsachen
BilMoG	Bilanzrechtsmodernisierungsgesetz
BiRiLiG	Gesetz zur Durchführung der Vierten, Siebenten und Achten Richtlinie des Rates der Europäischen Gemeinschaften zur Koordinierung des Gesellschaftsrechts (Bilanzrichtlinien-Gesetz – BiRiLiG) v. 19.12.1985 (BGBl. I, 2355)

Abkürzungsverzeichnis

BKR	Zeitschrift für Bank- und Kapitalmarktrecht
BRAO	Bundesrechtsanwaltsordnung
BT-Drs.	Bundestagsdrucksache
BundesbankG	Bundesbankgesetz
cif	cost, insurance, freight
CISG	Convention on Contracts for International Sale of Goods
CMR	Genfer Übereinkommen über den Beförderungsvertrag im internationalen Straßengüterverkehr vom 19.5.1956
CR	Computer und Recht (Zeitschrift)
DB	Der Betrieb
DepotG	Depotgesetz
ders.	derselbe
d. h.	das heißt
dies.	dieselben
DStR	Deutsches Steuerrecht (Zeitschrift)
ec	electronic cash
EG	Einführungsgesetz bzw. Europäische Gemeinschaft
Einl.	Einleitung
etc.	et cetera
EU	Europäische Union
e. K.	eingetragener Kaufmann
e. Kfr.	eingetragene Kauffrau
e. V.	eingetragener Verein
f.	für bzw. folgende
FamFG	Gesetz über das Verfahren in Familiensachen und in den Angelegenheiten der freiwilligen Gerichtsbarkeit
ff.	(fort-)folgende
FGG	Gesetz über die Angelegenheiten der freiwilligen Gerichtsbarkeit
fob	free on board
FS	Festschrift
G	Gesetz
gem.	gemäß
GenG	Genossenschaftsgesetz
GG	Grundgesetz
GmbH	Gesellschaft mit beschränkter Haftung
GmbHG	Gesetz betreffend die Gesellschaften mit beschränkter Haftung

Abkürzungsverzeichnis XV

GmbHR	GmbH-Rundschau (Zeitschrift)
GoB	Grundsätze ordnungsmäßiger Buchführung
GVG	Gerichtsverfassungsgesetz
GWB	Gesetz gegen Wettbewerbsbeschränkungen
Halbs.	Halbsatz
HGB	Handelsgesetzbuch
h. M.	herrschende Meinung
HRefG	Handelsrechtsreformgesetz vom 22.6.1998 (BGBl. I 1998, 1474)
HRV	Handelsregisterverordnung
i. d. F.	in der Fassung
i. d. R.	in der Regel
IFRS	International Financial Reporting Standards
i. H. v.	in Höhe von
Incoterms	International commercial terms
InsO	Insolvenzordnung
i. S. d.	im Sinne des
i. S. e.	im Sinne einer
i. V.	in Vertretung
i. V. m.	in Verbindung mit
JA	Juristische Arbeitsblätter
JR	Juristische Rundschau
Jura	Juristische Ausbildung
JuS	Juristische Schulung
JZ	Juristenzeitung
kfm.	kaufmännisch(-e, -er, -es)
KG	Kammergericht bzw. Kommanditgesellschaft
KGaA	Kommanditgesellschaft auf Aktien
KVO	Kraftverkehrsordnung (für den Güterfernverkehr mit Kraftfahrzeugen)
KWG	Gesetz über das Kreditwesen
LG	Landgericht
LM	Lindenmaier/Möhring, Nachschlagewerk des Bundesgerichtshofs
LMK	Kommentierte BGH-Rechtsprechung Lindenmaier-Möhring
MarkenG	Markengesetz
m. a. W.	Mit anderen Worten
MDR	Monatsschrift für Deutsches Recht

Mot.	Motive zum Entwurf eines Bürgerlichen Gesetzbuchs
m. w. N.	mit weiteren Nachweisen
Nachf.	Nachfolger
NJW	Neue Juristische Wochenschrift
NJW-RR	Neue Juristische Wochenschrift-Rechtsprechungs-Report
Nr.	Nummer
NZG	Neue Zeitschrift für Gesellschaftsrecht
oHG	Offene Handelsgesellschaft
OLG	Oberlandesgericht
PartGG	Partnerschaftsgesellschaftsgesetz
POS	Point of Sale
ppa	per procura
RabelsZ	Zeitschrift für ausländisches und internationales Privatrecht, begründet von Rabel
RGZ	Entscheidungen des Reichsgerichts in Zivilsachen
RIW	Recht der Internationalen Wirtschaft (Zeitschrift)
Rn.	Randnummer
ROHG	Reichsoberhandelsgericht
ROHGE	Entscheidungen des Reichsoberhandelsgerichts
Rpfleger	Der Deutsche Rechtspfleger (Zeitschrift)
RPflG	Rechtspflegergesetz
r+s	Recht und Schaden (Zeitschrift)
S.	Seite bzw. Satz
s.	siehe
SchG	Scheckgesetz
Sonderbeil.	Sonderbeilage
sog.	so genannt(-e, -er, -es)
StGB	Strafgesetzbuch
str.	streitig
TranspR	Transportrecht (Zeitschrift)
TzBfG	Gesetz über Teilzeitarbeit und befristete Arbeitsverträge
u. a.	unter anderem
u. E.	unseres Erachtens
UKlaG	Gesetz über Unterlassungsklagen bei Verbraucherrechts- und anderen Verstößen
US-GAAP	US-Generally Accepted Accounting Principles
usw.	und so weiter

VersR	Versicherungsrecht (Zeitschrift)
vgl.	vergleiche
VO	Verordnung
Voraufl.	Vorauflage
VVG	Gesetz über den Versicherungsvertrag
WG	Wechselgesetz
WM	Wertpapiermitteilungen
WRP	Wettbewerb in Recht und Praxis (Zeitschrift)
ZAP	Zeitschrift für die Anwaltspraxis
ZBB	Zeitschrift für Bankrecht und Bankwirtschaft
z. B.	zum Beispiel
ZEuP	Zeitschrift für Europäisches Privatrecht
ZGR	Zeitschrift für Unternehmens- und Gesellschaftsrecht
ZGS	Zeitschrift für das gesamte Schuldrecht
ZHR	Zeitschrift für das gesamte Handelsrecht und Konkursrecht, ab 1962 für das gesamte Handelsrecht und Wirtschaftsrecht
ZIP	Zeitschrift für Wirtschaftsrecht, früher Zeitschrift für Wirtschaftsrecht und Insolvenzpraxis
ZPO	Zivilprozessordnung
ZRP	Zeitschrift für Rechtspolitik
ZZP	Zeitschrift für Zivilprozess

Paragrafen ohne Gesetzesangabe sind solche des HGB.

Literaturverzeichnis

BankR-Hdb./*Bearbeiter*	*Schimansky/Bunte/Lwowski* (Hrsg.), Bankrechts-Handbuch, 4. Aufl., 2011
Baur/Stürner	*Baur/Stürner*, Sachenrecht, 18. Aufl., 2009
Baumbach/Hefermehl/Casper	*Baumbach/Hefermehl/Casper*, Wechselgesetz und Scheckgesetz, Recht der elektronischen Zahlungsmittel, 23. Aufl., 2008
Baumbach/Hopt/*Bearbeiter*	*Baumbach/Hopt*, Handelsgesetzbuch, 36. Aufl., 2014
Beck'scher Bilanzkommentar/*Bearbeiter*	Beck'scher Bilanzkommentar, 9. Aufl., 2014
Brox/Walker, AT	*Brox/Walker*, Allgemeiner Teil des BGB, 39. Aufl., 2015
Brox/Walker, ErbR	*Brox/Walker*, Erbrecht, 26. Aufl., 2014
Brox/Rüthers/Henssler, ArbR	*Brox/Rüthers/Henssler*, Arbeitsrecht, 18. Aufl., 2011
Brox/Walker, AS	*Brox/Walker*, Allgemeines Schuldrecht, 39. Aufl., 2015
Brox/Walker, BS	*Brox/Walker*, Besonderes Schuldrecht, 39. Aufl., 2015
Brox/Walker, ZVR	*Brox/Walker*, Zwangsvollstreckungsrecht, 10. Aufl., 2014
Canaris	*Canaris*, Handelsrecht, 24. Aufl., 2006
Dicken/Henssler	*Dicken/Henssler*, Bilanzrecht, 2015
E/B/J/S/*Bearbeiter*	*Ebenroth/Boujong/Joost/Strohn*, Kommentar zum HGB, Band 1: 3. Aufl., 2014; Band 2: 3. Aufl., 2015
Großkomm/*Bearbeiter*	*Staub*, Großkommentar zum Handelsgesetzbuch, Band 1: 5. Aufl., 2009; Band 2: 5. Aufl., 2008
Gursky	*Gursky*, Wertpapierrecht, 3. Aufl., 2007
Henssler	*Henssler*, Partnerschaftsgesellschaftsgesetz, 2. Aufl., 2008
Heymann/*Bearbeiter*	*Heymann*, Handelsgesetzbuch, Kommentar, 2. Aufl., 1995 ff.
Hueck/Canaris	*Hueck/Canaris*, Recht der Wertpapiere, 12. Aufl., 1986
Jauernig/*Bearbeiter*	*Jauernig*, Bürgerliches Gesetzbuch, Kommentar, 15. Aufl., 2014

Kindler	*Kindler*, Grundkurs Handels- und Gesellschaftsrecht, 7. Aufl., 2014
Koller	*Koller*, Transportrecht, Kommentar, 8. Aufl., 2013
Koller/Kindler/Roth/ Morck/*Bearbeiter*	*Koller/Kindler/Roth/Morck*, HGB, Kommentar, 8. Aufl., 2015
Lettl	*Lettl*, Handelsrecht, 3. Aufl., 2015
MünchKomm/*Bearbeiter*	Münchener Kommentar zum Handelsgesetzbuch, 3. Aufl., 2010; Band 5: 3. Aufl., 2013
MünchKomm-BGB/ *Bearbeiter*	Münchener Kommentar zum Bürgerlichen Gesetzbuch, 6. Aufl., 2013 ff.
Oetker	*Oetker*, Handelsrecht, 7. Aufl., 2015
K. Schmidt	*Karsten Schmidt*, Handelsrecht, 6. Aufl., 2014
Staudinger/*Bearbeiter*	*Staudinger*, Kommentar zum BGB, 13. Aufl., 1993 ff.
Steinbeck	*Steinbeck*, Handelsrecht, 3. Aufl., 2014
Zöllner	*Zöllner*, Wertpapierrecht, 14. Aufl., 1987

Zu weiterem handelsrechtlichem Schrifttum vgl. → Rn. 22 f.; zu weiterem wertpapierrechtlichem Schrifttum vgl. → Rn. 518 f.

A. Handelsrecht

§ 1. Einführung in das Handelsrecht

I. Begriff

Das Handelsrecht ist das **Sonderprivatrecht für Kaufleute und wirtschaftlich tätige Unternehmen.** Die Vorschriften des HGB ergänzen das für jedermann geltende Vertrags- und Sachenrecht des BGB um Sonderregelungen, die die allgemeinen Vorschriften verdrängen oder ergänzen, wenn Kaufleute in Ausführung ihrer gewerblichen Tätigkeit beteiligt sind (vgl. Art. 2 EGHGB; s. die Übersicht bei → Rn. 21).

1. Kaufmannsrecht

Zum Handelsrecht gehören all jene Vorschriften, in denen die Kaufmannseigenschaft eine Tatbestandsvoraussetzung ist. Das Handelsrecht ist also Kaufmannsrecht.

a) Der **Begriff des Kaufmanns** ist in den §§ 1 ff. festgelegt. Kaufmann ist nach § 1 I, wer ein Handelsgewerbe betreibt, und Handelsgewerbe ist gem. § 1 II grundsätzlich jeder Gewerbebetrieb. Nach allgemeinem Sprachgebrauch ist Kaufmann nur jemand, der Waren anschafft und weiterveräußert, also Umsatzgeschäfte tätigt. Nach dem Handelsrechtsreformgesetz (HRefG) vom 22.6.1998 (BGBl. I, 1474) erfasst der Begriff hingegen alle Gewerbetreibenden ohne Rücksicht auf die Branche, in der sie tätig werden. Ausgenommen bleiben nur Gewerbetreibende, deren Unternehmen nach Art oder Umfang einen in kaufmännischer Weise eingerichteten Geschäftsbetrieb nicht erfordert (§ 1 II), sog. Kleingewerbetreibende. Juristische Personen des Privatrechts wie die Aktiengesellschaft und die Gesellschaft mit beschränkter Haftung sind Kaufleute, unabhängig davon, ob sie ein Gewerbe betreiben (§ 6 II).

b) Mit der Anknüpfung an die Kaufmannseigenschaft folgt das deutsche Handelsrecht dem sog. **subjektiven System.** Danach kommt es für die Anwendung des Handelsrechts grundsätzlich nicht darauf an, ob ein bestimmtes Rechtsgeschäft vorliegt. Während ein Handelsrecht nach dem objektiven System, das anderen Rechtsordnungen zugrunde liegt, i. d. R. für jedermann gilt, wenn er ein unter die gesetzlich festgelegten Handelsgeschäfte fallendes Rechtsgeschäft tätigt, ist das deutsche Handelsrecht als Standes- bzw. Berufsrecht der Kaufleute entstanden. Dementsprechend behandelt das erste Buch des HGB den „Handelsstand", also die Kaufleute. Allerdings wird das subjektive System nicht streng durchgeführt. Vielmehr gibt es im HGB auch Regeln, die gegenüber Nichtkaufleuten wirken. So gilt das Handelsrecht im Rahmen von Rechtsgeschäften grundsätzlich auch für eine Vertragspartei, die kein Kaufmann ist, solange das Rechtsgeschäft nur für die andere Partei ein Handelsgeschäft ist (§ 345; → Rn. 287), sie also insbesondere die Kaufmannseigenschaft erfüllt (vgl. § 343; → Rn. 280).

Bspw. setzen die Vorschriften über den Bestimmungskauf (§ 375; → Rn. 393) oder den Fixhandelskauf (§ 376; → Rn. 395) nur voraus, dass eine Partei Kaufmann ist.

Außerdem kommt eine analoge Anwendung handelsrechtlicher Vorschriften auf kleingewerbetreibende Unternehmer, die von der Möglichkeit des § 2 keinen Gebrauch gemacht haben (vgl. → Rn. 45 f.) in Betracht. Das gilt etwa für § 56 (dazu → Rn. 229).

2. Handelsrecht und Unternehmensrecht

Auch nach seiner grundlegenden Novelle durch das HRefG 1998 wählt das Handelsrecht weiterhin nicht nur einen überholten begrifflichen Ansatz (Handelsrecht = Recht des Handels i. S. v. An- und Verkauf von Waren), sondern mit der Kaufmannseigenschaft zudem einen Anknüpfungspunkt für seine Regelungen, der bereits seit langem als antiquiert gilt. Zwar werden vom HGB seit der Reform grundsätzlich alle gewerblichen Unternehmen erfasst, sofern sie eine gewisse „Größe" aufweisen. Wichtige Formen unternehmerischer Betätigung bleiben indes weiterhin ausgeklammert. So fällt insbesondere die freiberufliche Tätigkeit nicht unter den Anwendungsbereich handelsrechtlicher Normen (→ Rn. 30). Das HGB hat damit nicht den moderneren unternehmensrechtlichen Ansatz aufgegriffen, der dem BGB mit dem Unternehmerbegriff des § 14 BGB zugrunde liegt. Nur in Teilen des Vertriebsrechts, nämlich im Recht des Handelsvertreters (§§ 84 ff.) und des Handelsmaklers (§§ 93 ff.) hat sich das HGB vom Kaufmannsbegriff gelöst. Hier genügt es, wenn als Handelsvertreter oder Handelsmakler ein gewerblicher Unternehmer (also auch ein nicht ins Handelsregister eingetragener Kleingewerbetreibender) tätig wird (vgl. § 84 IV; § 93 III). Auf der Seite des Auftraggebers reicht im Handelsvertreterrecht die Eigenschaft als Unternehmer (§ 84 I) aus.

§ 1. Einführung in das Handelsrecht 3

Im Übrigen muss differenziert werden zwischen gewerblichen Unternehmern, für die unter den Voraussetzungen der §§ 1, 2 das HGB gilt, und den freiberuflichen, künstlerischen und wissenschaftlichen Unternehmern, auf die das HGB nicht anwendbar ist. Innerhalb der Gruppe der gewerblichen Unternehmer ist zu unterscheiden zwischen denjenigen, die ein **Handelsgewerbe** betreiben (= Kaufleute i. S. d. HGB) und den grundsätzlich nicht erfassten Betreibern eines sonstigen Gewerbes (= nicht ins Handelsregister eingetragene Kleingewerbetreibende). Es ist heftig umstritten, ob die Differenzierung zwischen Kaufleuten und freiberuflichen Unternehmern heute noch sachgerecht ist oder ob nicht alle Unternehmensträger, deren Unternehmen auf entgeltliche Leistungserbringung am Markt ausgerichtet sind, gleich behandelt werden sollten. Auch wenn eine Gleichstellung aller Unternehmer wünschenswert wäre, muss doch berücksichtigt werden, dass viele Regelungen des geltenden HGB nicht auf freiberufliche Unternehmer zugeschnitten sind. Eine Einbeziehung der Freien Berufe in ein allgemeines Unternehmensgesetzbuch würde damit eine grundlegende inhaltliche Reform voraussetzen (dazu *Henssler,* ZHR 161 [1997], 13; *Henssler/Markworth,* NZG 2015, 1). 5

Das österreichische Recht ist insoweit fortschrittlicher. Das zum 1.1.2007 in Kraft getretene Unternehmensgesetzbuch (UGB) knüpft am Unternehmerbegriff an, wobei Unternehmer jeder ist, der ein Unternehmen betreibt (§ 1 UGB). Die Angehörigen der Freien Berufe sind nach § 4 II UGB zwar weiterhin vom Anwendungsbereich des Ersten Buches ausgenommen, können sich aber durch Eintragung in das Firmenbuch freiwillig dem Ersten Buch des UGB unterstellen (dazu *Zib/Verweijen,* Das neue Unternehmensgesetzbuch, 2006).

3. Sonderprivatrecht

a) Das Handelsrecht ist ein **Teil des Privatrechts.** Das Privatrecht (Zivilrecht) ist der Teil des Rechts, der die Beziehung zwischen einzelnen gleichgeordneten Rechtssubjekten regelt, soweit diese nicht in ihrer Eigenschaft als Hoheitsträger beteiligt sind (*Brox/Walker,* AT, Rn. 10 ff.). 6

Das HGB enthält zum Teil auch öffentlich-rechtliche Normen (z. B. §§ 8 ff. über das Handelsregister oder §§ 238 ff. über die Buchführungspflicht), hauptsächlich aber privatrechtliche Normen. Dadurch unterscheidet es sich vom Wirtschafts- und Gewerberecht; dort überwiegt das öffentliche Recht.

b) Das Handelsrecht ist **Sonderprivatrecht.** Darunter versteht man Privatrechtsnormen, die nur zivilrechtliche Teilbereiche erfassen, insbesondere nur bestimmte Gruppen von Personen (*Brox/Walker,* 7

AT, Rn. 13 ff.). So gilt das Handelsrecht nur für Kaufleute. Es steht jedoch nicht beziehungslos neben dem allgemeinen Privatrecht. Seine Grundlage ist vielmehr das für jedermann geltende bürgerliche Recht. Das Handelsrecht enthält jedoch Ausnahmen vom bürgerlichen Recht und regelt einige Rechtsverhältnisse spezieller. Die Lösung eines handelsrechtlichen Falls verlangt deshalb i. d. R. die Anwendung sowohl handelsrechtlicher als auch bürgerlich-rechtlicher Normen. Handelsrecht ist jedoch nur dann anwendbar, wenn zumindest einer der an dem streitigen Rechtsverhältnis Beteiligten Kaufmann ist.

Beispiel: Der Inhaber einer Konservenfabrik K, der vom Landwirt L verdorbenes Obst bezogen hat, will – nach erfolgloser Nachfristsetzung – vom Vertrag zurücktreten und den gezahlten Kaufpreis zurückerlangen. L macht geltend, der Rücktritt sei ausgeschlossen, weil K den Mangel nicht unverzüglich gerügt habe (vgl. § 377; → Rn. 398 ff.). Das Recht des K, Rückerstattung des gezahlten Kaufpreises in Folge eines wirksamen Rücktritts zu verlangen, kann sich aus §§ 346 I, 323 I, 437 Nr. 2, 434, 433 BGB ergeben. Die Voraussetzungen des Anspruchs sind also im bürgerlichen Recht geregelt. So richtet sich nach §§ 145 ff. BGB, ob ein Kaufvertrag zustande gekommen ist; aus §§ 104 ff., 116 ff. BGB ergibt sich, ob die Vertragserklärungen wirksam sind. Das Recht zum Rücktritt kann jedoch nach der handelsrechtlichen Vorschrift des § 377 ausgeschlossen sein (→ Rn. 399 ff.). Danach muss K, sofern der Kauf für beide Parteien ein Handelsgeschäft ist, den Mangel des Obstes rechtzeitig gerügt haben. Im Rahmen des § 377 ist mithin zu prüfen, ob K und L Kaufleute sind; denn der Kauf ist nur dann ein Handelsgeschäft, wenn es um das Geschäft eines Kaufmanns geht, das zum Betriebe seines Handelsgewerbes gehört (§ 343).

II. Bedeutung

8 Der Handel überschreitet die Staatsgrenzen; deshalb kann das Handelsrecht in besonderem Maße zu einer zwischenstaatlichen Rechtsvereinheitlichung beitragen. Außerdem ist der Handel auf Schnelligkeit angewiesen. Größere Schnelligkeit verlangt gleichzeitig einen erhöhten Vertrauensschutz der Geschäftspartner. Dem muss das Handelsrecht Rechnung tragen. Mit diesem Bedarf nach erhöhter Schnelligkeit und Rechtssicherheit einher geht typischerweise eine geringere Schutzbedürftigkeit des Kaufmanns, von dessen Geschäftserfahrenheit im Rechtsverkehr ausgegangen werden muss.

1. Handelsrecht als Motor der Rechtsvereinheitlichung

9 Die Rechtsvereinheitlichung ist ein geschichtlicher Vorgang.
a) Im 19. Jahrhundert war die **Rechtsentwicklung in Deutschland** dadurch gekennzeichnet, dass die bis dahin herrschende Zersplitte-

§ 1. Einführung in das Handelsrecht   5

rung des Rechts beseitigt wurde. Das Handelsrecht war dabei eines der ersten Rechtsgebiete, die vereinheitlicht wurden. Schon sehr früh regte der Deutsche Zollverein ein einheitliches Handelsrecht an. 1861 empfahl dann der Bundestag seinen Mitgliedern, den souveränen Staaten des Deutschen Bundes, ein Allgemeines Deutsches Handelsgesetzbuch (ADHGB) einzuführen, was in der Folgezeit geschah. 1869 wurde das ADHGB Gesetz des Norddeutschen Bundes, 1871 deutsches Reichsgesetz und damit Vorgänger des modernen HGB.

b) Heute steht als Folge des europäischen Binnenmarkts die **Rechtsvereinheitlichung in Europa** im Vordergrund. Die internationale Rechtsvereinheitlichung erfolgt demgegenüber nur schrittweise. So gilt etwa für den besonders häufig vorkommenden Handelskauf das UN-Abkommen über den internationalen Warenkauf (CISG), welches das Kaufrecht des BGB und des HGB weitgehend verdrängt (→ Rn. 422 f.; vgl. *Brox/Walker,* BS, § 7 Rn. 56 ff.). Auch beim Straßengüterverkehr bestand bereits früh ein großes Bedürfnis nach internationaler Regelung. So trat das „Genfer Übereinkommen über den Beförderungsvertrag im internationalen Straßengüterverkehr" (CMR) vom 19.5.1956 an die Stelle der handelsrechtlichen Vorschriften über das grenzüberschreitende Frachtgeschäft. Inzwischen sind durch das Transportrechtsreformgesetz 1998 das Fracht-, das Speditions- und das Lagerrecht im HGB (→ Rn. 447 ff.) neu geregelt. Weitere Einzelheiten: *K. Schmidt,* § 1 IV Rn. 70 f.

2. Schnelligkeit

Ein gut funktionierender Handelsverkehr setzt Schnelligkeit des   10
Abschlusses und der Abwicklung von Handelsgeschäften voraus.

a) Dem schnellen **Abschluss** von Handelsgeschäften dient in erster Linie die im gesamten Privatrecht geltende Vertragsfreiheit (*Brox/Walker,* AT, Rn. 74 ff.). Da ein Kaufmann grundsätzlich selbst bestimmen können soll, ob, mit wem und mit welchem Inhalt er ein Handelsgeschäft abschließt, bestehen hierfür regelmäßig keine rechtlichen Beschränkungen. Das bürgerliche Recht unterscheidet sich insoweit heute nicht mehr vom Handelsrecht.

Im 19. Jahrhundert war das anders. Die Vorschriften des ADHGB über den Abschluss von Handelsgeschäften gingen abweichend vom sonstigen damaligen Privatrecht von der Vertragsfreiheit aus. Dadurch wurde das Handelsrecht zum Vorreiter einer Privatrechtsordnung, die auf der Vertragsfreiheit aufbaut und den freien und schnellen Abschluss von Verträgen ermöglicht.

Das heutige Handelsrecht enthält dementsprechend nur noch vereinzelt Vorschriften, die einen noch schnelleren Abschluss der Handelsgeschäfte gewährleisten, als dies nach bürgerlichem Recht möglich ist. So sieht das HGB Formfreiheit für einzelne Geschäfte vor, für die das BGB eine bestimmte Form verlangt.

Beispiel: Die Bürgschaftserklärung bedarf nach § 766 S. 1 BGB der Schriftform, um den Bürgen vor Übereilung zu schützen (*Brox/Walker*, BS, § 32 Rn. 16). § 350 I macht hiervon eine Ausnahme. Das HGB geht davon aus, dass der geschäftlich erfahrene Kaufmann, anders als die sonstigen Teilnehmer des Rechtsverkehrs, die Gefährlichkeit seines Handelns erkennt.

11 b) Das Bedürfnis nach schneller **Abwicklung** von Handelsgeschäften hat das HGB besonders im Recht des Handelskaufs (→ Rn. 384 ff.) berücksichtigt.

Der Schnelligkeit im Handelsverkehr dienen daneben insbesondere die modernen Vertriebswege (etwa: Geschäftsabwicklung per E-Mail, Online-Shops). Allerdings handelt es sich dabei nicht um ein Spezifikum gerade des gewerblichen Rechtsverkehrs.

3. Vertrauensschutz

12 Der Handelsverkehr verlangt einen stärkeren Vertrauensschutz, als dieser im BGB vorgesehen ist. Deshalb kennt das HGB eine Reihe von besonders dem Vertrauensschutz dienenden Regeln.

Beispiele: Nach bürgerlichem Recht wird derjenige, der eine bewegliche Sache von einem Nichtberechtigten erwirbt, nur dann geschützt, wenn er gutgläubig in Bezug auf das Eigentum des Veräußerers ist (vgl. §§ 932 ff. BGB; *Brox/Walker*, AT, Rn. 639). Im Handelsverkehr kommt es aber häufig vor, dass ein Kaufmann fremde Waren veräußert. Deshalb schützt § 366 (→ Rn. 309 ff.) zusätzlich das Vertrauen des Erwerbers in die Verfügungsmacht des Veräußerers. – Grundsätzlich kommt auch durch das Schweigen auf ein Vertragsangebot ein Vertrag nicht zustande. Doch aus Gründen des Vertrauensschutzes wird etwa das Schweigen auf ein kaufmännisches Bestätigungsschreiben als Willenserklärung eines Kaufmanns angesehen (→ Rn. 294 ff.). – Ebenso zeigt sich an den Grundsätzen, die für den Scheinkaufmann gelten (→ Rn. 63 ff.), die Bedeutung des Vertrauensschutzes im Handelsrecht.

III. Rechtsgrundlagen

1. Rechtsnormen

13 a) Wichtigstes handelsrechtliches Gesetz ist das **Handelsgesetzbuch** vom 10.5.1897, das zusammen mit dem BGB am 1.1.1900 in Kraft getreten ist. Es besteht aus fünf Büchern.

§ 1. Einführung in das Handelsrecht

(1) Das erste Buch (§§ 1–104) behandelt den **Handelsstand**, das vierte Buch (§§ 343–475h) das Recht der **Handelsgeschäfte**. Nur diese beiden Bücher sowie einige Vorschriften aus dem dritten Buch (§§ 238–342e) über **Handelsbücher** werden hier dargestellt.

Das HGB enthält nicht nur handelsrechtliche Normen. So behandeln z. B. die §§ 59–83 die Rechtsbeziehungen bestimmter Arbeitnehmer, nämlich von Handlungsgehilfen, zu ihrem Arbeitgeber. Diese Vorschriften gehören zum Arbeitsrecht als dem Sonderrecht der Arbeitnehmer.

(2) Das zweite Buch des HGB (§§ 105–236) behandelt das Recht der **Handelsgesellschaften**. Es hat sich zu einem eigenständigen Rechtsgebiet, nämlich dem Gesellschaftsrecht, entwickelt. Dazu gehören u. a. weiter das Aktiengesetz (AktG), das Gesetz betreffend die Gesellschaften mit beschränkter Haftung (GmbHG) und das Gesetz betreffend die Erwerbs- und Wirtschaftsgenossenschaften (GenG). Das Gesellschaftsrecht bleibt hier – ebenso wie das Seehandelsrecht des fünften Buchs des HGB (§§ 476–619) – außer Betracht.

b) Das Handelsrecht ist weiter in den handelsrechtlichen **Nebengesetzen** geregelt. Dazu zählen die außerhalb des HGB befindlichen handelsrechtlichen und gesellschaftsrechtlichen Gesetze wie das Wechselgesetz, das Scheckgesetz, das Depotgesetz oder das Versicherungsvertragsgesetz. Auch in der Zivilprozessordnung finden sich im Bereich der gerichtlichen Zuständigkeit einzelne handelsrechtliche Normen. Subsidiär finden die Vorschriften über die Gesellschaft bürgerlichen Rechts (§§ 705 ff. BGB) Anwendung auf die Handelsgesellschaften. 14

c) Das **Gewohnheitsrecht**, das auf einem allgemeinen Rechtsgeltungswillen der Gemeinschaft beruht und sich in einer dauernden Übung, vor allem in einem ständigen Gerichtsgebrauch zeigt, ist objektives Recht (*Brox/Walker*, AT, Rn. 8). Es hat im Handelsrecht heute keine große Bedeutung. Wegen der spezialgesetzlichen Regelungen und der zahlreichen Handelsbräuche (→ Rn. 16 ff.) besteht kaum ein Bedarf nach einer Rechtsfortbildung durch Gewohnheitsrecht. 15

2. Handelsbräuche

a) Handelsbräuche (= Handelsgebräuche, -gewohnheiten, -sitten, -usancen) sind die **Verkehrssitten** (vgl. §§ 157, 242 BGB), die unter Kaufleuten gelten (§ 346). Sie sind keine Rechtsnormen, insbesondere kein Gewohnheitsrecht. Mit diesem hat der Handelsbrauch zwar ge- 16 meinsam, dass er auf einer dauernden Übung beruht; im Gegensatz zum Gewohnheitsrecht fehlt es dem Handelsbrauch aber an einem allgemeinen Rechtsgeltungswillen der Gemeinschaft. Erst wenn zur dauernden Übung der Rechtsgeltungswille hinzukommt, wird aus dem Handelsbrauch ein Gewohnheitsrecht.

Da ein Handelsbrauch keine Rechtsnorm ist, kann er – anders als das Gewohnheitsrecht – eine zwingende Gesetzesbestimmung nicht verdrängen. Der Richter braucht einen Handelsbrauch, der möglicherweise örtlich und auf eine bestimmte Branche beschränkt ist, nicht zu kennen. Das Bestehen eines solchen Brauchs muss vielmehr im Prozess behauptet und notfalls bewiesen werden. Kennt der Richter hingegen den Handelsbrauch, was z. B. bei den Kammern für Handelssachen der Fall sein kann (vgl. § 114 GVG), hat er ihn von sich aus zu berücksichtigen.

17 b) Die Handelsbräuche spielen in der Praxis eine erhebliche Rolle. Sie sind, wie schon § 157 BGB für die Verkehrssitte bestimmt, bei der Auslegung und Ergänzung eines Geschäfts zu berücksichtigen. So ist unter Beachtung eines Handelsbrauchs zu klären, welche Bedeutung das Verhalten einer Partei (z. B. Schweigen auf ein kaufmännisches Bestätigungsschreiben) und eine im Vertrag verwandte Klausel oder Abkürzung (z. B. „ab Werk", „cif", „fob") hat. In manchen Fällen soll der Handelsbrauch sogar nach einer ausdrücklichen Gesetzesbestimmung (z. B. §§ 359 I, 380, 393 II) entscheidend sein. Große Bedeutung erlangen die Handelsbräuche vor allem im Bilanzrecht. Wichtige „Grundsätze ordnungsgemäßer Buchführung" (GoB), auf die in den handelsbilanzrechtlichen Vorschriften abgestellt wird (§§ 238, 243 I), sind als Handelsbräuche entwickelt worden (dazu → Rn. 166 ff.).

Beispiele für Handelsklauseln finden sich bei: Baumbach/Hopt/*Hopt*, § 346 Rn. 15; MünchKomm/*K. Schmidt*, § 346 Rn. 61 ff. Die Incoterms 2010 (= International commercial terms; dazu → Rn. 421) enthalten internationale Regeln zur Auslegung der hauptsächlich verwendeten Vertragsklauseln.

18 c) Die Handelsbräuche gelten unter Kaufleuten kraft Gesetzes (§ 346); auf einen entsprechenden Willen, selbst auf eine Kenntnis der Parteien kommt es also nicht an. Für und gegen einen Nichtkaufmann wirkt ein Handelsbrauch hingegen nur dann, wenn er sich ihm unterworfen hat oder der Handelsbrauch zu einer allgemeinen Verkehrssitte geworden ist.

3. Allgemeine Geschäftsbedingungen

a) **Allgemeine Geschäftsbedingungen (AGB)** sind alle für eine Vielzahl von Verträgen vorformulierte Vertragsbedingungen, die eine Vertragspartei (Verwender) der anderen bei Abschluss eines Vertrags stellt (§ 305 I 1 BGB; Einzelheiten: *Brox/Walker*, AT, Rn. 219 ff., *Brox/Walker*, AS, § 4 Rn. 28 ff.). Sie sind keine Rechtsnormen. Vielmehr beruht ihre Geltung immer auf einer rechtsgeschäftlichen Grundlage. 19

b) Die AGB haben in der Praxis eine große Bedeutung: Bei Massenverträgen kommt ihnen eine Rationalisierungsaufgabe (z. B. gleich lautende Lieferungsbedingungen) zu. Vielfach bezwecken sie auch eine Risikobegrenzung (z. B. Eigentumsvorbehalt). Schließlich regeln sie gesetzlich nicht normierte Rechtsverhältnisse (z. B. Leasing) oder verdrängen dispositives Gesetzesrecht.

c) Da die AGB regelmäßig die Interessen des Verwenders besser schützen als die des Vertragspartners, haben Rechtsprechung und Wissenschaft sich bemüht, die Geltung der AGB einzuschränken, soweit diese den Vertragspartner einseitig benachteiligen. Diesem Ziel dienen auch die §§ 305 ff. BGB. Ist der Vertragspartner jedoch **Unternehmer**, ist er **weniger schutzwürdig**. Deshalb kann er sich nicht zu seinen Gunsten auf die Bestimmungen der §§ 305 II, III, 308 und 309 BGB berufen (§ 310 I 1 BGB). Das bedeutet: 20

(1) Zur **Einbeziehung** von AGB in den Vertrag genügt – entgegen § 305 II, III BGB – eine (stillschweigende) Willensübereinstimmung der Parteien (BGHZ 102, 293, 304; *BGH* NJW-RR 1991, 570, 571).

(2) Die **Klauselverbote** der §§ 308 f. BGB gelten nicht. Allerdings ist § 307 I, II BGB zu beachten. Danach sind Bestimmungen in AGB unwirksam, sofern sie den Vertragspartner des Verwenders, auch wenn er Unternehmer ist, entgegen den Geboten von Treu und Glauben unangemessen benachteiligen (Einzelheiten: § 307 II BGB). Dabei ist auf die im Handelsverkehr geltenden Gewohnheiten und Gebräuche angemessen Rücksicht zu nehmen (vgl. § 310 I 2, letzter Hs. BGB).

Bei der **Inhaltskontrolle** von AGB, die gegenüber einem Unternehmer verwendet werden, ist zusätzlich zu den sich aus §§ 134, 138 BGB ergebenden Schranken Folgendes zu beachten: Individuelle Vertragsabreden haben Vorrang vor den AGB (§ 305b BGB). Zweifel bei der Auslegung von AGB gehen zulasten des Verwenders (§ 305c II BGB). Überraschende Klauseln werden nicht Vertragsbestandteil (§ 305c I BGB); Umgehungen der AGB-Bestimmungen sind verboten (§ 306a BGB).

Im kaufmännischen Geschäftsverkehr gelten die genannten Einschränkungen des AGB-Rechts immer, da der Kaufmann beim Abschluss von Handelsgeschäften (§ 343) immer zugleich Unternehmer i. S. v. § 14 BGB ist. Ist der Vertragspartner zwar Unternehmer, aber nur Kleingewerbetreibender i. S. d. §§ 1 II 2 und gilt eine formularvertragliche Bestimmung explizit nur für Kaufleute, so kann eine Klausel, durch die der Vertragspartner erklärt, Kaufmann zu sein (sog. Kaufmannsklausel), wegen ihrer Widersprüchlichkeit gegen § 305c II bzw. § 307 I 2 BGB verstoßen (vergl. *AG Bremen,* Urt. v. 20.5.2009 – 23 C 526/08 = BeckRS 2009, 21520).

Empfehlungen zur vertiefenden Lektüre: *Becker/Föhlisch,* Von Quelle bis eBay: Reformaufarbeitung im Versandhandelsrecht, NJW 2005, 3377; *A. Heinemann,* Handelsrecht im System des Privatrechts, FS Fikentscher, 1998, S. 349; *Henssler,* Gewerbe, Kaufmann und Unternehmen, ZHR 161 (1997), 13; *Henssler/Markworth,* Anforderungen an eine Freiberufler-GmbH & Co. KG, NZG 2015, 1; *Horn,* Allgemeines Handelsrecht, in: 50 Jahre Bundesgerichtshof, Festgabe aus der Wissenschaft, Bd. II, 2000, S. 3; *Kindler,* Die Entwicklung des Handelsrechts seit 1998, JZ 2006, 176; *Limbach,* Die Feststellung von Handelsbräuchen, FS Ernst E. Hirsch, 1968, S. 77; *Mankowski/Schneider,* Chip, Chip, hurra!, Jura 2005, 111; *Markgraf/Kießling,* Handelsrecht im Assessorexamen, JuS 2010, 881; *Neuner,* Handelsrecht-Handelsgesetz-Grundgesetz, ZHR 157 (1993), 243; *Petersen,* Kaufmannsbegriff und Kaufmannseigenschaft nach dem Handelsgesetzbuch, Jura 2005, 831; *ders.,* Der gute Glaube an die Verfügungsmacht im Handelsrecht, Jura 2004, 247; *Raisch,* Handels- oder Unternehmensrecht als Sonderprivatrecht?, ZHR 154 (1990), 567; *K. Schmidt,* Fünf Jahre „neues Handelsrecht", JZ 2003, 585; *ders.,* Unternehmer – Kaufmann – Verbraucher, BB 2005, 837 ff.; *v. Westphalen,* AGB-Recht im Jahr 2004, NJW 2005, 1987; *Wackerbarth,* Unternehmer, Verbraucher und die Rechtfertigung vorformulierter Verträge, AcP 200 (2000), 45; *Wolf/v. Bismarck,* Kaufmann, Unternehmer, Verbraucher – wann gilt das BGB, wann das HGB, wann Verbraucherrecht?, JA 2010, 841.

§ 1. Einführung in das Handelsrecht 11

IV. Übersicht über handelsrechtliche Abweichungen vom BGB

Die nachfolgende Übersicht verdeutlicht die wichtigsten Abweichungen gegenüber dem Bürgerlichen Recht. 21

	§§ BGB	§§ HGB
Allgemeiner Teil des BGB		
• Auslegung von Willenserklärungen	133, 157	346
• Zustandekommen von Verträgen	146, 151	362
• Stellvertretung	164 ff.	48 ff., 54 ff., 75h, 91 a
Allgemeines Schuldrecht		
• Gattungsschuld	243	360 f.
• Gesetzlicher Zinssatz	246	352
• Zinseszinsverbot	248	355
• Leistungszeit	271	358 f.
• Zurückbehaltungsrecht	273	369 ff.
• Verantwortlichkeit des Schuldners	276	347
• Zinspflicht	288	353
• einseitige Leistungsbestimmung	315	375
• vertragliches Abtretungsverbot	399	354 a
• Herabsetzung einer Vertragsstrafe	343	348
• Fixgeschäft	323 II Nr. 2	376
• Hinterlegung	372	373
Besonderes Schuldrecht		
• Mängelgewährleistung beim Kauf	437 ff.	377 ff.
• Geschäftsbesorgung: Entgeltlichkeit	662, 675	354
• Geschäftsbesorgungsverträge: besondere Typen	675	383 ff.; 407 ff.; 453 ff.
• Gesellschaft	705 ff.	105 ff.; 161 ff.; 230 ff.
• Bürgschaft: Form	766	350
• Bürgschaft: Vorausklage	771, 778	349
• Schuldversprechen, -anerkenntnis	780, 781	350
• Anweisung	783 ff.	363 ff.
Sachenrecht		
• Gutgläubiger Erwerb	932 ff., 1207	366
• Auswechselung gesicherter Forderungen	1180	356
• Frist für Pfandverkauf	1234 II	368

V. Schrifttum

1. Lehrbücher, Grundrisse, Fallsammlungen

22 *Bernert/Saar*, 35 Klausuren aus dem Handels- und Gesellschaftsrecht mit Lösungsskizzen, 3. Aufl., 2006
Bitter/Schumacher, Handelsrecht mit UN-Kaufrecht, 2. Aufl., 2015
Bülow/Artz, Handelsrecht, 7. Aufl., 2015
Canaris, Handelsrecht, 24. Aufl., 2006
Enders/Heße, Gesellschafts- und Handelsrecht, 3. Aufl., 2010
Fezer, Klausurenkurs im Handelsrecht, 6. Aufl., 2013
Gross, Handelsrecht, 3. Aufl., 1994
Gruber, Handelsrecht – Schnell erfasst, 5. Aufl., 2006
Gustavus/Ries, Handels-, Gesellschafts- und Registerrecht, 5. Aufl., 2012
Hadding/Hennrichs, Die HGB-Klausur, 3. Aufl., 2003
Hartmann, Handelsrecht, 2008
Helm, Fälle und Lösungen nach höchstrichterlichen Entscheidungen, Handels- und Gesellschaftsrecht, 2. Aufl., 1974
Hofmann, Handelsrecht, 11. Aufl., 2002
Hopt, Handelsrecht, 2. Aufl., 1999
U. Hübner, Handelsrecht, 5. Aufl., 2004
Jasmer/Ramm/Stöterau, Handels- und Gesellschaftsrecht sowie Grundzüge des Wertpapier-, Steuer- und Bilanzrechts, 3. Aufl., 2005
Jula, Fallsammlung zum Handelsrecht, 2. Aufl., 2009
Jung, Handelsrecht, 10. Aufl., 2014
Kindler, Grundkurs Handels- und Gesellschaftsrecht, 7. Aufl., 2014
Klunzinger, Grundzüge des Handelsrechts, 14. Aufl., 2011
Lettl, Handelsrecht, 3. Aufl. 2015
ders., Fälle zum Handelsrecht, 2. Aufl., 2013
Leuschel, Handelsrecht, 3. Aufl., 2000
Martinek/Bergmann, Handels-, Gesellschafts- und Wertpapierrecht, 4. Aufl., 2008
Meyer, Handelsrecht (Grundkurs und Vertiefungskurs), 2. Aufl., 2011
Michalski, Übungen im Handels- und Gesellschaftsrecht, I: Handelsrecht, 1995
Müller-Laube, 20 Probleme aus dem Handels-, Gesellschaftsrecht, 3. Aufl., 2001, 4. Aufl. in Vorbereitung für 2017
Müther, Handelsrecht, 2005
Oetker, Handelsrecht, 7. Aufl., 2015
G. H. Roth/Weller, Handels- und Gesellschaftsrecht, 8. Aufl., 2013
Saar/Müller/Bernert, 35 Klausuren aus dem Handels- und Gesellschaftsrecht, 3. Aufl., 2006
K. Schmidt, Handelsrecht, 6. Aufl., 2014
Schwabe, Lernen mit Fällen – Handels- und Gesellschaftsrecht, 5. Aufl., 2013
Steding, Handels- und Gesellschaftsrecht, 3. Aufl., 2002
Steinbeck, Handelsrecht, 3. Aufl., 2014

Teichmann, Handelsrecht, 3. Aufl. 2013
Timm/Schöne, Handels- und Wirtschaftsrecht Bd. 1 (Ein Arbeitsbuch: Pflichtfachstoff), 3. Aufl. 2004; Bd. 2 (Wahlfachstoff), 2. Aufl., 2002
Timm, Höchstrichterliche Rechtsprechung zum Handels- und Gesellschaftsrecht, 1995
Timm/Schöne, Fälle zum Handels- und Gesellschaftsrecht, Bd. 1, 9. Aufl., 2014; Bd. 2, 8. Aufl., 2014
H. Wagner, Unternehmensrecht, 2000
Wank, Handels- und Gesellschaftsrecht, 2. Aufl., 2010
ders., Fälle mit Lösungen zum Handels- und Personengesellschaftsrecht, 2006
Fleischer/Wiedemann, Handelsrecht (Prüfe Dein Wissen), 9. Aufl., 2015
Wörlen/Kokemoor, Handelsrecht mit Gesellschaftsrecht, 12. Aufl., 2015

2. Kommentare

Baumbach/Hopt, Handelsgesetzbuch, 36. Aufl., 2014
Ebenroth/Boujong/Joost/Strohn, Kommentar zum HGB, Band 1: 3. Aufl., 2014; Band 2: 3. Aufl., 2015
Ensthaler, Gemeinschaftskommentar zum Handelsgesetzbuch, 8. Aufl., 2015
Glanegger/Güroff, Heidelberger Kommentar zum Handelsgesetzbuch, 7. Aufl., 2007
Heidel/Schall, Handelsgesetzbuch, 2. Aufl., 2015
Heymann, Handelsgesetzbuch (ohne Seerecht), 2. Aufl., 1995 ff.
Kamnitzer/Bohnenberg, Das Handelsgesetzbuch, 4. Aufl., 1956
Koller/Kindler/Roth/Morck, Handelsgesetzbuch, 8. Aufl., 2015
Münchener Kommentar zum Handelsgesetzbuch, 3. Aufl., 2010 ff.
Oetker, Handelsgesetzbuch Kommentar, 4. Aufl., 2015
Röhricht/v. Westphalen/Haas, HGB, 4. Aufl., 2014
Schlegelberger, Handelsgesetzbuch, 5. Aufl., 1973 ff.
Staub, Großkommentar zum Handelsgesetzbuch, 5. Aufl., 2008 ff.

I. Teil. Handelsstand

Erster Abschnitt. Der Kaufmann

§ 2. Die Kaufmannseigenschaft

24 **Fälle:** Der vom Gläubiger in Anspruch genommene Bürge B, der sich mündlich verbürgt hat, meint, er brauche wegen Formmangels (§ 766 S. 1 BGB) nicht zu zahlen, da er kein Kaufmann sei (§ 350).
Spielt es eine Rolle, ob B
a) sich ausschließlich mit dem An- und Verkauf gestohlener Kraftfahrzeuge beschäftigt? → Rn. 27
b) ein Radiohändler ist, der bisher nur mit Verlust gearbeitet hat? → Rn. 28
c) ein Konsumverein ist, der seine Mitglieder mit möglichst preiswerten Waren versorgen will, dabei aber Überschüsse erzielt, die er den Mitgliedern zurückerstattet? → Rn. 28
d) ein Gesangverein (e. V.) ist, der zur Gewinnerzielung Liederbücher an Nichtmitglieder verkauft? → Rn. 28
e) Diplom-Kaufmann und Prokurist einer GmbH ist? → Rn. 33
f) Pächter eines Lebensmittelgeschäfts ist? → Rn. 35
g) 17 Jahre alt ist und ein Lebensmittelgeschäft betreibt? → Rn. 38
h) eine Bäckerei betreibt, wobei Backwaren im angeschlossenen Laden verkauft werden und ein Jahresumsatz von 150.000,– EUR erzielt wird? Umfangreiche buchhalterische Tätigkeiten fallen nicht an, beschäftigt sind drei Arbeitnehmer. → Rn. 42

Handelsrechtliche Vorschriften sind nur dann anwendbar, wenn mindestens einer der am Geschäft Beteiligten Kaufmann ist. Die Kaufmannseigenschaft eröffnet also grundsätzlich erst den Zugang zum Handelsrecht (Ausnahmen gelten insbesondere im Vertriebsrecht, dazu → Rn. 236; → Rn. 266). Grundlage des Kaufmannsbegriffs ist der Betrieb eines (Handels-)Gewerbes (vgl. § 1). Als zusätzliches Kriterium verlangt § 1 seit der Handelsrechtsreform 1998 nur noch eine gewisse Größe des Geschäftsbetriebs (§ 1 II). Der Gewerbebegriff ist damit der heimliche Zentralbegriff. Auf eine Eintragung im Handelsregister kommt es grundsätzlich nur dann noch an, wenn dieses Größenkriterium nicht erfüllt ist (§ 2).

I. Betrieb eines Handelsgewerbes

1. Handelsgewerbe

a) Eine gesetzliche Definition des **Gewerbebegriffes** existiert weder im HGB noch im Gewerberecht. Im Steuerrecht ist auf § 15 II 1 EStG abzustellen. Für das Handelsrecht gibt der steuerrechtliche Gewerbebegriff jedoch nur unverbindliche Anhaltspunkte (*BGH* NJW 2000, 1940, 1941). Im Handelsrecht versteht die h. M. unter Gewerbe eine (1) offene, (2) planmäßig auf gewisse Dauer angelegte, (3) erlaubte, (4) auf Gewinnerzielung gerichtete (str.) und (5) selbständige Tätigkeit (6) mit Ausnahme der freien Berufe (BGHZ 63, 32, 33).

25

Der Begriff des Gewerbes ist von dem weiteren Begriff des **Unternehmens** abzugrenzen. Ein Unternehmen ist jede wirtschaftliche Organisation, die auf der Verbindung personeller und sachlicher Mittel beruht und durch die ein Unternehmer am Markt tätig wird, vgl. → Rn. 123.

(1) Die Tätigkeit ist **offen,** wenn sie **nach außen** in Erscheinung tritt. Deshalb reicht die einem Dritten nicht erkennbare, innere Absicht nicht aus. Genauer ist es, statt des unpräzisen Begriffs der „Offenheit" eine „anbietende Tätigkeit am Markt" zu verlangen (so auch MünchKomm/*K. Schmidt,* § 1 Rn. 28).

25a

Kein Gewerbe stellt demnach das private Spekulieren an der Börse dar (vgl. ROHGE 22, 303). Nicht als gewerbliche Tätigkeit wird auch die bloße Verwaltung des eigenen Vermögens angesehen. Eine Gesellschaft, die ihre Tätigkeit auf die Verwaltung des eigenen Vermögens beschränkt, kann nur deshalb in der Rechtsform der oHG und damit als Handelsgesellschaft (§ 105 I) betrieben werden, weil § 105 II dies ausdrücklich als Ausnahme zulässt. Auch die bloße Grundstücksverwaltung ist nicht gewerblich.

(2) Die Tätigkeit muss **planmäßig und auf Dauer angelegt** sein. Der Wille des Handelnden muss sich von vornherein auf eine Vielzahl von Geschäften als Ganzes richten (RGZ 74, 150). Deshalb reicht ein Wille, nur gelegentlich Geschäfte zu tätigen, nicht aus, selbst wenn es zu mehreren Geschäften kommt. Die geplante Dauer der Tätigkeit ist unerheblich. Entscheidend ist, dass während eines bestimmten (wenn auch nur kurzen) Zeitraums ein ganzer Komplex gleichartiger Geschäfte geschlossen werden soll.

26

Das gelegentliche Kaufen und Verkaufen von Gemälden ist kein Gewerbe. Wohl kann das Betreiben eines Kiosks während einer Ausstellung bereits ein Gewerbe darstellen. Kein Gewerbe betreiben auch die Arbeitsgemeinschaften

(ARGE), in denen sich Unternehmer zu einem zeitlich begrenzten Zweck (etwa dem gemeinsamen Bau eines Autobahnabschnitts) zusammengefunden haben (vgl. BGHZ 146, 341 = NJW 2001, 1056) oder die **Konsortien**, bei denen etwa verschiedene Kreditinstitute zeitlich begrenzt kooperieren, um eine größere Anleihe am Kapitalmarkt zu platzieren. Solche Gesellschaften können damit nur als BGB-Gesellschaft und nicht als oHG gegründet werden, da eine oHG nach § 105 I den Betrieb eines Handelsgewerbes voraussetzt.

27 (3) Ob die Tätigkeit **erlaubt** sein muss, ist umstritten, im Ergebnis aber zu bejahen (vgl. Großkomm/*Oetker*, § 1 Rn. 40; Baumbach/Hopt/*Hopt*, § 1 Rn. 12). Gemeint ist nicht eine öffentlich-rechtliche Erlaubnis (→ Rn. 40), vielmehr sollen durch dieses Merkmal lediglich solche Tätigkeiten ausgegrenzt werden, die gegen gesetzliche Verbote oder gegen die guten Sitten verstoßen (§§ 134, 138 BGB). Wer unerlaubte Geschäfte betreibt, kann die Rechte eines Kaufmanns nicht für sich in Anspruch nehmen. Soweit sich jedoch die Kaufmannseigenschaft zum Nachteil der betreffenden Person auswirkt, besteht kein Grund, denjenigen, der nur wegen seiner verbotenen Geschäfte kein Gewerbe betreibt, von den handelsrechtlichen Normen freizustellen, wenn er einem anderen gegenüber als Kaufmann auftritt (sog. Scheinkaufmann; → Rn. 63 ff.).

So ist B im **Fall a** wegen seiner verbotenen Geschäfte kein Kaufmann. Er kann also etwa nicht Handelsrichter werden (vgl. § 109 GVG). Dennoch kann die formlose Bürgschaftserklärung des B gem. § 350 gültig sein, wenn B sich gegenüber dem Gläubiger als Kaufmann aufgespielt hat (str., → Rn. 68).

28 (4) Die Tätigkeit muss nach wohl noch h. M. **auf Gewinnerzielung gerichtet** sein (so die ältere Rechtsprechung BGHZ 57, 191, 199; 95, 155, 157; offen gelassen zuletzt von BGHZ 167, 40, 45 f. = NJW 2006, 2250). Erforderlich ist danach die Absicht, aus der Tätigkeit Gewinn, d. h. einen Überschuss der Einnahmen über die Ausgaben, zu erzielen. Ob tatsächlich ein Gewinn erwirtschaftet wird, ist unerheblich **(Fall b)**.

Die Gewinnabsicht kann selbst dann fehlen, wenn – wie beim Konsumverein (Verbrauchergenossenschaft) – die Einnahmen über die Kostendeckung hinausgehen **(Fall c)**. Sie kann aber trotz einer anders lautenden Satzung etwa eines Idealvereins bestehen, wenn dieser zur Gewinnerzielung Liederbücher verkauft **(Fall d)**. Gegen eine solche Absicht spricht auch nicht, dass die erzielten Gewinne gemeinnützigen Zwecken zugeführt werden sollen, etwa weil es sich um eine karitative Einrichtung handelt (*OLG Brandenburg*, Urt. v. 2.11.2010 – 11 U 143/09 = BeckRS 2010, 28558, im Anschluss an *OLG Düsseldorf* NJW-RR 2003, 1120, 1121).

Die Gewinnabsicht ist bei Wirtschaftsunternehmen von Privaten zu vermuten, dagegen bei solchen der öffentlichen Hand im Einzelfall festzustellen (BGHZ 49, 258, 260).

Der Betrieb einer Einfuhr- und Vorratsstelle des Bundes ist nicht auf Gewinnerzielung gerichtet, so dass kein Gewerbe vorliegt (BGHZ 36, 273, 276).

Überzeugend dürfte es sein, das Merkmal der Gewinnerzielungsabsicht heute durch das Merkmal der Erzielung laufender Einnahmen aus dem Angebot entgeltlicher Leistungen am Markt zu ersetzen (*OLG Dresden* NZG 2003, 124; Baumbach/Hopt/*Hopt* § 1 Rn. 16; *Canaris*, § 2 Rn. 14; *Henssler*, ZHR 161 [1997], 13, 21; *K. Schmidt*, § 9 II Rn. 37 ff.). Das Wirtschaftsleben kennt vielfältige Betätigungsformen, bei denen entgeltliche Leistungen am Markt erbracht werden, ohne dass vordergründig eine Gewinnerzielungsabsicht verfolgt wird. Dient das Handelsrecht der Sicherung des Handelsverkehrs und damit dem Schutz der an diesem Verkehr Beteiligten, dann dürfen selbst solche Anbieter, deren Engagement ideellen Zwecken dient, nicht vom Anwendungsbereich dieses Sonderprivatrechts ausgeklammert werden (*Henssler*, ZHR 161 [1997], 13, 21 f.).

(5) Es muss sich um eine **selbständige** Tätigkeit handeln. Dadurch unterscheidet sich der Kaufmann von abhängig Beschäftigen wie den Arbeitnehmern und den Beamten.

Die Feststellung, ob eine selbständige gewerbliche Tätigkeit vorliegt oder ob jemand als Arbeitnehmer anzusehen ist, kann im Einzelfall schwierig sein. Für die Abgrenzung zwischen dem (selbständigen) Handelsvertreter und dem (unselbständigen) Handlungsgehilfen enthält § 84 I 2 Abgrenzungskriterien, die auch in anderen Fällen herangezogen werden können (vgl. → Rn. 237 ff.).

Entscheidend ist vor allem die persönliche Unabhängigkeit im Sinne der rechtlichen Möglichkeit, die eigene Tätigkeit hinsichtlich Zeit, Ort und Inhalt im Wesentlichen frei gestalten zu können. Eine wirtschaftliche Abhängigkeit von Kreditgebern oder Lieferanten ist dagegen unschädlich.

(6) Kein Gewerbe betreiben die Angehörigen der sog. **freien Berufe**. Diese Ausnahme ist historisch zu erklären und für manche Berufe (z. B. Ärzte, Rechtsanwälte, Wirtschaftsprüfer, Steuerberater) durch Spezialgesetze festgelegt (kritisch gegenüber der Entscheidung des Gesetzgebers, die Freien Berufe auszuklammern, *K. Schmidt*, ZIP 1997, 909; dagegen *Henssler*, ZIP 1997, 1481). Eine Legaldefinition der Freien Berufe, auf die auch für die handelsrechtliche Abgrenzung vom Gewerbe zurückgegriffen werden kann, findet sich in § 1 II 1

PartGG. Anhaltspunkte bietet auch die Aufzählung der Freien Berufe in Satz 2 der Vorschrift (ausführlich *Henssler,* PartGG, § 1 Rn. 199). Kein Freiberufler, sondern Gewerbetreibender ist im Handelsrecht der Apotheker (*BGH* NJW 1983, 2085, 2086).

31 b) Als **Handelsgewerbe** wird ein gewerbliches Unternehmen vom Gesetz in zwei Fällen angesehen (dazu näher → Rn. 41 ff.):

(1) Handelsgewerbe ist jeder Gewerbebetrieb, es sei denn, dass das Unternehmen nach Art oder Umfang einen in kaufmännischer Weise eingerichteten Geschäftsbetrieb nicht erfordert (§ 1 II).

(2) Ist das Unternehmen nicht schon nach § 1 II ein Handelsgewerbe, gilt es dennoch als solches, wenn die Firma des Unternehmens in das Handelsregister eingetragen ist (§ 2 S. 1).

Der Begriff des Handelsgewerbes ist also enger als der Gewerbebegriff; er setzt das Vorliegen eines Gewerbes aber voraus.

2. Betrieb des Handelsgewerbes

32 Ist ein Handelsgewerbe gegeben, so ist derjenige Kaufmann, der es „betreibt" (§ 1 I). Die Antwort auf die Frage, wer im konkreten Fall das Handelsgewerbe betreibt und wer überhaupt als Betreiber eines Handelsgewerbes in Betracht kommt, kann in der Falllösung Schwierigkeiten bereiten.

a) Nur derjenige betreibt ein Handelsgewerbe, der es **selbst betreibt.** Die im Rahmen des Handelsgewerbes geschlossenen Geschäfte müssen für und gegen ihn wirken, also in seinem Namen abgeschlossen werden. „Betreiber" des Handelsgeschäfts und damit Kaufmann ist demnach nicht der bei dem Handelsgeschäft tatsächlich Tätige, sondern derjenige, der aus den im Unternehmen geschlossenen Geschäften berechtigt wird und für die Verbindlichkeiten persönlich haftet.

33 (1) **Keine Kaufleute** sind Personen, die Geschäfte in fremdem Namen oder als Verwalter fremden Vermögens abschließen.

Beispiele: Prokuristen (**Fall e;** § 48; → Rn. 194 ff.), Handlungsbevollmächtigte (§ 54; → Rn. 212 ff.), der Vorstand einer AG, der Geschäftsführer einer GmbH, ein Insolvenzverwalter, der das Unternehmen des Schuldners fortführt.

34 (2) Da es für die Kaufmannseigenschaft nur darauf ankommt, in wessen Namen die Geschäfte abgeschlossen werden, spielt es **keine Rolle, für wessen Rechnung** sie getätigt werden.

So kauft und verkauft der Kommissionär Waren für fremde Rechnung (§ 383; → Rn. 424 ff.). Da er die Geschäfte aber im eigenen Namen schließt, ist er Kaufmann, sofern er die weiteren Kriterien der §§ 1, 2 erfüllt (vgl. aber → Rn. 429). – Auch der Treuhänder, der ein Handelsgewerbe für Rechnung eines anderen führt, ist Kaufmann, da er nach außen im eigenen Namen auftritt. – Der Testamentsvollstrecker, der das Unternehmen für Rechnung der Erben betreibt, ist nur dann Kaufmann, wenn er es im eigenen Namen führt, nicht aber, wenn er im Namen der Erben handelt (vgl. BGHZ 12, 100, 102).

(3) Für die Kaufmannseigenschaft ist ferner **nicht** erforderlich, dass der Inhaber das Unternehmen **mit eigenen Mitteln** betreibt. 35

Deshalb kann nicht nur derjenige, der für sein Unternehmen Kredite aufgenommen hat, sondern auch der, welcher mit fremden Betriebsmitteln oder im Betriebsgebäude eines anderen arbeitet (z. B. der Pächter im **Fall f**; der Nießbraucher), Kaufmann sein.

b) Das Gesetz setzt für die Kaufmannseigenschaft nur den selbständigen Betrieb eines Handelsgewerbes voraus. Da die Geschäfte im Namen des Unternehmers abgeschlossen werden sowie für und gegen ihn wirken, muss der Geschäftsinhaber rechtsfähig sein. Rechtsfähig ist jede natürliche und juristische Person (*Brox/Walker*, AT, Rn. 703 ff.; 728 ff.). *Jeder Mensch und jede juristische Person kann somit Kaufmann sein.* Bei Personengesellschaften kommt es darauf an, ob ihnen – wie der oHG und der KG – im Einzelfall Rechtsfähigkeit durch das Gesetz (vgl. §§ 124 I, 161 II) zuerkannt wird. 36

Organschaftliche oder rechtsgeschäftliche Vertreter einer juristischen Person sind dagegen keine Kaufleute, da sie in fremdem Namen handeln. Die Rechtsfolgen ihrer Erklärungen treffen allein die juristische Person, vgl. → Rn. 49 a.

Demnach ist **für die Kaufmannseigenschaft unerheblich:**
(1) eine bestimmte **Berufsausbildung** 37

Die Ablegung der Kaufmannsgehilfenprüfung oder gar der erfolgreiche Abschluss eines bestimmten Studiums sind nicht erforderlich. Auch ein des Schreibens und Rechnens Unkundiger kann Kaufmann sein.

(2) die **Geschäftsfähigkeit** 38

Sogar ein Geschäftsunfähiger oder ein beschränkt Geschäftsfähiger kann ein Handelsgewerbe persönlich betreiben, auch wenn er selbst keine Handelsgeschäfte abschließen kann. Für ihn handelt sein gesetzlicher Vertreter.
Im **Fall g** ist B Kaufmann. Wegen seiner Minderjährigkeit ist der Bürgschaftsvertrag schwebend unwirksam (§ 108 I BGB). Zur Gültigkeit ist die Genehmigung seines gesetzlichen Vertreters und die des Vormundschaftsgerichts (§§ 1822 Nr. 10, 1643 I BGB) erforderlich. Daran ändert sich auch nichts, wenn B zum selbständigen Betrieb eines Erwerbsgeschäfts nach

§ 112 I 1 BGB ermächtigt ist; denn B ist nicht für solche Geschäfte unbeschränkt geschäftsfähig, zu denen der gesetzliche Vertreter der Genehmigung des Vormundschaftsgerichts bedarf (§ 112 I 2 BGB; *Brox/Walker*, AT, Rn. 296).

39 **(3) die Verfügungsbefugnis**

Der Kaufmann verliert mit der Eröffnung des Insolvenzverfahrens zwar das Recht, über das zur Insolvenzmasse gehörende Vermögen zu verfügen (§ 80 I InsO). Das ändert aber nichts an seiner Rechtsfähigkeit und damit an der Kaufmannseigenschaft.

40 **(4) eine öffentlich-rechtliche Gewerbeerlaubnis**

Wer mit dem Betrieb eines Gewerbes einer öffentlich-rechtlichen Beschränkung (z. B. der Gewerbeordnung, des Gaststättengesetzes) zuwiderhandelt, ist nach § 7 dennoch Kaufmann, weil er andernfalls den handelsrechtlichen Vorschriften nicht unterläge. Ob das einzelne Rechtsgeschäft gültig ist, richtet sich nicht nach § 7, sondern nach § 134 BGB.

II. Istkaufmann (§ 1 I, II) und Kannkaufmann (§§ 2, 3 II)

1. Istkaufmann

41 Die seit dem 1.8.1998 geltende Regelung modernisiert das HGB vornehmlich dadurch, dass sie den Begriff des Kaufmanns erweitert. Zwar ist Kaufmann i. S. d. HGB nach wie vor derjenige, der ein **Handelsgewerbe** betreibt (§ 1 I). Aber ein Handelsgewerbe ist seither grundsätzlich *jeder* Gewerbebetrieb ohne Rücksicht auf die Branche (§ 1 II). Der Kaufmannsbegriff wurde dem modernen Wirtschaftsleben insbesondere durch Einbeziehung des zuvor weitgehend ausgeklammerten Dienstleistungssektors angepasst. Der Regelfall des Kaufmanns nach § 1 lässt sich nunmehr treffend als Istkaufmann bezeichnen.

42 **a) Voraussetzungen.** Die Eigenschaft als Istkaufmann setzt nur voraus, dass dieser ein Gewerbe betreibt und dass das Unternehmen nach Art **und** Umfang einen in kaufmännischer Weise eingerichteten Gewerbebetrieb erfordert (§ 1).

Kaufmännische Einrichtung bedeutet vor allem kaufmännische Buchführung und Bilanzierung, kaufmännische Bezeichnung im Geschäftsverkehr (§§ 17 ff.) und die kaufmännische Regelung von Vertretungsfragen (§§ 48 ff.). Wesentliche Kriterien für eine entsprechende Notwendigkeit sind u. a. Vielfalt und Komplexität des Geschäftsgegenstands und der Geschäftsbeziehungen, die Inanspruchnahme von Kredit, die betriebliche Organisation und der räumliche Wirkungsbereich (**Art**) sowie der Umsatz, das Anlage- und Umlaufvermögen und die Zahl der getätigten Geschäfte, der Betriebsstätten bzw. der Beschäftigten (**Umfang**). Das Kriterium der **Erforderlichkeit** ist zu bejahen, wenn die kaufmännische Einrichtung zur ordentlichen und übersichtlichen Geschäftsführung objektiv notwendig ist. Entscheidend ist das Gesamtbild des Betriebs (*BGH* BB 1960, 917). Im Zeitalter der modernen Informationstechnologie kommt dagegen der Größe des Büros und der Lagerräume keine wesentliche Bedeutung mehr zu (*OLG Dresden* NJW-RR 2002, 33).

Die Formulierung des § 1 II „es sei denn, dass das Unternehmen nach Art oder Umfang einen in kaufmännischer Weise eingerichteten Geschäftsbetrieb nicht erfordert" zeigt an, dass das Gesetz vom Regelfall ausgeht, dass das Unternehmen einen in kaufmännischer Weise eingerichteten Geschäftsbetrieb erfordert und damit der Gewerbetreibende Kaufmann ist. Wer insoweit im Streitfall das Gegenteil behauptet, muss das beweisen (**Vermutung**). In der Klausur ist bei einem nicht eindeutigen Sachverhalt ebenfalls von der Notwendigkeit eines in kaufmännischer Weise eingerichteten Geschäftsbetriebs auszugehen, – Im **Fall h** erfordert die Bäckerei des A angesichts des niedrigen Jahresumsatzes, des geringen Umfangs der Buchhaltung und der geringen Anzahl der Beschäftigten dagegen keinen derartigen Gewerbebetrieb.

Die **Eintragung ins Handelsregister** hat beim Istkaufmann nur eine rechtsbekundende (= **deklaratorische**) und keine rechtsbegründende (= konstitutive) **Bedeutung.** Zwar ist dieser Kaufmann nach § 29 verpflichtet, die Firma zur Eintragung ins Handelsregister anzumelden; zur Entstehung der Kaufmannseigenschaft bedarf es der Eintragung jedoch nicht.

b) Ende der Kaufmannseigenschaft. Die Kaufmannseigenschaft endet mit **Aufgabe des Betriebs.** Jedoch gehören die Abwicklungsgeschäfte noch zum Betrieb.

Keine Beendigungsgründe sind der Eintritt der Geschäftsunfähigkeit (→ Rn. 38) und die Eröffnung des Insolvenzverfahrens (→ Rn. 39), sofern der Betrieb weitergeführt wird. Auch die (versehentliche) Löschung im Handelsregister ist unerheblich, da der Istkaufmann unabhängig von der Handelsregistereintragung Kaufmann ist und bleibt.

2. Kannkaufmann

Es gibt Personen, die nicht schon durch ihre Tätigkeit, sondern erst durch ihre Eintragung ins Handelsregister Kaufmann werden.

Sie brauchen sich nicht eintragen zu lassen, können aber die Eintragung beantragen. Zu diesen sog. Kannkaufleuten gehören der Kleingewerbetreibende (§ 2) sowie der Land- oder Forstwirt (§ 3 II).

45 **a) Kleingewerbetreibender.** Ein Kleingewerbetreibender, dessen gewerbliches Unternehmen nach Art und Umfang einen in kaufmännischer Weise eingerichteten Geschäftsbetrieb nicht erfordert, ist kraft Gesetzes kein Kaufmann (vgl. § 1 II). Er kann aber Kaufmann werden, wenn er die Firma des Unternehmens **ins Handelsregister eintragen** lässt (§ 2 S. 1); dazu ist er berechtigt, aber nicht verpflichtet (§ 2 S. 2).

(1) Stellt der Kleingewerbetreibende einen Antrag auf Eintragung ins Handelsregister, hat das Registergericht keine weiteren Ermittlungen anzustellen; es braucht insbesondere nicht mehr zu prüfen, ob das Unternehmen einen in kaufmännischer Weise eingerichteten Geschäftsbetrieb erfordert. Mit der Eintragung ist der Kleingewerbetreibende Kaufmann. Anders als beim Istkaufmann (→ Rn. 41 f.) ist die Eintragung beim Kannkaufmann aus Gründen der Rechtssicherheit konstitutiv.

(2) Der im Handelsregister gem. § 2 Eingetragene kann jederzeit nach seinem Belieben die Löschung der Firma beantragen (§ 2 S. 3). Jedoch ist im Löschungsverfahren zu prüfen, ob nicht inzwischen die Voraussetzungen des § 1 II eingetreten sind (§ 2 S. 3). Wenn also nunmehr ein Handelsgewerbe vorliegt, das einen in kaufmännischer Weise eingerichteten Gewerbebetrieb erfordert, so dass eine Eintragung ins Handelsregister geboten wäre, kommt eine Löschung gem. § 2 S. 3 nicht in Betracht.

(3) Einzelne Regelungen des HGB werden ausdrücklich auf solche Kleingewerbetreibende erstreckt, die keine freiwillige Eintragung ins Handelsregister vorgenommen haben (vgl. §§ 84 IV, 93 III). In diesen Fällen wird damit der nicht eingetragene Kleingewerbetreibende dem Kaufmann gleichgestellt (→ Rn. 4).

Hinweis für die Fallbearbeitung: Ist im Sachverhalt angegeben, dass der Betreiber eines Gewerbes im Handelsregister eingetragen ist, wird im Gutachten auf die Prüfung der Tatbestandsvoraussetzungen des § 1 II verzichtet.

46 **b) Landwirt und Forstwirt.** Wer ein land- oder forstwirtschaftliches Gewerbe betreibt, ist kein Istkaufmann gem. § 1 (vgl. § 3 I). Erfordert das Unternehmen aber nach Art und Umfang einen in kaufmännischer Weise eingerichteten Geschäftsbetrieb, kann der Land- oder Forstwirt die Eintragung ins Handelsregister beantragen (§ 3 II). Mit der Eintragung ist er Kaufmann.

Nach § 3 III gelten die Regelungen des Abs. 1 und 2 sinngemäß auch für **Nebengewerbe** eines Land- oder Forstwirts. Ein Nebengewerbe muss organisatorisch vom Hauptgewerbe getrennt, aber mit diesem wirtschaftlich verbunden und von ihm abhängig sein. Bloße Verkaufsstellen fallen nicht hierunter.

(1) Die Kaufmannseigenschaft nach § 3 II hat **drei Voraussetzungen:** 46a

(a) Es muss sich um ein **land- oder forstwirtschaftliches Unternehmen** handeln. Unter Landwirtschaft ist die Tätigkeit zu verstehen, die der Erzeugung organischer Rohstoffe durch Bearbeitung und Ausnutzung von Grund und Boden dient (z. B. Acker-, Obst-, Weinbau) einschließlich der mit der Bodennutzung verbundenen Tierhaltung. Forstwirtschaft ist die Tätigkeit, die auf Holzgewinnung gerichtet ist (z. B. Holzwirtschaft; Baumschulen). Nebengewerbe des land- oder forstwirtschaftlichen Unternehmens (z. B. Brauerei, Steinbruch) sind nach § 3 III eintragungsfähig.

(b) Das land- oder forstwirtschaftliche Unternehmen muss nach Art und Umfang **einen in kaufmännischer Weise eingerichteten Geschäftsbetrieb erfordern** (§ 3 II 1 i. V. m. § 2 S. 1). Kleinbetriebe der Land- und Forstwirtschaft sind damit nach § 3 nicht eintragungsfähig. Nach zutreffender, im Schrifttum verbreiteter Auffassung (etwa Baumbach/Hopt/*Hopt*, § 3 Rn. 2) ergibt sich eine Eintragungsmöglichkeit für sie aber aus § 2 S. 2, da § 3 I nur die Anwendung des § 1 ausschließt (a. A. *Oetker,* § 2 Rn. 49).

(c) Die **Firma** des Unternehmers muss ins Handelsregister **eingetragen** worden sein. Anders als im Fall des § 2 ist das Wahlrecht mit seiner Ausübung verbraucht. Der Land- oder Forstwirt kann also nicht nach Belieben seine Löschung im Handelsregister betreiben, sondern grundsätzlich nur dann, wenn er seinen Betrieb insgesamt aufgibt.

(2) Die Kaufmannseigenschaft **endet,** sobald die Firma im Handelsregister – wenn auch zu Unrecht – gelöscht worden ist.

§ 3. Handelsgesellschaften und ihre Gesellschafter als Kaufleute (§ 6)

Fall a: Der Kaufmann A hat dem B verdorbene Lebensmittel geliefert. B 47 verlangt Schadensersatz, obwohl er den Mangel nicht unverzüglich gerügt hat. Spielt es eine Rolle, ob B die Waren für sich oder als Geschäftsführer für die von ihm geleitete GmbH bestellt hat? → Rn. 49 a
Fall b: Im Fall a ist B Kommanditist einer KG. → Rn. 52b
Fall c: Im Fall a ist B persönlich haftender Gesellschafter einer KG. → Rn. 52b
Fall d: X ist Gesellschafter der Z-oHG. Er verbürgt sich im eigenen Namen für eine Verbindlichkeit der oHG, ohne dass dabei das Schriftformerfordernis eingehalten wurde. Ist ein wirksamer Bürgschaftsvertrag zustande gekommen? → Rn. 52b

Kaufleute sind auch die Handelsgesellschaften. Bei ihnen ist zwischen den Kapitalgesellschaften und den Personenhandelsgesellschaften zu unterscheiden.

I. Kapitalgesellschaften

1. Arten und Gemeinsamkeiten

48 Kapitalgesellschaften sind die Aktiengesellschaft (AG), die Kommanditgesellschaft auf Aktien (KGaA), die Europäische Aktiengesellschaft (Societas Europaea; SE) und die Gesellschaft mit beschränkter Haftung (GmbH). Sie haben gemeinsam, dass sie Gesellschaften mit eigener Rechtspersönlichkeit, also juristische Personen sind (§ 1 I 1 AktG; § 278 I AktG; Art. 10 SE-VO i. V. m. § 1 AktG; § 13 I GmbHG).

Für ihre Verbindlichkeiten haftet den Gläubigern nur das Gesellschaftsvermögen (§ 1 I 2 AktG; § 278 I AktG; § 13 II GmbHG); lediglich der persönlich haftende Gesellschafter einer KGaA haftet den Gesellschaftsgläubigern unbeschränkt (§ 278 I AktG).

2. Entstehung

48a a) Die Vorschriften über die Errichtung der genannten Kapitalgesellschaften ähneln einander. Alle genannten Gesellschaften entstehen als juristische Personen erst mit ihrer Eintragung ins Handelsregister (z. B. § 41 I AktG; § 278 III AktG; § 11 I GmbHG). Diese hat also konstitutive Wirkung.

b) Ist eine Kapitalgesellschaft durch Handelsregistereintragung entstanden, so können Gründungsmängel nicht zur rückwirkenden Vernichtung der Gesellschaft führen.

Manche Mängel des Gründungsakts werden durch die Handelsregistereintragung der Gesellschaft geheilt. Nur wenige Mängel berechtigen zur Nichtigkeitsklage; das der Klage stattgebende Urteil vernichtet die Gesellschaft nicht rückwirkend, sondern löst sie nur für die Zukunft auf (vgl. §§ 275 ff. AktG; § 75 GmbHG). Auch eine Löschung der Gesellschaft gem. §§ 397, 399 FamFG führt nicht zur Vernichtung der Gesellschaft, sondern zu einer Abwicklung wie bei der Auflösung der Gesellschaft.

3. Kaufmannseigenschaft

49 a) Die Kapitalgesellschaften sind ohne Rücksicht auf den Gegenstand des Unternehmens allein wegen ihrer Rechtsform Kaufleute (§ 6 I; **Formkaufleute**). Der Betrieb eines Handelsgewerbes wird bei

§ 3. Handelsgesellschaften und ihre Gesellschafter als Kaufleute

ihnen kraft gesetzlicher Anordnung (§§ 3 I, 278 III AktG; 13 III GmbHG) fingiert, obwohl sie auch für nicht gewerbliche Zwecke gegründet werden können. Nach Art. 10 SE-VO i. V. m. § 3 AktG ist die SE ebenfalls kraft Gesellschaftsform stets Handelsgesellschaft nach § 6 I.

Damit ist die zu karitativen Zwecken oder für eine freiberufliche Tätigkeit (zur Rechtsanwaltsgesellschaft mbH vgl. §§ 59 c ff. BRAO) gegründete GmbH nach § 13 III GmbHG ebenfalls Kaufmann, muss also im Geschäftsverkehr die strengeren kaufmännischen Regeln beachten.

b) Die Vorstandsmitglieder und die Aktionäre einer AG sowie die Geschäftsführer und die Gesellschafter einer GmbH sind keine Kaufleute, weil die Gesellschaft als juristische Person Inhaber des Unternehmens ist, vgl. den Wortlaut des § 6 I. Das gilt selbst dann, wenn der Geschäftsführer zugleich Alleingesellschafter der GmbH ist. Zwar kann der geschäftsführende Alleingesellschafter das von der GmbH betriebene Unternehmen genauso beherrschen und leiten wie ein Kaufmann sein Handelsgeschäft. Für einen Kaufmann ist aber charakteristisch, dass er für die unter seiner Geschäftsleitung begründeten Betriebsschulden persönlich mit seinem Privatvermögen haftet (*BGH* NJW 2006, 431, 432). Das ist bei Aktionären und GmbH-Gesellschaftern gerade nicht der Fall. 49a

Hat B im **Fall a** im eigenen Namen den Kaufvertrag mit A abgeschlossen, so ist er selbst Vertragspartei. Da er als Geschäftsführer und als Gesellschafter einer GmbH kein Kaufmann ist, ist der Kauf für ihn kein Handelsgeschäft, so dass § 377 (→ Rn. 398 ff.) nicht eingreift.

Hat B dagegen den Vertrag im Namen der GmbH abgeschlossen, ist diese Vertragspartei. Da sie Kaufmann ist, kommt § 377 in Betracht.

II. Personenhandelsgesellschaften

1. Arten und Gemeinsamkeiten

Personenhandelsgesellschaften sind die offene Handelsgesellschaft (oHG) und die Kommanditgesellschaft (KG). Sie sind notwendigerweise auf den Betrieb eines Handelsgewerbes gerichtet (§§ 105 I, 161 II). Ausnahmsweise kann eine oHG gem. § 105 II als Rechtsform auch dann gewählt werden, wenn sich ihr Gegenstand auf die private Vermögensverwaltung beschränkt und damit nicht einmal eine gewerbliche Tätigkeit vorliegt. 50

Keine Handelsgesellschaft ist die **stille Gesellschaft** (§§ 230 ff.). Das ergibt sich schon aus der Überschrift des Zweiten Buches des HGB „Handelsgesellschaften und stille Gesellschaft". Bei der stillen Gesellschaft handelt es sich um eine reine Innengesellschaft; der stille Gesellschafter ist nur mit einer Vermögenseinlage beteiligt und tritt wie die stille Gesellschaft selbst nicht nach außen in Erscheinung. Das Handelsgewerbe betreibt nicht die Gesellschaft, sondern der „andere" (§ 230 I), also der nach außen aktive Gesellschafter; er allein ist Kaufmann.

Personengesellschaften, aber keine Handelsgesellschaften, sind die **Gesellschaft bürgerlichen Rechts (GbR)** und die **Partnerschaftsgesellschaft (PartG)**. Für die PartG ordnet § 1 I 2 PartGG dies ausdrücklich an. Sobald der gemeinsame Zweck (vgl. § 705 BGB) einer GbR auf den Betrieb eines (nicht nur klein-)gewerblichen Unternehmens gerichtet ist, wird die Gesellschaft automatisch zur oHG und damit zur Handelsgesellschaft.

50a OHG und KG haben gemeinsam, dass sie keine Körperschaften, sondern rechtsfähige Personengesellschaften (Gesamthandsgemeinschaften) sind, die ein Handelsgewerbe betreiben (§§ 105, 161); sie sind – im Gegensatz zu den Kapitalgesellschaften – **keine juristischen Personen.**

Gegenüber den Gesellschaftsgläubigern haften die Gesellschafter persönlich; die persönlich haftenden Gesellschafter (in der KG Komplementäre genannt) haften unbeschränkt, die Kommanditisten einer KG beschränkt bis zur Höhe ihrer Einlage (§§ 105, 128; §§ 161 I, 171).

50b OHG und KG wird vom Gesetz die Kaufmannseigenschaft ausdrücklich zuerkannt (§ 6 I). Da sie auf den Betrieb eines Handelsgewerbes gerichtet sein müssen (§§ 105, 161 II), ist dies nur konsequent und entspricht zudem ihrer umfassenden Rechtsfähigkeit. So können die Personenhandelsgesellschaften unter ihrer Firma Rechte erwerben, Verbindlichkeiten eingehen, Eigentum und andere Rechte an Grundstücken erwerben, klagen und verklagt werden (§ 124 I; § 161 II).

Der persönlich haftende Gesellschafter einer oHG oder KG kann im Namen der Gesellschaft Waren kaufen. Gläubigerin des Lieferungsanspruchs ist die oHG (KG); sie schuldet zugleich dem Verkäufer den Kaufpreis. Die oHG (KG) ist in der Lage, als Klägerin den Anspruch auf Übereignung und Übergabe der Waren gegen den Verkäufer einzuklagen. Da sie zwar partei-, aber nicht prozessfähig ist (vgl. §§ 50 f. ZPO), wird sie im Rechtsstreit durch die Gesellschafter vertreten.

2. Entstehung

51 a) Für die Entstehung einer oHG oder KG im Verhältnis zu Dritten ist neben dem **Abschluss eines Gesellschaftsvertrags** der Beginn der Geschäfte oder die Eintragung ins Handelsregister erforderlich (§ 123; § 161 II).

b) Ist eine oHG oder KG entstanden und in Vollzug gesetzt, können Gründungsmängel nicht zur rückwirkenden Vernichtung der Handelsgesellschaft führen (Lehre von der fehlerhaften Gesellschaft). 51a

So kann die Nichtigkeit oder Anfechtbarkeit des Gesellschaftsvertrags nur mit Wirkung für die Zukunft (durch Auflösungsklage gem. § 133) geltend gemacht werden.

3. Kaufmannseigenschaft

a) Die oHG und die KG sind Kaufleute (§ 6 I, §§ 1 ff.). 52

b) Ob auch **der einzelne Gesellschafter Kaufmann** ist, ist umstritten. Nach der bislang noch herrschenden Ansicht muss man unterscheiden: 52a

(1) Der persönlich haftende Gesellschafter betreibt das Unternehmen auf eigenes Risiko, so dass ihm die Kaufmannseigenschaft zukommt (BGHZ 34, 293, 296 f.; Heymann/*Emmerich*, § 1 Rn. 15).

(2) Der Kommanditist ist dagegen nicht „Inhaber" des Unternehmens. Die Gesellschaft wird nicht in seinem Namen geführt; er haftet für die Verbindlichkeiten der KG nur mit seiner Einlage (§ 171) und ist von der Geschäftsführung (§ 164) und Vertretung (§ 170) ausgeschlossen (BGHZ 45, 282, 285).

Problematisch an der herrschenden Auffassung ist, dass sie sich über den eindeutigen Wortlaut des § 1 hinwegsetzt. Kaufmann ist danach, wer ein Handelsgewerbe betreibt (§ 1 I). Das Handelsgewerbe wird aber gerade von der Gesellschaft und nicht von den einzelnen Gesellschaftern betrieben. Sie sind bei entsprechender Vertretungsbefugnis zwar organschaftliche Vertreter der Gesellschaft als Formkaufmann, nicht aber selbst Kaufleute (Großkomm/*Schäfer* § 105 Rn. 77 ff.). Diese Trennung wird von den Anhängern der vorherrschenden Auffassung missachtet. Zudem überzeugt es nicht, persönlich haftende Gesellschafter stets pauschal als Kaufleute anzusehen, Kommanditisten dagegen, selbst wenn sie geschäftsleitend tätig sind, nicht.

c) Überzeugender erscheint es demgegenüber, die Gesellschafter einer oHG oder KG grundsätzlich nicht als Kaufleute anzusehen und stattdessen im Einzelfall eine an Fallgruppen orientierte analoge Anwendung der handelsrechtlichen Vorschriften auf die Gesellschafter vorzunehmen. 52b

(1) Reine Statusnormen, die nur auf die Kaufmannseigenschaft abstellen, aber keinen weiteren Handelsbezug aufweisen (§ 109 GVG,

§§ 29, 38 ZPO) sind danach stets auf persönlich haftende Gesellschafter und geschäftsleitend tätige Kommanditisten anwendbar (Münch-Komm/*K. Schmidt*, § 105 Rn. 16). Insofern besteht kein wesentlicher Unterschied zur bislang vorherrschenden Ansicht.

(2) Die analoge Anwendung von Normen, die über die Kaufmannseigenschaft hinaus den Abschluss eines Handelsgeschäfts erfordern (insbesondere §§ 343 ff.), kann demgegenüber nur in einem sehr viel restriktiveren Maß erfolgen. Nach § 343 I ist Voraussetzung ihrer Anwendung, dass ein Kaufmann ein Geschäft abschließt, welches zum Betrieb seines Handelsgewerbes gehört. Kaufmann ist aber, wie gezeigt, nur die Gesellschaft selbst und nicht der Gesellschafter. Eine analoge Anwendung der entsprechenden Normen auf einen Gesellschafter ist daher nur zulässig, wenn ein durch den Gesellschafter **im eigenen Namen** abgeschlossenes Geschäft einen Bezug zur Geschäftstätigkeit der Gesellschaft aufweist, also im Zusammenhang mit der Gesellschafterstellung oder dem Gesellschaftszweck steht (vgl. Baumbach/Hopt/*Roth*, § 105 Rn. 22). Dabei ist wiederum unerheblich, ob der Gesellschafter persönlich haftet oder ein geschäftsführender Kommanditist ist. Eine analoge Anwendung der Vorschriften auf persönliche Geschäfte des Gesellschafters außerhalb der Geschäftstätigkeit der Gesellschaft ist hingegen ausgeschlossen.

Hat B im **Fall b** den Vertrag im eigenen Namen geschlossen, greift § 377 nicht ein, weil B als Kommanditist kein Kaufmann ist (so die h. M.) bzw. das Geschäft keinen Bezug zur Geschäftstätigkeit der Gesellschaft aufweist (hier vertretene Ansicht). Hat er (ohne hierzu nach §§ 164 BGB, 54 bevollmächtigt zu sein) im Namen der KG gehandelt, ist der Vertrag schwebend unwirksam, weil dem B als Kommanditisten die (gesellschaftsrechtliche) Vertretungsmacht fehlt (§ 170).

Ist B im **Fall c** namens der KG aufgetreten, ist diese Vertragspartei, da der persönlich haftende Gesellschafter zur Vertretung der KG befugt ist (§§ 161 II, 125 I). Weil die KG Kaufmann ist, kann § 377 eingreifen. – Sofern B den Kaufvertrag im eigenen Namen abgeschlossen hat, ist er selbst Vertragspartei und nach der noch vorherrschenden Ansicht als persönlich haftender Gesellschafter automatisch auch Kaufmann. Richtigerweise ist § 377 nicht, auch nicht analog anwendbar, da der Kaufvertrag für B kein Handelsgeschäft ist und, sofern die Waren für ihn selbst bestimmt sind, auch kein Bezug zum von der KG betriebenen Handelsgewerbe und zur Gesellschafterstellung vorliegt.

X schließt in **Fall d** den Bürgschaftsvertrag im eigenen Namen. Da der Vertragsschluss aber im Zusammenhang mit seiner Gesellschafterstellung in der KG steht, ist X jedoch im Hinblick auf § 350 als Kaufmann anzusehen. Die Vorschrift ist mithin auch nach der hier vertretenen Ansicht analog anwendbar, sodass die Bürgschaftserklärung keiner Schriftform bedurfte. Zum gleichen Ergebnis käme die h. M.

III. Sonderformen

Neben den genannten Kapitalgesellschaften und den Personenhandelsgesellschaften gibt es weitere Gesellschaftsformen, die vom Gesetz entweder ausdrücklich als Handelsgesellschaften eingestuft oder diesen gleichgestellt werden. 53

So ist die Europäische Wirtschaftliche Interessenvereinigung (EWIV), eine supranationale durch EU-Verordnung eingeführte Gesellschaft, kraft gesetzlicher Anordnung Handelsgesellschaft (vgl. § 1 EWIV-Ausführungsgesetz).

Die EWIV bezweckt die Erleichterung und Förderung grenzüberschreitender Zusammenarbeit. Sie kann von mindestens zwei Personen (Gesellschaften) aus unterschiedlichen Mitgliedstaaten der EU gegründet werden. Subsidiär finden auf die EWIV neben der EWG-Verordnung Nr. 2137/85 und dem EWIV-Ausführungsgesetz die Vorschriften des HGB zur oHG entsprechende Anwendung.

Die eingetragenen Genossenschaften sind zwar keine Handelsgesellschaften, gelten aber gem. § 17 II GenG als Kaufleute. Entsprechendes gilt für die Europäische Genossenschaft (SCE).

§ 4. Kaufmann kraft Eintragung und Scheinkaufmann

Fall a: A hat sich gegenüber B zur Überlassung eines Ladenlokals an einem bestimmten Tag und zu einer hohen Vertragsstrafe für jeden Tag der Fristüberschreitung verpflichtet. A bittet im Prozess um Herabsetzung der Vertragsstrafe (§ 343 BGB; → Rn. 378). B macht geltend, eine Herabsetzung scheide wegen § 348 (→ Rn. 379 ff.) aus, weil A als Kaufmann im Handelsregister eingetragen sei. A weist darauf hin, er sei Schriftsteller und zu Unrecht im Handelsregister eingetragen. → Rn. 58 54

Fall b: Wie ist es, wenn A nicht im Handelsregister steht, vor Vertragsschluss dem B aber auf Befragen wahrheitswidrig erklärt hat, er sei „Kaufmann i. S. d. Handelsrechts"? → Rn. 68

I. Kaufmann kraft Eintragung (§ 5)

Ist eine Firma im Handelsregister eingetragen, so kann nach § 5 gegenüber dem, der sich auf die Eintragung beruft, nicht geltend gemacht werden, dass das unter der Firma betriebene Gewerbe kein 54a

Handelsgewerbe sei. Der Eingetragene ist Kaufmann, weil die Handelsgewerblichkeit – nicht die Kaufmannseigenschaft! – fingiert wird. Der vielfach hierfür verwendete Begriff des Fiktivkaufmanns ist daher ungenau.

1. Sinn und Anwendungsbereich des § 5

55 a) Im Einzelfall kann die Beurteilung schwierig sein, ob für den konkreten Betrieb eine kaufmännische Geschäftseinrichtung erforderlich ist und der Inhaber damit Kaufmann nach § 1 ist. Vergleichbare Abgrenzungsschwierigkeiten bot auch das bis 1998 geltende Recht. § 5 hatte daher ursprünglich die Funktion, die Unsicherheit darüber, ob die Voraussetzungen der Kaufmannseigenschaft vorliegen, zu beseitigen. Ist jemand im Handelsregister eingetragen, so erübrigt sich jede Diskussion, ob das ausgeübte Gewerbe tatsächlich ein Handelsgewerbe ist. Der Betreffende ist Kaufmann kraft Eintragung.

Seit der Neufassung der §§ 1, 2 durch das HRefG 1998 ist die praktische Bedeutung der Vorschrift nahezu vollständig aufgehoben. Die von § 2 erfassten Kleingewerbetreibenden erhalten seither durch eine freiwillige Registereintragung den Kaufmannsstatus. Eines Rückgriffs auf § 5 bedarf es also nicht mehr. Die unter § 1 fallenden Istkaufleute sind dagegen ganz unabhängig von der Eintragung Kaufleute, so dass § 5 hier ebenfalls nicht greift. Rechtliche Unsicherheiten ergeben sich nur in dem Fall des *nicht eingetragenen* Gewerbetreibenden, bei dem strittig ist, ob er eines in kaufmännischer Weise eingerichteten Geschäftsbetriebs bedarf. Hier hilft aber § 5 naturgemäß nicht weiter.

56 Die Kaufmannseigenschaft wird durch §§ 1, 2 allerdings dann nicht vermittelt, wenn der Unternehmer überhaupt kein Gewerbe betreibt. Den danach denkbaren Fall der Eintragung eines nicht gewerblichen Unternehmens soll § 5 aber nach jedenfalls ganz überwiegender Auffassung nicht betreffen (BGHZ 32, 307, 313 f.; Großkomm/*Oetker*, § 5 Rn. 8 f.; Baumbach/Hopt/*Hopt*, § 5 Rn. 2, 5; a. A. MünchKomm/ *K. Schmidt*, § 5 Rn. 22). Für die h. M. spricht der eindeutige Gesetzeswortlaut, der einen Gewerbebetrieb voraussetzt.

Ohnehin keine Bedeutung hat § 5 für Kapitalgesellschaften (§ 6 II; → Rn. 49). Sie sind mit ihrer Eintragung Kaufleute, selbst wenn sie überhaupt kein Gewerbe betreiben.

57 Damit verbleibt Raum für § 5 nur bei einem restriktiven (eingeschränkt subjektiven) Verständnis des § 2. Denkbar ist zum einen

die Konstellation eines zunächst als Istkaufmann gem. § 29 eintragungspflichtigen Kaufmanns, der seine Eintragung in das Handelsregister betrieben hat, aber nachträglich auf den Status eines Kleingewerbetreibenden absinkt. Hier liegt kein Fall des § 2 vor, wenn man unterstellt, dass diese Norm von der freiwilligen Eintragung einer nicht eintragungspflichtigen Person ausgeht. Geht der Kleingewerbetreibende irrtümlich – entgegen § 2 – von einer Eintragungs*pflicht* aus, lassen sich Zweifel über die Kaufmannseigenschaft ebenfalls durch einen Rückgriff auf § 5 beseitigen (zu beiden Fallkonstellationen instruktiv *Canaris*, § 3 Rn. 49 ff.).

2. Voraussetzungen

a) Die **Firma** (also der Name einer Person als Kaufmann) muss im Handelsregister **eingetragen** sein. 58

Ohne Registereintragung kann jemand Kaufmann kraft Rechtsscheins sein (→ Rn. 63 ff.).

b) Es muss unter der Firma ein **Gewerbe betrieben** werden (h. M., → Rn. 25 ff., → Rn. 56). Wird also ein freiberuflicher Unternehmer irrtümlich in das Handelsregister eingetragen, vermittelt auch § 5 nicht die Kaufmannseigenschaft.

Im **Fall a** betreibt A kein Gewerbe, da er Freiberufler ist (→ Rn. 30). Infolgedessen ist § 5 unanwendbar. Liegt kein Gewerbebetrieb vor, kann § 15 (→ Rn. 78 ff.) oder die Lehre vom Rechtsschein eingreifen.

c) § 5 ist dem Wortlaut nach nur anwendbar, wenn eine Partei sich 59 **auf die Eintragung beruft**. Im Zivilprozess gilt grundsätzlich der Verhandlungsgrundsatz. Danach bringen die Prozessparteien den Tatsachenstoff vor; das Gericht ermittelt den Sachverhalt nicht von Amts wegen. Also prüft das Gericht im Zivilprozess nicht von sich aus, ob eine Registereintragung vorliegt. Vielmehr muss die Tatsache der Eintragung von einer Partei vorgetragen werden, wenn das Gericht sie berücksichtigen soll (a. A. Baumbach/Hopt/*Hopt*, § 5 Rn. 4).

3. Folgen

a) Liegen die Voraussetzungen des § 5 vor, sind **bestimmte Einwendungen ausgeschlossen**. Es kann nicht mit Erfolg geltend gemacht werden, dass das unter der Firma betriebene Gewerbe kein Handelsgewerbe sei. Vielmehr werden das Gewerbe als Handelsgewerbe und der Gewerbetreibende als Kaufmann angesehen. 60

61 **b) § 5 wirkt für und gegen alle.** Jedermann kann sich auf die Handelsregistereintragung berufen.
(1) Die unwiderlegliche Vermutung kann sich also **zugunsten eines Dritten** und gegen den Eingetragenen auswirken. Dabei ist es nicht erforderlich, dass der Dritte die Eintragung gutgläubig für richtig hält. Denn § 5 bezweckt keinen Vertrauensschutz, sondern will klare Verhältnisse schaffen.
(2) § 5 gilt aber auch **zugunsten des Eingetragenen selbst** und gegen einen Dritten. Auf Gutgläubigkeit kommt es ebenfalls nicht an. Allerdings kann die Berufung auf § 5 im Einzelfall gegen Treu und Glauben (§ 242 BGB) verstoßen.

62 **c) § 5 wirkt nicht über den privatrechtlichen Rechtsverkehr hinaus** (etwa im Straf- und Steuerrecht); nur das entspricht dem Sinn der Vorschrift, die Sicherheit im Rechtsverkehr zu fördern. Außerdem gilt § 5 nach dem Gesetzeszweck nur im **rechtsgeschäftlichen Verkehr**, nicht aber im Deliktsrecht (h. M.; *Canaris*, § 3 Rn. 58; a. A. *K. Schmidt*, § 10 III Rn. 41 f.).

II. Scheinkaufmann

1. Bedeutung der Lehre vom Rechtsschein

63 § 5 reicht nicht aus, um die Sicherheit des Rechtsverkehrs zu gewährleisten, denn er greift nur ein, wenn die Eintragung der Firma im Handelsregister erfolgt ist. Der Rechtsverkehr verlangt aber auch dann Schutz, wenn jemand, der nicht ins Handelsregister eingetragen worden ist, sich wie ein Kaufmann aufführt, ohne es zu sein. Hier hilft die Lehre vom Rechtsschein weiter (dazu: MünchKomm/*K. Schmidt*, § 5 Anh. Rn. 1 ff.).

Aus einer Reihe von Spezialvorschriften (z. B. §§ 171, 405, 409 BGB) lässt sich ein Prinzip herleiten, das letztlich auf dem **Grundsatz von Treu und Glauben** beruht: Wer in zurechenbarer Weise einen Rechtsschein veranlasst hat, ist weniger schutzwürdig als der auf den Schein redlich vertrauende Dritte. Deshalb muss er sich gegenüber dem vertrauenden Dritten nach dem Maß des Rechtsscheins behandeln lassen, den er erweckt hat.

Dieser Rechtsscheingedanke liegt z. B. der Duldungs- und Anscheinsvollmacht (*Brox/Walker*, AT, Rn. 562 ff.) zugrunde: Ohne Vollmachtserteilung muss sich der Vertretene so behandeln lassen, als ob er Vollmacht erteilt hätte, wenn er in zurechenbarer Weise den Rechtsschein gesetzt hat, dass er den für ihn Handelnden bevollmächtigt habe, und der Dritte nach Treu und Glauben mit Rücksicht auf die Verkehrssitte aus dem äußeren Geschehen auf eine Bevollmächtigung schließen kann und schließt.

Der Rechtsscheingedanke hat vor allem im Handelsverkehr große Bedeutung: Wer selbst den Anschein erweckt oder den durch einen anderen erweckten Schein gegen sich gelten lassen muss, Kaufmann oder persönlich haftender Gesellschafter einer Personenhandelsgesellschaft (oHG, KG) zu sein, muss es sich gefallen lassen, gegenüber einem Dritten, der diesem Schein vertraut, wie ein Kaufmann oder ein (persönlich haftender) Gesellschafter behandelt zu werden.

Demgegenüber geht die These „Wer im Rechtsverkehr als Kaufmann auftritt, gilt als Kaufmann" (so *Hermann Staub*) zu weit. Einmal kann etwa derjenige, der nach § 2 durch Handelsregistereintragung Kaufmann werden kann, sich nicht selbst (ohne Eintragung) durch sein bloßes Verhalten zum Kaufmann machen (vgl. RGZ 89, 163); schutzwürdig ist nicht, wer sich als Kaufmann gebärdet, sondern nur der, gegenüber dem er als Kaufmann auftritt. Auch dieser Dritte verdient nur dann Schutz, wenn er redlich auf die Kaufmannseigenschaft vertraut und in diesem Vertrauen eine Rechtshandlung vornimmt.

2. Voraussetzungen

Der Scheinkaufmann muss in zurechenbarer Weise den Rechtsschein, er sei Kaufmann, gesetzt haben, und dieser Rechtsschein muss für die Rechtshandlung des Dritten ursächlich sein.

a) Jemand muss den **Rechtsschein gesetzt** haben, dass er Kaufmann sei. Der Rechtsschein kann (ausdrücklich oder konkludent) gegenüber der Öffentlichkeit oder einem Dritten erweckt werden. Dabei braucht es sich nicht um eine Willenserklärung zu handeln. Zudem kann auch das Verhalten einer anderen Person einen Rechtsschein erzeugen.

Beispiele: Ausdrückliche wahrheitswidrige Behauptung während der Vertragsverhandlungen, Kaufmann zu sein; Gebrauch einer Firma mit unzutreffendem Rechtsformzusatz (e. K., e. Kfr.; oHG, KG) im Bestellschein; großspurige Angaben über Art und Umfang des Unternehmens (z. B. Brotfabrik statt Bäckerei) in Briefköpfen oder Zeitungsanzeigen, wodurch für den unbefangenen Leser der Eindruck erweckt wird, es handele sich um einen in kaufmännischer Weise eingerichteten Gewerbebetrieb; Behauptung des Maklers gegenüber dem Verkaufswilligen, der Kaufinteressent sei Kaufmann. Nicht ausreichend ist dagegen die Verwendung einer den Anforderungen des § 18 genügenden Geschäftsbezeichnung ohne Rechtsformzusatz.

b) Der Rechtsschein muss dem Scheinkaufmann **zurechenbar** sein.

(1) Das ist grundsätzlich der Fall, wenn er **selbst** den Rechtsschein gesetzt hat. Ein Verschulden ist nicht erforderlich.

(2) Ist der Schein **von einer anderen Person** erweckt worden, so ist er dem Scheinkaufmann nur zurechenbar, wenn dieser das Verhalten des anderen kennt oder wenigstens bei pflichtgemäßer Sorgfalt erkennen kann. Außerdem muss ihm ein Einschreiten zur Zerstörung des Scheins zumutbar sein. Ein Unterlassen allein ist nicht zurechenbar; es muss dem Scheinkaufmann vorwerfbar sein, dass er den von einem anderen gesetzten Rechtsschein nicht von vornherein verhindert oder ihn nicht zerstört hat.

Erklärt der Makler M gegenüber dem Kaufinteressenten K fälschlicherweise, der verkaufswillige V sei Kaufmann, so ist dieser Rechtsschein dem V zuzurechnen, wenn M die Behauptung im Beisein des V aufstellt und V sie nicht richtig stellt. Entsprechendes gilt, wenn M eine solche Äußerung in Briefen an K gemacht und Abschriften dem V zur Kenntnisnahme übersandt hat, V diese Briefe aber ungelesen zu seinen Akten nimmt; in diesem Fall ist dem V vorzuwerfen, dass er die Briefe nicht gelesen, deshalb keine Kenntnis von der Behauptung des M erlangt und infolgedessen nichts zur Beseitigung des Scheins getan hat.

Der zurechenbare Rechtsschein kann nicht – etwa wegen Inhaltsirrtums nach § 119 I, 1. Alt. BGB – **angefochten** werden. Einmal braucht in dem Verhalten keine Willenserklärung zu liegen. Selbst wenn aber eine Willenserklärung gegeben ist, würde eine rückwirkende Vernichtung durch Anfechtung den Schutz des Dritten, der auf den Rechtsschein vertraut hat, wieder beseitigen, obwohl dessen Schutzbedürftigkeit fortbesteht.

(3) In jedem Fall muss der Scheinkaufmann **geschäftsfähig** sein, da sonst der Verkehrsschutz Vorrang vor dem Schutz des Nichtgeschäftsfähigen hätte; das entspricht nicht unserer Rechtsordnung (*Canaris*, § 6 Rn. 70; a. A. *K. Schmidt*, § 10 VIII Rn. 136).

66 c) Der Dritte muss hinsichtlich des Rechtsscheins **gutgläubig** (§ 932 II BGB analog) sein. Nur der gutgläubige Dritte ist schutzwürdig (anders bei § 5). Ein Schutz scheidet also aus, wenn der Dritte den wahren Sachverhalt kennt. Sofern ihm der Sachverhalt unbekannt ist, kommt es darauf an, ob der Sachverhalt evident war, der Dritte also grob fahrlässig gehandelt hat (h. M.; a. A. Baumbach/Hopt/ *Hopt*, § 5 Rn. 12: leichte Fahrlässigkeit genügt). Die Berufung auf den Rechtsschein ist nicht schon dann ausgeschlossen, wenn dieser durch Einsicht in das Handelsregister hätte zerstört werden können.

67 d) Der Rechtsschein muss für die Rechtshandlung des Dritten **ursächlich** sein (anders bei § 5). Der Dritte muss durch das Verhalten des Handelnden zu der Auffassung gelangt sein, dieser sei Kaufmann,

§ 4. Kaufmann kraft Eintragung und Scheinkaufmann   35

und das Vertrauen auf den Rechtsschein muss den Dritten zu seiner Rechtshandlung veranlasst haben (vgl. BGHZ 17, 13, 19; 22, 234, 238). Das Kausalitätserfordernis hat zur Folge, dass der Rechtsscheinsgrundsatz nur im Bereich des geschäftlichen Verkehrs greift.

3. Folgen

a) Der Rechtsschein wirkt **zugunsten des Dritten** und nicht gegen ihn. Ihm gegenüber gilt der verursachte Schein als echt; gegenüber dem Dritten kann sich der Scheinkaufmann nicht mit Erfolg auf seine in Wirklichkeit fehlende Kaufmannseigenschaft berufen. 68

Im **Fall b** muss sich A gegenüber B wie ein Kaufmann behandeln lassen, obwohl er es nicht ist.

Der Rechtsschein besteht zugunsten des Dritten auch dann, wenn eine zwingende, also durch Parteivereinbarung nicht abdingbare, Vorschrift entgegensteht (*K. Schmidt,* § 10 VIII Rn. 141; str.). Nur diese Lösung dient dem Vertrauensschutz in ausreichendem Maße.

Beispiel: Das Verbot, ein an sich unzuständiges Gericht als zuständig zu vereinbaren (vgl. § 38 I ZPO), greift nicht ein, wenn eine Partei Kaufmann ist und die andere Partei sich – obwohl Nichtkaufmann – doch wegen des von ihr erweckten Rechtsscheins wie ein Kaufmann behandeln lassen muss.

Der gutgläubige Dritte ist nur so weit schutzwürdig, wie der Rechtsschein reicht.

Der Rechtsschein wirkt immer nur zulasten des Scheinkaufmanns, nicht aber zulasten einer anderen Person, denn dieser kann der Rechtsschein nicht zugerechnet werden.

Wer sich von einem Scheinkaufmann eine fremde Sache übereignen lässt und nur gutgläubig an die Verfügungsbefugnis des Veräußerers glaubt, kann sich gegenüber dem Eigentümer nicht auf den erweiterten Gutglaubensschutz des § 366 I berufen (→ Rn. 310).

b) Der Scheinkaufmann ist **nicht Kaufmann;** er bleibt, was er ist (Nichtkaufmann). 69

Er ist also nicht buchführungs- und eintragungspflichtig.

Empfehlungen zur vertiefenden Lektüre:
Rechtsprechung: *BGH* NJW 1983, 2085 (Apotheke als Handelsgewerbe); *BGH* NJW 1999, 2967 (Kaufmannseigenschaft des Inhabers eines Handwerksbetriebs mit Warenhandel); *BGH* NJW 2006, 431 (Kaufmannseigenschaft von geschäftsführenden Alleingesellschaftern von Kapitalgesellschaften); *OLG Köln* NJW-RR 2001, 897 (Begriff des Nebengewerbes eines land-

oder forstwirtschaftlichen Unternehmens); *OLG Karlsruhe* MDR 2002, 1269 (Prorogationsfähigkeit bei Nachweis eines Gewerbebetriebs); *OLG Dresden* NJW-RR 2002, 33 (Erforderlichkeit eines in kaufmännischer Weise eingerichteten Geschäftsbetriebs); *OLG Stuttgart* JuS 2000, 298 (mit Anm. *K. Schmidt*) (Kaufmannseigenschaft eines gemeindlichen Eigenbetriebs).

Literatur: *Bülow/Artz,* Neues Handelsrecht, JuS 1998, 680; *Dreher,* Der neue Handelsstand, in: Die Reform des Handelsstandes und der Personengesellschaften, 1999, S. 1; *Henssler,* Gewerbe, Kaufmann und Unternehmen – Herkunft und Zukunft der subjektiven Anknüpfung des Handelsrechts, ZHR 161 (1997), 13; *Hohmeister,* Die Bedeutung des § 5 HGB seit der Handelsrechtsreform 1998, NJW 2000, 1921; *Lieb,* Probleme des neuen Kaufmannsbegriffs, NJW 1999, 35; *Mönkemöller,* Die „Kleingewerbetreibenden" nach neuem Kaufmannsrecht, JuS 2002, 30; *Neumann,* Der Kaufmannsbegriff als Anknüpfungspunkt für die Anwendbarkeit des Handelsrechts – Überlegungen zum persönlichen Anwendungsbereich von Handelsrechtsnormen, 2006; *v. Olshausen,* Wider den Scheinkaufmann des ungeschriebenen Rechts, FS Raisch, 1995, S. 147; *Petersen,* Kaufmannsbegriff und Kaufmannseigenschaft nach dem Handelsgesetzbuch, Jura 2005, 831; *Petig/Freisfeld,* Die Kaufmannseigenschaft, JuS 2008, 770; *K. Schmidt,* Das Handelsrechtsreformgesetz, NJW 1998, 2161; *ders.,* Fünf Jahre „neues Handelsrecht", JZ 2003, 585; *ders.,* Unternehmer – Kaufmann – Verbraucher, BB 2005, 837; *K. P. Schulz,* Die Neuregelung des Kaufmannsbegriffs, JA 1998, 890; *Schulze-Osterloh,* Der Wechsel der Eintragungsgrundlagen der Kaufmannseigenschaft (§§ 1, 2, 105 Abs. 2 HGB) und der Anwendungsbereich des § 5 HGB, ZIP 2007, 2390; *Treber,* Der Kaufmann als Rechtsbegriff im Handels- und Verbraucherrecht, AcP 199 (1999), 525.

Zweiter Abschnitt. Das Handelsregister

§ 5. Das Handelsregister und das formelle Registerrecht

70 **Fall a:** Der Kaufmann K hat seinen Angestellten A zum Einkäufer bestellt und ihm eine entsprechende Vollmacht zum Abschluss von Kaufverträgen erteilt. Er meldet beim Registergericht die Eintragung der Vollmacht des A ins Handelsregister an. → Rn. 71, 76

Fall b: A, B und C gründen eine oHG. C widersetzt sich einer Eintragung ins Handelsregister. Kann C zur Anmeldung gezwungen werden? → Rn. 75

I. Begriff und Bedeutung

1. Begriff

Das Handelsregister ist ein öffentliches Verzeichnis bestimmter Tatsachen, die im Handelsverkehr rechtserheblich sind.
a) Das Verzeichnis ist **öffentlich**. Deshalb hat **jedermann** nach § 9 I 1 das Recht auf Einsichtnahme, sei es auch nur, um seine Neugierde zu befriedigen. Dieses Recht umfasst auch die Erstellung eines Ausdrucks bzw. einer Abschrift des Registers sowie der zu ihm eingereichten Schriftstücke, vgl. § 9 IV. Die Einsicht erfolgt entweder über die Geschäftsstelle des jeweiligen Registergerichts oder über das von den Ländern gemeinsam errichtete Internetportal www.handelsregister.de. Ferner kann jedermann die Erteilung eines Zeugnisses darüber verlangen, wer Inhaber einer im Register eingetragenen Firma und wer zur Vertretung befugt ist; außerdem hat das Gericht ihm auf Antrag eine (negative) Bescheinigung darüber auszustellen, dass bezüglich des Gegenstands einer Eintragung weitere Eintragungen nicht vorhanden sind oder dass eine bestimmte Eintragung nicht erfolgt ist (Einzelheiten: § 9 V). Der Information der Öffentlichkeit dient die seit dem 1. Januar 2007 elektronische Veröffentlichung bzw. Bekanntmachung der Eintragungen in dem von der Landesjustizverwaltung bestimmten elektronischen Informations- und Kommunikationssystem nach § 10 (dazu → Rn. 72).

70a

b) In das Handelsregister gehören solche **Tatsachen, die für den Handelsverkehr rechtserheblich** sind. Es muss sich um eintragungsfähige Tatsachen handeln. Dazu zählen einmal solche, deren Eintragung das Gesetz vorschreibt (= eintragungspflichtige Tatsachen), zum anderen aber auch solche, deren Eintragung gesetzlich nicht geboten, aber doch gesetzlich erlaubt ist (= bloß eintragungsfähige Tatsachen).

71

Beispiele für eintragungspflichtige Tatsachen: Die Firma des Kaufmanns (§ 29), die Erteilung und das Erlöschen der Prokura (§ 53; → Rn. 196, → Rn. 211), die Gründung einer AG oder GmbH (§ 36 AktG; § 7 GmbHG).

Beispiele für bloß eintragungsfähige Tatsachen: Wer ein Handelsgewerbe erwirbt und es unter der bisherigen Firma fortführt, haftet nach § 25 I 1 (→ Rn. 129 ff.) für alle im Betrieb des Geschäfts begründeten Verbindlichkeiten. Zwar ist eine abweichende Vereinbarung möglich; jedoch ist sie einem Dritten gegenüber u. a. nur dann wirksam, wenn sie ins Handelsregister eingetragen und bekannt gemacht worden ist (§ 25 II). Die abweichende Vereinbarung ist also nicht eintragungspflichtig, aber im Interesse des Erwerbers gem.

§ 25 II eintragungsfähig, um Wirkungen gegenüber Dritten entfalten zu können.
Nicht eintragungsfähig ist z. B. die einfache Bevollmächtigung des A im Fall a; nur die Prokura ist einzutragen.

2. Die Bedeutung von Eintragung und Bekanntmachung

72 Das Handelsregister soll die im Handelsverkehr wichtigen Rechtsverhältnisse der Kaufleute offenbaren. Damit dient es den Interessen des Kaufmanns, seines Geschäftspartners und der Allgemeinheit. So kann sich der Kaufmann durch die von ihm beantragte Eintragung einer eintragungsfähigen Tatsache (z. B. nach § 25 II) entsprechende Mitteilungen (etwa an jeden seiner zahlreichen Kunden) ersparen (**Beweis- und Publizitätswirkung**). Die **Sicherheit und Leichtigkeit des Rechtsverkehrs** werden im Interesse der Geschäftspartner und der Allgemeinheit durch das Register gefördert. Ein Blick ins Register schützt vor Gefahren, die aus sonst unerkennbaren Rechtslagen (z. B. Vertretungs-, Haftungsverhältnissen) entstehen können. Die Allgemeinheit ist dadurch geschützt, dass das Registergericht vor der beantragten Eintragung die Voraussetzungen überprüft und damit eine Kontrolle durchführt (**Kontrollwirkung**).

Neben dem Handelsregister existiert für Eintragungen betreffend Genossenschaften nach dem GenG ein **Genossenschaftsregister** sowie für Eintragungen, die Partnerschaftsgesellschaften nach dem PartGG betreffen, ein **Partnerschaftsregister**. Auskunft über die tatsächlichen und rechtlichen Verhältnisse eines eingetragenen Vereins gibt das **Vereinsregister**.

Zur Verstärkung der Publizitätswirkung wird die Eintragungspflicht durch die Bekanntmachungspflicht des § 10 ergänzt. Danach sind die Eintragungen vom Gericht chronologisch in dem von der Landesjustizverwaltung bestimmten elektronischen Informations- und Kommunikationssystem öffentlich zu publizieren. Die Registereintragung und deren Bekanntmachung sind lediglich zwei Seiten derselben Medaille. Sie unterscheiden sich nur in der Darstellungsart, die im Fall der Eintragung im Register unternehmensbezogen und im Fall der Bekanntmachung chronologisch aufbereitet erfolgt. Die Beibehaltung der Bekanntmachung neben der gleichfalls elektronisch einsehbaren Eintragung lässt sich damit rechtfertigen, dass die Bekanntmachung – anders als die Registereintragung – ohne weitere Gebühren einsehbar ist (MünchKommHGB/*Krafka*, § 10 Rn. 4). Für die Rechtsfolgen stellt das Gesetz entsprechend den europäischen

Vorgaben der „Publizitätsrichtlinie" in der Regel auf die Bekanntmachung und nicht nur auf die Eintragung ab (vgl. → Rn. 78 ff.).

Neben den erwähnten Basisregistern wurde durch das EHUG (→ Rn. 73) das als Teil des Bundesanzeigers geführte **Unternehmensregister** geschaffen, vgl. § 8b. Dieses übernimmt ohne weitere Prüfung die Daten aus Handels-, Genossenschafts- und Partnerschaftsregister sowie anderen Quellen wie dem Bundesanzeiger. Unter www.unternehmensregister.de sind die entsprechenden Daten und Dokumente abrufbar. Die Führung des Unternehmensregisters obliegt dem Bundesministerium der Justiz. Dieses hat jedoch mit der Verordnung über die Übertragung der Führung des Unternehmensregisters und die Einreichung von Dokumenten beim Betreiber des (elektronischen) Bundesanzeigers (EBAnzV) von der Verordnungsermächtigung in § 9a I Gebrauch gemacht und die Führung auf die Bundesanzeiger Verlags-GmbH übertragen. Am 7. Juli 2012 ist eine EU-Richtlinie zur Verknüpfung der mitgliedstaatlichen Zentral-, Handels- und Gesellschaftsregister in Kraft getreten (Richtlinie 2012/17/EU des Europäischen Parlaments und des Rates vom 13.6.2012).

II. Formelles Handelsregisterrecht

1. Führung und Einrichtung des Registers

a) Das Handelsregister wird von den **Gerichten elektronisch** geführt (§ 8 I). Sachlich zuständig ist das Amtsgericht als Registergericht (§ 23a I Nr. 2 GVG, §§ 374 Nr. 1, 376 FamFG), örtlich zuständig das Gericht, in dessen Bezirk sich die Niederlassung befindet (§ 29). Die Führung des Registers kann für mehrere Amtsgerichtsbezirke einem Amtsgericht übertragen werden (Einzelheiten: § 376 II FamFG und entsprechende Verordnungen der Bundesländer). Inzwischen haben alle Bundesländer von dieser Möglichkeit Gebrauch gemacht. § 376 II 3 FamFG erlaubt es zudem, die Zuständigkeit eines Amtsgerichts auch über die Landesgrenzen hinaus auszudehnen. Die richterlichen Aufgaben sind in funktioneller Hinsicht grundsätzlich dem Rechtspfleger übertragen (§ 3 Nr. 2d RPflG; Ausnahmen: § 17 RPflG).

b) Das Handelsregister besteht aus **zwei Abteilungen** (§ 3 I Handelsregisterverordnung = HRV): In **Abteilung A** werden Einzelkaufleute, oHG, KG sowie die in § 33 genannten juristischen Personen eingetragen (§ 3 II HRV). In **Abteilung B** gehören die Kapitalgesellschaften (§ 3 III HRV). PartG und Genossenschaften werden in eigenständige Register eingetragen, vgl. Rn. 72.

2. Eintragungsverfahren

Das Registerverfahren ist in der Handelsregisterverordnung (HRV) von 1937 (vgl. bereits soeben, → Rn. 73a) näher geregelt.

74 a) Regelmäßig setzt die Eintragung ins Handelsregister eine entsprechende **Anmeldung** voraus. Dabei handelt es sich um eine verfahrensrechtliche Erklärung gegenüber dem Gericht (vgl. § 25 FamFG. Baumbach/Hopt/*Hopt*, § 12 Rn. 1).

Nur in Ausnahmefällen sind Eintragungen ohne Anmeldung, also von Amts wegen, vorzunehmen. Beispiele: Eröffnung des Insolvenzverfahrens (§ 32); Erlöschen der Firma (§ 31 II).

74a (1) Die Anmeldung zur Eintragung ist grundsätzlich elektronisch in öffentlich beglaubigter Form einzureichen (§ 12 I 1). Nach § 11 I kann die Anmeldung zusätzlich in jeder Amtssprache eines EU-Mitgliedstaates übermittelt werden.

Einzureichen ist also entweder eine öffentlich beglaubigte, schriftliche Erklärung nach § 129 BGB i. V. m. §§ 39 ff. BeurkG oder eine notarielle Urkunde über die Erklärung nach § 129 II BGB. Die Beglaubigung kann auch als einfaches elektronisches Zeugnis nach § 39a BeurkG erfolgen.

Die Anmeldung kann auch durch einen Bevollmächtigten erfolgen, vgl. § 12 I 2. Dabei ist zu beachten, dass die Vollmacht abweichend von § 167 BGB wie die Anmeldung selbst der Form nach § 12 I bedarf.

Auch Dokumente müssen nach § 12 II 1 in elektronischer Form eingereicht werden.

75 (2) Ist eine Tatsache eintragungspflichtig und kommt der zur Anmeldung Verpflichtete seiner Pflicht nicht nach, darf die Tatsache nicht von Amts wegen eingetragen werden. Vielmehr kommen folgende Möglichkeiten in Betracht:

(a) Das Registergericht hält den Anmeldepflichtigen durch Beugestrafen (Festsetzung von Zwangsgeld) zur Anmeldung an (§ 14 i. V. m. §§ 388 ff. FamFG).

Im **Fall b** ist die Gesellschaft von allen Gesellschaftern zur Eintragung ins Handelsregister anzumelden (§§ 106, 108). Der Rechtspfleger wird gegen C ein Zwangsgeld festsetzen, wenn dieser seiner Anmeldepflicht nicht nachkommt.

(b) Wer gegen den Anmeldepflichtigen einen Anspruch auf Anmeldung hat, kann den Pflichtigen auf Abgabe dieser Willenserklärung verklagen. Mit der Rechtskraft des der Klage stattgebenden Urteils gilt die Erklärung als abgegeben (§ 894 ZPO).

Im **Fall b** können A und B gegen C auf Abgabe der Anmeldeerklärung klagen. Die rechtskräftige Verurteilung des C ersetzt dessen Anmeldung.

(c) Wenn mehrere zur Anmeldung verpflichtet sind und einer von ihnen dieser Pflicht nicht nachkommt, genügt zur Eintragung die Anmeldung der übrigen, sofern durch eine rechtskräftige oder vollstreckbare Entscheidung des Prozessgerichts die Verpflichtung des Säumigen zur Mitwirkung bei der Anmeldung festgestellt ist (Einzelheiten: § 16 I). Diese Bestimmung stellt eine Erleichterung gegenüber § 894 ZPO dar: Es genügt eine noch nicht rechtskräftige Entscheidung, in der die „Feststellung" enthalten ist. Dabei braucht es sich nicht um ein Feststellungsurteil (§ 256 ZPO) zu handeln; es kann auch ein Leistungsurteil sein. Liegt eine solche Entscheidung vor, gebietet der Schutz der übrigen Beteiligten vor Nachteilen, die ihnen durch die Nichteintragung entstehen können, eine schnelle Eintragung.

Im **Fall b** können A und B eine entsprechende einstweilige Verfügung gegen C erwirken. Diese legen sie dann mit ihren Anmeldungen dem Registergericht vor.

b) Das Registergericht prüft auf die Anmeldung hin seine Zuständigkeit (Besonderheiten bei Zweigniederlassungen: §§ 13 ff.), die Berechtigung des Anmeldenden, die Formgültigkeit der Anmeldung und die Eintragungsfähigkeit der angemeldeten Tatsache (formelles Prüfungsrecht). 76

Im **Fall a** lehnt das Registergericht die Eintragung der Vollmacht mangels Eintragungsfähigkeit ab.

Da für das Verfahren der **Amtsermittlungsgrundsatz** (§ 26 FamFG) gilt, hat das Registergericht nach zutreffender Ansicht auch die sachliche Richtigkeit (Wahrheit) der Erklärungen zu überprüfen, wenn sich begründete Zweifel ergeben (materielles Prüfungsrecht).

Das Registergericht darf nicht eintragen, wenn durch rechtskräftige oder vollstreckbare Entscheidung die Vornahme einer Eintragung für unzulässig erklärt ist (Einzelheiten: § 16 II).

c) Die Eintragung erfolgt, sobald die Prüfung des Registergerichts ergibt, dass alle Voraussetzungen hierfür erfüllt sind. Nach § 8a I wird die Eintragung wirksam, sobald sie in den hierfür bestimmten Datenspeicher aufgenommen ist und auf Dauer inhaltlich unverändert in lesbarer Form wiedergegeben werden kann. 77

Anschließend wird die Eintragung elektronisch bekannt gemacht (§§ 10 f.); wovon der Antragsteller zu benachrichtigen ist (§§ 383 I FamFG, 36 HRV). Die Bundesländer haben unter www.handelsregisterbekanntmachungen.de ein gemeinsames System für elektronische Bekanntmachungen eingerichtet (→ Rn. 72).

Empfehlungen zur vertiefenden Lektüre:
Rechtsprechung: BGHZ 108, 32 = NJW 1989, 2818; *OLG Hamm* NJW-RR 1991, 1256 (beide zur Einsicht in das Handelsregister); BGH WM 2007, 414 (Schadensersatzhaftung des Staates bei vermeidbarer Verzögerung der Bearbeitung von Anträgen).
Literatur: *Buchheim,* Die Publizität der Kapitalgesellschaften & Co. nach dem EHUG, DB 2010, 1133; *Fleischhauer/Preuß,* Handelsregisterrecht, 2006; *Keidel/Krafka-Willer,* Registerrecht, 9. Aufl. 2013; *Kollhosser,* Handelsregister und private Datenbanken, NJW 1988, 2409; *Kort,* Paradigmenwechsel im deutschen Registerrecht: Das elektronische Handels- und Unternehmensregister – eine Zwischenbilanz, AG 2007, 801; *Krumm,* Praxisfragen bei der Regelpublizität nach Inkrafttreten des TUG, BB 2009, 1118; *Liebscher/Scharff,* Das Gesetz über elektronische Handelsregister und Genossenschaftsregister sowie das Unternehmensregister, NJW 2006, 3745; *Lux,* Kenntnisfiktion qua Eintragung ins Handelsregister?, DStR 2006, 1968; *Melchior,* FamFG und Handelsregister – Was ändert sich?, NotBZ 2009, 318; *Noack,* Neue Publizitätspflichten und Publizitätsmedien für Unternehmen – eine Bestandsaufnahme nach EHUG und TUG, WM 2007, 377; *Paefgen,* Handelsregisterpublizität und Verkehrsschutz im Lichte des EHUG, ZIP 2008, 1653; *Schlotter/Reiser,* Ein Jahr EHUG – die ersten Praxiserfahrungen, BB 2008, 118; *Ulmer,* Handelsregisterführung durch die Industrie- und Handelskammer, ZRP 2000, 47.

§ 6. Die Publizitätswirkungen des Handelsregisters

78 **Fall a:** Nachdem K eine dem P erteilte, eingetragene und bekannt gemachte Prokura (vgl. → Rn. 194 ff.) am 1.2. widerrufen hat, schließt P am 1.4. im Namen des K einen Kaufvertrag mit D. Als D Erfüllung des Vertrags verlangt, macht K geltend, P habe wegen des Widerrufs der Prokura keine Vertretungsmacht gehabt. D weist darauf hin, dass er von dem Widerruf nichts gewusst habe und dieser – was zutrifft – nicht ins Handelsregister eingetragen worden sei. → Rn. 78, → Rn. 83 ff.

Fall b: Wie ist zu entscheiden, wenn im Fall a das Erlöschen der Prokura ins Handelsregister eingetragen und am 1.3. bekannt gemacht worden ist? → Rn. 87, → Rn. 90

Fall c: P, der als Prokurist des K im Handelsregister eingetragen ist, obwohl ihm keine Prokura erteilt worden war, kündigt im Namen des K dem D ein Darlehen. D hält die Kündigung mangels Vertretungsmacht des P für unwirksam. K, dem die Kündigung sehr gelegen kommt, beruft sich auf § 15 II. → Rn. 88 a

§ 6. Die Publizitätswirkungen des Handelsregisters 43

Fall d: K ernennt P zum Prokuristen; das wird richtig ins Handelsregister eingetragen. In der Bekanntmachung wird jedoch X als Prokurist genannt. X schließt im Namen des K einen Kaufvertrag mit D. Als D von K Vertragserfüllung verlangt, weist dieser auf die fehlende Vertretungsmacht des X hin. D beruft sich demgegenüber auf die Bekanntmachung. → Rn. 97f., → Rn. 100, → Rn. 103

Fall e: Wie ist zu entscheiden, wenn in Fall d eine Prokura des X bekannt gemacht worden ist, obwohl K überhaupt keine Prokura erteilt hat? → Rn. 97f., → Rn. 100, → Rn. 103

Fall f: K meldet zur Eintragung ins Handelsregister an, dass er dem P Prokura erteilt habe. Infolge eines Versehens des Registergerichts wird die Prokura des P im Handelsregisterblatt des Kaufmanns Meyer (M) eingetragen und entsprechend bekannt gemacht. Während M davon nichts erfährt, nützt P die falsche Eintragung und Bekanntmachung aus, indem er „als Prokurist des M" für diesen bei D, dem er die Bekanntmachung zeigt, einen Kredit aufnimmt. D verlangt von M Rückzahlung. Mit Recht? → Rn. 101, → Rn. 103

Das Gesetz legt den Eintragungen im Handelsregister und den entsprechenden Bekanntmachungen verschiedene Publizitätswirkungen bei. Diese sind in § 15 I–III normiert. Die diesbezüglich bestehenden Unterschiede zwischen beiden Publikationsformen haben an Bedeutung verloren, da sowohl die Eintragung als auch die Bekanntmachung heute in elektronischer Form erfolgen (vgl. dazu → Rn. 72).

I. Schutz Dritter bei Nichteintragung oder Nichtbekanntmachung einzutragender Tatsachen (§ 15 I)

1. Sinn des § 15 I

Solange das Handelsregister eine einzutragende Tatsache nicht aufweist und eine Bekanntmachung nicht erfolgt ist, darf ein gutgläubiger Dritter nach § 15 I davon ausgehen, dass die Rechtslage sich nicht verändert hat. Der Dritte kann sich auf das Schweigen des Handelsregisters verlassen, ohne einen Nachteil für sich befürchten zu müssen. § 15 I schützt also nicht (wie § 892 BGB beim Grundbuch) den guten Glauben an die Richtigkeit des im Handelsregister Eingetragenen; vielmehr soll man dem „Schweigen" des Handelsregisters vertrauen dürfen. Das „Reden" des Registers wird durch § 15 I hingegen nicht geschützt (sog. **negative Publizität**).

78a

Im **Fall a** ist die Prokura des P durch den Widerruf erloschen (vgl. § 52 I; → Rn. 206). Das Erlöschen der Prokura ist aber eintragungspflichtig (§ 53 III). Solange das Erlöschen nicht in das Handelsregister eingetragen worden ist, darf der gutgläubige D mithin auf das Schweigen des Registers vertrauen und infolgedessen davon ausgehen, dass die Prokura noch besteht und P deshalb zur Vertretung des K befugt ist. D kann also von K Vertragserfüllung verlangen.

2. Voraussetzungen des § 15 I

79 a) Es muss sich um eine konkrete **einzutragende Tatsache** handeln.
(1) Einzutragen sind die **eintragungspflichtigen Tatsachen** (Rn. 71), wie z. B. Erteilung und Erlöschen der Prokura (§ 53). Ist bereits die Erteilung der Prokura nicht eingetragen worden, so fragt sich, ob nach dem späteren Widerruf das Erlöschen der Prokura einzutragen ist (Fall der „**sekundären Unrichtigkeit**"). Das Register, in dem von der Prokura nichts steht, stimmt nach dem Widerruf der Prokura wieder mit der wirklichen Rechtslage überein. Deshalb wird zwar das Registergericht den Kaufmann, der die Prokura erteilt und widerrufen hat, nicht zur Anmeldung zwingen. Ein Dritter darf sich aber hinsichtlich des Fortbestehens der Prokura trotzdem auf die Nichteintragung des Erlöschens berufen (§ 15 I). Das Handelsregister kann zwar wegen zweimaliger Nichteintragung wieder richtig geworden sein. Aber deshalb scheidet ein Vertrauensschutz nach § 15 I nicht aus (h. M.; *BGH* NJW 1983, 2258, 2259; Heymann/*Sonnenschein/Weitemeyer*, § 15 Rn. 9; Baumbach/Hopt/*Hopt*, § 15 Rn. 11). Die Bestimmung schützt nicht das Vertrauen auf die Richtigkeit des Registers, sondern darauf, dass eine Veränderung nicht eingetreten ist, wenn sie nicht eingetragen wurde. Wer sich auf § 15 I beruft, beruft sich mithin nicht auf die Registereintragung, sondern auf die bisherige Sachlage. Zudem kann der sich auf die Prokura berufende Dritte nicht durch das Handelsregister, aber auf andere Weise (z. B. durch Rundbrief des Kaufmanns, Äußerungen einer anderen Person) von ihrer Erteilung Kenntnis erlangt haben. Auch besteht kein Anlass, den zuvor nachlässigen Eintragungspflichtigen gegenüber demjenigen zu privilegieren, der zunächst seine Pflichten ordnungsgemäß erfüllt hat. *Canaris* vertritt demgegenüber eine vermittelnde Lösung (vgl. *Canaris*, § 5 Rn. 12): Grundsätzlich sei § 15 I im Falle der Nichteintragung einer voreintragungspflichtigen Tatsache anwendbar. Eine Ausnahme gelte nur, wenn die voreinzutragende Tatsache nicht nach außen bekannt geworden sei. Die Beweislast hierfür obliege dem Eintragungspflichtigen.

80 (2) **Keine einzutragenden Tatsachen** i. S. d. § 15 I sind einmal die bloß eintragungsfähigen Tatsachen sowie die Berichtigung und Lö-

§ 6. Die Publizitätswirkungen des Handelsregisters

schung solcher Tatsachen, die von vornherein zu Unrecht ins Handelsregister eingetragen worden sind.

Beispiel für eine bloß eintragungsfähige Tatsache: Die abweichende Vereinbarung gem. § 25 II (→ Rn. 71, → Rn. 140). Hier bedarf es eines Schutzes des Dritten durch § 15 I nicht, weil § 25 II die Folgen einer fehlenden Eintragung und Bekanntmachung sowie den Schutz des Dritten selbst regelt.

Beispiel für eine Berichtigung oder Löschung zu Unrecht erfolgter Eintragungen: Aus Versehen des Gerichts ist X als Prokurist des K ins Handelsregister eingetragen worden, in Wahrheit hatte K dem P Prokura erteilt und dies auch beim Registergericht angemeldet. Die Eintragung des X ist von vornherein falsch. Hier kann man nicht § 15 I mit der Begründung anwenden, die Eintragung einer unrichtigen Tatsache (Prokura des X) stelle die Nichteintragung einer richtigen Tatsache (Prokura des P) dar. Das führte dazu, dass der Dritte in seinem Vertrauen auf eine unrichtige Eintragung geschützt würde, was nicht dem Sinn des § 15 I entspricht. § 15 I ist nämlich nicht anwendbar bei Eintragung einer in Wahrheit nicht erteilten Prokura, wohl aber bei Nichteintragung des Widerrufs einer wirksam erteilten Prokura.

b) Die Tatsache darf **nicht eingetragen**, jedenfalls **nicht bekannt gemacht** worden sein. 81

(1) Die **Eintragung** der eintragungspflichtigen Tatsache muss **unterblieben** sein. Der Grund dafür ist unerheblich. Es kommt also nicht auf ein Verschulden, nicht einmal auf ein Veranlassen des Anmeldepflichtigen an. Andernfalls wäre der Verkehrsschutz gefährdet.

Hat der beim Amtsgericht zuständige Rechtspfleger die Anmeldung zum Register schuldhaft falsch oder überhaupt nicht bearbeitet, kommt ein Schadensersatzanspruch wegen Amtspflichtverletzung gegen das Land in Betracht (Art. 34 GG, § 839 BGB; *Brox/Walker*, BS, § 42 Rn. 30 ff.). Voraussetzung ist, dass es der Geschädigte ohne Verschulden unterlassen hat, den Schaden durch Einlegung eines Rechtsmittels abzuwenden.

(2) Selbst wenn die Eintragung erfolgt ist, so ist § 15 I anwendbar, wenn nur die **Bekanntmachung unterblieben** ist.

Die fehlende Bekanntmachung hat Bedeutung bei Eintragungen mit konstitutiver Wirkung. Hier ist § 15 I anwendbar, wenn die Eintragung erfolgt und damit die Rechtsänderung eingetreten ist, aber die erforderliche Bekanntmachung unterbleibt.

Beispiel: G hat dem Kaufmann D ein Darlehen zum gesetzlichen Zinssatz gegeben, nachdem G als Kaufmann gem. § 2 ins Handelsregister eingetragen und damit Kaufmann geworden war. Dennoch braucht D nicht 5 % Zinsen gem. § 352, sondern nur 4 % Zinsen gem. § 246 BGB zu zahlen, wenn die Eintragung des G bei Vertragsschluss noch nicht bekannt gemacht worden war und dem D die Kaufmannseigenschaft des G nicht bekannt war (§ 15 I). Im

Gefolge der Umstellung der Bekanntmachung auf den (elektronischen) Bundesanzeiger ist die praktische Bedeutung solcher Fälle aber gering (vgl. zu den Unterschieden zwischen Eintragung und Bekanntmachung → Rn. 72).

82 c) Der **Dritte** muss **gutgläubig** die Rechtshandlung vornehmen.
(1) **Dritter** ist jeder Außenstehende, nicht aber der an der einzutragenden Tatsache Beteiligte (= „der, in dessen Angelegenheiten" die Tatsache einzutragen war).

83 (2) **Gutgläubig** ist der Dritte, wenn er die einzutragende Tatsache nicht kennt. Nur positive Kenntnis schadet, nicht auch schon (wie etwa in § 932 II BGB und § 15 II) eine (grob) fahrlässige Unkenntnis. Auch die Kenntnis eines Umstands, der nach dem gewöhnlichen Lauf der Dinge eine einzutragende Tatsache nach sich zieht, zerstört den guten Glauben nicht (vgl. RGZ 144, 199, 200; *OLG Oldenburg* NZG 2011, 230, 231).

Weiß der Dritte vom Tod eines Gesellschafters, dann kennt er damit noch nicht die Auflösung der Gesellschaft (RGZ 144, 199, 203). – Bestreitet K im **Fall a** die Behauptung des D, vom Widerruf nichts gewusst zu haben, so muss K im Prozess die Kenntnis des D beweisen (§ 15 I a. E.: „es sei denn, dass sie diesem bekannt war"). In dem Bestreiten des K ist also dessen Behauptung zu sehen, D habe Kenntnis vom Widerruf der Prokura gehabt.

84 (3) Der gute Glaube des Dritten an das Nichtbestehen der Tatsache muss für die Rechtshandlung des Dritten **ursächlich** sein (str.; a. A. *K. Schmidt,* JuS 1977, 214).

Dagegen setzt § 15 I nicht voraus, dass der Dritte gerade im Vertrauen auf das Fehlen der Eintragung und Bekanntmachung handelt (h. M.; BGHZ 65, 309, 311). § 15 I ist keine Rechtsscheinsnorm. Der Schutz des § 15 I wäre wenig effektiv, wenn der Dritte behaupten und bei Bestreiten beweisen müsste, dass die fehlende Eintragung und Bekanntmachung für seinen guten Glauben und dieser für seine Handlung ursächlich gewesen sei. Es genügt, dass der Dritte gutgläubig von dem Nichtbestehen der Tatsache ausgeht und diese Annahme für seine Entschließung ursächlich ist.

Im **Fall a** wird D auch dann durch § 15 I geschützt, wenn er ohne einen Blick ins Register oder in den elektronischen Bundesanzeiger davon ausging, die erteilte Prokura bestehe noch, weil sie nicht widerrufen sei, und in diesem Glauben mit P den Vertrag schloss.

84a d) Aus der Verkehrsschutzfunktion des § 15 I ergibt sich, dass die Bestimmung nur für den **rechtsgeschäftlichen Verkehr** gilt.

§ 6. Die Publizitätswirkungen des Handelsregisters

Das schließt eine Anwendung im Delikts- und Bereicherungsrecht dann nicht aus, wenn die Ansprüche im geschäftlichen Verkehr entstanden sind (z. B. Leistungskondiktion wegen Nichtigkeit des Kaufvertrags).

3. Folgen des § 15 I

Liegen die genannten Voraussetzungen vor, kann die eintragungs- und bekanntmachungspflichtige **Tatsache** von dem, in dessen Angelegenheiten sie einzutragen war, dem Dritten **nicht entgegengesetzt werden**. Die Vorschrift schützt also den Geschäftspartner, nicht den zur Eintragung verpflichteten Kaufmann. 85

a) Die Vorschrift wirkt **zuungunsten** (und nicht – wie bei § 5 – auch zugunsten) **dessen, in dessen Angelegenheiten die Tatsache einzutragen war**. Gemeint ist damit zunächst der Unternehmensinhaber (Einzelkaufmann, Handelsgesellschaft, Gesellschafter), auf den sich die Tatsache bezieht.

Beispiele: Der Gesellschafter, der aus der Gesellschaft ausgeschieden und dessen Ausscheiden nicht eingetragen ist; der Kaufmann, der die Prokura widerrufen hat, ohne dass das Erlöschen der Prokura eingetragen ist (**Fall a**).

Hierher gehören ferner der Rechtsnachfolger eines der Genannten, da seine Rechtsposition nicht besser sein kann als die seines Vorgängers, aber möglicherweise auch andere Personen, wie das folgende Beispiel zeigt.

Hat ein ausgeschiedener Gesellschafter, dessen Ausscheiden nicht eingetragen ist, für die oHG handelnd von G einen Kredit erhalten und im Namen der oHG zur Sicherung ein Grundstück der oHG mit einer Hypothek belastet, so können auch die im Rang nachfolgenden Hypothekengläubiger gegenüber G nicht mit Erfolg geltend machen, die Bestellung der Hypothek für ihn sei nichtig, da der Gesellschafter aus der Gesellschaft ausgeschieden und deshalb zur Vertretung der Gesellschaft nicht mehr befugt gewesen sei.

b) § 15 I wirkt **zugunsten des Dritten**. Dieser soll durch die Nichteintragung und Nichtbekanntmachung der Tatsache nicht benachteiligt werden. Deshalb kann er sich auf die Sachlage berufen, die vor der Veränderung durch die Tatsache bestanden hat. Das schließt aber nicht aus, dass der Dritte sich auch auf die veränderte Sachlage berufen kann (vgl. BGHZ 55, 267, 273; *BGH* NJW-RR 1990, 737, 738). Er soll wegen seiner Unkenntnis der Tatsache, welche die Sachlage verändert hat, nicht schlechter stehen, als er bei Kenntnis der Tatsache gestanden hätte. Der Dritte hat also eine Wahlmöglichkeit; er wird sich danach entscheiden, was ihm günstiger erscheint (anders *K. Schmidt,* § 14 III Rn. 50 ff.). 86

c) Zweifelhaft ist, ob der Dritte sich hinsichtlich einer nicht eingetragenen Tatsache teilweise auf die wirkliche und teilweise auf die sich aus dem Register ergebende Lage berufen kann. Beispiel: Aus einer KG ist einer der beiden persönlich haftenden und nur gemeinsam zur Vertretung berechtigten Gesellschafter (B) ausgeschieden. Das Ausscheiden wird nicht eingetragen. Der verbleibende Gesellschafter (A) kauft namens der KG bei D Waren, die dieser von B nach §§ 161 II, 128 bezahlt verlangt. Hinsichtlich des Nichtausscheidens des B aus der KG ist für D die sich aus dem Register ergebende Lage günstiger als die wirkliche Lage; denn nach dieser haftete B als Ausgeschiedener für die neue Verbindlichkeit nicht. Andererseits ist hinsichtlich der Alleinvertretungsmacht des A die wirkliche Lage für D günstiger als die Lage nach dem Register; denn nach dieser hätte A nicht allein, sondern nur gemeinsam mit B die KG wirksam vertreten können. Der BGH (BGHZ 65, 309, 310f.; ihm folgend Großkomm/*Koch* § 15 Rn. 66ff.; MünchKomm/*Krebs*, § 15 Rn. 54) lässt es zu, dass D sich jeweils auf die für ihn günstigere Lage beruft. Diese „**Rosinentheorie**" (auch „Prinzip der Meistbegünstigung" genannt) ist abzulehnen; der Dritte handelt regelmäßig widersprüchlich, wenn er für zwei verschiedene Auswirkungen ein und derselben Tatsache sich einmal auf die wirkliche Sachlage und zugleich auf die Registerlage stützt (vgl. auch *Canaris*, § 5 Rn. 26; *John*, ZHR 140 [1976], 236, 254f.).

Prüfungsschema zu § 15 I

I. **Eintragungspflichtige Tatsache**
   Bloße Eintragungs*fähigkeit* reicht nicht aus.
II. **Keine Eintragung und Bekanntmachung der Tatsache**
   Drei Fallgruppen:
   1. Eintragung (−) und Bekanntmachung (−)
   2. Eintragung (+) und Bekanntmachung (−)
   3. Eintragung (−) und Bekanntmachung (+)
   (P) sekundäre Unrichtigkeit – nach h. M. unschädlich.
   Der Vertrauensschutz wirkt gegen den, der durch die Eintragung und Bekanntmachung entlastet, von der Haftung befreit oder von der Bindung an die Vertretungsmacht eines anderen gelöst wird („in dessen Angelegenheiten"). Auf die Zurechenbarkeit kommt es dabei nicht an.

III. **Unkenntnis des Dritten von der eintragungspflichtigen Tatsache**
Nur positive Kenntnis schadet, nicht dagegen Kennenmüssen.
IV. **Verhalten des Dritten, das zum Geschäfts- oder Prozessverkehr gehört (h. M.)**
Gegensatz: Verhalten ohne Zusammenhang zum Geschäftsverkehr, etwa bei rein deliktischer Schädigung des Dritten, Stichwort: „reiner Unrechtsverkehr"
V. **Abstrakte Kausalität (str.)**
Prüfung, ob der Dritte die Handlung auch bei unterstellter Kenntnis von der eintragungspflichtigen Tatsache vorgenommen hätte. Eine tatsächliche Einsichtnahme in das Register ist nicht zu fordern.
VI. **Rechtsfolge**
Der Eintragungspflichtige kann sich nicht auf die Rechtswirkung der eintragungspflichten Tatsache berufen. Dem Dritten steht es hingegen frei, sich wahlweise auf die wirkliche Sachlage zu berufen.
(P) „Rosinentheorie": Berufung teils auf die wirkliche, teils auf die Scheinlage hinsichtlich ein und derselben Tatsache.

II. Schutz bei richtiger Eintragung und Bekanntmachung (§ 15 II)

1. Sinn des § 15 II

§ 15 II folgt aus § 15 I. Jemand kann sich auf eine Änderung der Sachlage mit Erfolg berufen, wenn diese Änderung durch Eintragung und Bekanntmachung offenbart worden ist (§ 15 II); solange die Änderung noch nicht (durch Eintragung und Bekanntmachung) offengelegt worden ist, nützt hingegen eine Berufung auf sie nichts (§ 15 I). Während also nach § 15 I nicht eingetragene und nicht bekannt gemachte Tatsachen als unbekannt vermutet werden, bestimmt § 15 II, dass eingetragene und bekannt gemachte Tatsachen als bekannt vorausgesetzt werden. § 15 II dient mithin – anders als § 15 I – in erster Linie (vgl. aber → Rn. 91) dem **Schutz des Kaufmanns,** der ordnungsgemäß seiner Eintragungspflicht nachkommt oder im eigenen Interesse eintragungsfähige Tatsachen eintragen lässt.

Im **Fall b** muss D das Erlöschen der Prokura gegen sich gelten lassen, da es ins Handelsregister eingetragen und bekannt gemacht worden ist (§ 15 II 1). Demnach ist mangels Vertretungsmacht des P kein Vertrag zwischen K und D zustande gekommen.

2. Voraussetzungen des § 15 II

88 a) Die Tatsache muss **eintragungsfähig und richtig** sein.

(1) Zu den Tatsachen i. S. d. § 15 II gehören außer den eintragungspflichtigen (wie bei § 15 I) auch die **bloß eintragungsfähigen Tatsachen** (anders als bei § 15 I; str., a. A. die h. M., vgl. Großkomm/*Koch*, § 15 Rn. 76 f.; Baumbach/Hopt/*Hopt*, § 15 Rn. 13). Wenn sich jemand entschließt, eine bloß eintragungsfähige Tatsache ins Handelsregister eintragen zu lassen, dann will er mit der Veröffentlichung dieser Tatsache gerade erreichen, dass er sie einem Dritten entgegenhalten kann. Auch die **Berichtigung oder Löschung einer unrichtigen Eintragung** soll dem Interesse dessen dienen, der durch die Eintragung belastet wurde; deshalb kann dieser sich auf die Berichtigung oder Löschung gegenüber dem Dritten berufen.

Die Tatsache, dass über die Haftung des Erwerbers eines Handelsgeschäfts eine abweichende Vereinbarung geschlossen worden ist (§ 25 II; → Rn. 140), ist bloß eintragungsfähig. Sie fällt unter § 15 I, da für den Fall der fehlenden Eintragung und Bekanntmachung § 25 II selbst den Dritten schützt. § 25 II enthält aber keinen Schutz für den Erwerber, der sich gegenüber einem Dritten auf die Eintragung und Bekanntmachung der abweichenden Vereinbarung berufen will; hier greift § 15 II ein. Allerdings ist § 25 II gegenüber der 15-Tagesfrist des § 15 II 2 spezieller.

Wenn die Eintragung einer in Wahrheit nicht erteilten Prokura von Amts wegen wieder gelöscht wird, kann sich der Kaufmann gegenüber Dritten auf § 15 II stützen, wenn die Löschung eingetragen und bekannt gemacht worden ist.

88a (2) § 15 II fingiert nicht die Richtigkeit der Handelsregistereintragung. Daher fallen nur **richtige** Tatsachen und nicht von Anfang an unrichtige oder gar unzulässige Eintragungen unter § 15 II.

Im **Fall c** ist die Kündigung unwirksam, weil dem P keine Prokura erteilt war. K kann sich nicht gem. § 15 II auf die (unrichtige) Eintragung und Bekanntmachung berufen. Beispiel für eine unzulässige Eintragung: Im Handelsregister ist eine Handlungsvollmacht eingetragen.

89 b) Die Tatsache muss **eingetragen und bekannt gemacht** worden sein, wobei Eintragung und Bekanntmachung sich decken müssen. Ist die Bekanntmachung trotz ordnungsgemäßer Eintragung aus irgendeinem Grunde unterblieben, greift § 15 II nicht ein.

§ 6. Die Publizitätswirkungen des Handelsregisters 51

c) Einen Entlastungsbeweis lässt das Gesetz nur für einen Zeitraum von 15 Tagen nach der Bekanntmachung zu: Sofern der Dritte innerhalb dieses Zeitraums behauptet und bei Bestreiten auch beweist, dass er die Tatsache weder kannte noch infolge Fahrlässigkeit nicht kannte („kennen musste"), tritt die Wirkung des § 15 II 1 nicht ein (§ 15 II 2). Vom Merkmal des „Kennenmüssens" in § 15 II 2 ist allerdings – erst recht seit Einführung der elektronischen Bekanntmachung (→ Rn. 72) – grundsätzlich auszugehen, so dass die praktische Bedeutung der „Schonfrist" gering ist. Ist die Bekanntmachung verfügbar, muss jeder – also Unternehmer wie Verbraucher – den Registerinhalt kennen. In jedem Fall muss der Dritte die Eintragung und Bekanntmachung bei Rechtshandlungen nach Ablauf der genannten Frist gegen sich gelten lassen, also auch dann, wenn seine Unkenntnis nicht einmal auf leichtester Fahrlässigkeit beruht. 90

Im **Fall b** würde D mit seinem Vorbringen, er habe unverschuldet keine Kenntnis erlangt, nicht gehört, da bei Kaufabschluss am 1.4. die Frist des § 15 II 2 bereits abgelaufen war.

3. Folgen des § 15 II

Ist die Tatsache eingetragen und bekannt gemacht worden, „muss ein Dritter sie gegen sich gelten lassen". 91

a) § 15 II wirkt **zuungunsten des Dritten**. Der Begriff des Dritten deckt sich dabei mit dem in § 15 I.

b) Zu wessen Gunsten § 15 II wirkt, sagt das Gesetz nicht. Deshalb ist streitig, ob darunter nur derjenige zu verstehen ist, in dessen Angelegenheiten die Tatsache einzutragen war, oder ob auch ein anderer sich auf § 15 II berufen kann (Einzelheiten: Großkomm/*Hüffer*, 4. Aufl., § 15 Anm. 36). Der letztgenannten Auffassung ist zuzustimmen. Es gilt das zu § 15 I Gesagte (→ Rn. 86) entsprechend.

Hat der ausgeschiedene Gesellschafter, dessen Ausscheiden eingetragen und bekannt gemacht worden ist, für die oHG ein Darlehen aufgenommen und dem Darlehensgeber eine Hypothek am Grundstück der Gesellschaft bestellt, so ist die Hypothek nicht nur gegenüber der Gesellschaft, sondern auch gegenüber den nachfolgenden Hypothekaren nichtig.

c) Die mit der Rechtslage übereinstimmende Eintragung kann im Einzelfall einem vom Kaufmann gesetzten **Rechtsschein** widersprechen. 91a

Beispiel: Der Einzelkaufmann E wandelt sein Unternehmen in eine GmbH & Co KG um, wobei er Kommanditist und Geschäftsführer der Komplementär-GmbH wird. Nach Eintragung ins Handelsregister und deren ordnungsgemäßer Bekanntmachung führt die KG die einzelkaufmännische Firma ohne Zusatz fort. Ein Geschäftspartner will, nachdem die KG vermögenslos geworden ist, wegen einer Kaufpreisforderung den E persönlich in Anspruch nehmen, da dieser den Rechtsschein einer unbeschränkten persönlichen Haftung gesetzt habe.

Bei einer richtigen Registereintragung besteht grundsätzlich **kein schützenswertes Vertrauen** auf einen der Eintragung widersprechenden Rechtsschein (*BGH* BB 1970, 684, 685; NJW 1972, 1418, 1419), da im Handelsverkehr die Obliegenheit besteht, ins Handelsregister zu sehen. Jedoch kann sich im Einzelfall die Berufung auf die Registereintragung als **Rechtsmissbrauch** darstellen; das ist insbesondere dann der Fall, wenn der eine Teil einen eindeutigen Rechtsschein gesetzt hat und dem anderen Teil aufgrund der konkreten Umstände eine Einsichtnahme ins Handelsregister überflüssig erscheinen musste (vgl. *K. Schmidt,* § 14 II Rn. 6 ff.).

Im Beispielsfall ist die Berufung auf die Handelsregistereintragung rechtsmissbräuchlich und eine Rechtsscheinshaftung zu bejahen (vgl. BGHZ 71, 354, 357; kritisch zur Lösung über den Rechtsmissbrauch MünchKomm/ *Krebs*, § 15 Rn. 77).

Ein weiteres klausur- und praxisrelevantes Beispiel bietet in dem parallelen Fall einer im Partnerschaftsregister eingetragenen Partnerschaft (§ 5 II PartGG verweist insoweit auf § 15 HGB) der Fall eines auf dem Briefbogen einer freiberuflichen Kanzlei genannten Scheinpartners, der tatsächlich nur angestellter Mitarbeiter und auch im Partnerschaftsregister nicht als Gesellschafter eingetragen ist. Er haftet gegenüber gutgläubigen Dritten nach Rechtsscheingrundsätzen für die Gesellschaftsschulden (vgl. § 8 PartGG) wie ein echter Gesellschafter (dazu *Henssler*, PartGG, 2. Aufl., § 8 Rn. 45).

Prüfungsschema zu § 15 II

I. Eintragungspflichtige oder eintragungsfähige Tatsache
II. Richtige Eintragung und richtige Bekanntmachung der Tatsache
III. Kein Entlastungsbeweis nach § 15 II 2
   1. Rechtshandlung innerhalb von 15 Tagen nach Eintragung und Bekanntmachung.
   2. Weder Kenntnis noch fahrlässige Unkenntnis des Dritten von Eintragung und Bekanntmachung.

IV. Rechtsfolge
Der Dritte muss die Tatsache, soweit sie richtig ist, gegen sich gelten lassen.
Das Vertrauen des Dritten auf einen anderweitig gesetzten Rechtsschein ist grds. nicht schutzwürdig. Die Berufung auf den Registerinhalt kann aber ausnahmsweise rechtsmissbräuchlich sein.

III. Schutz Dritter bei falscher Bekanntmachung (§ 15 III)

1. Sinn des § 15 III

a) Ursprünglich bestand § 15 nur aus den beiden bisher besprochenen Absätzen. Dass man nach § 15 I nur auf das Schweigen des Registers und nicht auch auf eine von vornherein unrichtige Eintragung vertrauen durfte (→ Rn. 78), wurde im Interesse des Verkehrsschutzes aber sehr bald als unzureichend angesehen. Gewohnheitsrechtlich bildeten sich daher zwei Grundsätze heraus, die letztlich auf der Lehre vom Rechtsschein beruhen (vgl. zum Scheinkaufmann → Rn. 63 ff.) und dazu dienen, den **Schutz des Dritten zu erweitern.** 92

(1) Diese **Gewohnheitsrechtssätze** lauten: 93

(a) Wer eine ihn betreffende **unrichtige Eintragung veranlasst** hat, muss sich von einem ohne Fahrlässigkeit auf die Richtigkeit der Eintragung vertrauenden Dritten so behandeln lassen, als ob die Eintragung richtig wäre.

Wenn K wahrheitswidrig die Eintragung einer dem P erteilten Prokura beim Registergericht anmeldet, muss er sich von dem gutgläubigen D, der mit P als Vertreter des K einen Vertrag geschlossen hat, an dem durch die Eintragung erweckten Rechtsschein festhalten lassen. D kann trotz fehlender Vertretungsmacht des P von K Vertragserfüllung verlangen.

(b) Wer eine ihn betreffende **unrichtige Eintragung,** die er nicht veranlasst hat, **schuldhaft nicht beseitigen** lässt, kann sich gegenüber einem gutgläubigen Dritten nicht auf die Unrichtigkeit der Eintragung berufen. 94

Ist eine dem P in Wahrheit nicht erteilte Prokura ohne Veranlassung des K – etwa infolge eines Versehens des Registergerichts – eingetragen worden, so wird diese Eintragung dem K mitgeteilt (vgl. § 383 I FamFG). Liest K aus Unachtsamkeit den Brief nicht oder liest er ihn, unternimmt aber aus Nachlässigkeit nichts gegen die Eintragung, muss er diese im Verhältnis zum gutgläubigen D gegen sich gelten lassen.

95 (2) In beiden Fällen wird das Vertrauen des Dritten auf die Richtigkeit des in Wahrheit unrichtigen Handelsregisters geschützt. Insoweit ähnelt dieser Gutglaubensschutz dem öffentlichen Glauben des Grundbuchs (§ 892 BGB). Jedoch besteht in einem wesentlichen Punkt ein Unterschied: § 892 BGB schützt den guten Glauben auch dann, wenn der durch die falsche Eintragung Betroffene diese weder veranlasst hat noch beseitigen lassen konnte (reines Rechtsscheinsprinzip). Im Gegensatz dazu setzt der Schutz des auf die Eintragung Vertrauenden voraus, dass der durch die Eintragung im Handelsregister erzeugte Rechtsschein dem Betroffenen zuzurechnen ist, sei es, dass dieser ihn veranlasst hat, sei es, dass er es schuldhaft unterlassen hat, den Rechtsschein zu zerstören (**Veranlasserprinzip**; vgl. aber → Rn. 101 f.).

Dieser Unterschied ist sachlich berechtigt: Ist anstelle des wirklichen Eigentümers A der Nichteigentümer B im Grundbuch als Eigentümer eingetragen, dann erwirbt bei einer Veräußerung des Grundstücks von B an den gutgläubigen C dieser das Eigentum. Damit verliert A sein Eigentum am Grundstück und nur dieses. Demgegenüber ist die unrichtige Eintragung des P als Prokurist des K im Handelsregister für K viel gefährlicher: P kann durch Geschäfte im Namen des K mit gutgläubigen Dritten erreichen, dass K sein ganzes Vermögen verliert und sich in unbegrenzter Höhe verschuldet.

96 b) Anlass für die Neuregelung des § 15 III war eine Richtlinie des Rates der EG zur Koordinierung des Gesellschaftsrechts vom 9.3.1968. Sie verpflichtete die Mitgliedstaaten für Kapitalgesellschaften Register zu führen sowie bestimmte Eintragungen vorzunehmen und bekannt zu machen. Außerdem sollten Maßnahmen getroffen werden, um ein Abweichen von Registereintragung und Bekanntmachung zu verhindern: „Im Falle einer Abweichung kann jedoch der in der Presse bekannt gemachte Text Dritten nicht entgegengesetzt werden. Diese können sich aber auf den bekannt gemachten Text berufen, es sei denn, dass die Gesellschaft beweist, dass die Dritten den in der Akte hinterlegten oder im Register eingetragenen Text kannten" (Art. 3 VI 2, 3 der Richtlinie vom 9.3.1968).

Die Transformation dieser europarechtlichen Vorgabe in das deutsche Recht geht über die Erfordernisse der Richtlinie hinaus. Es behandelt nicht nur die Kapitalgesellschaften, sondern gilt für alle Handelsregistereintragungen. Außerdem wurde in dem neu eingeführten § 15 III der Versuch unternommen, das geschilderte Gewohnheitsrecht zu kodifizieren. Das aber ist wenig geglückt. Einmal stellt das Gesetz für den Vertrauensschutz auf die falsche Bekanntmachung und nicht auf die falsche Eintragung ab. Zum anderen berücksichtigt es nicht, dass nach dem Gewohnheitsrecht der Rechtsschein nur dann zuungunsten des Betroffenen gilt, wenn er ihm auch zuzurechnen ist. Wegen der Unklarheiten der Vorschrift ist vieles streitig (vgl. zur Auslegung: BT-Drs. V/3862, S. 10f.). Überzeugend ist es, zur Auslegung des § 15 III auf die bereits entwickelten Gewohnheitssätze zurückzugreifen. Sie kommen zudem ergänzend immer dann zur Anwendung, wenn ein Fall vom engen Wortlaut der gesetzlichen Regelung nicht erfasst wird.

2. Voraussetzungen des § 15 III

a) Es muss sich um eine **einzutragende Tatsache** handeln. 97

(1) Gemeint ist damit zunächst einmal – wie bei § 15 I – jede eintragungspflichtige, also eine wirklich existierende, **konkrete** Tatsache.

Im **Fall d** hat K dem P Prokura erteilt. Das ist eine eintragungspflichtige Tatsache (§ 53 I).

(2) Darüber hinaus muss es genügen, dass eine an sich eintragungspflichtige Tatsache **bekannt gemacht** wird, obwohl sie konkret gar nicht besteht. Eine andere Auslegung würde dem von § 15 III bezweckten Verkehrsschutz nicht gerecht. Aus der Sicht des zu schützenden Dritten macht es keinen Unterschied, ob der falschen Bekanntmachung wirklich eine andere eintragungspflichtige Tatsache (**Fall d**) oder aber überhaupt keine solche Tatsache (**Fall e**) zugrunde liegt; in beiden Fällen vertraut der Dritte auf die falsche Bekanntmachung. Es genügt also für § 15 III, dass die bekannt gemachte Tatsache im Falle ihrer Wahrheit – **abstrakt** gesehen – einzutragen wäre (kritisch *Wilhelm*, ZIP 2010, 713).

Im **Fall e** ist keine Tatsache einzutragen, da keine Prokura erteilt worden ist. D vertraut aber – ebenso wie im **Fall d** – auf die Bekanntmachung der Prokura. Das, was verlautbart ist, stellt – abstrakt gesehen – eine eintragungspflichtige Tatsache dar. – Wäre im **Fall d** dagegen eine Handlungsvollmacht des X bekannt gemacht, dürfte D darauf nicht vertrauen, da die Erteilung einer Handlungsvollmacht keine einzutragende Tatsache ist.

b) Die Tatsache muss **unrichtig** bekannt gemacht worden sein. Der 98 Inhalt der Bekanntmachung darf nicht mit der wirklichen Sachlage übereinstimmen.

(1) Diese Voraussetzung ist sicher dann erfüllt, wenn die Registereintragung richtig und nur die Bekanntmachung falsch ist. Jedoch wäre der Anwendungsbereich des § 15 III – erst recht seit der elek-

tronischen Ausgestaltung von Eintragung und Bekanntmachung – minimal, wenn nur reine Bekanntmachungsfehler erheblich wären. Häufiger sind die Fälle, in denen auch die Registereintragung falsch ist; hier ist der Rechtsschein noch größer und der vertrauende Dritte noch schutzwürdiger, als wenn nur die Bekanntmachung falsch ist. Zwar stellt die genannte Richtlinie auf eine Divergenz von Eintragung und Bekanntmachung ab. Jedoch geht der deutsche Gesetzgeber bei § 15 III bewusst weiter, indem er die in der Praxis bedeutsamen Fälle miteinbezogen hat, bei denen die Eintragung unrichtig ist oder ganz fehlt (vgl. BT-Drs. V/3862, S. 11; *BayObLG* NJW-RR 1989, 934, 935).

In den **Fällen d und e** ist die Bekanntmachung falsch, da sie eine in Wirklichkeit nicht erteilte Prokura des X verlautbart. Im **Fall d** ist die Registereintragung richtig; aus dem **Fall e** ist nicht zu entnehmen, ob die Eintragung falsch ist oder ob sie nicht vorgenommen wurde. Erheblich für die Anwendung des § 15 III ist nur die falsche Bekanntmachung.

99 (2) § 15 III scheidet aus, wenn **keine unrichtige Bekanntmachung** vorliegt, die Bekanntmachung also richtig ist oder überhaupt fehlt (h. M.; *Hager*, Jura 1992, 57, 64; a. A. Baumbach/Hopt/*Hopt*, § 15 → Rn. 18). Wortlaut und Entstehungsgeschichte der Bestimmung stellen eindeutig nur auf die unrichtige Bekanntmachung ab. Auch eine **analoge Anwendung** auf Fälle, in denen ein Dritter auf die Richtigkeit der in Wahrheit unrichtigen Registereintragung vertraut, ohne dass eine falsche Bekanntmachung vorliegt, kommt nicht in Betracht, weil sie dem Willen des Gesetzes widerspricht.

Zwar kann ein Dritter schutzwürdig sein, wenn er auf die Richtigkeit des Registers vertraut. Dieser Schutz wird ihm aber nicht durch § 15 III, sondern nach den Grundsätzen der Rechtsscheinshaftung gewährt (→ Rn. 63). Diese bleiben nach dem Willen des Gesetzgebers neben § 15 III maßgebend (BT-Drs. V/3862, S. 11).

Ist die Erteilung einer Prokura zu Unrecht eingetragen und die Eintragung nicht bekannt gemacht worden, muss der Kaufmann sie gegen sich gelten lassen, wenn er die Eintragung veranlasst hat oder eine Berichtigung des Registers schuldhaft unterlässt. Der Dritte ist aber nur schutzwürdig, wenn er nicht fahrlässig auf den durch die Eintragung bewirkten Rechtsschein vertraut.

100 c) Der **Dritte** muss **gutgläubig** sein.
(1) **Dritter** ist – wie bei § 15 I – jeder Außenstehende.
(2) **Gutgläubig** ist der Dritte bei Unkenntnis. Nur bei positiver Kenntnis von der wirklichen Sachlage oder von der Unrichtigkeit

der Bekanntmachung genießt der Dritte keinen Schutz; auch der grob fahrlässige Dritte ist also gutgläubig. Dem Dritten muss die Kenntnis im Streitfall nachgewiesen werden.

Hat D in den **Fällen d und e** lediglich Zweifel an der Richtigkeit der Bekanntmachung, so schadet ihm das nicht.

(3) Der gute Glaube des Dritten an das Bestehen der bekannt gemachten Tatsache muss für die Rechtshandlung **ursächlich** sein. § 15 III verlangt aber nicht, dass der Dritte im Vertrauen auf die falsche Bekanntmachung gehandelt hat. Die Vorschrift setzt also keine Kenntnis des Dritten von der falschen Bekanntmachung und infolgedessen keine Kausalität zwischen Kenntnis der Bekanntmachung und der Rechtshandlung des Dritten voraus (typisierter Rechtsschein des Handelsregisters).

Insoweit geht § 15 III über die beiden Gewohnheitsrechtssätze (→ Rn. 93 ff.) hinaus. Diese verlangen als Ausprägung der Rechtsscheinslehre, dass der Dritte die Falscheintragung kennt und im Vertrauen darauf die Rechtshandlung vornimmt.

d) Wie § 15 I gilt § 15 III nur im **Geschäftsverkehr** (→ Rn. 84a).

3. Folgen des § 15 III

Der Dritte kann sich auf die falsch bekannt gemachte Tatsache gegenüber demjenigen berufen, in dessen Angelegenheiten sie einzutragen war.

101

a) § 15 III wirkt **zuungunsten dessen, in dessen Angelegenheiten die Tatsache einzutragen war.** Insoweit entspricht der Wortlaut dem des § 15 I. Deshalb liegt es nahe, dass damit – wie bei § 15 I – nicht nur der Unternehmensinhaber und dessen Nachfolger, sondern auch andere Personen gemeint sind (→ Rn. 85).

Infolgedessen kann sich D im **Fall f** gegenüber M auf die falsch bekannt gemachte Prokura des P berufen, so dass M zur Rückzahlung des Darlehens verpflichtet ist, obwohl M weder diese Eintragung und Bekanntmachung veranlasst noch es schuldhaft unterlassen hat, für eine Berichtigung zu sorgen.

Nach dieser Auslegung enthält § 15 III das **Prinzip des reinen Rechtsscheins.** Ebenso wie nach § 892 BGB der Grundbuchinhalt als richtig gilt, würde nach § 15 III die Bekanntmachung als richtig gelten, ohne dass es erheblich wäre, wie es zu der falschen Bekanntmachung gekommen ist.

Gerade diese Wirkung des § 15 III geht sehr weit, da für den durch die Fiktion Betroffenen Schulden in unbegrenzter Höhe entstehen können **(Fall f)**, während der durch die Fiktion des § 892 BGB Betroffene höchstens sein dingliches Recht verlieren kann (→ Rn. 95). Deshalb hat man sich bemüht, § 15 III einschränkend auszulegen. Entsprechend dem Rechtsscheinsgedanken soll der Betroffene nur dann den Nachteil des durch die Bekanntmachung erweckten Scheins tragen, wenn dieser ihm zuzurechnen ist. Die h. M. legt § 15 III so aus, dass die Tatsache nur „in dessen Angelegenheiten" einzutragen sei, der einen Antrag gestellt hat oder sich einen solchen zurechnen lassen muss (*OLG Brandenburg* ZIP 2012, 2103, 2105; *Canaris*, § 5 III Rn. 51 f.; Baumbach/Hopt/*Hopt*, § 15 Rn. 19). Damit nähert man sich dem **Veranlassungsprinzip** des Gewohnheitsrechtssatzes. Er wird nur geringfügig verschärft: Während nach ihm der Betroffene durch einen unrichtigen Antrag die falsche Verlautbarung veranlasst haben muss, soll zur Anwendung des § 15 III genügen, dass der Betroffene überhaupt einen (richtigen) Antrag gestellt und damit jedenfalls mittelbar die unrichtige Verlautbarung verursacht hat. § 15 III wirkt als Konsequenz nicht gegen den, der überhaupt keinen Eintragungsantrag gestellt hat.

Im **Fall f** muss nach dieser Meinung M, der an der falschen Eintragung und Bekanntmachung der Prokura völlig unbeteiligt ist, das Geschäft, das P in seinem Namen geschlossen hat, nicht gem. § 15 III gegen sich gelten lassen.

102 Der h. M. ist nicht zu folgen (ebenso MünchKomm/*Krebs*, § 15 Rn. 84 f.). Aus Wortlaut und Entstehungsgeschichte ergibt sich, dass die einschränkende Auslegung dem Willen des Gesetzgebers widerspricht. Dieser bezweckte einen umfassenden Vertrauensschutz ohne Rücksicht darauf, wie es zur falschen Bekanntmachung gekommen ist (BT-Drs. V/3862, S. 10). Der an ihr Unbeteiligte ist nicht ganz schutzlos, da er bei einem Fehler des Registergerichts einen Schadensersatzanspruch wegen Amtspflichtverletzung hat (Art. 34 GG, § 839 BGB; vgl. → Rn. 81).

Wenn es auf die Ursache für die unzutreffende Bekanntmachung nicht ankommt, eine Veranlassung des Betroffenen also nicht erforderlich ist, steht auch die fehlende Geschäftsfähigkeit des Betroffenen der Anwendung des § 15 III nicht entgegen. Diese Bestimmung lässt den Verkehrsschutz vorgehen (str.; wie hier: *K. Schmidt*, § 14 IV Rn. 95 ff.).

103 b) § 15 III wirkt **zugunsten des Dritten**. Es gilt das zu § 15 I Gesagte (→ Rn. 86).

§ 6. Die Publizitätswirkungen des Handelsregisters

D kann sich in den **Fällen d, e und f** gem. § 15 III auf die Prokura berufen, braucht es aber nicht (vgl. *BGH* NJW-RR 1990, 737).

Prüfungsschema zu § 15 III

I. **Eintragungspflichtige Tatsache**
   Abstrakte Eintragungspflicht, d. h. bei unterstellter Richtigkeit der Tatsache
II. **Unrichtige Bekanntmachung**
   Jede Abweichung der Bekanntmachung von der tatsächlichen Rechtslage (h. M.)
   Drei Fallgruppen:
   1. Eintragung richtig aber Bekanntmachung falsch
   2. Eintragung falsch und Bekanntmachung falsch
   3. Eintragung fehlt und Bekanntmachung falsch
III. **Zurechenbarkeit im Sinne einer Veranlassung durch den Betroffenen (str.)**
   Nach der (hier abgelehnten, → Rn. 101 f.) h. M. muss der Betroffene irgendeinen Anlass zur falschen Bekanntmachung gegeben haben (z. B. durch Stellung eines Antrags). In der Klausur ist auf diesen Meinungsstreit einzugehen, auch wenn sich der Bearbeiter gegen die h. M. entscheidet.
IV. **Unkenntnis des Dritten von der Unrichtigkeit der Bekanntmachung**
V. **Verhalten des Dritten, das zum Geschäfts- oder Prozessverkehr gehört**
   Gegensatz: Verhalten ohne Zusammenhang zum Geschäftsverkehr, etwa bei rein deliktischer Schädigung des Dritten, Stichwort „Reiner Unrechtsverkehr".
VI. **Kausalität (str.)**
   Kausalität des Inhalts der Bekanntmachung für das Verhalten des Dritten ist nicht erforderlich. Der Dritte muss weder das Handelsregister eingesehen noch von der Bekanntmachung erfahren haben.
   Rechtsfolge
VII. Der Dritte kann sich auf die Rechtswirkung der unrichtig bekannt gemachten Tatsache berufen.
   Ihm ist aber das Recht zuzugestehen, sich wahlweise auch auf die wirkliche Sachlage zu stützen.

Empfehlungen zur vertiefenden Lektüre:
Rechtsprechung: RGZ 144, 199 (Gutgläubigkeit i. S. d. § 15 I HGB); BGHZ 55, 267 = NJW 1971, 1268 (Wahlmöglichkeit des Dritten, auf welche Sachlage er sich berufen will); BGHZ 65, 309 = NJW 1976, 569 (Kein Kausalitätserfordernis zwischen fehlender Registereintragung und Handeln des Dritten sowie Anerkennung der „Rosinentheorie"); *BGH* NJW 1983, 2258 (Vertrauensschutz bei zweimaliger Nichteintragung); *BGH* NJW-RR 2004, 120 (Wirkung einer nicht im Handelsregister eingetragenen Tatsache); *BayObLG* NJW-RR 1989, 934 (Rechtsschein des § 15 III bei falscher Registereintragung); *OLG Oldenburg* NZG 2011, 230 (Vertrauen nach § 15 1 bei Kenntnis von Geschäftsführer-Abberufung, aber Unklarheit bzgl. deren Wirksamkeit); *OLG Brandenburg* ZIP 2012, 2103 (Zurechnungserfordernis im Rahmen des § 15 III).

Literatur: *Dreher,* Schutz Dritter nach § 15 HGB bei Geschäftsunfähigkeit eines Geschäftsführers oder Vorstandsmitglieds?, DB 1991, 533; *J. Hager,* Das Handelsregister, Jura 1992, 57; *Kneise,* Rechtsscheinhaftung im BGB und HGB – mehr Schein als Sein, JA 2010, 337; *Merkt,* Unternehmenspublizität, 2001; *v. Olshausen,* Rechtsschein und „Rosinentheorie" oder Vom guten und vom schlechten Tropfen, AcP 189 (1989), 223; *M. Reinicke,* Sein und Schein bei § 15 Abs. 1 HGB, JZ 1985, 272; *K. Schmidt,* Ein Lehrstück zu § 15 I HGB – BGH, NJW 1991, 2566, JuS 1992, 1002; *ders.,* Handelsregisterpublizität und Kommanditistenhaftung, ZIP 2002, 413; *Tröller,* Die Publizität des Handelsregisters, JA 2000, 27; *Wilhelm,* Sind einzutragende Tatsachen wirklich abstrakt einzutragende Tatsachen? Zur Auslegung des § 15 Abs. 3 HGB, ZIP 2010, 713.

Dritter Abschnitt. Die Handelsfirma und das Handelsunternehmen

§ 7. Die Handelsfirma

104 **Fall a:** K möchte seine Firma „A. A. A. A. Sonnenstudio e. K." zum Handelsregister anmelden. Wird das Registergericht die Firma eintragen? → Rn. 109 a

Fall b: Die Gesellschafter einer oHG, die in einer Kleinstadt ein Leihwagenunternehmen mit zehn Fahrzeugen betreibt, wollen in die Firma der oHG den Zusatz „Euro-Car International" aufnehmen. Zulässig? → Rn. 110

Fall c: Darf die Firma „Müller und Meyer oHG" fortgeführt werden, wenn Meyer aus der Gesellschaft ausscheidet und für ihn Karl Käse eintritt? → Rn. 112

§ 7. Die Handelsfirma

I. Begriff und Abgrenzung

1. Begriff

Die Firma ist der **Name des Kaufmanns,** unter dem er seine Geschäfte betreibt und die Unterschrift abgibt (§ 17 I). 104a

Die Firma dient dazu, den Kaufmann mit seinem Unternehmen und seinen geschäftlichen Leistungen von anderen (z. B. Konkurrenten) zu unterscheiden. Sie schützt ihn und den Verkehr vor Verwechslungen.

a) Die Firma ist **nur der Name** einer Person, also nicht selbst eine Person als Träger von Rechten und Pflichten. Der Einzelkaufmann hat folglich zwei Namen, nämlich seinen bürgerlichen Namen und seine Firma. Beide Namen können identisch sein, aber auch voneinander abweichen.

Beispiele: Max Müller betreibt unter der Firma Max Müller e. K. einen Lebensmittelgroßhandel (vgl. § 18 I). – Max Müller stirbt und wird von seinem Neffen Norbert Neumann beerbt; dieser führt das Unternehmen unter der Firma Max Müller e. K. fort (vgl. § 22 I).

b) Die Firma ist der Name des **Kaufmanns.** 105

(1) Der **Kaufmann ist Träger des Handelsnamens,** nicht das von ihm betriebene Unternehmen. Im täglichen Sprachgebrauch wird fälschlicherweise das Unternehmen mit der Firma bezeichnet, als ob es selbst Rechtssubjekt wäre. In Wirklichkeit ist nur der Kaufmann eine Person im Rechtssinne, das Unternehmen nur eine Vermögensmasse neben dem Privatvermögen des Kaufmanns.

Verklagt V erstens die „Firma Max Müller e. K." und zweitens „Norbert Neumann als Alleininhaber der Firma Max Müller e. K." auf Kaufpreiszahlung, so richtet sich die Klage nicht gegen das Unternehmen und dessen Inhaber, sondern nur gegen eine einzige Person (Neumann), die zwei Namen führt. Wird Neumann unter seiner Firma (Müller) zur Zahlung verurteilt, kann V die Zwangsvollstreckung aus dem Urteil nicht nur in das Geschäftsvermögen, sondern auch in das Privatvermögen des Neumann betreiben. Das gilt auch, wenn das Urteil gegen Neumann lautet.

(2) Nur ein Kaufmann darf eine Firma führen. Es kommen also in Betracht: Einzelkaufleute, oHG und KG (§ 19) sowie Kapitalgesellschaften (§§ 4, 279 AktG; § 4 GmbHG).

Schließt jemand, der nicht Kaufmann ist, unter einer Firma, die er sich unzulässigerweise zugelegt hat, einen Vertrag, so ist die Vertragspartei zwar falsch bezeichnet, jedoch ändert das nichts an der Gültigkeit des Vertrags. Partei ist derjenige, der sich hinter dieser Falschbezeichnung verbirgt.

106 c) Die Firma ist der *Handels*name des Kaufmanns. Dieser soll seine Firma also **nur im Handelsverkehr** benutzen.

(1) Das ist allein für den **Einzelkaufmann** bedeutsam, da er zwei Namen führt; außerhalb der Handelsgeschäfte soll er unter seinem bürgerlichen Namen auftreten. Doch ändert es an der Gültigkeit des abgeschlossenen Rechtsgeschäfts nichts, wenn er bei einem Handelsgeschäft (z. B. Einkauf von Waren) unter seinem bürgerlichen Namen und im bürgerlichen Rechtsverkehr (z. B. Miete eines Ferienhauses) unter seiner Firma handelt.

(2) **Handelsgesellschaften** haben nur *einen* Namen (die Firma). Sie können immer nur mit ihrer Firma bezeichnet werden.

Ins Grundbuch muss der Einzelkaufmann mit seinem bürgerlichen Namen eingetragen werden, selbst wenn es sich um ein „Geschäftsgrundstück" handelt; eine Handelsgesellschaft wird dagegen unter ihrer Firma eingetragen (§ 15 der Grundbuchverfügung vom 8.8.1935).

2. Abgrenzung zu Geschäftsbezeichnungen und Marken

107 Die Firma ist von Geschäftsbezeichnungen und Warenbezeichnungen zu unterscheiden.

a) **Geschäftsbezeichnungen** (Etablissementsnamen) weisen auf das Unternehmen, nicht – wie die Firma – auf den Träger des Unternehmens hin. Sie sind seit langem insbesondere bei Gaststätten, Kinos, Apotheken und Drogerien üblich und firmenrechtlich nicht zu beanstanden.

Beispiele: „Hotel zur Post", „Odeon-Lichtspiele", „Sonnenapotheke", „Löwen-drogerie".

Die Geschäftsbezeichnung kann auch von einem **Nichtkaufmann**, etwa einem nicht ins Handelsregister eingetragenen Kleingewerbetreibenden oder dem Angehörigen eines Freien Berufs, verwendet werden (ganz h. M.; *Bokelmann*, GmbHR 1998, 58). Da seit dem HRefG für jede Form einer Firma ein Rechtsformzusatz (§ 19) verbindlich ist, stellt sich seitdem das Problem einer unzulässigen firmenähnlichen Verwendung einer Geschäftsbezeichnung nicht mehr. Eine ohne Rechtsformzusatz verwendete Geschäftsbezeichnung erweckt nicht mehr unzulässigerweise den Eindruck einer Firma. Der Kaufmann ist seinerseits befugt, neben seiner Firma eine werbewirksame ergänzende Geschäftsbezeichnung zur Spezifizierung seines Geschäftslokals oder Geschäftsbetriebs zu verwenden.

Unzulässig ist die Verwendung eines **Rechtsformzusatzes** i. S. d. § 19 oder eines daran angelehnten Zusatzes für eine Geschäftsbezeichnung.

b) **Marken** kennzeichnen besondere Waren, Erzeugnisse oder Dienstleistungen eines Gewerbetreibenden. Für sie gilt nicht das Firmenrecht, sondern das MarkenG. Die Marke kann zwar im Einzelfall auch zur Firmenbildung verwendet werden („UHU GmbH"), ist aber, da sie eigenen Regeln unterworfen ist, streng von der Firma zu unterscheiden.

II. Grundsätze des Firmenrechts

1. Firmenwahrheit

Die Firma muss wahr sein. Dieser Grundsatz ist seit dem HRefG 1998 weitgehend vereinfacht worden. Seit der Reform verlangt § 18 I nur noch, dass die Firma zur **Kennzeichnung** des Kaufmanns geeignet ist und **Unterscheidungskraft** besitzt. Damit wird im Firmenrecht eine größere Handlungsfreiheit eingeräumt und eine erhebliche Vereinfachung herbeigeführt. 108

a) Zulässig ist in allen Fällen nicht nur eine **Personenfirma** (z. B. „Max Müller e. K."), sondern auch eine **Sachfirma** (z. B. „Mainzer Möbelhaus ..."). §§ 18, 19 gestatten darüber hinaus eine Phantasiefirma durch Verwendung neuer Wortschöpfungen. 109

b) **Grenzen** für die Firmenbildung ergeben sich zunächst aus der **Identifizierungsfunktion** der Firma. Sie muss geeignet sein, den Träger des Unternehmens von anderen zu **unterscheiden** (§ 18 I), so dass eine Verwechslung ausgeschlossen ist. Die danach erforderliche **Kennzeichnungskraft** fehlt etwa bei der Beschränkung auf einen bloßen Gattungsbegriff (Autozubehör-GmbH). **Sprachzeichen** sind generell zur Kennzeichnung geeignet; gleiches gilt für bloße Zahlen- oder Buchstabenkombinationen, solange sie aussprechbar und einprägsam sind (vgl. dazu *OLG Celle* DB 2006, 1950). Für die Namensfunktion genügt die Artikulierbarkeit der Zahlen- oder Buchstabenkombination (*BGH* ZIP 2009, 168). **Bildzeichen** besitzen dagegen keine Kennzeichnungskraft. Ihnen kommt keine namensrechtliche Funktion zu. 109a

Im **Fall a** ist die Firma aus mehreren Gründen unzulässig. Zum einen fehlt ihr die Kennzeichnungs- und Unterscheidungskraft, weil weder die schlichte Buchstabenfolge A. A. A. A. noch die allgemeine Bezeichnung als Sonnenstudio noch ihre Kombination geeignet sind, den Unternehmensträger zu identifizieren und ihn von anderen Sonnenstudiobetreibern abzugrenzen. Außerdem ist die Firmenwahl rechtsmissbräuchlich. Die schlichte Aneinanderreihung des Buchstabens A mit dem Ziel, im Telefonbuch oder Branchenverzeichnis an erster Stelle zu stehen, ist ein Missbrauch des liberalisierten Rechts zur Firmengestaltung (so auch *OLG Frankfurt a. M.* NJW 2002, 2400).

110 c) Die weitgehende Freiheit der Firmengestaltung wird außerdem durch § 18 II dahingehend eingeschränkt, dass die Firma keine Angaben enthalten darf, die geeignet sind, über geschäftliche Verhältnisse, die für die angesprochenen Verhältnisse wesentlich sind, **irrezuführen**. Firmenwahrheit bedeutet damit nur noch, dass die Firma nicht täuschen darf.

Das gilt auch für Firmenzusätze. Beispiele für unzulässige Zusätze: „Co." bei der Firma eines Einzelkaufmanns; „Warenhaus" oder „Supermarkt" bei einem Lebensmittelladen; „Fabrik" oder „Werk" bei einem kleinen Betrieb. Im **Fall b** ist der internationale Aktivitäten suggerierende Zusatz unzulässig.

Durch **„Wesentlichkeitsschwelle"** des § 18 II 1 werden Irreführungen ausgeklammert, die von geringer wettbewerblicher Relevanz oder nebensächlicher Bedeutung sind. Die registergerichtliche Überprüfung ist durch die Beschränkung auf ersichtliche (= offensichtliche) Irreführungen in § 18 I 2 außer bei der Anmeldung auch im Firmenmissbrauchsverfahren (§ 37 I) und im Amtslöschungsverfahren (§ 395 FamFG) eingeschränkt.

2. Firmenbeständigkeit

111 Firmenbeständigkeit (= Firmenkontinuität) bedeutet, dass die **Firma bestehen bleiben darf,** obwohl sich der Name des Einzelkaufmanns geändert oder der Inhaber des Unternehmens gewechselt hat. Enthält die Firma den Namen des früheren Inhabers, so spricht man von einer **abgeleiteten Firma** (Gegensatz: ursprüngliche Firma). Der Grundsatz der Firmenbeständigkeit schränkt den Grundsatz der Firmenwahrheit zwecks Erhaltung des in der Firma verkörperten Wertes ein. Er greift bei abgeleiteten Firmen hinsichtlich des Firmenkerns, nicht hinsichtlich der Firmenzusätze ein. Nach dem Grundsatz der Firmenkontinuität darf eine einmal gebildete Firma in bestimmten Fällen unverändert bestehen bleiben, obwohl sie im Firmenkern unrichtig (unwahr) geworden ist. Ist mit einer Täuschung des Rechtsverkehrs zu rechnen, muss allerdings ein Nachfolgezusatz verwendet werden (→ Rn. 113).

a) Der alte **Firmenkern**, der zunächst der Wahrheit entsprach und inzwischen unrichtig geworden ist, kann in folgenden Fällen fortgeführt werden:

(1) bei einem **Wechsel des Inhabers** (§§ 22, 24).

In Betracht kommen: Inhaberwechsel bei Erwerb des Handelsgeschäfts von Todes wegen, durch Rechtsgeschäft unter Lebenden auf Dauer (z. B. Kauf) oder auf Zeit (z. B. Nießbrauch, Pacht); Austritt eines namensgebenden Gesellschafters aus der Gesellschaft.

(a) **Voraussetzung** für die Fortführung der bisherigen Firma ist zunächst, dass die **bisherige Firma zu Recht besteht**. Weiterhin muss das Handelsgeschäft wirksam erworben worden oder ein Gesellschafter wirksam ein- bzw. ausgetreten sein.

Die Firma kann nicht ohne das Handelsgeschäft, für das sie geführt wird, übertragen werden (§ 23); dadurch soll der Handel mit „Mondscheinfirmen" ausgeschlossen werden, um eine Irreführung Dritter zu verhindern.

Schließlich müssen der bisherige Inhaber oder der ausscheidende Gesellschafter, dessen Name in der Firma enthalten ist, oder die Erben in die Fortführung der Firma ausdrücklich **einwilligen** (vgl. auch BGHZ 92, 79; *BGH* NJW 1994, 2025, 2026).

Veräußert der **Insolvenzverwalter** ein zur Insolvenzmasse gehörendes Unternehmen mit der Firma, so kam es für die Frage, ob eine Zustimmung des Namensträgers erforderlich ist, nach der Rechtsprechung des BGH darauf an, ob für die Firmenbildung die Aufnahme des Familiennamens gesetzlich vorgeschrieben war (vgl. *BGH* NJW 1990, 1605, 1607). Nach altem Recht war daher bei der Firma eines Einzelkaufmanns und einer Personengesellschaft, für die seinerzeit die Personenfirma gewählt werden musste, zur Übertragung der Firma die Zustimmung des Namensträgers erforderlich (BGHZ 32, 103, 108). Demgegenüber wurde der Insolvenzverwalter einer GmbH, für die bereits das alte Recht die Sachfirma erlaubte, als befugt angesehen, deren Firma mit dem Handelsgeschäft zu veräußern. Ein Gesellschafter konnte der Verwertung grundsätzlich nicht widersprechen, selbst wenn sein Name in der Firma enthalten war (BGHZ 85, 221, 224).

Da das liberalisierte Firmenrecht keine Pflicht zur Verwendung einer Personenfirma kennt, bedarf es heute keiner Zustimmung des Namensgebers. Der Insolvenzverwalter darf also nicht nur die Personenfirma einer Kapitalgesellschaft, sondern auch diejenige eines Einzelkaufmanns oder einer Personenhandelsgesellschaft ohne Zustimmung des Namensträgers verwerten (str., wie hier MünchKomm/*Heidinger*, § 22 Rn. 78 ff.).

(b) Liegen die genannten Voraussetzungen vor, darf die bisherige Firma **mit oder ohne** einen das Nachfolgeverhältnis andeutenden **Zusatz** fortgeführt werden (§ 22 I).

112

Max Müller hat sein unter der Firma „Max Müller e. K." geführtes Handelsgeschäft an Karl Käse verkauft. Wenn Müller in die Fortführung der Firma eingewilligt hat, kann Käse wie folgt firmieren: „Max Müller e. K.", „Max Müller e. K. Nachf.", „Max Müller e. K., Inhaber Karl Käse", „Karl Käse e. K. vorm. Max Müller". Selbstverständlich kann Käse auch eine neue Firma („Karl Käse e. K.") benutzen. Sie muss der Wahrheit entsprechen, da sie keine abgeleitete Firma ist. – Im **Fall c** darf die bisherige Firma fortgeführt werden, wenn Meyer darin eingewilligt hat.

(2) Auch bei **Namensänderung** des Geschäftsinhabers oder des Gesellschafters, dessen Name in der Firma enthalten ist, darf der Firmenkern fortgeführt werden (§ 21).

Beispiele: Änderung des bürgerlichen Namens durch Heirat oder Adoption.

113 b) **Firmenzusätze** dürfen **nicht irreführend** sein. So muss das Gesellschaftsverhältnis wahrheitsgemäß angegeben werden.

Wird die Firma eines Einzelkaufmanns von einer GmbH fortgeführt, so muss die Firma den Zusatz „GmbH" erhalten. Im umgekehrten Fall muss der Zusatz „GmbH" wegfallen.

Tritt in die „Max Müller KG" eine GmbH als alleinige persönlich haftende Gesellschafterin ein, so muss die Firma nicht nur den Zusatz „KG", sondern auch den Zusatz „GmbH" enthalten (Max Müller GmbH & Co. KG; § 19 II). Auf jeden Fall muss eine Täuschung des Publikums über die Gesellschaftsverhältnisse ausgeschlossen sein (vgl. *BGH* NJW 1981, 342 f.).

Wird eine aus zwei Gesellschaftern bestehende oHG, deren Firma die Namen beider Gesellschafter enthält, in eine KG umgewandelt und wird einer der persönlich haftenden Gesellschafter Kommanditist, so darf die bisherige Firma nicht ohne einen Zusatz fortgeführt werden, der die veränderten Haftungsverhältnisse erkennen lässt (vgl. *OLG Frankfurt a. M.* NJW 1980, 129).

Trotz des Grundsatzes der Firmenkontinuität muss nach dem Grundsatz der Firmenwahrheit ein Titel in der Firma wegfallen, wenn der Erwerber den **Titel nicht zu führen berechtigt** ist und bei Beibehaltung des Titels eine **Täuschungsgefahr** besteht.

Karl Käse darf die Firma „Dr. Max Müller e. K." nicht fortführen, weil der Eindruck entstehen könnte, der aktuelle Inhaber sei promoviert. Zulässig ist dagegen die Firma „Dr. Max Müller e. K. Nachf.", da damit nichts über den Titel des derzeitigen Inhabers ausgesagt wird (*BGH* NJW 1998, 1150, 1151).

3. Firmenausschließlichkeit/Firmenunterscheidbarkeit

114 Firmenausschließlichkeit bzw. Firmenunterscheidbarkeit bedeutet, dass Firmen sich **voneinander unterscheiden** müssen. Dadurch soll eine Verwechslungsgefahr ausgeschlossen werden.

Jede neue Firma muss sich von allen am selben Ort oder in derselben Gemeinde bereits bestehenden und ins Register eingetragenen Firmen deutlich unterscheiden (§ 30 I). Der Grundsatz formt damit die in § 18 I aufgestellte Forderung aus, wonach die Firma **Unterscheidungskraft** besitzen muss. Deutliche Unterscheidbarkeit ist nach dem Sinn der Vorschrift gegeben, wenn keine Verwechslungen hervorgerufen werden.

Verwechslungsgefahr besteht z. B., wenn die Firmenkerne übereinstimmen und nur verschiedene Gesellschaftszusätze genutzt werden.

Der Grundsatz der Firmenausschließlichkeit kann mit dem Grundsatz der Firmenwahrheit kollidieren, wenn Vor- und Zuname zweier Einzelkaufleute übereinstimmen. Hier ist eine Unterscheidbarkeit nur dadurch zu erreichen, dass der „neue" Kaufmann seiner Firma einen Zusatz beifügt, der die Firma von der bereits eingetragenen Firma des „alten" Kaufmanns unterscheidet (§ 30 II).

Beispiel: Wegen der bereits eingetragenen Firma „Max Müller e. K." heißt die Firma des anderen Max Müller „Bankhaus Max Müller e. K.".

§ 30 greift nur ein, wenn die ältere Firma in derselben politischen Gemeinde (vgl. auch § 30 IV) besteht und bereits eingetragen ist. Die Öffentlichkeit wird also nur in einem sehr begrenzten Ausmaß vor Verwechslungen geschützt.

4. Firmeneinheit

Der Grundsatz der Firmeneinheit besagt, dass der Kaufmann **nur eine einzige Firma für ein und dasselbe Unternehmen** führen darf. Die kaufmännische Firma dient zwar in erster Linie der Bezeichnung und Identifikation des Unternehmensträgers im Rechtsverkehr. Zugleich bezeichnet sie aber – aus der Sicht des Geschäftsverkehrs – auch das Unternehmen selbst. Der Grundsatz der Firmeneinheit trägt dieser Doppelfunktion der Firma Rechnung. Die Firma soll nicht nur den Unternehmensträger identifizieren, sondern auch seine Verbindung mit dem Unternehmen sicherstellen. Merksatz: **„Ein Unternehmen – eine Firma"**. Das gesetzlich nicht ausdrücklich normierte Verbot mehrfacher Firmenführung soll Täuschungen im Rechtsverkehr vermeiden. Es wird aus dem Grundsatz der Firmenwahrheit hergeleitet.

a) Für den Unternehmensträger bedeutet der Grundsatz der Firmeneinheit, dass er im Ausgangspunkt nur eine Firma führen kann (vgl. *BGH* NJW 1991, 2023, 2024). Einer natürlichen Person ist es allerdings gestattet, mehrere Unternehmen zu betreiben (etwa ein Softwareunternehmen und ein Reinigungsunternehmen). Der **Einzelkaufmann** darf in einem solchen Fall auch mehrere Firmen führen. So ist es ihm erlaubt, wenn er ein weiteres Handelsgeschäft erwirbt, dessen bisherige Firma fortzuführen (§ 22); daneben ist er berechtigt, die Firma des von ihm ursprünglich gegründeten Geschäfts für dieses beizubehalten. Vereinigt er aber beide Geschäfte, ist nur eine einzige Firma statthaft. Entsprechendes muss gelten, wenn der Kaufmann zwei voneinander getrennte Geschäfte gründet, die organisatorisch selbständig sind.

Bei den beiden Geschäften handelt es sich dann nicht um zwei verschiedene Rechtssubjekte, sondern nur um **besondere Bezeichnungen verschiedener Vermögensmassen** des Kaufmanns. Die Gläubiger, die eine Forderung aus Lieferungen an das Geschäft A haben, können auch in das Vermögen, das zum Geschäft B gehört, vollstrecken; denn ihr Schuldner ist der Kaufmann.

115a b) **Handelsgesellschaften** dagegen können nur Träger eines Unternehmens sein und dürfen demzufolge auch nur eine Firma führen. Der Rechtsverkehr würde getäuscht, wenn etwa eine GmbH verschiedene Firmen führen könnte. Es entstünde der falsche Eindruck der Existenz verschiedener Rechtssubjekte mit je einem entsprechenden Stammkapital, während tatsächlich nur ein Rechtssubjekt mit einem Stammkapital (z. B. von 25.000,– €) besteht.

Es bleibt den Gesellschaftern unbenommen, für jedes Unternehmen eine neue Gesellschaft mit einer neuen Firma zu gründen oder die Unternehmen als Zweigniederlassungen unter der Firma der Hauptniederlassung zu führen. In beiden Fällen werden Täuschungen vermieden.

5. Firmenöffentlichkeit

116 Die Firma muss der Öffentlichkeit **kundgemacht** werden. Dem dient vor allem die Eintragung in das Handelsregister.

a) Ins **Handelsregister** sind einzutragen:
(1) die Firma des Kaufmanns, der Ort und die Geschäftsanschrift seiner inländischen Handelsniederlassung (§ 29),
(2) die Änderung der Firma, ihrer Inhaber, die Verlegung der Niederlassung an einen anderen Ort sowie die Änderung der inländischen Geschäftsanschrift (§ 31 I),
(3) die Eröffnung des Insolvenzverfahrens und die Aufhebung des Verfahrens sowie weitere wesentliche Entwicklungen (§ 32),
(4) das Erlöschen der Firma (§ 31 II).

b) Die Handelsregistereintragung setzt regelmäßig eine **Anmeldung** des Verpflichteten voraus (§§ 29, 31, 33, 34). Nur in den von §§ 31 II 2, 32 erfassten Fällen ist ausnahmsweise keine Anmeldung erforderlich; die Eintragung erfolgt von Amts wegen.

III. Firmenschutz

Die zu Recht geführte Firma muss geschützt werden. Das geschieht vor allem durch das in **§ 12 BGB verankerte Namensrecht i. V. m. §§ 1004, 823 I BGB**, ferner durch §§ 5, 15 MarkenG. Dem Firmenschutz dient aber auch § 37, der eine unbefugte Firmenbenutzung im Interesse der Sicherheit des Rechtsverkehrs und im Interesse des dadurch verletzten Einzelnen verhindern will. Dementsprechend sieht die Bestimmung zwei Wege vor, auf denen gegen eine unzulässige Firmenführung vorgegangen werden kann: Zum einen muss das Registergericht zum Schutze der Allgemeinheit kraft öffentlichen Rechts gegen eine unbefugte Firmenbenutzung einschreiten (§ 37 I), und zum anderen hat derjenige, der durch die unbefugte Firmenbenutzung in seinen rechtlich geschützten Interessen verletzt ist, einen privatrechtlichen Unterlassungsanspruch gegen den, der die unzulässige Firma führt (§ 37 II). 117

1. Firmenmissbrauchsverfahren (§ 37 I)

a) **Voraussetzung** des Firmenmissbrauchsverfahrens ist, dass jemand eine ihm nicht zustehende Firma gebraucht. 118

(1) Die **Unzulässigkeit der Firma** ergibt sich aus den zuvor erörterten firmenrechtlichen Vorschriften. Eine unzulässige Firma wird auch nicht dadurch zulässig, dass sie ins Handelsregister eingetragen worden ist.

Beispiele: Ein Nichtkaufmann führt eine Firma. Eine GmbH verwendet die Firma ohne den Zusatz „mbH".

(2) Ein **Gebrauch der Firma** ist bei ihrer Verwendung im Handelsverkehr gegeben.

Beispiele: Herbeiführen oder Dulden einer entsprechenden Registereintragung, Abschluss von Geschäften unter der Firma, Unterzeichnung von Erklärungen mit der Firma, aber auch Benutzung der Firma auf Türschildern, Briefköpfen, in Zeitungsanzeigen usw.

b) Das **Verfahren des Registergerichts** ist auf Unterlassung des Gebrauchs der unzulässigen Firma gerichtet (§ 37 I). Das Gericht, das 119 von Amts wegen tätig wird, gibt dem (oder den) Beteiligten unter Androhung eines Ordnungsgelds auf, sich des Gebrauchs der Firma zu enthalten oder diesen innerhalb einer bestimmten Frist durch Einspruch zu rechtfertigen; bei Zuwiderhandlung wird das Ordnungsgeld festgesetzt (Einzelheiten: § 392 FamFG i. V. m. §§ 388 ff. FamFG).

2. Unterlassungsanspruch (§ 37 II)

120 a) **Voraussetzung** des Unterlassungsanspruchs ist – wie beim Missbrauchsverfahren –, dass jemand eine ihm nicht zustehende Firma **gebraucht**. Dabei kommt es auf ein Verschulden nicht an. **Anspruchsberechtigter** ist, wer durch den unbefugten Firmengebrauch „in seinen Rechten... verletzt wird". Das ist unbestritten derjenige, welcher in seinem absoluten Recht (Firmen-, Namens-, Patent-, Markenrecht) verletzt wird (z. B. A verlangt von B, der den Namen des A als Firma führt, Unterlassung). Würde § 37 II aber nur absolute Rechte schützen, die ohnehin schon auf andere Weise Rechtsschutz genießen, wäre sein Anwendungsbereich sehr eng. Nach richtiger Ansicht genügt zur Anspruchsberechtigung ein rechtliches Interesse wirtschaftlicher Art, so dass auch ein Wettbewerber Unterlassung nach § 37 II verlangen kann (BGHZ 53, 65, 70; *BGH* NJW 1991, 2023, 2024). Das gleiche Recht steht auch einem nach § 3 I Nr. 2 UKlaG klageberechtigten Verband zu.

121 b) Als **Rechtsfolge** sieht § 37 II einen Anspruch des Verletzten gegen den Verletzer auf Unterlassung des unbefugten Firmengebrauchs vor. Bei Verschulden kann – wie § 37 II 2 ausdrücklich klarstellt – neben dem Unterlassungsanspruch auch ein **Schadensersatzanspruch** (z. B. nach § 823 BGB) bestehen.

Unberührt bleiben Ansprüche aus § 12 BGB, § 14 V MarkenG.

Empfehlungen zur vertiefenden Lektüre:
Rechtsprechung: BGHZ 92, 79 = NJW 1985, 59 (Einwilligung des ausgeschiedenen Gesellschafters in Fortführung der Firma); *BGH* NJW 1998, 1150 (Grundsatz der Firmenkontinuität bei Verwendung akademischer Titel); *BGH* NJW-RR 2009, 327 (Voraussetzungen der Eintragungsfähigkeit einer Handelsfirma: Artikulierbarkeit der Aneinanderreihung einer Buchstabenkombination); *OLG Dresden* MMR 2011, 242 (Unterscheidungskraft einer an eine Internetdomain angelehnten Firma); *OLG Braunschweig* WRP 2001, 287 (Eintragungsfähigkeit des „@"-Zeichens); *OLG Hamm* NJW-RR 1998, 611 (Trennung der Firma vom Unternehmen); *OLG Frankfurt a. M.* NJW-RR 2001, 172 („ProArchitektur" als Firmenbestandteil); *OLG Frankfurt a. M.* NJW 2002, 2400 (unzulässige Verwendung einer Buchstabenkombination als

Firma – A. A. A. A. A. A.); *OLG Frankfurt a. M.* GmbHR 2011, 202 (Eintragung einer Firma „Outlets.de GmbH" wegen mangelnder Unterscheidungskraft unzulässig); *OLG Hamm* DB 2008, 981 (Aneinanderreihung einer Buchstabenkombination kann Namensfunktion zukommen) – abweichend *OLG Celle* DB 2006, 1950 (nicht aussprechbarer Buchstabenkombination kommt keine Namensfunktion zu); *OLG München* DStR 2010, 991 (Firmenname: Verstoß gegen das Irreführungsverbot durch Aufnahme einer Ortsangabe); *Thüringer OLG* NZG 2010, 1354 (Irreführungseignung bei Verwendung des Namens einer fiktiven Person für eine Personenfirma).

Literatur: *Bartels,* Die Handelsfirma zwischen Namensrecht und Kennzeichenschutz, AcP 209 (2009), 309; *Beyerlein,* Die Firm@, WRP 2005, 582; *Bokelmann,* Das Recht der Firmen- und Geschäftsbezeichnungen, 5. Aufl. 2000; *Clausnitzer,* Das Firmenrecht in der Rechtsprechung (2000 bis 2009), DNotZ 2010, 345; *Fezer,* Liberalisierung und Europäisierung des Firmenrechts, ZHR 161 (1997), 52; *Flume,* Die Firma als „tradeable asset", DB 2008, 2011; *Heckschen,* Firmenbildung und Firmenverwertung – aktuelle Tendenzen, NotBZ 2006, 346; *Kögel,* Zulässigkeit von Fremdnamen und unrichtigen Personenzusätzen in der Firma einer GmbH, GmbHR 2011, 16; *Lettl,* Das Recht zur Fortführung der Firma nach Unternehmensveräußerung, WM 2006, 1841; *Möller,* Neues Kaufmanns- und Firmenrecht, 1998; *Petersen,* Das Firmenrecht zwischen Bürgerlichem Recht und Handelsrecht, JURA 2013, 244; *Schöne,* Wrdlbrmpfd e. K. – Zur Eintragungsfähigkeit von Buchstabenkombinationen als Firma, GWR 2009, 137; *Schulz,* Die Neuregelung des Firmenrechts, JA 1999, 147; *Seifert,* Firmenrecht „online", Rpfleger 2001, 395; *Wessel/Zimmermann/Kögel,* Die Firmengründung, 7. Aufl., 2001.

§ 8. Das Handelsunternehmen

Fall a: Volk (V) verkauft an Käse (K) sein „Autohaus Fritz Volk e. K.". Bei den Vertragsverhandlungen legt er „frisierte" Bilanzen vor; außerdem versichert er, dass das Unternehmen schuldenfrei sei, was sich als falsch herausstellt. Rechte des K? → Rn. 133

Fall b: Im Fall a führt K die Firma „Autohaus Fritz Volk e. K., Nachf. Karl Käse". G verklagt K auf Bezahlung von Waren, die er dem V geliefert hatte. Mit Recht? → Rn. 139

Fall c: Haftet K im Fall b auch dann, wenn er inzwischen den Kaufvertrag über das Unternehmen wegen arglistiger Täuschung angefochten hat? → Rn. 137

Fall d: Wie kann K verhindern, dass er für die Geschäftsschulden des V einzustehen hat? → Rn. 140

Fall e: S, der von V ein Auto gekauft hatte, bezahlt die Kaufpreisschuld an das „Autohaus Fritz Volk e. K., Nachf. Karl Käse". Kann V von S nochmals Zahlung verlangen, da er die Forderung gegen S nicht an K abgetreten hat? → Rn. 148

Fall f: Nach dem Tode des V führt sein Sohn Emil (E) das Geschäft unter der Firma „Autohaus Fritz Volk e. K., Nachf. Emil Volk" fort. Als G einen Monat nach dem Tod des V den E auf Zahlung einer hohen Kaufpreisforderung aus einer Lieferung von Autos an V verklagt, macht E die beschränkte Erbenhaftung geltend. Mit Recht? → Rn. 159

Fall g: Wie kann E im Fall f die Haftung für die Kaufpreisforderung des G ausschließen? → Rn. 160 ff.

I. Begriff

123 Unter einem Unternehmen versteht man eine **organisatorisch-wirtschaftliche Einheit, die auf einer Verbindung personeller und sachlicher Mittel** beruht (*Brox/Walker*, AT, Rn. 791 ff.). Zum Unternehmen gehören die Tätigkeiten des Unternehmers und der Arbeitnehmer. Ferner zählen die immateriellen Werte wie tatsächliche Beziehungen, Geschäftsgeheimnisse und das Ansehen im Geschäftsleben zum Unternehmen. Dazu gehören auch die materiellen Werte, nämlich Sachen (z. B. Grundstücke, Einrichtungsgegenstände, Werkzeuge, Waren, Bargeld) und Rechte (z. B. Forderungen, Patente, Marken) sowie die Schulden.

Das Unternehmen ist nicht identisch mit dem Unternehmer. Es ist **kein Rechtssubjekt,** kann also selbst nicht Träger von Rechten und Pflichten sein, die zum Geschäft gehören. Rechtssubjekt ist vielmehr der Inhaber des Unternehmens (Unternehmensträger). Er ist Eigentümer des Geschäftsgrundstücks, Gläubiger des Kaufpreisanspruchs gegen den Kunden, Schuldner der Lohnforderungen der Arbeitnehmer.

Zwar kann man das Vermögen, das zum Unternehmen gehört, vom sonstigen (Privat-)Vermögen des Unternehmers trennen. Jedoch geht die Selbständigkeit des Unternehmens beim Einzelkaufmann nicht so weit, dass für Geschäftsschulden nur das Geschäftsvermögen und für private Schulden nur das private Vermögen haftet; vielmehr ist in beiden Fällen der Unternehmer Schuldner der Verbindlichkeit, für die sein gesamtes Vermögen haftet.

123a Der Unternehmensbegriff wird in den einzelnen Rechtsgebieten unterschiedlich verwandt. Anerkanntermaßen kann er je nach Zweckbestimmung des Gesetzes einen anderen Inhalt haben.

1. Im **Handelsrecht** findet sich der Unternehmensbegriff beispielsweise bei der Bestimmung der Kaufmannseigenschaft (§§ 2, 3 II) neben dem des Handelsgewerbes (z. B. in § 1) und dem des Handelsge-

schäfts (z. B. in §§ 22 ff.). Aus §§ 22, 25 ist zu entnehmen, dass das Unternehmen als Ganzes verkauft und verpachtet werden kann.

2. Für das **Schuldrecht** wurde im Zuge der Schuldrechtsreform klargestellt, dass das Unternehmen als solches Gegenstand eines Kaufvertrags sein kann (§ 453 I BGB: „sonstige Gegenstände").

3. Im **Deliktsrecht** wird das Unternehmen durch § 823 I BGB geschützt. Das Recht am eingerichteten und ausgeübten Gewerbebetrieb ist von der höchstrichterlichen Rechtsprechung seit langem als sonstiges Recht i. S. d. § 823 I BGB anerkannt. Wer etwa die Produktion eines Unternehmens durch einen rechtswidrigen Streik lahm legt und damit fahrlässig und rechtswidrig das Recht am eingerichteten und ausgeübten Gewerbebetrieb verletzt, macht sich nach § 823 I BGB schadensersatzpflichtig (Einzelheiten: *Brox/Walker*, BS, § 41 Rn. 15 ff.).

4. Das **Gesellschaftsrecht** kennt einen weiten Unternehmensbegriff, der auch nichtgewerbliches Handeln umfasst. So erfordert beispielsweise im Konzernrecht (§§ 15 ff. und 291 ff. AktG) der Schutz der außenstehenden Aktionäre und Gläubiger, dass BGB-Gesellschaften, nichtrechtsfähige Vereine und die öffentliche Hand als Unternehmen angesehen werden (vgl. § 17 AktG).

5. Im **Wirtschaftsrecht** stellt beispielsweise das Gesetz gegen Wettbewerbsbeschränkungen (GWB) auf das Unternehmen ab. Um dem Regelungsanliegen, jede wirtschaftliche Betätigung und jeden geschäftlichen Verkehr von Beschränkungen freizuhalten, gerecht zu werden, behandelt das GWB das Unternehmen, als ob es vertragsfähig (§ 1 GWB) und quasi deliktsfähig sei.

6. Im **Arbeitsrecht**, insbesondere im Betriebsverfassungsrecht (z. B. § 47 I BetrVG), wird der Begriff des Unternehmens dem des Betriebs gegenübergestellt. Während der Betrieb eine räumlich-technische Einheit darstellt, mit der der Inhaber allein oder mit seinen Mitarbeitern einen bestimmten arbeitstechnischen Zweck unmittelbar verfolgt, geht es beim Unternehmen um einen übergreifenden, meist wirtschaftlichen oder ideellen Zweck (*Brox/Rüthers/Henssler*, ArbR, Rn. 67). Ein Unternehmen kann aus mehreren Betrieben bestehen.

II. Niederlassungen des Unternehmens

Unter der Niederlassung eines Handelsunternehmens versteht man den Ort, von dem aus das Unternehmen kaufmännisch geleitet und betrieben wird. Ein Unternehmen kann mehrere Niederlassungen haben. Man unterscheidet Haupt- und Zweigniederlassungen.

1. Hauptniederlassung

125 a) Die Hauptniederlassung (= Hauptgeschäft, Zentrale) ist der **Mittelpunkt des gesamten Unternehmens**; von dort wird das Unternehmen geleitet und verwaltet (Ort der Geschäftsleitung). Der Unternehmer bestimmt, welche von mehreren Niederlassungen die Hauptniederlassung sein soll; er kann auch eine bisherige Zweigniederlassung zur Hauptniederlassung machen. Der Sitz der Gesellschaft (Registersitz) entspricht in aller Regel dem Ort der Hauptniederlassung (Verwaltungssitz), notwendig ist dies indes nicht. Gesetzliche Regelungen (§ 4a GmbHG) lassen es inzwischen sogar zu, dass der Verwaltungssitz einer deutschen GmbH im Ausland liegt. Dagegen muss der Registersitz einer deutschen GmbH oder AG zwangsläufig in Deutschland sein.

b) Wenn das Gesetz nur von Niederlassung spricht, ist regelmäßig die Hauptniederlassung gemeint (vgl. etwa § 29). Auch außerhalb des HGB ist die Hauptniederlassung von Bedeutung, etwa für den Erfüllungsort (§§ 269 II, 270 II BGB) und den Gerichtsstand (§§ 17, 21 ZPO).

2. Zweigniederlassung

126 Die Zweigniederlassung (= Zweiggeschäft, Filiale) ist ein Teil des Unternehmens mit einer gewissen Selbständigkeit und einer dauernden räumlichen Trennung von der Hauptniederlassung.

127 a) Die Bedeutung der Zweigniederlassung zeigt sich u. a. darin, dass auch ihr Sitz als **Erfüllungsort** und **Gerichtsstand** maßgebend sein kann. Die Vertretungsmacht eines Prokuristen und die eines persönlich haftenden Gesellschafters einer Personengesellschaft ist auf den Bereich einer Zweigniederlassung beschränkbar (§§ 50 III, 126 III). Die Zweigniederlassung ist nach §§ 13 ff. anzumelden und ins Handelsregister einzutragen. Durch das EHUG ist die registerrechtliche Behandlung von Zweigniederlassungen zum 1. Januar 2007 insofern vereinfacht worden, als die Eintragung allein bei dem Gericht der inländischen Hauptniederlassung erfolgt. Aufgrund der elektronischen Vernetzung erübrigt sich eine Eintragung bei dem für den Ort der Zweigniederlassung zuständigen Gericht.

128 b) Die Zweigniederlassung setzt im Einzelnen voraus:
(1) Es muss sich um einen **Teil des Unternehmens** handeln. Deshalb müssen der Unternehmer der Haupt- und der Zweigniederlas-

sung identisch sowie der Geschäftsbetrieb im Wesentlichen gleich sein.

Betreibt also der Ehemann das Geschäft A und die Ehefrau das Geschäft B, handelt es sich um zwei verschiedene Unternehmen. Dagegen liegt nur ein einziges Unternehmen vor, wenn die Eheleute als eine oHG beide Geschäfte betreiben, der Ehemann das Geschäft A und die Ehefrau das Geschäft B leitet.

Die Bank und der Lebensmittelgroßhandel des Kaufmanns K sind zwei Unternehmen des K, da es sich um ganz verschiedene Geschäftszweige handelt.

(2) Eine Zweigniederlassung ist nur bei einer **gewissen organisatorischen Selbständigkeit** gegeben. Anhaltspunkte dafür sind die Befugnis des Leiters, nach außen selbständig aufzutreten, sowie eine ähnliche Einrichtung wie die Hauptniederlassung (z. B. selbständige Bankkonten, gesonderte Buchführung).

An der genannten Selbständigkeit fehlt es bei untergeordneten, unselbständigen Abteilungen des Unternehmens, die nur Hilfsgeschäfte auszuführen haben (z. B. Verkaufsstellen, Auslieferungsbüros, Vermittlungsstellen), selbst wenn sie als „Filialen" bezeichnet werden.

(3) Erforderlich ist eine **räumliche Trennung** von der Hauptniederlassung.

Die Zweigniederlassung kann daher nicht in den Räumlichkeiten der Hauptniederlassung betrieben werden. Dagegen kann sie innerhalb derselben Gemeinde ihren Standort haben.

(4) Schließlich muss die Zweigniederlassung auf eine gewisse **Dauer** angelegt sein.

Die Einrichtung eines Geschäftsbetriebs nur während einer Messe (Ausstellungsmesse, Verkaufsmesse) reicht nicht.

III. Unternehmenserwerb unter Lebenden (§ 25)

Ein Unternehmen kann vom Unternehmer (Unternehmensträger) einem anderen überlassen werden. Dabei ist das zugrunde liegende **Verpflichtungsgeschäft** von den **Verfügungsgeschäften zu unterscheiden**. Die Übertragung bringt besondere Probleme der Schuldenhaftung gegenüber Geschäftsgläubigern und des Forderungsübergangs gegenüber Geschäftsschuldnern mit sich.

1. Verpflichtungsgeschäfte

130 Der Unternehmensveräußerung kann beispielsweise ein Kauf-, Tausch- oder Schenkungsvertrag zugrunde liegen. Eine zeitweilige Überlassung des Unternehmens zur Weiterführung erfolgt meist aufgrund eines Pachtvertrags.

a) Ein einziges Verpflichtungsgeschäft kann – im Gegensatz zu den Verfügungsgeschäften (→ Rn. 135) – **das Unternehmen als Ganzes** zum Gegenstand (vgl. § 453 I BGB: „sonstiger Gegenstand") haben. Welche Unternehmensgegenstände dem Erwerber zu überlassen sind, muss durch Auslegung des Vertrags ermittelt werden. Im Zweifel sind alle Aktiva und Passiva des Unternehmens gemeint, es sind aber auch abweichende vertragliche Bestimmungen möglich. Die Beratungspraxis spricht hier von einem „asset deal" (Kauf der einzelnen Vermögensgegenstände: „assets") im Gegensatz zu einem „share deal", bei dem die Anteile („shares") am Unternehmensträger (AG, GmbH) veräußert werden.

131 b) Der Verpflichtungsvertrag bedarf grundsätzlich **keiner Form**. Abweichend von diesem Grundsatz ist der Vertrag notariell zu beurkunden, wenn das Unternehmen im Rahmen eines Schenkungsversprechens übergehen soll (§ 518 BGB). Diese Form ist auch einzuhalten, wenn das Unternehmen das gegenwärtige Vermögen dessen darstellt, der sich zur Übertragung verpflichtet (vgl. § 311b III BGB). Beim Verkauf eines Unternehmens, zu dem ein Grundstück gehört, ist die Form des § 311b I BGB zu beachten.

132 c) Lebt derjenige, der sich zur Veräußerung des Unternehmens verpflichtet, im gesetzlichen Güterstand oder in Gütergemeinschaft und stellt das Unternehmen das ganze oder nahezu das ganze Vermögen dar, so bedarf der Verpflichtungsvertrag zu seiner Wirksamkeit der **Zustimmung des Ehepartners** (vgl. §§ 1365 f. BGB; § 1423 BGB).

Eltern, die für ihr Kind dessen Unternehmen veräußern oder ein solches erwerben, bedürfen der **vormundschaftsgerichtlichen Genehmigung** (§§ 1643 I, 1822 Nr. 3 BGB). Das gilt auch für den Pachtvertrag über ein Unternehmen, den der Vormund für sein Mündel abschließt (§ 1822 Nr. 4 BGB).

133 d) Beim **Kauf eines Unternehmens** haftet der Verkäufer für Sach- und Rechtsmängel (vgl. §§ 434 ff., 453 I BGB) sowie für sonstige Pflichtverletzungen (§§ 280 I, III i. V. m. §§ 281, 283 bzw. § 311a II BGB). Praktisch bedeutsam sind Schadensersatzansprüche nach den allgemeinen Regeln, wenn das Unternehmen nicht die vereinbarte Beschaffenheit hat. Zu beachten ist, dass es für das Vorliegen eines Unternehmensmangels auf das Unternehmen als Ganzes ankommt, die

Mangelhaftigkeit einzelner zum Unternehmen gehörender Gegenstände (Patentrechte, Maschinen, Betriebsgebäude) genügt also nicht. Häufig werden in Unternehmenskaufverträgen zudem Garantien (vgl. § 444 BGB) vereinbart, um eine verschuldensunabhängige Verkäuferhaftung sicherzustellen.

Da V dem K im **Fall a** die Schuldenfreiheit des Unternehmens garantiert hat, diese aber in Wirklichkeit nicht bestand, kann K aufgrund der Garantievereinbarung Schadensersatz verlangen, ohne dass es auf ein Verschulden des V ankäme. Daneben stehen ihm die Rechte aus §§ 437, 434 BGB zu (soweit nicht – wie in der Praxis üblich – die allgemeine Sachmängelhaftung ausgeschlossen ist). Die fehlende Schuldenfreiheit stellt einen Sachmangel (Abweichung der tatsächlichen von der vereinbarten Beschaffenheit) dar, der u. a. (§ 437 BGB) unter den Voraussetzungen des § 323 I zum Rücktritt berechtigt. Das „Frisieren" der Bilanzen zieht als vorvertragliche Pflichtverletzung zudem Schadensersatzpflichten (§§ 311 II, 280, 281 BGB) nach sich und berechtigt zur Anfechtung wegen arglistiger Täuschung nach § 123 BGB.

Ist Unternehmensträger eine **Kapitalgesellschaft**, kann der Kauf einer Beteiligung am Unternehmensträger („share deal") wirtschaftlich die gleiche Wirkung wie der Kauf des Unternehmens als Ganzes („asset deal") haben. Das ist etwa der Fall, wenn alle Anteile oder jedenfalls so viele Anteile erworben werden, dass der Erwerber das Unternehmen beherrschen kann. Da der Beteiligungskauf einen **Rechtskauf** darstellt, kann es bei ihm allerdings grundsätzlich nur Rechtsmängel (§ 435 BGB) geben (h. M., str.). Ein gekauftes Recht kann naturgemäß keinen Sachmangel haben. Damit sind die Käuferrechte beim Anteilskauf gem. § 434 BGB grundsätzlich auf Fälle beschränkt, in denen Dritte Rechte am Kaufgegenstand geltend machen. Anders ist es zu beurteilen, wenn der Anteilskauf wirtschaftlich dem Kauf des Unternehmens als Ganzes gleichsteht. In diesem Fall bietet sich auch bei einem „share deal" ein Rückgriff auf die Vorschriften der Sachmängelhaftung an. Sachgerecht erscheint es, hier die zur alten Rechtslage entwickelte Rechtsprechung anzuwenden, nach der die Sachmängelhaftung einschlägig ist, wenn alle oder fast alle Anteile an einem Unternehmen erworben werden (*BGH* NJW 2001, 2163, 2164). Die Grenze dürfte bei einer Beteiligung von 75 % zu ziehen sein (str.; vgl. *Picot*, Unternehmenskauf und Restrukturierung, 4. Aufl., 2013, S. 131 ff.; *Grunewald*, NZG 2003, 372). Für eine darüber hinausgehende Haftung des Verkäufers aus cic (§§ 311 II, 280 BGB) ist nur bei der Verletzung von vorvertraglichen Pflichten Raum (lies dazu *OLG Köln* ZIP 2009, 2062).

2. Verfügungsgeschäfte

135 Während ein einziges Verpflichtungsgeschäft das Unternehmen als Ganzes zum Gegenstand haben kann, müssen die **einzelnen Bestandteile** des Unternehmens durch einzelne Verfügungsgeschäfte auf den Erwerber übertragen werden (Spezialitätsprinzip; *Brox/Walker*, AT, Rn. 783).

So wird etwa das Eigentum am Betriebsgrundstück durch Auflassung und Eintragung (§§ 873, 925 BGB), das Eigentum an beweglichen Sachen durch Einigung und Übergabe (vgl. §§ 929 ff. BGB) und die Kaufpreisforderung gegen einen Kunden durch Abtretung (§ 398 BGB) übertragen.

Die Beziehungen zu den Kunden, das Know-how usw. werden ohne besonderes Rechtsgeschäft auf den Erwerber übergeleitet.

3. Haftung bei Firmenfortführung

136 Bei der Haftung des Erwerbers für Geschäftsschulden des früheren Inhabers ist danach zu unterscheiden, ob der Erwerber das Handelsunternehmen („Handelsgeschäft") unter der bisherigen Firma fortführt oder nicht. Bei **Fortführung der bisherigen Firma** schützt § 25 I 1 die Geschäftsgläubiger dadurch, dass ihnen der Erwerber unter bestimmten Voraussetzungen für die Geschäftsschulden des bisherigen Inhabers neben diesem haftet (**gesetzlicher Schuldbeitritt**). Mit dem bisherigen Geschäftsinhaber ist der Gläubiger vielfach nur mit Rücksicht auf die zum Unternehmen gehörenden Vermögenswerte in Geschäftsbeziehung getreten; das Vermögen des Unternehmens gehört nunmehr aber dem Erwerber, während dem bisherigen Inhaber möglicherweise keine Vermögensgegenstände mehr zustehen, in die der Gläubiger wegen seiner Forderung vollstrecken könnte. Vor allem aber entspricht es der Verkehrsauffassung, dass dem Gläubiger die „Firma" oder das „Unternehmen" schuldet, gleichgültig, wer der jeweilige Inhaber ist. Nach der Rspr. greift die Haftung aus § 25 I, wenn zwar der Unternehmensträger wechselt, das Unternehmen selbst aus der Sicht des maßgeblichen Verkehrs aber im Wesentlichen unverändert unter der alten Firmenbezeichnung fortgeführt wird (*BGH* NZG 2012, 916, 917; NJW 2010, 236; NJW 2006, 1001).

137 **a) Voraussetzungen.** (1) Erwerb eines Handelsgeschäfts unter Lebenden. Die Haftung nach § 25 I 1 setzt zunächst voraus, dass der Erwerber das **Handelsgeschäft unter Lebenden erworben** hat.

(a) Mit **Handelsgeschäft** i. S. v. § 25 I 1 ist nicht das Handelsgeschäft gem. § 343, sondern das Unternehmen als Wirtschaftseinheit gemeint.

(b) Beim Geschäftserwerb i. S. d. Unternehmensübertragung muss es sich um einen **abgeleiteten rechtsgeschäftlichen Erwerb** handeln. Unerheblich ist, ob das Unternehmen auf Zeit (z. B. Pacht; vgl. *BGH* NJW 1982, 1647) oder endgültig (z. B. Kauf) übernommen wurde oder ob das Erwerbsgeschäft gültig oder (z. B. durch Anfechtung; **Fall c)** nichtig ist (vgl. BGHZ 18, 248, 252). Ferner kommt es nicht darauf an, ob das Unternehmen bisher von dem Veräußerer selbst oder von einem Pächter geführt worden ist (vgl. *BGH* NJW 1984, 1186 f.). Entscheidend ist allein die **tatsächliche Fortführung** des Unternehmens durch den Erwerber (*BGH* NJW 2006, 1001). Keine Anwendung findet § 25 I 1 auf den Erwerb (vom Insolvenzverwalter) im Rahmen des **Insolvenzverfahrens** (*BGH* NJW 1992, 911). Die bloße Tatsache, dass ein zahlungsunfähiges und insolventes Unternehmen vom Erwerber fortgeführt wird, steht allerdings der Anwendung des § 25 nicht entgegen (*BGH* NJW 2006, 1001).

Eine Erwerberhaftung ließe sich mit der Aufgabe des Insolvenzverwalters, Vermögensgegenstände zu verwerten und dabei im Interesse der Gläubiger den höchstmöglichen Erlös zu erzielen, nicht vereinbaren; eine Veräußerung des Unternehmens mit sämtlichen Schulden wäre nur sehr selten erreichbar (BGHZ 104, 151, 153 ff.).

(c) Der Geschäftserwerb muss **unter Lebenden** erfolgt sein. Die Voraussetzung dient der Abgrenzung von der in § 27 geregelten Erbenhaftung bei Fortführung eines zum Nachlass gehörenden Unternehmens.

(2) Fortführung des Unternehmens. Der Erwerber haftet nur, wenn das erworbene Handelsgeschäft **tatsächlich fortgeführt** wird; dabei genügt es, wenn der **Rechtsschein** einer Unternehmensfortführung erzeugt wird (vgl. *OLG Frankfurt a. M.* NJW 1980, 1397, 1398; a. A. *BayObLG* NJW-RR 1988, 869, 870; Baumbach/Hopt/*Hopt*, § 25 Rn. 6). Ebenso wie bei der Übertragung reicht es zudem aus, wenn nur die Teile fortgeführt werden, die den Kern des Unternehmens ausmachen (Fortführung der wirtschaftlich erfolgreichen Teile bei einem Unternehmenskauf, vgl. *BGH* NZG 2012, 916, 917). **138**

(3) Weiterhin ist die **Fortführung der Firma** erforderlich. Wird nur eine Geschäftsbezeichnung fortgeführt, so genügt dies nicht (*OLG Köln* NJW-RR 2012, 679, 680). Eine Firmenfortführung i. S. d. § 25 setzt nicht voraus, dass die Firma im Handelsregister ein- **139**

getragen ist (vgl. RGZ 55, 83, 85; *BGH* NJW 1987, 1633) oder sie zu Recht – insb. mit Einwilligung des bisherigen Inhabers – geführt wird (vgl. BGHZ 22, 234, 237). § 25 I greift ferner auch dann, wenn die bisherige Firma nicht buchstabengetreu fortgeführt wird (z. B. Weglassen des Vornamens); entscheidend ist, dass der prägende Teil der alten Firma, mit dem der Verkehr das Unternehmen gleichsetzt (Firmenkern), erhalten bleibt (BGHZ 146, 374, 376). Ein Nachfolgezusatz schließt die Haftung des Erwerbers nicht aus (§ 25 I 1; **Fall b**). Für unschädlich hält die h. M. auch eine Veränderung des Rechtsformzusatzes (eK, oHG, KG, AG, GmbH), obwohl dieser seit der HGB-Reform 1998 gemäß § 19 unverzichtbarer Bestandteil der Firma ist und Änderungen des Rechtsformzusatzes daher grundsätzlich Firmenänderungen darstellen. Da das Gesetz an die Firmenfortführung als Haftungsvoraussetzung deshalb anknüpft, weil in ihr die Kontinuität des Unternehmens nach außen in Erscheinung tritt, erscheint es jedoch sachgerecht, § 25 I mit der h. M. schon dann anzuwenden, wenn die beteiligten Verkehrskreise aufgrund des weiterverwendeten Firmenkerns von einer solchen Unternehmenskontinuität ausgehen durften (*BGH* NZG 2012, 916, 917). Selbst eine für einen kurzen Zeitraum vorgenommene Umfirmierung steht nach Ansicht des BGH einem Rückgriff auf § 25 I nicht entgegen (*BGH* NJW 2010, 236).

140 (4) Die Haftung des Erwerbers nach § 25 I 1 kann durch eine Vereinbarung zwischen ihm und dem früheren Inhaber **ausgeschlossen** werden. Gegenüber einem Dritten wirkt eine solche Vereinbarung jedoch nur, wenn sie entweder unverzüglich nach der Geschäftsübernahme in das Handelsregister eingetragen und bekannt gemacht oder dem Dritten vom Erwerber oder bisherigen Inhaber unverzüglich mitgeteilt worden ist (§ 25 II; **Fall d**).

Hat der Dritte auf andere Weise von dem Haftungsausschluss Kenntnis erlangt, ist die Haftung ihm gegenüber nicht ausgeschlossen; denn § 25 II ist keine Gutglaubensvorschrift (vgl. BGHZ 29, 1, 4).

141 **b) Rechtsfolgen.** (1) Aus § 25 I 1 folgt, dass der Erwerber für alle im Betrieb des Geschäfts begründeten Verbindlichkeiten des früheren Inhabers **haftet**.

(a) Die Haftung erstreckt sich auf **alle im Betrieb des Geschäfts begründeten Verbindlichkeiten** des früheren Inhabers, gleichgültig aus welchem Rechtsgrund (z. B. Vertrag, Bereicherung, Delikt). Ausgeschlossen sind nur die privaten Schulden des früheren Inhabers. Bei

§ 8. Das Handelsunternehmen

der Abgrenzung der Geschäftsschulden von den privaten Verbindlichkeiten ist allerdings § 344 (→ Rn. 284 ff.) zu beachten.

(b) Der Erwerber haftet mit seinem **ganzen Vermögen** (also sowohl mit dem Geschäfts- als auch mit dem privaten Vermögen).

Er kann dem Gläubiger alle Einreden entgegenhalten, die entweder in seiner Person begründet sind oder dem bisherigen Inhaber vor der Veräußerung zustanden. Außerdem kann er die Tatsachen geltend machen, die später in der Person des bisherigen Inhabers entstanden und in den §§ 422–424 BGB genannt sind.

(2) Der **frühere Inhaber** bleibt **weiterhin** aus den bis zum Geschäftsübergang begründeten Verbindlichkeiten **verpflichtet**. Solange der Geschäftsübergang nicht im Handelsregister eingetragen ist, haftet der bisherige Inhaber daneben auch für die neuen Verbindlichkeiten (vgl. § 15 I). Da der Gläubiger einer früheren Verbindlichkeit nunmehr zwei Schuldner hat, wird die **Nachhaftung** des bisherigen Inhabers **durch § 26 I 1 begrenzt**. Nach dieser Vorschrift haftet der frühere Inhaber für die früheren Verbindlichkeiten nur, wenn sie vor Ablauf von fünf Jahren fällig und daraus Ansprüche gegen ihn rechtskräftig festgestellt sind. Die Frist beginnt bei Fortführung der bisherigen Firma mit dem Ende des Tages, an dem der neue Firmeninhaber ins Handelsregister eingetragen wird (§ 26 I 2). Wichtige Vorschriften über die Verjährungshemmung sind auf die fünfjährige Ausschlussfrist nach § 26 I 3 entsprechend anzuwenden.

142

c) Bei **Nichtfortführung der bisherigen Firma** kommt eine Haftung des Erwerbers für Geschäftsschulden nach bürgerlich-rechtlichen Vorschriften in Betracht; so kann sich eine Haftung aus befreiender Schuldübernahme (§§ 414 f. BGB) oder vertraglichem Schuldbeitritt (§ 311 I BGB) ergeben.

143

Als besonderen Verpflichtungsgrund für die Haftung des Erwerbers nennt § 25 III die handelsübliche Bekanntmachung des Erwerbers (z. B. in Zeitungsanzeigen, Rundschreiben), dass er die Verbindlichkeiten übernommen habe.

Es handelt sich um eine Willenserklärung des Erwerbers (oder seines bevollmächtigten Vertreters) an die Öffentlichkeit, dass er (alle oder bestimmte) Schulden übernommen habe; die Bekanntmachung der Geschäftsübernahme genügt nicht.

In allen Fällen des **Schuldbeitritts** bleibt der bisherige Inhaber Schuldner der Verbindlichkeiten. Aber auch hier haftet er nur, wenn die Verbindlichkeit vor Ablauf von fünf Jahren fällig und innerhalb dieser Frist Ansprüche gegen ihn geltend gemacht werden; die Frist beginnt mit dem Ende des Tages, an dem die Übernahme kundgemacht wird (vgl. § 26 I 2).

Bei der **befreienden Schuldübernahme** wird der bisherige Schuldner frei; die Interessen des Gläubigers sind gewahrt, weil ohne seinen Willen die Schuldübernahme nicht wirksam ist (vgl. §§ 414 f. BGB).

144 d) Ohne Rücksicht auf die Firmenfortführung gehen die **Arbeitsverhältnisse** nach § 613a BGB auf den Erwerber über (*Brox/Rüthers/Henssler*, ArbR, Rn. 600 ff.; *Brox/Walker*, BS, § 20 Rn. 4; gesetzliche Vertragsübernahme); der Erwerber haftet also neben dem Veräußerer (§ 613a II BGB) für rückständige Verbindlichkeiten aus den Arbeitsverhältnissen.

e) Greift § 25 I mangels Firmenfortführung nicht, kommt eine Rechtsscheinhaftung nach den allgemeinen Rechtsscheingrundsätzen in Betracht, wenn im Rechtsverkehr der zurechenbare Anschein entsteht, dass zwei voneinander unabhängige Unternehmen eine Einheit geformt hätten, indem das eine Unternehmen ein fast namensgleiches anderes Unternehmen fortführe (*BGH* NZG 2012, 916, 918).

4. Forderungsübergang

145 a) Der Erwerber eines Handelsgeschäfts wird nur dann **Gläubiger** der im Betrieb begründeten Forderungen, wenn ihm diese vom bisherigen Inhaber **übertragen** werden. Ob eine solche Übertragung erfolgt ist, kann der Schuldner der Forderung meist nur schwer erkennen. Der Schuldner muss daher davor geschützt werden, dass er an den falschen Gläubiger leistet und von seiner Verbindlichkeit nicht frei wird. Diese Gefahr wäre für den Schuldner besonders groß, wenn der Erwerber das Handelsgeschäft unter der bisherigen Firma fortführt, so dass der Schuldner von dem Inhaberwechsel nichts merkt und deshalb – wie bisher – an das Geschäft unter der bekannten Firma, also an den neuen Inhaber, zahlt. Damit würde er, wenn die Forderung tatsächlich nicht auf den neuen Inhaber übertragen worden ist, an den falschen Gläubiger leisten. Davor will **§ 25 I 2** den Schuldner schützen. Nach dieser Bestimmung gelten die im Betrieb begründeten Forderungen als auf den Erwerber übergegangen, selbst wenn sie ihm nicht abgetreten sind. Der an den Erwerber leistende Schuldner wird also nach § 25 I 2 von seiner Verbindlichkeit frei (umstritten ist allein das dogmatische Verständnis der Vorschrift, die manche als eine bloße Schuldnerschutzvorschrift, andere als Legalzession einordnen, vgl. eingehend *K. Schmidt*, § 7 IV Rn. 61 ff.).

Andererseits sind außer den Interessen des Geschäftsschuldners 146
auch die des bisherigen Inhabers zu berücksichtigen. Wenn der
Schuldner in jedem Falle mit befreiender Wirkung an den Erwerber
leisten könnte, verlöre der bisherige Inhaber in weitem Umfang seine
Forderung gegen den Schuldner. Den schutzwürdigen Interessen des
bisherigen Inhabers ist aber dann genügend Rechnung getragen,
wenn er mit der Fortführung der bisherigen Firma durch den Erwerber einverstanden war. Deshalb verlangt § 25 I 2, dass der **bisherige
Inhaber** oder seine Erben **in die Firmenfortführung eingewilligt**
haben.

§ 25 I 2 gilt nur im Verhältnis zwischen dem Schuldner und dem
Erwerber. Ob dieser das vom Schuldner Geleistete behalten darf,
richtet sich allein nach dem **Innenverhältnis** zwischen Veräußerer
und Erwerber.

(1) § 25 I 2 setzt entsprechend § 25 I 1 voraus, dass der Erwerber 147
das Handelsgeschäft **unter Lebenden erworben** und die bisherige
Firma fortgeführt hat. Außerdem müssen der bisherige Inhaber
oder seine Erben in die Firmenfortführung (stillschweigend) eingewilligt haben.

(2) Aus § 25 I 2 folgt im Verhältnis zu den Schuldnern, dass die im 148
Betrieb begründeten Forderungen auf den Erwerber übergehen.

(a) In Betracht kommen nur die **Geschäftsforderungen,** nicht dagegen die privaten Forderungen des bisherigen Inhabers.

Im **Fall e** gilt die Forderung gegen S als auf K übergegangen, wenn V der
Firmenfortführung zugestimmt hat. Durch die Zahlung an K ist die Forderung erloschen. V kann also nicht noch einmal Zahlung von S verlangen.

(b) Nur solche Forderungen gelten als auf den Erwerber übergegangen, die ohne Beachtung von Formvorschriften, also **durch bloße
Einigung,** übertragen werden können; denn § 25 I 2 will keine Formvorschriften außer Kraft setzen.

§ 25 I 2 greift also z. B. bei einer Hypothek nicht ein.

(c) § 25 I 2 gilt **nur** für das **Außenverhältnis** gegenüber den
Schuldnern und nicht für das Innenverhältnis zwischen dem bisherigen Inhaber und dem Erwerber.

Haben V und K im **Fall e** vereinbart, dass die Forderung gegen S dem V
zustehen soll, hat K aufgrund dieser Vereinbarung den ihm von S geleisteten
Betrag an V zu zahlen. Möglicherweise kann ein Anspruch des V nach § 816 II
BGB bestehen. – Soll dagegen das von S Geleistete im Verhältnis zu V dem K
verbleiben, besteht kein Anspruch des V gegen K.

149 b) Der Schuldner kann unter den Voraussetzungen des § 25 I 2 mit befreiender Wirkung an den Erwerber leisten. Es ist jedoch umstritten, ob der Erwerber im Gegenzug auch berechtigt ist, die Leistung zu fordern. Wie man sich entscheidet, hängt maßgeblich davon ab, welchen Charakter man § 25 I 1 zuspricht. Begreift man ihn zutreffend als reine Schuldnerschutznorm, bleibt es bei der Forderungsinhaberschaft des früheren Inhabers. § 25 I 2 führt nicht dazu, dass der Erwerber neuer Forderungsinhaber wird. Da der Schuldner allerdings aufgrund der Firmenfortführung durch den Erwerber von einem Forderungsübergang ausgehen durfte, hat der frühere Inhaber ihm im Rahmen der Geltendmachung der Forderung positiv darzulegen und zu beweisen, dass es hierzu tatsächlich nicht gekommen ist (ebenso Baumbach/Hopt/*Hopt*, § 25 Rn. 25; a. A. *K. Schmidt*, § 7 IV Rn. 63 ff.; *Steinbeck*, § 15 Rn. 40 ff.).

c) Ähnlich wie die Haftung nach § 25 I 1 kann auch die Wirkung des § 25 I 2 durch eine **abweichende Vereinbarung** zwischen bisherigem Inhaber und Erwerber nur dann mit Wirkung gegenüber dem Schuldner ausgeschlossen werden, wenn sie in das Handelsregister eingetragen und bekannt gemacht oder dem Schuldner vom Erwerber oder bisherigen Inhaber mitgeteilt worden ist (§ 25 II).

Prüfungsschema zu § 25 I

I. **Erwerb eines Handelsgeschäfts**
 1. **Handelsgeschäft**
  – Kaufmännisches Unternehmen i. S. d. §§ 1 ff.
  – H. M.: keine (auch keine analoge) Anwendung auf Nichtkaufleute: Veräußerer und Erwerber müssen Kaufleute i. S. d. HGB sein.
 2. **Erwerb unter Lebenden**
  Jede Unternehmensübertragung oder -überlassung unter Lebenden (im Gegensatz zu § 27), ohne Rücksicht auf die Wirksamkeit des Erwerbsgeschäfts.
II. **Fortführung des Handelsgeschäfts**
 Fortführung im wesentlichen Kern ausreichend
III. **Fortführung der Firma (h. M.)**
 Identität des Firmenkerns von alter und neuer Firma nach der Verkehrsanschauung. Insbesondere das Hinzufügen eines Nachfolgezusatzes ist unschädlich.

IV. Kein Ausschluss der Haftung nach § 25 II

Haftungsausschluss liegt vor, wenn die (interne) Vereinbarung zwischen Erwerber und Veräußerer durch Eintragung in das Handelsregister und Bekanntmachung oder durch Mitteilung des Erwerbers/Veräußerers an die Altgläubiger publik gemacht wurde.

V. Rechtsfolgen

1. Haftung für Altverbindlichkeiten

– Unbeschränkte persönliche Haftung des Erwerbers für alle im Betriebe des Geschäfts des früheren Inhabers begründeten Verbindlichkeiten (§ 25 I 1 = gesetzlicher Forderungsübergang).

– Nachhaftung des früheren Inhabers begrenzt nach § 26.

2. Übergang der Altforderungen

– Zusätzliche Voraussetzung: Früherer Inhaber stimmt Firmenfortführung zu.

– Verhältnis *Erwerber – Schuldner*: Schuldner wird durch Leistung an Erwerber von Verbindlichkeit frei. Erwerber kann Schuldner hingegen nicht in Anspruch nehmen (§ 25 I 2 reine Schuldnerschutzvorschrift).

– Verhältnis *früherer Inhaber – Schuldner*: Schuldner kann weiterhin befreiend an Veräußerer leisten. Solange § 25 I 2 greift, kann Veräußerer die Forderung erst geltend machen, wenn er das Nichtvorliegen eines Forderungsübergangs darlegt und beweist.

– Verhältnis *früherer Inhaber – Erwerber*: Allein das vereinbarte Innenverhältnis ist maßgeblich. Im Regelfall hat Erwerber bei Leistung des Schuldners an ihn das Erlangte nach § 816 II BGB herauszugeben.

IV. Eintritt in das Unternehmen eines Einzelkaufmanns (§ 28)

§ 28 regelt die Schuldenhaftung und den Forderungsübergang für den Fall, dass ein Einzelkaufmann einen **Teilhaber** in sein Handelsgeschäft **aufnimmt**. Dann entsteht eine offene Handelsgesellschaft, wenn alle Gesellschafter unbeschränkt persönlich haften, oder eine Kommanditgesellschaft, wenn ein Gesellschafter Kommanditist ist.

§ 28 behandelt nicht den Fall, dass jemand in eine bereits bestehende Personenhandelsgesellschaft (oHG oder KG) als Gesellschafter eintritt. Die dabei auftretenden Haftungsfragen werden in §§ 130, 161 II, 173, 176 II geregelt.

1. Schuldenhaftung

151 a) **Voraussetzungen.** (1) Der bedeutsamste Unterschied zwischen § 28 und § 25 besteht darin, dass § 28 **keine Fortführung der bisherigen Firma voraussetzt.** Bei einem vollständigen Inhaberwechsel (§ 25) hat sich vom Standpunkt des Publikums deshalb nichts geändert, weil es sich um dasselbe Unternehmen mit derselben Firma handelt; bei einem teilweisen Inhaberwechsel (§ 28) ist der bisherige Alleininhaber weiterhin (Mit-)Inhaber des Unternehmens. Im ersten Fall ist also die „alte" Firma, im zweiten der „alte" Inhaber das Bindeglied zwischen dem „alten" und dem „neuen" Unternehmen. Deshalb ist § 28 auch dann anwendbar, wenn die bisherige Firma nicht fortgeführt wird.

152 (2) § 28 I 1 **setzt voraus**, dass jemand als persönlich haftender Gesellschafter oder als Kommanditist in das Geschäft eines Einzelkaufmanns eintritt.

(a) Der **bisherige Inhaber muss Kaufmann** sein (vgl. *BGH* NJW 1966, 1917), aber nicht zwingend eine natürliche Person. Über § 6 gilt § 28 ebenfalls für juristische Personen und Personenhandelsgesellschaften.

(b) Durch den Eintritt muss es zur Gründung einer **oHG** oder **KG** kommen (vgl. § 28 I 1: Eintritt als persönlich haftender Gesellschafter oder als Kommanditist). Hingegen kann die Vorschrift, auch nicht im Wege der Analogie, auf Sachverhalte angewendet werden, in denen durch den Eintritt eine **GbR** entsteht. Vom Anwendungsbereich ausgeschlossen ist mithin vor allem der Fall eines Eintritts in die Einzelkanzlei oder Praxis eines Freiberuflers. Einer solchen Analogie steht schon der Umstand entgegen, dass der Eintretende hier seine Haftung nicht durch Eintragung eines Haftungsausschlusses in ein Register gem. § 28 II (→ Rn. 154) vermeiden könnte (BGHZ 157, 361, 364; *Schleswig-Holsteinisches OLG*, Urt. v. 11.3.2011 – 17 U 38/10; *Henssler*, LMK 2004, 118; a. A. z. B. *OLG Naumburg* NZG 2006, 711; *K. Schmidt*, NJW 2003, 1897, 1903). Für den Fall der Fortführung der Einzelkanzlei als PartG schließt § 2 II PartGG die Anwendbarkeit des § 25 ausdrücklich aus.

(c) Der Eintritt erfolgt durch **Abschluss eines Gesellschaftsvertrags**. Die Unwirksamkeit des Vertrags (z. B. durch Anfechtung) hat im Interesse des Verkehrsschutzes keine Bedeutung gegenüber Dritten, wenn die Gesellschaft bereits in Vollzug gesetzt worden ist (RGZ 89, 97, 98; 142, 98, 106; *BGH* NJW 1961, 1765, 1766; a. A. E/B/J/S/ *Reuschle*, § 28 Rn. 20 f.).

(d) Sowohl der Eintretende als auch der bisherige Inhaber müssen an der neu entstandenen Gesellschaft als Gesellschafter beteiligt sein (Gedanke der Inhaberkontinuität, vgl. → Rn. 151).

(e) Die Gesellschaft muss das Unternehmen des bisherigen Inhabers fortführen. Dabei genügt die Fortführung des Unternehmenskerns (vgl. → Rn. 138).

b) Rechtsfolgen:. (1) Aus § 28 I 1 **folgt**, dass neben dem bisherigen Inhaber die Gesellschaft für Geschäftsschulden haftet. 153

(2) Da die Gesellschaft **haftet**, haftet auch der **Eingetretene persönlich**, und zwar unbeschränkt, wenn er persönlich haftender Gesellschafter ist (§ 128), oder beschränkt, wenn er als Kommanditist eintritt (§ 171).

(3) Der **bisherige Alleininhaber haftet als Gesellschafter** der neuen Gesellschaft je nach seiner Gesellschafterstellung (persönlich haftender Gesellschafter, Kommanditist). Wird er in der neuen Gesellschaft nur Kommanditist, wird seine Nachhaftung durch § 28 III begrenzt. Diese Regelung entspricht der des § 26 (→ Rn. 142). Die Haftungsbegrenzung gilt auch dann, wenn der bisherige Inhaber in dem Unternehmen geschäftsführend tätig wird. Seine Haftung als Kommanditist bleibt davon unberührt (§ 28 III 3).

c) Die Haftung der Gesellschaft kann nur durch **Vereinbarung** zwischen den Gesellschaftern und deren **Eintragung** ins Handelsregister bzw. durch **Mitteilung** der abweichenden Vereinbarung gegenüber dem Dritten ausgeschlossen werden (§ 28 II). 154

d) Unabhängig von § 28 kann sich eine Haftung der neu gegründeten oHG oder KG auch dadurch ergeben, dass einer der Gründer sein Einzelhandelsgeschäft mit allen Aktiva und Passiva in die Gesellschaft einbringt. Hier gehen die Verbindlichkeiten des Gründers kraft vertraglicher Vereinbarung auf die Gesellschaft über. Diese Konstellation ist auch bei der Aufnahme einer Juniorpartnerin/Juniorpartners in die freiberufliche Einzelkanzlei eines Seniors denkbar, bei der eine GbR entsteht (→ Rn. 152). 155

2. Forderungsübergang

156 Die im Betrieb begründeten Forderungen gelten den Schuldnern gegenüber als auf die Gesellschaft übergegangen (§ 28 I 2); der Forderungsübergang kann ausgeschlossen werden.

Prüfungsschema zu § 28

I. **Geschäft eines Einzelkaufmanns**
 – Nur kaufmännische Unternehmen i. S. d. §§ 1 ff. erfasst.
 – H. M.: keine (analoge) Anwendung auf Gründung einer GbR.
II. **Eintritt: Gründung einer oHG/KG unter Einbringung des kaufmännischen Unternehmens**
 – Abschluss des Gesellschaftsvertrags.
 – Wirksamkeit des Vertrags ist unerheblich.
III. **Fortführung des Unternehmens**
 – Fortführung der Firma ist nicht erforderlich.
IV. **Kein Ausschluss der Haftung nach § 28 II**
 Eine abweichende Vereinbarung ist einem Dritten gegenüber nur wirksam, wenn sie in das Handelsregister eingetragen und bekanntgemacht oder von einem Gesellschafter dem Dritten mitgeteilt worden ist.
V. **Rechtsfolgen**
 1. Haftung für Altverbindlichkeiten
 – Haftung der neu entstandenen Gesellschaft für alle im Betriebe des Geschäfts des Einzelkaufmanns entstandenen Verbindlichkeiten (§ 28 I 1 = gesetzlicher Schuldbeitritt).
 – Fortdauernde Haftung des früheren Geschäftsinhabers als Gesellschafter der neu entstandenen Gesellschaft (Ausnahme: § 28 III).
 – Zusätzlich haftet der Eingetretene als Gesellschafter der neu entstandenen Gesellschaft für die Altverbindlichkeiten (§ 128 bzw. § 171).
 2. Übergang der Altforderungen (§ 28 I 2)

§ 8. Das Handelsunternehmen

V. Unternehmenserwerb von Todes wegen (§ 27)

Erwirbt jemand ein Unternehmen von Todes wegen, haftet er als 157 Erbe des verstorbenen Kaufmanns für dessen Geschäftsschulden einmal nach erbrechtlichen Vorschriften, zum anderen aber auch nach besonderen handelsrechtlichen Regeln.

1. Schuldenhaftung nach erbrechtlichen Regeln

War jemand Alleininhaber eines Handelsgeschäfts, so geht dieses 158 mit seinem Tod auf den (oder die) Erben über. Da die Geschäftsschulden als Schulden des Erblassers auf den Erben übergehen, haftet dieser nach erbrechtlichen Regeln für diese Verbindlichkeiten (§§ 1922 I, 1967 II BGB). Der Erbe kann die Erbschaft ausschlagen (§§ 1942 ff. BGB); er ist dann kein Erbe, haftet somit auch nicht für die Schulden des Erblassers. Schlägt er nicht aus, haftet er für die Geschäftsschulden wie auch sonst für Erblasserschulden unbeschränkt; jedoch hat er die Möglichkeit, seine Haftung auf den Nachlass zu beschränken (Einzelheiten: *Brox/Walker*, ErbR, Rn. 638 ff., 659).

2. Schuldenhaftung nach handelsrechtlichen Regeln

a) Voraussetzungen. Die handelsrechtliche Haftung des Erben für 159 Geschäftsschulden des Erblassers geht über die erbrechtliche Haftung hinaus. Wenn der Erbe das Handelsgeschäft unter der **bisherigen Firma** mit oder ohne Beifügung eines das Nachfolgeverhältnis andeutenden Zusatzes **fortführt,** soll er nicht besser stehen, als wenn er ein Handelsgeschäft unter Lebenden erworben und die bisherige Firma fortgeführt hätte. Deshalb ist beim Erwerb von Todes wegen die für den Erwerb unter Lebenden geltende Vorschrift (§ 25) entsprechend anzuwenden (§ 27 I, **Rechtsgrundverweisung**). Aus demselben Grund wie bei § 25 **haftet der Erbe** für die Geschäftsschulden des Erblassers mit seinem ganzen Vermögen, ohne seine Haftung auf den Nachlass beschränken zu können.

Im **Fall f** haftet E nach §§ 27 I, 25 I 1 auf Zahlung der Kaufpreisforderung nicht nur mit dem Nachlass, sondern auch mit seinem Privatvermögen. Er kann sich nicht auf die beschränkte Erbenhaftung berufen.

Eine solche Haftung trifft den Erben auch, wenn er die Firma zwar nicht fortführt, die Übernahme der Verbindlichkeiten aber in handelsüblicher Weise bekannt gemacht worden ist oder ein sonstiger besonderer Verpflichtungsgrund vorliegt (§§ 27 I, 25 III).

Entsprechendes gilt, wenn mehrere Personen den Erblasser beerben und sie das ererbte Geschäft in ungeteilter Erbengemeinschaft fortführen (§§ 2032 ff. BGB; zur Zulässigkeit der Unternehmensfortführung durch eine Erbengemeinschaft vgl. BGHZ 92, 259, 264; *Brox/Walker*, ErbR, Rn. 778).

160 **b) Haftungsausschluss.** Die Haftung des Erben nach §§ 27 I, 25 I 1, 25 III kann auf verschiedene Weise **ausgeschlossen** werden:
(1) Wenn der Erbe die Erbschaft wirksam **ausschlägt**, ist er nie Erbe des Erblassers geworden (§ 1953 I BGB), so dass § 27 I nicht eingreift. Erbe und nach § 27 Haftender ist dann der Nächstberufene (§ 1953 II BGB).

Schlägt E im **Fall g** wirksam aus, haftet er nicht für die Kaufpreisschuld nach § 27 I und auch nicht nach § 1967 II BGB, da er kein Erbe ist. Der Nachlass, einschließlich des Handelsgeschäfts, fällt demjenigen an, der zum Erben berufen gewesen wäre, wenn E beim Tod des V nicht gelebt hätte (vgl. § 1953 II BGB).

161 (2) Die unbeschränkte Haftung des § 27 I tritt gem. § 27 II nicht ein, wenn der Erbe innerhalb einer Frist von drei Monaten nach Kenntnis vom Anfall der Erbschaft (bzw. spätestens vor Ablauf der Ausschlagungsfrist) den **Geschäftsbetrieb einstellt.** § 27 II räumt dem Erben zu seinem Schutz diese Überlegungszeit ein; er soll sich während dieser Zeit darüber schlüssig werden, ob er das Geschäft fortführen will. Aufgrund des insoweit eindeutigen Wortlauts liegt keine Einstellung des Geschäfts vor, wenn der Erbe das Handelsgeschäft an einen Dritte veräußert (a. A. MünchKomm/*Thiessen*, § 27 Rn. 50) oder seine Stellung als Unternehmensträger aufgibt, etwa indem er das Unternehmen verpachtet (a. A. *K. Schmidt*, § 8 III Rn. 150).

Gibt E im **Fall g** den Geschäftsbetrieb innerhalb der Frist auf, scheidet die unbeschränkte Haftung nach § 27 I aus. Es bleibt jedoch die bürgerlichrechtliche Erbenhaftung mit der Möglichkeit, die Haftung auf den Nachlass zu beschränken.

162 (3) Die unbeschränkte Haftung nach § 27 I tritt auch dann nicht ein, wenn der Erbe die Haftungsbeschränkung **in das Handelsregister eintragen und bekannt machen** lässt **oder** sie dem Dritten **mitteilt** (h. M.; vgl. Heymann/*Emmerich,* § 27 Rn. 17 f.; Baumbach/Hopt/*Hopt*, § 27 Rn. 8; *Canaris*, § 7 V Rn. 111; a. A. MünchKomm/*Thiessen*, § 27 Rn. 47 f.; *K. Schmidt*, § 8 III Rn. 146 f.). Das ergibt sich

§ 8. Das Handelsunternehmen 91

schon daraus, dass nach § 27 I der ganze § 25, also auch § 25 II, entsprechend anwendbar ist. Zwar ist eine abweichende Vereinbarung mit dem bisherigen Inhaber, also dem Erblasser, nicht mehr möglich. Bei der vorgeschriebenen entsprechenden Anwendung des § 25 II muss aber eine einseitige Erklärung des Erben genügen. Anders als bei einer Geschäftsübernahme unter Lebenden fällt der bisherige, verstorbene Inhaber als Schuldner weg. Der Gläubiger ist jedoch hinreichend geschützt, da anstelle des Erblassers der Erbe nach bürgerlichem Recht jedenfalls mit dem Nachlass, also dem Vermögen des verstorbenen Inhabers, haftet und diese Haftung nicht ausgeschlossen werden kann.

Im **Fall g** kann E den Haftungsausschluss in das Handelsregister eintragen und bekannt machen lassen. Dann haftet er immer noch als Erbe unbeschränkt, aber beschränkbar.

Prüfungsschema zu § 27

I. **Erbrechtliche Regeln**
   Den Erben trifft eine grundsätzlich unbeschränkte, aber beschränkbare Haftung für alle Nachlassverbindlichkeiten (§§ 1967, 1975, 1990 BGB).

II. **Handelsrechtliche Haftung**
   1. **Voraussetzungen**
      a) Der Erblasser hat ein Handelsgeschäft betrieben.
      b) Tatsächliche Erbenstellung.
      c) Fortführung des Unternehmens durch den Erben (§ 27 II).
      d) Fortführung der Firma durch den Erben: Spätere Firmenänderung ist keine Geschäftsaufgabe nach § 27 II.
      e) Kein Haftungsausschluss entsprechend § 25 II.
   2. **Rechtsfolgen**
      – Der Erbe haftet für die Erblasserverbindlichkeiten entsprechend § 25.
      – Das Schicksal der Altforderungen bestimmt sich nur nach dem Erbrecht.

Empfehlungen zur vertiefenden Lektüre:
Rechtsprechung: BGHZ 31, 398 = WM 1960, 167 (Haftung bei Eintritt in kaufmännisches Unternehmen); *BGH* NJW 1987, 1633 (Anschein der Firmenkontinuität); BGHZ 146, 374 = NJW 2001, 1352 (Weiterführung des prä-

genden Teils einer Firma); BGHZ 157, 361 = NJW 2004, 836 (Haftung bei Zusammenschluss von Einzelanwälten zu einer Sozietät); *BGH* NJW-RR 2004, 1173 (Fortführung eines einzelkaufmännischen Unternehmens als namensgleiche GmbH); *BGH* NJW 2006, 1001 (Voraussetzungen der Haftung für Altverbindlichkeiten bei Firmenfortführung); *BGH* WM 2008, 2273 (Fortführung eines Handelsgeschäfts durch sukzessive Übernahme des Unternehmens und Fortführung desselben); *BGH* NJW 2010, 236 (Erwerberhaftung: Fortführung eines Handelsunternehmens unter der bisherigen Firma); *BGH* NJW-RR 2010, 246 (Haftung des Erwerbers bei Unternehmensfortführung: Fortführung nur eines Teilbereichs des Unternehmens); *BGH* NJW 2010, 3720 (Eintritt von zuvor einer Sozietät angehörenden Rechtsanwälten in eine Rechtsanwalts-Partnerschaftsgesellschaft: Haftung für Versorgungsansprüche eines aus der Sozietät ausgeschiedenen Altpartners); *OLG Düsseldorf* DB 2007, 2141 (Beibehaltung des prägenden Teils der Firma); *OLG Koblenz* NJW-RR 2006, 408 (Haftung für Firmenfortführung bei Teilerwerb); *OLG Köln* MDR 2004, 1125 (Darlegungs- und Beweislast des Anspruchstellers bei Erwerberhaftung); *OLG München* BB 2007, 903 (Unverzügliche Eintragung des Haftungsausschlusses).

Literatur: *Beuthien,* Zu zwei Mißdeutungen des § 25 HGB, NJW 1993, 1737; *Canaris,* Unternehmenskontinuität als Haftungs- und Enthaftungsgrund im Rahmen von § 25 HGB?, FS Frotz, 1993, S. 11; *Commandeur,* Betriebs-, Firmen- und Vermögensübernahme, 1990; *Gerlach,* Die Haftungsvoraussetzungen der §§ 25, 28, 130 HGB, ZHR 140 (1976), Beih. 48; *Grote,* Möglichkeiten der Haftungsbeschränkung für den Erben eines einzelkaufmännischen Gewerbebetriebs, BB 2001, 2595; *Hausmann,* Die Rechtsfolgen einer Fortführung von Handelsgeschäft und Firma für die im Betriebe begründeten Forderungen – § 25 I S. 2 HGB, JR 1994, 133; *Heinze/Hüfner,* Haftung des Erwerbers eines Unternehmens vom Insolvenzverwalter nach § 25 HGB, NZG 2010, 1060; *Koch,* Semesterabschlussklausur – Handelsrecht: Fortführung eines Handelsgeschäfts, JuS 2006, 142; *Lieb,* Die Haftung für Verbindlichkeiten aus Dauerschuldverhältnissen bei Vermögensübergang, 1992; *ders.,* Zu den Grundgedanken der §§ 25 ff. HGB, FS Börner, 1992, S. 747; *Mischke/Neuß,* Führt die Übernahme der Domain eines anderen Unternehmers zur Haftung für dessen Schulden nach § 25 HGB?, ZGS 2009, 407; *Müller/Kluge,* Unternehmensfortführung bei Teilerwerb – zur Bedeutung des Unternehmenswerts für § 25 I 1 HGB, NZG 2010, 256; *Petig/Iglesias Gonzalez,* Die Haftung des eintretenden Sozius – Die analoge Anwendung des § 28 HGB auf die GbR, Jura 2009, 646; *Reichold,* § 26 HGB – Verjährungs- oder Enthaftungsnorm?, ZIP 1988, 551; *K. Schmidt,* Unternehmenskontinuität und Erwerberhaftung nach § 25 Abs. 1 HGB, ZGR 1992, 621; *ders.,* Handelsrechtliche Erbenhaftung als Bestandteil des Unternehmensrechts, ZHR 157 (1993), 600; *ders.,* Alles klar bei § 25 HGB?, ZGR 2014, 844; *Zerres,* Inhaberwechsel und haftungsrechtliche Konsequenzen, Jura 2006, 253.

Vierter Abschnitt. Die handelsrechtliche Rechnungslegung

§ 9. Die handelsrechtliche Rechnungslegung

Fall a: Kaufmann Krämer hat eine neue Maschine unter Eigentumsvorbehalt (§ 449 BGB) gekauft. Bei der Aufstellung seiner Bilanz fragt er sich, ob er die Maschine erfassen muss? → Rn. 182

Fall b: Die X-GmbH hat sich entschieden, das Internet für Werbezwecke zu nutzen und die Entwicklung des Internetauftritts bei einem entsprechenden Dienstleistungsunternehmen in Auftrag gegeben. Die Kosten belaufen sich auf 30.000,– €. Wie ist der Vorgang im Jahr der Erstellung des Auftritts in der Bilanz zu erfassen? → Rn. 182

I. Grundlagen

Das Dritte Buch des HGB behandelt die Pflicht des Kaufmanns, **Handelsbücher** zu führen (§ 238 I), **Inventare** zu errichten (= Verzeichnis aller Vermögensgegenstände [Aktiva] und aller Schulden [Passiva] des Unternehmens, § 240 I) sowie einen **Jahresabschluss** aufzustellen (§ 242). Insoweit bezieht sich die Überschrift „Handelsbücher" nicht nur auf die Handelsbücher im engen Sinne des § 238 I, sondern umfasst alle genannten Pflichten. Üblicherweise spricht man deshalb von Handelsbüchern im weiteren Sinne oder besser allgemein von der handelsrechtlichen Rechnungslegung.

Ziel der handelsrechtlichen Vorschriften über die Rechnungslegung ist es, sämtliche **Geschäftsvorfälle festzuhalten** und **über die Vermögenslage** des Unternehmens zu **informieren**. Neben der Selbstinformation des Kaufmanns dient die Rechnungslegung nach dem HGB vor allem dem Schutz der Interessen der Gläubiger und der Allgemeinheit. Parallel zur handelsrechtlichen Rechnungslegung bestehen steuerrechtliche Buchführungs- und Rechnungslegungsvorschriften (§§ 140 ff. AO), die speziell den Interessen des Staates als Steuergläubiger dienen. Sie verlangen die Aufstellung einer Steuerbilanz (§§ 4, 5 ff. EStG). Die folgenden Hinweise beschränken sich auf einen **Überblick** über die handelsrechtlichen Bestimmungen. Ihre Kenntnis eröffnet zugleich den Zugang zu den Grundlagen der steuerbilanzrechtlichen Beurteilung. Nach § 5 I 1 EStG bilden nämlich die handelsrechtlichen Grundsätze ordnungsmäßiger Buchfüh-

163

163a

rung die Basis für die steuerliche Gewinnermittlung (sog. **Grundsatz der Maßgeblichkeit**). Die handelsrechtlichen Vorschriften sind demnach grundsätzlich maßgeblich für die Steuerbilanz, es sei denn, im Rahmen der Ausübung eines steuerlichen Wahlrechts wurde ein anderer Ansatz gewählt (*Dicken/Henssler*, Bilanzrecht, Rn. 47).

164 Das Recht der Handelsbücher, das früher in den §§ 38 ff. geregelt war, wurde durch das Bilanzrichtlinien-Gesetz vom 19.12.1985 (BGBl. I, 2355) grundlegend neu gestaltet. Anlass hierzu bot die Umsetzung der Vierten, Siebten und Achten Richtlinie des Rates der Europäischen Gemeinschaften zur Koordinierung des Gesellschaftsrechts in das deutsche Recht. Weitreichende Änderungen hat das Handelsbilanzrecht in der Folgezeit zunächst durch das Bilanzrechtsreformgesetz (BilReG) vom 9.12.2004 (BGBl. I, 3166) erfahren. In Umsetzung der EG-Verordnung zur Anwendung der „International Accounting Standards" (IAS), der Modernisierungsrichtlinie und der Fair Value-Richtlinie zielt das BilReG darauf ab, das deutsche Bilanzrecht insgesamt zu modernisieren und an die Internationalisierung der Rechnungslegung anzupassen. Eine tiefgreifende Reform der Vorschriften zur Rechnungslegung erfolgte durch das Gesetz zur Modernisierung des Bilanzrechts vom 26.5.2009 (BilMoG). Mit diesem Reformgesetz nähert sich das deutsche Handelsbilanzrecht weiter an die internationalen Rechnungslegungsstandards an. Gleichzeitig lässt sich die Novelle aber als Versuch verstehen, trotz Gewährung der international üblichen Erleichterungen für mittelständische Unternehmen eine gewisse nationale Eigenständigkeit zu bewahren.

Zu den in Konkurrenz zum nationalen Recht der handelsrechtlichen Rechnungslegung tretenden internationalen Rechnungslegungsstandards zählen die International Financial Reporting Standards (**IFRS**), deren Vorläuferregelungen, die International Accounting Standards (**IAS**) sowie die US-Generally Accepted Accounting Principles (**US-GAAP**). Im Interesse der internationalen Vergleichbarkeit der Jahresabschlüsse sind deutsche Unternehmen gehalten, nach Möglichkeit auch diese Rechnungslegungsvorschriften zu beachten. So können deutsche Kapitalgesellschaften die IFRS-Vorschriften im Einzelabschluss für Offenlegungszwecke (§ 325, → Rn. 185) verwenden. Die gesellschaftsrechtlichen Ausschüttungen richten sich dagegen weiterhin nach dem HGB-Abschluss. Seit 2005 müssen außerdem alle Mutterunternehmen, die kapitalmarktorientiert sind, einen IFRS-Konzernabschluss aufstellen (§ 315a). Nicht kapitalmarktorientierte Mutterunternehmen haben ein Wahlrecht zwischen dem HGB-Konzernabschluss und dem IFRS-Konzernabschluss (hierzu eingehen *Dicken/Henssler*, Bilanzrecht, Rn. 308 ff.).

Im Ersten Abschnitt des Dritten Buches ist nach der Ausklammerungsmethode eine Art „Allgemeiner Teil" mit „Vorschriften für alle Kaufleute" (§§ 238–263) vorangestellt. Die beiden folgenden Abschnitte enthalten ergänzende Vorschriften für Kapitalgesellschaften (§§ 264–335b), für eingetragene Genossenschaften (§§ 336–339) sowie für Unternehmen bestimmter Geschäftszweige (§§ 340–340o für Kreditinstitute und Finanzdienstleistungsinstitute und §§ 341–341p für Versicherungsunternehmen und Pensionsfonds).

II. Inhalt der handelsrechtlichen Rechnungslegungspflichten

Jeder Kaufmann ist verpflichtet, Bücher zu führen sowie Inventare 165 und Jahresabschlüsse aufzustellen (§§ 238 ff.).

1. Buchführungspflicht

a) Gegenstand der Buchführungspflicht sind die **Handelsbücher** 165a **im engeren Sinne.** Das sind die fortlaufenden Aufzeichnungen der Handelsgeschäfte des Kaufmanns (§ 238 I). Dabei sind mit den Handelsgeschäften nicht die einzelnen Geschäftsabschlüsse, sondern alle infolge ihrer Abwicklung eingetretenen Vermögensveränderungen (= alle Geschäftsvorfälle) gemeint.

Der Ausdruck „Handelsbücher" wird hier nicht im weiten Sinne der Überschrift des Dritten Buches des HGB gebraucht; denn dazu gehört das gesamte kaufmännische Rechnungswesen einschließlich der Inventare, Bilanzen und der Sammlungen der Geschäftskorrespondenz (vgl. § 257 I). Zu den Handelsbüchern im engeren Sinne des § 238 zählen etwa das Grundbuch (Journal) und die Nebenbücher (z. B. Kassa-, Einkaufs-, Verkaufsbuch).

b) Die Buchführung muss sich nach den **Grundsätzen ordnungs-** 166 **mäßiger Buchführung** (GoB) richten (§ 238 I 1).

(1) Mit dieser Generalklausel (Einzelheiten → Rn. 186) stellt das Gesetz darauf ab, wie ein **sorgfältiger Kaufmann** zu verfahren pflegt, um einem sachkundigen Dritten innerhalb angemessener Zeit einen Überblick über die Geschäftsvorfälle und die Lage des Unternehmens zu ermöglichen (vgl. § 238 I 2).

(2) Eine bestimmte **Buchführungsart** ist im HGB nicht vorge- 167 schrieben.

(a) Bei der Buchführung werden die Geschäftsvorfälle auf Konten erfasst, wobei die linke Seite des Kontos mit „Soll" und die rechte mit „Haben" bezeichnet wird. Das Konto weist auf der einen Seite den Anfangsbestand und die Zugänge, auf der anderen Seite die Abgänge und den Endbestand aus.

Beispiel: Kaufmann Krämer hat bereits 2 Maschinen in seinem Betrieb. Davon verkauft er eine und erwirbt wenig später 2 neue Maschinen. Die Veränderungen auf dem Bestandskonto „Maschinen" sehen dann wie folgt aus:

Soll	Maschinen		Haben
Anfangsbestand:		Abgänge:	
2 Maschinen	20.000 €	1 Maschine	10.000 €
Zugänge:		Endbestand (Saldo):	
2 Maschinen	20.000 €	3 Maschinen	30.000 €
	40.000 €		40.000 €

(b) Die **einfache Buchführung**, mit der sich nur kleinere kaufmännische Unternehmen zufrieden geben dürfen, verwendet ein Grundbuch (Kassabuch) und Personenkonten, wobei für jeden Lieferanten und für jeden Kunden ein Konto besteht. Sie hat den Nachteil, dass der Unternehmer zwar einen Überblick über seine Geschäftsvorfälle, jedoch keine Informationen über sein Vermögen erhält.

Liefert ein Unternehmer seinem Kunden Waren, so verbucht er dies auf der linken (= Soll-)Seite des Kundenkontos; er „belastet" das Konto des Kunden. Bezahlt dieser seine Kaufpreisschuld, vermerkt der Kaufmann dies auf der rechten (= Haben-)Seite des Kundenkontos; er „schreibt gut".

168 (c) Kaufmännische Unternehmen sind in aller Regel zur sog. **doppelten Buchführung** verpflichtet (vertiefend *Dicken/Henssler*, Bilanzrecht, Rn. 106 ff.). Diese hat ein zweifaches Ziel: Zum einen soll das Vermögen des Kaufmanns ermittelt und zum anderen sollen die Auswirkungen der Geschäftsvorfälle dokumentiert werden. Bei der doppelten Buchführung werden sämtliche Geschäftsvorfälle als Tauschakte (Baumbach/Hopt/*Merkt*, § 238 Rn. 12) dargestellt. Jeder Geschäftsvorfall führt zu Soll- und Haben-Buchungen in (insgesamt) gleicher Höhe auf zwei oder mehreren Konten. Die jeweiligen Salden, die sich aus der Gegenüberstellung von Soll und Haben beim Abschluss der verschiedenen Konten ergeben, werden sodann in der Bilanz bzw. der Gewinn- und Verlustrechnung zusammengefasst. Der Saldo dieser beiden Abschlüsse ist jeweils Gewinn oder Verlust. Bei der doppelten Buchführung unterscheidet man zwei Arten von Konten: **Bestandskonten** und **Erfolgskonten**.

169 Die **Bestandskonten** erfassen die Vermögenswerte und Schulden sowie das Eigenkapital, wobei die ersteren auf Aktivkonten und die beiden letztgenannten auf Passivkonten gebucht werden. Bei den Aktivkonten werden der Anfangsbestand und die Zugänge auf der linken Seite (also im Soll) gebucht und die Abgänge und der Endbestand auf der rechten Seite (vgl. dazu das Beispiel bei → Rn. 167). Bei den Passivkonten verhält es sich genau umgekehrt: Anfangsbestand und Zugänge werden auf der Haben-Seite und Abgänge und Endbestand auf der Soll-Seite gebucht. Die jeweiligen Salden (Endbestände) der Bestandskonten werden in die Bilanz übernommen.

Die **Erfolgskonten** erfassen die Aufwendungen (= die periodengerechte Verminderung des Vermögens, z. B. Löhne, Materialverbrauch, Abschreibungen) und Erträge (= die periodengerechte Vermehrung des Vermögens, z. B. Umsatzerlöse, Zinserträge). Man spricht insofern von Aufwandskonten und Ertragskonten. Die Salden dieser Konten werden in der Gewinn- und Verlustrechnung zusammengefasst.

170

„Doppelt" im Sinne eines Tauschvorgangs ist die Buchführung deshalb, weil jeder Geschäftsvorgang mindestens zwei Konten berührt und daher zweimal (= doppelt) verbucht werden muss, nämlich einmal auf der Soll-Seite und einmal auf der Haben-Seite. Die Buchung von Geschäftsvorfällen drückt man in einem **Buchungssatz** aus, der immer zuerst das Konto anruft, auf dessen Soll-Seite gebucht wird und anschließend das Konto, dessen Haben-Seite betroffen ist. Der Buchungssatz lautet dann verkürzt: „Soll an Haben".

171

Sämtliche Geschäftsvorfälle lassen sich **vier Grundformen** von Buchungsfällen zuordnen. Dies sollen die folgenden vier Beispiele erläutern:

172

Beispiel 1: *Aktivtausch*
Kaufmann Krämer kauft für 10.000,- € einen neuen Pkw.
Auf dem Aktivkonto „Fuhrpark" buchen wir den Pkw mit 10.000,- € als Zugang auf der Soll-Seite. Auf dem Aktivkonto „Bankguthaben" verzeichnen wir hingegen auf der Haben-Seite einen Abgang i. H. v. 10.000,- €. Der Buchungssatz lautet: Fuhrpark (Soll) an Bankguthaben (Haben) 10.000,- €.

Soll	Fuhrpark	Haben	Soll	Bankguthaben	Haben
Zugang: 10.000 €					Abgang: 10.000 €

Im Ergebnis verringert sich der Aktivposten „Bankguthaben" um 10.000,- € und der Aktivposten Fuhrpark erhöht sich entsprechend. Aus der Sicht der Bilanz ist lediglich deren Aktivseite (Vermögensgegenstände) betroffen. Es kommt zu einer Veränderung der Vermögensstruktur, ohne dass sich die Bilanzsumme insgesamt verändert. Deshalb sprechen wir von einem Aktivtausch. Auf die Ertragssituation und damit auch auf das Vermögen des Kaufmanns wirkt sich der Geschäftsvorfall nicht aus.

Beispiel 2: *Passivtausch*
Kaufmann Krämer bekommt nach Verhandlungen mit seinem Warenlieferanten für von diesem erhaltene Waren im Wert von 20.000,- € ein Zahlungsziel von zwei Jahren eingeräumt (= Darlehensgewährung).

173

Auf dem Passivkonto „Verbindlichkeiten aus Lieferungen und Leistungen" buchen wir auf der Soll-Seite die 20.000,– € als Abgang aus und rufen das Passivkonto „Darlehensverbindlichkeiten" an: Zugang auf der Haben-Seite. Buchungssatz: Verbindlichkeiten aus Lieferungen und Leistungen an Darlehensverbindlichkeiten 20.000,– €.

Soll	Verbindlich-keiten aus L&L	Haben		Soll	Darlehensver-bindlichkeiten	Haben
Abgang: 20.000 €						Zugang: 20.000 €

Auf der Passivseite der Bilanz „tauschen" die Posten Verbindlichkeiten aus Lieferungen und Leistungen und Darlehensverbindlichkeiten i. H. v. 20.000,– €. Dadurch kommt es zu einer Veränderung der Kapitalstruktur, ohne dass sich indes die Bilanzsumme verändert. Wiederum wirkt sich der Geschäftsvorfall nicht auf die Ertragssituation und damit auch nicht auf das Vermögen des Kaufmanns aus.

174 **Beispiel 3:** *Bilanzverlängerung*
Kaufmann Krämer kauft Waren im Wert von 8.000,– € und erhält die Waren mitsamt der Rechnung geliefert.
Auf dem Aktivkonto „Waren" buchen wir 8.000,– € als Zugang auf der Soll-Seite. Auf dem Passivkonto „Verbindlichkeiten aus Lieferungen und Leistungen" verbuchen wir die 8.000,– € auf der Haben-Seite ebenfalls als Zugang. Buchungssatz: Waren an Verbindlichkeiten aus L&L 8.000,– €

Soll	Warenkonto	Haben		Soll	Verbindlich-keiten aus L&L	Haben
Abgang: 8.000 €						Zugang: 8.000 €

In der Bilanz vermehren sich sowohl die Aktiv- als auch die Passivseite (beide verzeichnen Zugänge). Insgesamt nimmt die Bilanzsumme damit zu.

175 **Beispiel 4:** *Bilanzverkürzung*
Kaufmann Krämer bezahlt bar eine Lieferantenschuld i. H. v. 5.000,– €.
Auf dem Passivkonto „Verbindlichkeiten aus Lieferungen und Leistungen" buchen wir auf der Soll-Seite den Abgang von 5.000,– €. Auf dem Aktivkonto „Kasse" buchen wir ebenfalls 5.000,– € als Abgang auf der Haben-Seite. Buchungssatz: Verbindlichkeiten aus L&L an Kasse 5.000,– €

Soll	Verbindlich-keiten aus L&L	Haben		Soll	Kasse	Haben
Abgang: 5.000 €						Abgang: 5.000 €

In der Bilanz verkürzen sich dementsprechend die Aktiv- und die Passivseite (beide verzeichnen Abgänge). Die Bilanzsumme verringert sich.
Bei den Beispielen 3 und 4 handelt es sich jeweils um erfolgsneutrale Formen der Bilanzverlängerung und Bilanzverkürzung, da sie keine Auswirkungen auf das Eigenkapital haben.

§ 9. Die handelsrechtliche Rechnungslegung 99

Erfolgswirksame Geschäftsvorfälle verändern demgegenüber das Eigenkapital. Bei ihnen ist jeweils neben einem Bestandskonto auch zumindest ein Erfolgskonto betroffen. 176

Dazu **Beispiel 5**:
Kaufmann Krämer überweist von seinem Bankkonto die Löhne für seine fünf Angestellten i. H. v. 10.000,– €.
Auf dem Aktivkonto „Bankguthaben" verbuchen wir auf der Haben-Seite den Abgang von 10.000,– € und das Aufwandskonto „Löhne" rufen wir auf der Soll-Seite an. Der Buchungssatz lautet: Löhne an Bankguthaben 10.000,– €.

Soll	Löhne	Haben	Soll	Bankguthaben	Haben
Aufwand: 10.000 €					Abgang: 10.000 €

Damit haben wir einen Abgang auf dem aktiven Bestandskonto Bankguthaben, so dass sich die Aktivseite der Bilanz im Ergebnis um diesen Betrag vermindert. Mangels eines Ausgleichs auf einem anderen Bestandskonto führt dies auf der Passivseite der Bilanz zu einer Verminderung des Eigenkapitals in gleicher Höhe. 177

Zugleich haben wir einen Zugang auf dem Aufwandskonto „Löhne". Das Aufwandskonto „Löhne" buchen wir wie alle Erfolgskonten zwar im Ergebnis auf das Eigenkapitalkonto um, denn sämtliche Aufwands- und Ertragskonten sind letztlich Unterkonten des Eigenkapitalkontos. Im Interesse einer besseren Übersichtlichkeit wird aber zunächst das GuV-Konto (zur Gewinn- und Verlustrechnung – GuV – s. Rn. 183) zwischengeschaltet. Bei den Jahresabschlussbuchungen buchen wir daher von dem Aufwandskonto Löhne an das GuV-Konto. Buchungssatz: GuV-Konto an Löhne 10.000,– €. Sind keine weiteren Geschäftsvorfälle angefallen, so schließt damit die GuV mit einem Verlust von 10.000,– € ab.

Soll	GuV-Konto	Haben	Soll	Löhne	Haben
Aufwand: 10.000 €					Aufwand: 10.000 €

Die doppelte Buchführung („Doppik") führt dazu, dass der Gewinn und Verlust des Geschäftsjahres ebenfalls auf zwei Arten ermittelt werden kann: zum einen durch die Bilanz (als Saldo von Aktiv- und Passivseite) und zum anderen über die Gewinn- und Verlustrechnung (GuV) als Saldo von Aufwand und Ertrag. 178

(d) Einzelheiten über die **Art der Führung** von Handelsbüchern enthält § 239. 179

Die Eintragungen müssen in einer lebenden Sprache erfolgen und vollständig, richtig, zeitgerecht sowie geordnet vorgenommen werden. Sie dürfen nicht derart verändert werden, dass der ursprüngliche Inhalt nicht mehr feststellbar ist. Berichtigungen müssen erkennbar machen, wann sie vorgenommen wurden. Eine Buchführung unter Verwendung von elektronischer Datenverarbeitung ist grundsätzlich zulässig.

2. Pflicht zur Inventarerrichtung

180 a) Das Inventar ist das genaue **Verzeichnis aller Vermögensgegenstände** (Aktiva) **und aller Schulden** (Passiva) des Unternehmens nach Art, Menge und Wert zu einem bestimmten Zeitpunkt (vgl. §§ 240 f.).

b) Das Inventar ist beim Beginn des Handelsgewerbes und für den Schluss eines jeden Geschäftsjahres zu errichten; das Geschäftsjahr darf die Dauer von zwölf Monaten nicht überschreiten (§ 240 II).

c) Die Aufstellung des Inventars (= Inventur) beruht bei Sachen normalerweise auf einer körperlichen Bestandsaufnahme. Zulässig ist aber auch eine Inventarerrichtung mithilfe anerkannter mathematisch-statistischer Methoden auf Grund von Stichproben, wenn das Verfahren den Grundsätzen ordnungsmäßiger Buchführung entspricht (Einzelheiten: § 241).

3. Pflicht zur Aufstellung des Jahresabschlusses

181 a) Nach § 242 hat jeder Kaufmann zu Beginn seines Handelsgewerbes eine Eröffnungsbilanz und anschließend für den Schluss eines jeden Geschäftsjahres einen Jahresabschluss aufzustellen, wobei der **Jahresabschluss** grundsätzlich aus der Bilanz sowie der Gewinn- und Verlustrechnung besteht (§ 242 III; zu der Ergänzung um den Anhang bei allen Kapitalgesellschaften sowie um eine Kapitalflussrechnung und einen Eigenkapitalspiegel bei einigen kapitalmarktorientierten Kapitalgesellschaften vgl. § 264 I). Er muss in deutscher Sprache und in Euro aufgestellt sowie vom Kaufmann unter Datumsangabe unterzeichnet werden (§§ 244 f.).

(1) Die **Bilanz** ist die Gegenüberstellung von sämtlichen Vermögenswerten des Kaufmanns (Aktiven) und seinen Schulden (Passiven) zu einem bestimmten Zeitpunkt (vgl. § 242 I 1). Die Vermögenswerte werden auf der linken Seite der Bilanz erfasst (Aktivseite) und die Schulden auf der rechten Seite (Passivseite). Als Differenz (Saldo) zwischen den Vermögenswerten und den Schulden ergibt sich das Eigenkapital, das neben den Schulden (= Fremdkapital) ebenfalls auf der Passivseite steht. Im Ergebnis müssen sich die Endsummen der Aktiv- und der Passivseite decken, diese also miteinander „balancieren", so dass im Ergebnis „Vermögenswerte = Eigenkapital + Schulden" gilt.

§ 9. Die handelsrechtliche Rechnungslegung

Auf diese Weise zeigt die Bilanz auf der Passivseite das Kapital, welches sich aus Eigenkapital und Fremdkapital (= Schulden) zusammensetzt und damit Aufschluss über die **Mittelherkunft** gibt. Auf der Aktivseite hingegen wird gezeigt, wofür die Mittel verwendet wurden (**Mittelverwendung**).

§ 247 enthält die Mindestvoraussetzungen für den Inhalt der Bilanz. Danach sind das Anlage- und das Umlaufvermögen, das Eigenkapital, die Schulden sowie die Rechnungsabgrenzungsposten gesondert auszuweisen und hinreichend aufzugliedern (§ 247 I). 182

Schema einer Bilanzgliederung:

Die Bilanz

Aktiva	Passiva
A. Anlagevermögen I. Immaterielle Vermögensgegenstände II. Sachanlagen III. Finanzanlagen	**A. Eigenkapital** I. Gezeichnetes Kapital II. Kapitalrücklage III. Gewinnrücklagen IV. Gewinnvortrag/Verlustvortrag V. Jahresüberschuss/Jahresfehlbetrag
B. Umlaufvermögen I. Vorräte II. Forderungen und sonstige Vermögensgegenstände III. Wertpapiere IV. Schecks, Kassenbestand, Guthaben	**B. Rückstellungen**
	C. Verbindlichkeiten
C. Rechnungsabgrenzungsposten	**D. Rechnungsabgrenzungsposten**

Für die Aufstellung der Bilanz stellen sich grundsätzlich drei Fragen:
1) „Die Frage des Ansatzes". Zu fragen ist, was genau alles zu bilanzieren ist, d. h.: Welche Posten dürfen überhaupt in der Bilanz angesetzt werden bzw. müssen angesetzt werden? – Bilanzierung **dem Grunde nach.**

2) „Die Frage der Bewertung". Weiter ist zu fragen, in welcher Höhe der jeweilige Bilanzansatz zu erfolgen hat – **Bilanzierung der Höhe nach.**

3) „Die Frage des Ausweises": Schließlich ist die Frage zu klären, an welcher Stelle in der Bilanz der Posten auszuweisen ist – Bilanzansatz **dem Ausweis nach.**

Im Fall a muss Krämer als Kaufmann nach §§ 242 I, 246 I sämtliche Gegenstände seines Vermögens in der Bilanz erfassen. Bei der unter Eigentumsvorbehalt gekauften Maschine stellt sich die Frage, inwiefern diese dem Vermögen des Kaufmanns zuzurechnen ist. Unstreitig zum Vermögen des Kaufmanns gehört alles, was ihm zivilrechtlich gehört. Fremdes Vermögen darf in der Bilanz grundsätzlich nicht erscheinen. Nach zivilrechtlichen Kriterien dürfte Krämer mangels Eigentum die Maschine nicht bilanzieren. Beim Eigentumsvorbehaltskauf besteht aber die Besonderheit, dass das rechtliche Eigentum und die Verfügungsmacht und damit das Recht der wirtschaftlichen Nutzbarkeit auseinander fallen. Vor dem Hintergrund, dass der Jahresabschluss einen wirklichkeitsnahen Einblick in die Vermögenslage des Kaufmanns geben soll, könnte man für die Bilanzierung statt auf die formal-rechtliche auf die wirtschaftliche Vermögenszuordnung abstellen und bilanzrechtlich ein „wirtschaftliches Eigentum" anerkennen. Auf der anderen Seite ist zu bedenken, dass die Zugehörigkeit eines Gegenstands zu einem bestimmten Vermögen in erster Linie von den zivilrechtlichen Regelungen bestimmt wird und dass im Falle der Insolvenz oder Pfändung die formelle Eigentumslage gilt. Vor diesem Hintergrund bejaht die Rechtsprechung zwar die Möglichkeit eines wirtschaftlichen Eigentums im Bilanzrecht, sieht hierin aber eine Ausnahme (*BGH* NJW 1996, 458, 459; BGHZ 137, 378, 380). In § 246 I 2 findet sich seit dem BilMoG eine Kodifizierung des Prinzips der wirtschaftlichen Zurechnung. Danach hat zwar grundsätzlich der Eigentümer die Vermögensgegenstände zu bilanzieren (§ 246 I 2, Halbs. 1), die Aufnahme in die Bilanz erfolgt jedoch bei einer anderen Person, wenn dieser das wirtschaftliche Eigentum zuzurechnen ist (§ 246 I 2, Halbs. 2). Krämer muss also die neue Maschine bilanzieren.

Weiteres Beispiel für das Auseinanderfallen von zivilrechtlichem und wirtschaftlichem Eigentum ist neben dem Eigentumsvorbehalt die Sicherungsübereignung bzw. -zession. Im Einzelnen sehr streitig ist die Behandlung von Leasinggeschäften (hierzu Beck'scher Bilanzkommentar/*Fröschle/Ries*, § 246 Rn. 37 ff.; *Dicken/Henssler*, Bilanzrecht, Rn. 276 ff.).

In **Fall b** stellt sich ebenfalls die Frage, inwiefern es sich bei dem für 30.000,– € erworbenen Internetauftritt um einen bilanzierungsfähigen **Vermögensgegenstand** handelt. Maßgeblich sind folgende Kriterien: (1) Zunächst muss der Vermögensgegenstand einen **Vermögenswert** für das Unternehmen darstellen, d. h. es ist darauf abzustellen, ob das Gut für den Bilanzierenden in der Zukunft einen wirtschaftlichen Nutzen entfalten kann. (2) Weiter muss das **Kriterium der Greifbarkeit** erfüllt sein, d. h. das Gut muss objektivierbar

§ 9. Die handelsrechtliche Rechnungslegung

erfasst werden können. Dies ist zu bejahen, wenn das Gut **selbständig veräußerbar, verwertbar** (verkehrsfähig) und **bewertbar** ist. Internetauftritte erfüllen die Voraussetzungen, die an einen Vermögensgegenstand zu stellen sind. Sie dienen der Unterstützung der betrieblichen Vermarktungsstrategie und haben damit einen **wirtschaftlichen Nutzen**. Sie sind in Form ausschließlicher Nutzungsrechte zusammen mit dem Unternehmen, aber auch allein **übertragbar**. In Form von Nutzungsrechten sind sie **verwertbar**. Ihnen sind die durch sie verursachten Anschaffungs- oder Herstellungskosten zurechenbar. Damit sind sie **bewertbar**. Folglich ist der Internetauftritt der X-GmbH aktivierungspflichtig. Das Aktivierungswahlrecht des § 248 II 1 für selbst geschaffene immaterielle Vermögensgegenstände des Anlagevermögens greift angesichts des entgeltlichen Erwerbs nicht.

(2) Die **Gewinn- und Verlustrechnung** (GuV) ist die für den Schluss eines jeden Geschäftsjahres aufzustellende Gegenüberstellung der Aufwendungen und Erträge des Geschäftsjahres (§ 242 II). Aufwendungen sind die periodengerechte Verminderung des Vermögens (Wertverzehr) und Erträge die periodengerechte Vermehrung des Vermögens (Wertzuwachs).

Beispiel für eine GuV in **Staffelform:**

1. Bruttoumsatz – Erlösschmälerungen (Skonti, Rabatte, Nachlässe)
2. Nettoumsatz + Bestandserhöhungen – Bestandsverminderungen
3. Gesamtleistung – Anschaffungs- bzw. Herstellungsaufwendungen
4. Bruttogewinn – Verwaltungsaufwendungen – Vertriebsaufwendungen
5. Betriebsgewinn + Sonstige Erträge – Sonstige Aufwendungen
6. Geschäfts- oder Jahresbeginn + Gewinnvortrag bzw. – Verlustvortrag – Gewinnverwendung
7. Verbleibender Überschuss des Geschäftsjahres

4. Aufbewahrungspflicht

184 Die Handelsbücher, Inventare und Bilanzen sind zehn Jahre, die Handelsbriefe und Buchungsbelege sechs Jahre aufzubewahren (§ 257 I Nr. 1, IV).

5. Offenlegungspflicht

185 a) Für Kapitalgesellschaften sehen die §§ 325 ff. Pflichten zur Offenlegung bestimmter Unterlagen vor; diese sind zum Handelsregister einzureichen und im Bundesanzeiger bekannt zu machen. Ähnliche Pflichten bestehen für eingetragene Genossenschaften (§ 339). Die Offenlegung kann seit dem 1.1.2005 auch auf der Grundlage der internationalen Rechnungslegungsregeln (IFRS) erfolgen (Rn. 164).

b) Die Pflicht zur Offenlegung gem. §§ 325 ff. gilt nach § 264a auch für Personenhandelsgesellschaften, bei denen nicht wenigstens ein persönlich haftender Gesellschafter eine natürliche Person oder eine andere Personengesellschaft mit einer natürlichen Person als persönlich haftender Gesellschafter ist. Die übrigen Personenhandelsgesellschaften sowie der Einzelkaufmann sind grundsätzlich nicht verpflichtet, den Jahresabschluss und den Geschäftsbericht dem Registergericht einzureichen und zu veröffentlichen. Ausnahmsweise besteht aber auch bei diesen Unternehmen ein Interesse der Öffentlichkeit, über die Geschäftsvorgänge unterrichtet zu werden. Daher verpflichtet das Publizitätsgesetz vom 15.8.1969 (BGBl. I, 1189) Großunternehmen zur Offenlegung ihrer Unterlagen nach ähnlichen Grundsätzen, wie sie für Kapitalgesellschaften gelten. Unter das Gesetz fallen nach dessen § 1 Unternehmen, die mindestens zwei der drei folgenden Merkmale (1) Bilanzsumme größer als 65 Mio. €; (2) Jahresumsatzerlöse von mehr als 130 Mio. €; (3) durchschnittliche Arbeitnehmerzahl mehr als 5000 erfüllen.

III. Die Grundsätze der handelsrechtlichen Rechnungslegung

1. Einführung

186 § 238 I fordert, dass die Handelsbücher nach den **Grundsätzen ordnungsmäßiger Buchführung** *(GoB)* zu führen sind; § 243 verlangt die Aufstellung des Jahresabschlusses nach eben diesen Grundsätzen. Mit dem unbestimmten Rechtsbegriff der „GoB" verweist der Gesetzgeber auf ein System von Regeln und Konventionen, welches die gesamte handelsrechtliche Rechnungslegung umfasst (dazu *Di-*

cken/Henssler, Bilanzrecht, Rn. 57 ff,). Die GoB sind inzwischen überwiegend kodifiziert, es existieren aber auch ungeschriebene Grundsätze. Die **Rechtsnatur** der GoB ist im Detail umstritten, jedoch besteht weitgehend Einigkeit darüber, dass es sich um verbindliche Rechtsnormen handelt (vgl. Beck'scher Bilanzkommentar/ *Förschle/Usinger,* § 243 Rn. 11 ff.). Die Weiterentwicklung der GoB erfolgt durch die Rechtswissenschaft, die Rechtsprechung und die Wirtschaftspraxis.

2. Einzelne Grundsätze ordnungsmäßiger Buchführung

a) Zu den wichtigsten kodifizierten Grundsätzen zählen die nachfolgend dargestellten. Sie sind bei der Aufstellung des Jahresabschlusses zu beachten: 187

(1) Grundsatz der **Klarheit:** Der Jahresabschluss muss klar und übersichtlich sein (§ 243 II). Der Klarheit dient es nicht, wenn Aktiva mit Passiva, Aufwendungen mit Erträgen, Grundstücksrechte mit Grundstückslasten verrechnet werden. Deshalb stellt § 246 II 1 ein Verrechnungs-(= Saldierungs-)Verbot auf, um Bilanzverschleierungen zu verhindern. Eine ausdrücklich geregelte Ausnahme besteht seit Inkrafttreten des BilMoG gem. § 246 II 2, 3 für Lasten der betrieblichen Altersversorgung des bilanzierenden Unternehmens.

(2) Grundsatz der **Wahrheit:** Der Jahresabschluss muss der Wahrheit entsprechen, also vollständig und richtig sein. Er hat sämtliche Vermögensgegenstände, Schulden, Rechnungsabgrenzungsposten, Aufwendungen und Erträge zu enthalten, soweit gesetzlich nichts anderes bestimmt ist (§ 246 I).

(3) Grundsatz der **Kontinuität:** Jede Bilanz hat von den Wertansätzen der vorhergehenden Bilanz auszugehen (= formelle Bilanzkontinuität = Bilanzidentität; vgl. § 252 I Nr. 1). Außerdem sollen die Bewertungsmethoden nicht von einer Bilanz zur anderen gewechselt werden (§ 246 III; vgl. § 252 I Nr. 6).

(4) Grundsatz der **Vollständigkeit:** Nach § 246 I sind sämtliche Vermögensgegenstände und Schulden, Rechnungsabgrenzungsposten, Aufwendungen und Erträge im Jahresabschluss zu erfassen, es sei denn, es ist gesetzlich etwas anderes bestimmt.

(5) Das **Vorsichtsprinzip:** § 252 I Nr. 4 verlangt einen vorsichtigen Ansatz und eine vorsichtige Bewertung der Bilanzposten. Konkretisiert wird das Vorsichtsprinzip durch das Realisationsprinzip, wonach Gewinne nur bilanziert werden dürfen, wenn sie am Abschlussstichtag tatsächlich verwirklicht wurden, und das Imparitätsprinzip,

wonach vorhersehbare Risiken und Verluste nicht erst bei ihrer Realisierung zu bilanzieren sind, sondern bereits bei ihrem Bekanntwerden. Infolgedessen werden Verluste sehr früh, Gewinne dagegen tendenziell später erfasst.

188 b) Bei der **Bewertung** der einzelnen Gegenstände ist grundsätzlich von der **Fortführung des Unternehmens,** also nicht von seiner Liquidation auszugehen (§ 252 I Nr. 2: sog. „going concern").

Für die Bewertung von Vermögensgegenständen sind die Anschaffungs- oder Herstellungskosten als Höchstgrenze anzusetzen (§ 253 I 1). Bei Vermögensgegenständen des Anlagevermögens, deren Nutzung zeitlich begrenzt ist, sind Abschreibungen vorzunehmen, die sich nach den Geschäftsjahren richten, in denen der Gegenstand voraussichtlich genutzt werden kann (§ 253 III). Für Gegenstände des Umlaufvermögens gilt das Niederstwertprinzip: Liegt der Marktpreis unter den Anschaffungskosten, ist der (niedrigere) Marktpreis anzusetzen (vgl. § 253 IV). In jedem Fall ist vorsichtig zu bewerten (vgl. § 252 I Nr. 4).

Entscheidender Gesichtspunkt bei der Bewertung ist der **Zweck des Jahresabschlusses.** Ist – wie regelmäßig bei allen zur Rechnungslegung verpflichteten Unternehmern und Gesellschaften – auf das Gläubigerinteresse abzustellen, dürfen Aktiva nicht über- und Passiva nicht unterbewertet werden. Diese Gläubigerinteressen sind allerdings nicht berührt, wenn Vermögensgegenstände unter- und Schulden überbewertet werden. Das deutsche Handelsbilanzrecht steht damit grundsätzlich der Bildung sog. **stiller Reserven** nicht entgegen (kritisch Baumbach/Hopt/*Merkt*, § 252 Rn. 13 ff.).

IV. Verpflichtete und Folgen der Pflichtverletzungen

1. Verpflichtete

189 Zur Buchführung, Inventarerrichtung und Aufstellung des Jahresabschlusses ist **jeder Kaufmann** verpflichtet (§§ 238, 240, 242), nicht jedoch der Scheinkaufmann (→ Rn. 69).

Verantwortlich ist beim nicht geschäftsfähigen Kaufmann und bei einer Kapitalgesellschaft der gesetzliche Vertreter (Vorstand, Geschäftsführer), bei einer Personengesellschaft jeder geschäftsführende persönlich haftende Gesellschafter. Zur Erfüllung kann der Verpflichtete sich der Hilfe anderer (z. B. von Angestellten) bedienen.

2. Folgen der Pflichtverletzungen

a) Die genannten Pflichten des Kaufmanns sind öffentlich-rechtlicher Art. Werden sie verletzt, greifen ganz unterschiedliche Sanktionen. Deutlich verschärft wurde im Zuge des EHUG 2006 die Sanktionierung der Verletzung der Offenlegungspflicht durch § 335. Gegen die Mitglieder des vertretungsberechtigten Organs einer Kapitalgesellschaft, die ihrer Pflicht zur Aufstellung des Jahresabschlusses nicht nachgekommen ist, kann danach ein Ordnungsgeld festgesetzt werden.

190

b) Ein **zivilrechtlicher Anspruch** gegen den Kaufmann auf Erfüllung der Pflichten besteht nicht. Jedoch sind bei einer Verletzung von Rechnungslegungsvorschriften zivilrechtliche Sanktionen denkbar: So kann der Beschluss über die Feststellung eines Jahresabschlusses wegen Verletzung von GoB nichtig oder anfechtbar (§ 246 AktG) sein. Ein Vorstand oder Geschäftsführer kann sich nach § 93 II AktG, § 43 II GmbHG schadensersatzpflichtig machen, wenn er seine Buchführungspflicht verletzt hat. Ein **Schadensersatzanspruch** eines außenstehenden Dritten nach § 823 II BGB scheidet aus, weil die §§ 238 ff. keine Schutzgesetze darstellen (RGZ 73, 30, 31; *BGH* DB 1964, 1585 zum alten Recht).

c) Einen mittelbaren Zwang zur ordnungsmäßigen Buchführung begründen die Strafvorschriften über Insolvenzstraftaten (§§ 283 ff. StGB). Mittelbare Sanktionen ergeben sich auch aus dem Steuerrecht, da eine Verletzung der handelsrechtlichen Buchführungspflicht grundsätzlich zugleich zu einer Verletzung steuerrechtlicher Buchführungspflichten führt (Maßgeblichkeitsgrundsatz, → Rn. 163). Die Finanzverwaltung kann nach § 328 I AO ein Zwangsgeld festsetzen.

V. Handelsbücher im Rechtsstreit

Da die Handelsbücher als schriftliche Gedankenerklärungen Urkunden i. S. d. ZPO sind, kommen sie für den Urkundenbeweis im Zivilprozess in Betracht.

191

1. Vorlegungspflicht

a) In Betracht kommen vornehmlich **drei Fälle:**
(1) Beruft eine Prozesspartei sich zum Beweis einer streitigen Tatsache auf die in ihrem Besitz befindlichen Handelsbücher, legt sie diese vor (§ 420 ZPO).
(2) Hat der Prozessgegner die Urkunde (Handelsbücher) in seinem Besitz, so ist ihm bei Beweiserheblichkeit auf Antrag des Beweisführers die Vorle-

191a

gung aufzugeben, wenn der Gegner sich (etwa in einem vorbereitenden Schriftsatz) darauf berufen hat (§ 423 ZPO) oder wenn der Beweisführer die Herausgabe oder Vorlage nach bürgerlichem Recht (z. B. § 810 BGB) verlangen kann (§ 422 ZPO).

(3) Die handelsrechtliche Vorschrift des § 258 geht noch über die Regelungen der ZPO hinaus. Danach kann das Gericht von einem Kaufmann auf Antrag und auch von Amts wegen die Vorlegung der Handelsbücher verlangen.

192 b) Werden die Handelsbücher vorgelegt, gilt für das Gericht der Grundsatz der freien Beweiswürdigung (§ 286 ZPO). Ordnungsgemäß geführte Bücher erbringen eine hohe Wahrscheinlichkeit für die Vollständigkeit und Richtigkeit der Eintragungen. Verhindert die vorlegungspflichtige Partei die Benutzung der Handelsbücher, können die Behauptungen des Gegners über Beschaffenheit und Inhalt der Bücher als bewiesen angesehen werden (§ 444 ZPO).

2. Einsichtsrecht

193 a) Unabhängig davon, aus welchem Grunde Handelsbücher vorgelegt werden, soll dem Gegner nur Einblick in die Bücher gewährt werden, soweit es den Streitpunkt betrifft (§ 259). Der Gegner hat nämlich kein schutzwürdiges Interesse daran, in den Büchern auch solchen Vorgängen „nachzuschnüffeln", die für den Rechtsstreit bedeutungslos sind.

b) Wenn es sich dagegen um eine Vermögensauseinandersetzung (z. B. bei Erbschaft, Gütergemeinschaft, Gesellschaft) handelt, kann das Gericht die Vorlegung der Handelsbücher zur Kenntnisnahme ihres ganzen Inhalts anordnen (§ 260), da es in diesen Fällen um das Unternehmen im Ganzen geht.

c) Damit das Einsichtsrecht ausgeübt werden kann, muss der Kaufmann, der seine Bücher auf Datenträgern führt, die Unterlagen auf seine Kosten lesbar machen (§ 261).

Empfehlungen zur vertiefenden Lektüre:
Rechtsprechung: BFHE 192, 339 = NJW 2000, 3804 (Phasengleiche Aktivierung von „Dividendenforderungen" – Definition Betriebsvermögen, Wirtschaftsgut und Vermögensgegenstand); BFHE 192, 502 = DStR 2000, 1911 (Grundsätze der ordnungsmäßigen Buchführung, der umgekehrten Maßgeblichkeit, der Einzelbewertung, der periodengerechten Aufwandsabgrenzung).
Literatur: *Baetge/Kirsch/Thiele*, Bilanzrecht-Kommentar, 2002, Stand 2014; *dies.*, Bilanzen, Studienausgabe, 13. Aufl., 2015; Beck'scher Bilanz-Kommentar, 9. Aufl., 2014; *Bitz/Schneeloch/Wittstock/Patek*, Der Jahresabschluss, 6. Aufl., 2014; *Böcking/Castan/Heymann/Pfitzer/Scheffler*, Beck'sches Handbuch der Rechnungslegung, 46. Aufl., 2015; *Bohl/Riese/Schlüter*, Beck'sches IFRS-Handbuch, 4. Aufl., 2013; *Buchholz*, Grundzüge des Jahresabschlusses nach HGB und IFRS, 8. Aufl., 2013; *Claussen/Scherrer*, Kölner Kommentar zum Rechnungslegungsrecht (§§ 238–342e HGB), 2010; *Dicken/Henssler*, Bilanzrecht, 2015; *Fink/Woring*, Buchführung für Juristen, JuS 2001, 1067; *Harms/Marx*, Bilanzrecht in Fällen, 12. Aufl., 2015; *Küting/Pfitzer/Weber*, Handbuch der Rechnungslegung, 5. Aufl., Stand 2014; *Lange/Pyschny*, Ein-

führung in das Recht der Bilanzierung, Jura 2005, 768; *Petersen/Zwirner*, Bil-MoG, 2009; *Moxter*, Bilanzrechtsprechung, 6. Aufl., 2007; *Theile*, Der neue Jahresabschluss nach dem BilMoG, Beihefter zu DStR 2009, 21; *Thiel/Lüdtke-Handjery*, Bilanzrecht, 6. Aufl., 2010; *Wöhe/Mock*, Die Handels- und Steuerbilanz, 6. Aufl., 2010; *Wöhe*, Bilanzierung und Bilanzpolitik, 10. Aufl., 2011; *Wöhe/Kußmaul*, Grundzüge der Buchführung und Bilanztechnik, 9. Aufl., 2015; *Wüstemann/Wüstemann*, Bilanzierung case by case, 9. Aufl., 2015; *Zwirner*, Das neue deutsche Bilanzrecht nach BilMoG: Umfassende Reformierung – Ein Überblick über die neuen Regelungen, NZG 2009, 530.

Fünfter Abschnitt. Die Prokura und die Handlungsvollmacht

§ 10. Die Prokura (§§ 48 ff.)

Fall a: K, Inhaber eines Handelsgeschäfts, erteilt dem Angestellten P Prokura. Später stellt sich heraus, dass der Anstellungsvertrag nichtig ist. Sind die von P für K geschlossenen Rechtsgeschäfte wirksam? → Rn. 194 194

Fall b: Wie ist es, wenn die Prokura des P nicht im Handelsregister eingetragen ist? → Rn. 197

Fall c: Kaufmann K untersagt dem P, Verträge über den Betrag von 20.000,- € hinaus zu schließen. P kauft im Namen des K bei V Waren für 50.000,- €. Muss K zahlen? → Rn. 199

Fall d: Wie ist es, wenn V im Fall c von der Vollmachtsbeschränkung wusste? → Rn. 199

Die Prokura ist eine **besondere handelsrechtliche Vollmacht** mit gesetzlich bestimmtem Umfang.

I. Bedeutung der Prokura

Das BGB räumt die Möglichkeit ein, dass jemand einen anderen bevollmächtigt, für ihn rechtsgeschäftlich zu handeln (§§ 164 ff. BGB; *Brox/Walker*, AT, Rn. 508 ff.). Damit das Geschäft, das der Vertreter tätigt, für und gegen den Vertretenen wirkt, ist es nach § 164 I BGB erforderlich, dass der Vertreter im Namen des Vertretenen und innerhalb der ihm vom Vertretenen erteilten **Vertretungsmacht** (= Vollmacht, § 166 II 1 BGB) handelt. Auch der Kaufmann kann einen anderen bevollmächtigen, damit dieser für ihn rechtsgeschäftlich handelt. 194a

Den Bedürfnissen des Handelsverkehrs tragen die §§ 48–53 Rechnung, indem sie dem Kaufmann das Recht gewähren, einem anderen eine **besondere Vollmacht**, die Prokura, zu erteilen. Die Prokura hat die Eigenart, dass ihr **Umfang** grundsätzlich nicht vom Vollmachtgeber, sondern **vom Gesetz** (vgl. § 49) **bestimmt** wird. Dies geschieht im Interesse des Rechtsverkehrs. Jeder, der einen Vertrag mit einem Prokuristen abschließt, soll wissen, ob der Prokurist sich im Rahmen seiner Vertretungsmacht hält; deshalb bestimmt das Gesetz, dass der Prokurist „zu allen Arten von... Geschäften und Rechtshandlungen, die der Betrieb eines Handelsgewerbes mit sich bringt", ermächtigt (§ 49 I) und „eine Beschränkung des Umfangs der Prokura... Dritten gegenüber unwirksam" ist (§ 50 I). Durch diese Typisierung trägt das Gesetz dem gesteigerten Bedürfnis des Handelsverkehrs nach Vertrauensschutz Rechnung.

Da der Umfang der Prokura sehr weit geht, muss andererseits auch der Vertretene hinreichend geschützt werden. Deshalb kann **nur ein Kaufmann einen Prokuristen bestellen,** und dies nur durch „ausdrückliche Erklärung"(§ 48 I).

Weil die Prokura eine besondere Vollmacht darstellt, sind die Vorschriften der §§ 164–181 BGB anwendbar, sofern nicht die §§ 48–53 davon abweichen.

Als Vollmacht betrifft die Prokura das **Außenverhältnis** zwischen dem Geschäftsinhaber und dem Dritten. Sie ist streng von dem zugrunde liegenden Grundverhältnis (z. B. Arbeitsverhältnis) zu trennen; dieses regelt das Innenverhältnis zwischen dem Geschäftsinhaber und dem Prokuristen. Die **Abstraktion der Prokura vom Grundverhältnis** bezweckt, die Wirksamkeit der Prokura von der Wirksamkeit des Grundgeschäfts unabhängig zu machen.

Im **Fall a** wirken die von P mit Dritten abgeschlossenen Geschäfte für und gegen K, obwohl der Arbeitsvertrag nichtig ist.

II. Erteilung der Prokura

195 Die Prokura wird durch eine empfangsbedürftige, ausdrückliche **Willenserklärung eines Kaufmanns** erteilt (§ 48 I).

1. Erklärender und Erklärungsempfänger

a) Der Erklärende muss **Kaufmann** sein (→ Rn. 24 ff.).

Die Prokuraerteilung durch einen Nichtkaufmann kann oft in eine Handlungsvollmacht (§ 54; → Rn. 212 ff.) oder eine Bevollmächtigung nach bürgerlichem Recht umgedeutet werden (§ 140 BGB; *Brox/Walker*, AT, Rn. 365 ff.). Eine derartige Umdeutung wird in der Regel dem Willen des Erklärenden entsprechen (→ Rn. 216).

b) Erklärungsempfänger der Willenserklärung kann der **Prokurist** selbst (Innenvollmacht), aber auch ein **Dritter** (Außenvollmacht) sein, dem gegenüber der Prokurist den Geschäftsinhaber vertreten soll (§ 167 I BGB). Möglich ist auch eine Prokuraerteilung durch öffentliche Bekanntmachung (§ 171 BGB).

Eine öffentliche Bekanntmachung ist z. B. die Anmeldung der Prokura zum Handelsregister mit nachfolgender Eintragung und Bekanntmachung.

2. Erteilungshandlung

a) Der Kaufmann muss die Willenserklärung **persönlich** abgeben (vgl. § 48 I: „nur von dem Inhaber des Handelsgeschäfts"). Er kann sich nicht durch einen rechtsgeschäftlich bestellten Vertreter, auch nicht durch einen Prokuristen, vertreten lassen. Für den nicht voll geschäftsfähigen Kaufmann kann dagegen der gesetzliche Vertreter handeln (§ 48 I). 196

Die Prokuraerteilung durch den gesetzlichen Vertreter bedarf der vormundschaftsgerichtlichen Genehmigung (§§ 1643 I, 1822 Nr. 11 BGB).

b) Zur Erteilung der Prokura ist eine **„ausdrückliche Erklärung"** des Geschäftsinhabers erforderlich (§ 48 I). Damit ist im Interesse der Rechtsklarheit eine zweifelsfreie Erklärung gemeint. Eine bloß stillschweigende Prokuristenbestellung kommt demnach nicht in Betracht, jedoch muss das Wort „Prokura" oder „Prokurist" in der Erklärung nicht verwendet werden. 197

Beispiele: Nachdem der Prokurist P des Kaufmanns K in den Ruhestand getreten ist, sagt K einem Angestellten, dass dieser nunmehr die Position des P übernehme. Einem anderen Angestellten erklärt K: „Von nun an unterschreiben Sie ppa" (= per procura; vgl. § 51).

Für eine **Duldungsprokura** (entsprechend der Duldungsvollmacht; *Brox/Walker*, AT, Rn. 562 ff.) besteht kein Raum. Duldet der Geschäftsinhaber, dass jemand sich als sein Prokurist ausgibt, kann darin aber die stillschweigende Erteilung einer Handlungsvollmacht liegen. Im Übrigen kommt in diesen Fällen eine Haftung des Kaufmanns nach Rechtsscheinsgrundsätzen in Betracht.

c) Keine Wirksamkeitsvoraussetzung für die Prokuraerteilung ist die **Eintragung in das Handelsregister** (vgl. § 48 I). Zwar ist der Geschäftsinhaber nach § 53 I verpflichtet, die Erteilung der Prokura zum Handelsregister anzumelden. Die Eintragung hat aber lediglich deklaratorische Bedeutung.

Im **Fall b** sind also die von P geschlossenen Geschäfte für und gegen K wirksam, obwohl die Prokura des P nicht im Handelsregister eingetragen ist.

III. Umfang und Grenzen der Prokura
1. Umfang der Prokura

198 Der Umfang der Prokura ist gesetzlich festgelegt und **Dritten gegenüber nicht beschränkbar** (§§ 49 f.).

a) Nach § 49 I ist der Prokurist zu allen Arten von gerichtlichen und außergerichtlichen Geschäften und Rechtshandlungen befugt, die der Betrieb eines Handelsgewerbes mit sich bringt.

Der Prokurist kann also mit Wirkung für und gegen den Geschäftsinhaber **Geschäfte jeder Art** abschließen (vgl. aber → Rn. 200 ff.). Seine Vertretungsmacht ist nicht auf einfache und gewöhnliche Geschäfte beschränkt, die in einem kaufmännischen Unternehmen vorkommen.

So kann der Prokurist im Namen des Kaufmanns z. B. Prozesse führen, Vergleiche abschließen, Forderungen erlassen, Wechselverbindlichkeiten eingehen, Darlehen aufnehmen. Auch Anmeldungen zum Handelsregister gehören grundsätzlich zu den Befugnissen des Prokuristen (s. aber auch → Rn. 202).

Die Prokura deckt alle Geschäfte, die zu dem **Betrieb irgendeines Handelsgewerbes** gehören. Der Umfang der Prokura wird daher nicht durch das konkrete Handelsgewerbe des Geschäftsherrn begrenzt. Entscheidend ist, dass die von dem Prokuristen getätigten Geschäfte in irgendeinem Handelsgewerbe vorkommen können.

Der Prokurist einer Weingroßhandlung ist berechtigt, zum Weiterverkauf bestimmte Pelze zu kaufen. Er kann auch für den Geschäftsherrn zehn Autobusse erwerben und Kraftfahrer einstellen, um zusätzlich ein Personenbeförderungsunternehmen zu betreiben.

199 b) Der weite Umfang der Prokura kann **Dritten gegenüber nicht beschränkt** werden (§ 50 I). Eine Vereinbarung, nach der ein Prokurist bestimmte Geschäfte oder Arten von Geschäften nur unter bestimmten Voraussetzungen vornehmen darf, ist im Außenverhältnis unwirksam (§ 50 II). Im Interesse einer Förderung des Handelsverkehrs soll der Dritte darauf vertrauen dürfen, dass der Prokurist alle Geschäfte abschließen kann, die generell zum Betrieb eines Handelsgewerbes gehören.

Im **Fall c** ist der Warenkauf i. H. v. 50.000,- € wirksam, da die Beschränkung der Prokura im Innenverhältnis auf Vertragsabschlüsse bis zu 20.000,- € nicht gegenüber V gilt; K muss dem V 50.000,- € zahlen. Da P sich aber über die ihm im Innenverhältnis wirksam gesetzten Schranken hinweggesetzt hat, ist er dem K schadensersatzpflichtig (§ 280 BGB).

Ausnahmsweise ist eine Berufung auf die Unbeschränkbarkeit der Prokura ausgeschlossen, wenn der Prokurist die im Innenverhältnis gezogenen Grenzen überschreitet und der Dritte dies erkennt (**Missbrauch der Vertretungsmacht;** *Brox/Walker,* AT, Rn. 579 ff.). Die an einen Missbrauch der Prokura zu stellenden Voraussetzungen entsprechen nicht denjenigen, die im Bereich des BGB an einen Missbrauch der Vertretungsmacht zu stellen sind (dazu *BGH* NJW 1999, 2883). Vielmehr verlangt das im Handelsrecht erhöhte Bedürfnis nach Rechtssicherheit strengere Maßstäbe. Nicht schutzbedürftig ist der Dritte jedenfalls bei einem kollusiven Zusammenwirken (vorsätzliche Schädigung im bewussten und gewollten Zusammenwirken) mit dem Prokuristen. Im Übrigen ist vieles streitig. Nach zutreffender h. M. ist nicht jede fahrlässige Unkenntnis des Dritten von der Überschreitung der Prokura schädlich. Vielmehr muss sich die Überschreitung des Innenverhältnisses aufdrängen (*BGH* NJW 1988, 2243; 1990, 385). Dem Prokuristen muss außerdem bewusst sein, dass er zum Nachteil des Geschäftsherrn handelt (BGHZ 50, 112, 114: Vorsatz; bei der rechtsgeschäftlichen Vertretung ist dagegen kein bewusstes Handeln erforderlich, *BGH* NJW 1988, 3012, 3013). Ein Verschulden des Geschäftsherrn kann einem Rechtsmissbrauch entgegenstehen.

Im **Fall d** ist der Dritte angesichts seiner Kenntnis grundsätzlich nicht schutzwürdig; das Rechtsgeschäft wirkt nicht gegen den Geschäftsinhaber, es sei denn V und P gingen davon aus, im Interesse des K zu handeln.

2. Grenzen der Prokura

Obwohl die Prokura grundsätzlich unbeschränkbar ist, setzt das Gesetz der Rechtsmacht des Prokuristen Schranken.

a) Zur **Veräußerung und Belastung von Grundstücken** ist der Prokurist nur befugt, wenn er dazu vom Inhaber des Handelsgewerbes besonders bevollmächtigt ist (§ 49 II; sog. Immobiliarklausel). Diese Vorschrift untersagt dem Prokuristen nicht nur bestimmte Verfügungen, sondern auch die diesen zugrunde liegenden Verpflichtungsgeschäfte. Ansonsten könnte der Prokurist den Geschäftsinhaber zur Vornahme von Rechtsgeschäften verpflichten, die von der Prokura nicht gedeckt werden.

§ 49 II beschränkt dagegen nicht die Möglichkeit des Prokuristen, für den Geschäftsherrn **Grundstücke zu erwerben.** Bestellt der Prokurist zum Erwerb eines Grundstücks eine **Restkaufpreishypothek,** so steht dem § 49 II nicht entgegen; denn dabei handelt es sich um eine bloße Erwerbsmodalität, nicht aber um die Belastung eines bereits dem Kaufmann gehörenden Grundstücks.

201 b) Die vom Gesetz dem Kaufmann persönlich zugewiesenen Geschäfte (sog. **Prinzipalgeschäfte**) können nicht vom Prokuristen vorgenommen werden. Dazu gehören z. B. die Anmeldung der Firma, deren Änderung oder einer Sitzverlegung zum Handelsregister (§§ 29, 31), die Unterzeichnung des Jahresabschlusses (§ 245) und die Prokuraerteilung (§ 48 I).

Soll der Kaufmann im Prozess als Partei vernommen werden (vgl. §§ 445 ff. ZPO), kann er sich nicht von seinem Prokuristen vertreten lassen.

202 c) Geschäfte, die **außerhalb des Geschäftsbetriebs** liegen, sind nicht durch die Prokura gedeckt; denn diese Geschäfte bringt der Betrieb eines Handelsgewerbes gerade nicht mit sich.

Dazu zählen zum einen die nicht betriebsbedingten **Privatgeschäfte** des Kaufmanns. Ob bei diesen eine Stellvertretung zulässig ist, richtet sich ausschließlich nach §§ 164 ff. BGB.

Die Prokura berechtigt den Prokuristen nicht, für den Kaufmann eine neue Privatwohnung zu mieten. Dazu bedarf er einer besonderen Vollmacht.

Zum anderen fehlt dem Prokuristen die Vertretungsmacht bei den sog. **Grundlagengeschäften,** bei denen die Grundlagen des kaufmännischen Unternehmens betroffen sind. Denn sie müssen dem Geschäftsinhaber (bei einer Handelsgesellschaft dem gesetzlichen Vertretungsorgan) vorbehalten bleiben.

Der Prokurist kann weder über die Geschäftsaufgabe entscheiden noch das Unternehmen veräußern oder Antrag auf Eröffnung des Insolvenzverfahrens stellen. Er ist nicht befugt, einen Gesellschaftsvertrag zu ändern. Sofern die Anmeldungen zum Handelsregister die Grundlagen des eigenen Handelsgeschäfts (z. B. die Rechtsform des eigenen Unternehmens) betreffen, können sie vom Prokuristen ohne zusätzliche Vollmacht nicht vorgenommen werden (Einzelheiten: BGHZ 116, 190).

IV. Gesamt- und Filialprokura

1. Gesamtprokura

a) Eine **Gesamtprokura** liegt vor, wenn der Geschäftsherr die Prokura **mehreren Personen gemeinschaftlich** erteilt (§ 48 II). Dann sind diese nur gemeinschaftlich befugt, den Geschäftsherrn zu vertreten (Form der Gesamtvertretung). Ist eine Person allein vertretungsberechtigt, spricht man von Einzelprokura.

Die Erteilung der Gesamtprokura stellt nach § 53 I 2 wie die Erteilung der Einzelprokura eine eintragungspflichtige Tatsache dar. Dabei hat die Eintragung ebenfalls nur deklaratorischen Charakter; unterbleibt sie, greifen die Rechtsfolgen des § 15 (→ Rn. 78 ff.).

Ob der Geschäftsherr Einzel- oder Gesamtprokura erteilt hat, muss durch Auslegung seiner Erklärung ermittelt werden. Hat K etwa A, B und C zu Prokuristen ernannt, ist nicht ohne weiteres anzunehmen, dass diese ihn nur zusammen vertreten können. Die Auslegung kann ergeben, dass jeder Prokurist Einzelprokura haben soll. Möglicherweise sollte aber z. B. A Einzelprokurist und sollten B und C Gesamtprokuristen sein.

Im Gesellschaftsrecht gibt es Formen der Gesamtvertretung, bei denen ebenfalls ein Prokurist beteiligt ist. So kann im Gesellschaftsvertrag einer Personenhandels- oder Kapitalgesellschaft bestimmt werden, dass ein Organmitglied (geschäftsführender Gesellschafter bzw. Geschäftsführer oder Vorstand) nur zusammen mit einem Prokuristen zur Vertretung der Gesellschaft ermächtigt ist (vgl. § 125 III; § 78 III AktG und § 25 II GenG; **sog. unechte Gesamtvertretung**; dazu *Köhl*, NZG 2005, 197).

Zwar fehlt im GmbHG eine entsprechende Regelung, jedoch wird in Analogie zu den genannten Vorschriften auch hier die unechte Gesamtvertretung anerkannt (*BGH* NJW 1987, 841). Der Vertretungsumfang des Prokuristen wird in der unechten Gesamtvertretung auf die Befugnis des jeweiligen Organmitglieds erweitert.

b) Gesamtprokuristen müssen grundsätzlich **bei jedem Rechtsgeschäft zusammenwirken**. Das bedeutet aber nicht, dass ein gemeinsames Handeln zur selben Zeit am selben Ort erforderlich wäre.

Im Einzelnen ist zu unterscheiden:

(1) Bei der **Aktivvertretung** muss die abzugebende Willenserklärung auf den Willen aller Gesamtprokuristen zurückzuführen sein.

Hat von den Gesamtprokuristen P 1 und P 2 bisher nur P 1 dem V ein Vertragsangebot gemacht, so reicht es aus, dass P 2 das Angebot später gegenüber

V wiederholt. P 2 könnte nachträglich die Zustimmung zu dem Rechtsgeschäft erteilen (Genehmigung nach § 183 BGB) oder bereits zuvor P 1 zur Abgabe der Willenserklärung bevollmächtigt haben (Spezialvollmacht). Möglich wäre zudem eine vorherige Einwilligung des P 2 nach § 182 BGB.

(2) Bei der **Passivvertretung** kommt es nicht darauf an, dass die Gesamtprokuristen gemeinschaftlich handeln; jeder Gesamtprokurist ist allein zur wirksamen Entgegennahme der Willenserklärung befugt. Das ergibt sich durch Rechtsanalogie aus § 28 II BGB, § 125 II 3; § 78 II 2 AktG, § 35 II 3 GmbHG.

V kann daher den Vertrag wirksam gegenüber P 1 anfechten.

(3) Gleiches gilt bezüglich eines **Willensmangels** und bezüglich der **Kenntnis und des Kennenmüssens** bestimmter Umstände bzw. einer Zurechnung nach § 166 BGB (vgl. § 932 BGB, § 366). Liegt auch nur bei einem Gesamtprokuristen etwa ein Willensmangel vor, so wirkt dieser für und gegen den Geschäftsherrn.

V kann also nicht mit Erfolg geltend machen, er habe nur den Gesamtprokuristen P 1 und nicht auch den Gesamtprokuristen P 2 arglistig getäuscht.

2. Filialprokura

205   Eine Filialprokura ist gegeben, wenn die Prokura vom Geschäftsherrn auf den Betrieb einer von mehreren Niederlassungen beschränkt wird (§ 50 III). Dann kann der Prokurist den Geschäftsinhaber nur für die betreffende Niederlassung wirksam vertreten. Voraussetzung ist, dass (1) der Geschäftsinhaber ein Handelsgewerbe mit mehreren Filialen betreibt und (2) diese unter verschiedenen Firmen geführt werden. Eine Firmenverschiedenheit ist auch dann anzunehmen, wenn die Firma der Filiale einen Zweigniederlassungszusatz enthält (§ 50 III 2; vgl. auch § 13 I 1, II). Eine Prokura für alle Niederlassungen des Kaufmanns bezeichnet man als **Generalprokura**.

Die Filialprokura ist zum Handelsregister anzumelden. Zuständiges Register ist nach § 13 (dazu → Rn. 70 ff.) das Gericht der Hauptniederlassung.

V. Erlöschen der Prokura

1. Erlöschensgründe

206   a) Die Prokura erlischt durch **Widerruf** des Geschäftsinhabers (§ 52 I).

(1) Der Widerruf kann durch **einseitiges Rechtsgeschäft** gegenüber dem Prokuristen oder dem Dritten ausgeübt werden (§ 168 S. 3 BGB, § 167 I BGB; *Brox/Walker*, AT, Rn. 553 ff.). Es genügt auch die öffentliche Bekanntmachung (§ 171 II BGB).
(2) Der Widerruf ist regelmäßig **jederzeit und ohne besonderen Grund** möglich (§ 52 I). Es wäre unerträglich, wenn der Geschäftsinhaber nicht verhindern könnte, dass der Prokurist weiterhin für ihn rechtsgeschäftlich handelt, obwohl das Vertrauensverhältnis zwischen beiden nicht mehr besteht. Eine Prokura ohne Widerrufsmöglichkeit käme einer Aufgabe der wirtschaftlichen Dispositionsfreiheit gleich (vgl. RGZ 27, 35, 37).

Die Interessen des Prokuristen sind trotz des Widerrufs der Prokura hinreichend geschützt, weil er den (regelmäßig aus dem im Grundverhältnis bestehenden Arbeitsvertrag folgenden) Anspruch auf die Vergütung behält (§ 52 I a. E.).

Ausnahmsweise kann der Widerruf nur **aus wichtigem Grund** zulässig sein. Wenn einem stillen Gesellschafter, einem Kommanditisten oder einem von der Vertretung ausgeschlossenen persönlich haftenden Gesellschafter aufgrund des Gesellschaftsvertrags Prokura erteilt wird, geschieht dies auch im Interesse des Prokuristen, so dass (analog § 127) ein wichtiger Grund gegeben sein muss, um die Prokura entziehen zu können (BGHZ 17, 392, 395).

b) Regelmäßig erlischt die Prokura mit der **Beendigung des Grundverhältnisses** (z. B. des Arbeitsvertrags; § 168 S. 1 BGB; *Brox/Walker*, AT, Rn. 552). Jedoch kann die Auslegung der Prokuraerteilung ergeben, dass die Prokura für eine längere oder kürzere Zeit als das Grundverhältnis gelten soll.

Hat K den P für zwei Jahre befristet angestellt (vgl. § 14 TzBfG) und ihm Prokura erteilt, erlischt diese mit Ablauf des Arbeitsvertrags. K kann aber bei der Erteilung die Dauer der Prokura auf ein Jahr beschränkt haben.

c) Die Prokura erlischt ferner beim **Tod des Prokuristen** (arg. e § 52 III). Der Geschäftsinhaber allein soll bestimmen, wer sein Prokurist ist. Deshalb ist die Prokura weder übertragbar (§ 52 II) noch vererblich.

Demgegenüber ist der Tod des Geschäftsinhabers kein Erlöschensgrund (§ 52 III). Der Prokurist vertritt nach dem Tod des Geschäftsinhabers dessen Erben (= postmortale Vollmacht). § 52 III kann durch Vereinbarung zwischen Geschäftsinhaber und Prokurist nicht mit Wirkung gegenüber Dritten abbedungen werden.

209 d) Schließlich endet die Prokura bei **Verlust der Kaufmannseigenschaft** des Geschäftsinhabers (z. B. Einstellung oder Veräußerung des Geschäftsbetriebs, Herabsinken des Geschäftsbetriebs zu einem Kleingewerbe bei fehlender Registereintragung). Die Niederlassungsprokura nach § 50 III erlischt, wenn die Niederlassung ihre Tätigkeit einstellt.

2. Folgen des Erlöschens

210 a) Ist die Prokura erloschen, **fehlt** dem früheren Prokuristen die **Vertretungsmacht**. Ein Handeln im Namen des Geschäftsinhabers wirkt grundsätzlich nicht mehr für und gegen diesen. Der frühere Prokurist haftet dem Dritten vielmehr selbst als Vertreter ohne Vertretungsmacht (§ 179 BGB; *Brox/Walker,* AT, Rn. 600 ff.).

211 b) Der Geschäftsinhaber hat das Erlöschen der Prokura zum Handelsregister **anzumelden** (§ 53 III). Registereintragung und Bekanntmachung haben nur deklaratorische Wirkung. Unterbleibt die Eintragung, wird der gutgläubige Dritte geschützt (§ 15 I; → Rn. 78 ff.). Diese Bestimmung geht als Spezialregelung den §§ 170 ff. BGB vor (vgl. *Brox/Walker,* AT, Rn. 558 ff., 561).

Wegen des Gutglaubensschutzes kann der Geschäftsinhaber ein Interesse daran haben, dass das Erlöschen der Prokura eingetragen wird, selbst wenn eine Eintragung über die Prokuraerteilung fehlt (→ Rn. 79).

Prüfungsschema zur Prokura (§§ 48 ff.)

I. Bestand
1. **Wirksame Erteilung (§ 48 I):** Grds. nach BGB-Regeln, Besonderheiten:
   a) Vollmachtgeber: Inhaber des Handelsgeschäfts (Kaufmann nach §§ 1 ff. HGB) oder sein gesetzlicher Vertreter (organschaftliche Vertreter, Eltern für Minderjährige – beachte aber §§ 1643 I, 1822 Nr. 11 BGB).
   b) Bevollmächtigter (= Prokurist): Keine juristischen Personen.
   c) Ausdrückliche Erteilung: Nicht konkludent.
   d) Eintragung (§ 53 I): Nur deklaratorisch.
2. **Kein Erlöschen** (§ 53 III – Erlöschen ist eintragungspflichtig, aber Eintragung wirkt nur deklaratorisch), Erlöschensgründe:
   a) § 168 S. 1 BGB: Erlöschen des Grundverhältnisses.
   b) § 52 I, § 168 S. 3 BGB, § 167 BGB: Widerruf.
   c) § 52 II, III: Tod oder Geschäftsunfähigkeit des Prokuristen.
   d) Verlust der Kaufmannseigenschaft des Geschäftsinhabers.

II. Umfang: Der Prokurist ist zu allen Arten von gerichtlichen und außergerichtlichen Geschäften und Rechtshandlungen befugt, die der Betrieb eines Handelsgewerbes mit sich bringt (§ 49 I).
   – Rechtsgeschäftliche Beschränkungen sind im Außenverhältnis unwirksam (§ 50 I, II – Ausnahme: Missbrauch der Vertretungsmacht).
   – Von der Prokura nicht umfasst ist die Befugnis zur Veräußerung und Belastung von Grundstücken (§ 49 II) und zum Abschluss sog. Prinzipal- und Grundlagengeschäfte.

Empfehlungen zur vertiefenden Lektüre:
Rechtsprechung: BGHZ 99, 76 = NJW 1987, 841 (Prokuraerteilung in der GmbH: gemischte Gesamtvertretung); BGHZ 104, 61 = NJW 1988, 1840 (Filialprokura); BGHZ 116, 190 = NJW 1992, 975 (Umfang der Vollmacht des Prokuristen zur Anmeldung zum Handelsregister); *OLG Frankfurt a. M.* NJW-RR 2005, 982 (Anmeldung der eigenen Bestellung zum Prokuristen); *OLG München* NJW 2005, 3730 (Unzulässige Bestellung eines Prokuristen

in einer Partnerschaftsgesellschaft); *KG* BB 2001, 2553 (Zulässigkeit der Prokuraerteilung an eine juristische Person).

Literatur: *Bärwaldt,* Mitwirkung des frisch bestellten Prokuristen an der Eintragung der ihm erteilten Gesamtprokura im Handelsregister, GmbHR 2005, 684; *Brox,* Erteilung, Widerruf und Niederlegung von Prokura und Handlungsvollmacht im neuen Aktienrecht, NJW 1967, 801; *Drexl/Mentzel,* Handelsrechtliche Besonderheiten der Stellvertretung (Teil I), Jura 2002, 289; *ders.,* Handelsrechtliche Besonderheiten der Stellvertretung (Teil II), Jura 2002, 375; *Köhl,* Der Prokurist in der unechten Gesamtvertretung, NZG 2005, 197; *Monhemius,* Grundprinzipien der Stellvertretung mit Bezügen zum Handels- und Gesellschaftsrecht, JA 1998, 378; *K. J. Müller,* Prokura und Handlungsvollmacht, JuS 1998, 1000; *Plagemann,* Der unecht gesamtvertretende Prokurist im Spannungsfeld der Kompetenzverteilung des GmbH-Gesetzes, GmbHR 2006, 576; *Oetker,* Der praktische Fall – Handels-, Gesellschafts- und Arbeitsrecht – Ein eigenmächtiger Prokurist, JuS 2001, 251; *Petersen,* Bestand und Umfang der Vertretungsmacht, Jura 2003, 310; *ders.,* Die Prokura, Jura 2012, 196; *Richter,* Semesterabschlussklausur – Handelsrecht: Erteilung der Prokura und gutgläubiger Erwerb, JuS 2007, 647; *Servatius,* Zur Eintragung organschaftlicher Vertretung im Handelsregister, NZG 2002, 456; *v. Westphalen,* Die Prokura – Erteilung, Umfang, Mißbrauch und Erlöschen, DStR 1993, 1186.

§ 11. Die Handlungsvollmacht (§ 54)

212 **Fall a:** K, Inhaber eines Warenhauses, bevollmächtigt den Angestellten H zum Einkauf von Textilien bis zu 20.000,– €. H kauft bei V Möbel für das Warenhaus ein. Muss K sie bezahlen? → Rn. 218

Fall b: Im Fall a kauft H von V Textilien für 50.000,– €. → Rn. 222

Fall c: Der zu Besuch weilende Neffe H betätigt sich im Lebensmittelgeschäft seines Onkels K als „Verkäufer". Der Kunde D kauft Waren für 100,– €. H kassiert und behält das Geld für sich. K verlangt von D Zahlung von 100,– €, hilfsweise Rückgabe der gekauften Waren. → Rn. 229

Fall d: Im Fall c hängt im Laden ein nicht zu übersehendes Schild „Zahlung nur an der Kasse". → Rn. 231

Fall e: Der Handelsvertreter H schließt im Namen des Geschäftsinhabers K mit D einen Kaufvertrag. Später räumt er ihm das Recht ein, in Raten zu zahlen, und kassiert die erste Rate, die er für sich verbraucht. K verlangt von D die sofortige Zahlung des ganzen Betrags. → Rn. 226 f.

Handlungsvollmacht ist **jede im Betrieb eines Handelsgewerbes erteilte Vollmacht,** die keine Prokura ist. Auf die Handlungsvollmacht sind die §§ 164 ff. BGB anwendbar, soweit diese nicht durch die spezielleren Regelungen des HGB verdrängt werden. Wie die Prokura betrifft die Handlungsvollmacht das Außenverhältnis zwischen dem Geschäftsinhaber und dem Dritten; sie ist vom Grundverhältnis zu trennen.

I. Bedeutung der Handlungsvollmacht

1. Interessenlage

Im Interesse des Handelsverkehrs hat die Prokura einen vom Gesetz **festgelegten weiten Umfang**. Dieser weite Umfang kann für den Kaufmann, der die Prokura erteilt, gefährlich sein. Deshalb liegt es im Interesse des Kaufmanns, dass die Rechtsordnung im Handelsverkehr auch solche Vollmachten zulässt, deren Umfang der Kaufmann mit Wirkung gegenüber Dritten bestimmen kann. Dem dienen die Vorschriften über die Handlungsvollmacht. Danach kann der Kaufmann Handlungsbevollmächtigte ernennen, deren Vertretungsmacht den Bedürfnissen des betreffenden Handelsbetriebs angepasst ist. 213

Andererseits liegt es im Interesse des Dritten, der mit einem Handlungsbevollmächtigten Geschäfte abschließt, dass er nicht von ungewöhnlichen Beschränkungen der Handlungsvollmacht überrascht wird. Deshalb hat die Handlungsvollmacht zum Schutz gutgläubiger Dritter einen gesetzlich festgelegten Mindestumfang (vgl. § 54 II, III).

2. Unterschiede gegenüber der Prokura

Das Gesetz macht wegen der verschiedenen Interessenlagen bei Prokura und Handlungsvollmacht zwischen beiden eine Reihe von Unterschieden: 214

a) Der Geschäftsinhaber braucht die Handlungsvollmacht **nicht persönlich zu erteilen** (vgl. § 54 I mit § 48 I); vielmehr kann auch ein dazu vom Geschäftsinhaber Bevollmächtigter die Handlungsvollmacht erteilen.

b) Es ist **keine „ausdrückliche" Erklärung** (so § 48 I für die Prokura) erforderlich; vielmehr genügt eine stillschweigende Erklärung, so dass bei der Handlungsvollmacht auch eine Duldungs- oder Anscheinsvollmacht (*Brox/Walker*, AT, Rn. 562 ff.) in Betracht kommt.

c) Wegen des verschiedenen Umfangs der Handlungsvollmacht ist diese im Gegensatz zur Prokura (§ 53) **nicht** in das Handelsregister **eintragbar**, so dass für sie auch § 15 nicht gilt.

d) Da der Umfang der Handlungsvollmacht im Gegensatz zur Prokura sehr verschieden sein kann, darf der Dritte sich nicht darauf verlassen, dass die Vollmacht des Handlungsbevollmächtigten auch **das betreffende Geschäft umfasst**. Hat der Dritte sich allerdings von der Art der Handlungsvollmacht überzeugt, darf er darauf vertrauen, dass diese Handlungsvollmacht nicht ungewöhnlich beschränkt ist (vgl. § 54 III). Der Dritte braucht ungewöhnliche Beschränkungen nur dann gegen sich gelten zu lassen, wenn er sie kannte oder kennen musste (§ 54 III; → Rn. 222).

e) Während der Prokurist mit einem die Prokura andeutenden Zusatz zeichnet (§ 51; „Max Müller e. K., ppa Bolle"), zeichnet der Handlungsbevollmächtigte mit einem das Vollmachtsverhältnis ausdrückenden **Zusatz** (§ 57; z. B. „Max Müller e. K., per Bolle" oder „Max Müller e. K., i. V. Bolle").

f) Die Handlungsvollmacht ist anders als die Prokura mit Einwilligung des Geschäftsinhabers **übertragbar** (arg. e § 58).

II. Erteilung der Handlungsvollmacht

215 Die Handlungsvollmacht wird durch eine **empfangsbedürftige, formfreie Willenserklärung** erteilt (§ 167 BGB; *Brox/Walker*, AT, Rn. 540 ff.).

1. Erklärender und Erklärungsempfänger

a) Der **Erklärende** kann der Geschäftsinhaber selbst, also ein Kaufmann, ein Prokurist des Kaufmanns oder ein anderer dazu Bevollmächtigter sein. Die Handlungsvollmacht kann auch von einem Handlungsbevollmächtigten mit vorheriger Zustimmung des Geschäftsinhabers übertragen werden (vgl. § 58); dieser kann jedoch keine weitergehende Vollmacht übertragen, als er selbst hat.

b) **Erklärungsempfänger** kann der Handlungsbevollmächtigte sein (Innenvollmacht) oder bei einer Außenvollmacht der Dritte, demgegenüber die Vertretung stattfinden soll (§ 167 I BGB). Davon abgesehen kann eine Handlungsvollmacht durch öffentliche Bekanntmachung erteilt werden (§ 171 BGB).

2. Erklärungshandlung

216 Anders als bei der Prokura ist **keine ausdrückliche Erklärung** erforderlich. Eine stillschweigende Willenserklärung reicht aus.

Die Handlungsvollmacht ist **nicht** in das Handelsregister **eintragungsfähig** (→ Rn. 214). Da das Bestehen der Handlungsvollmacht nicht durch Einblick in das Register oder durch Registerauszug nachgewiesen werden kann, muss der Handlungsbevollmächtigte auf Verlangen diesen Nachweis auf andere Weise (z. B. durch Vorlage einer Vollmachtsurkunde) führen. Wurde eine

Prokura unwirksam erteilt, ist die Erklärung des Vollmachtgebers in der Regel in die Erteilung einer Handlungsvollmacht umzudeuten, vgl. § 140 BGB (→ Rn. 195).

III. Umfang und Grenzen der Handlungsvollmacht

1. Umfang der Handlungsvollmacht

Der Umfang der Handlungsvollmacht wird durch den bestimmt, der die Vollmacht erteilt. Er kann durchaus verschieden sein. § 54 unterscheidet mit Generalhandlungsvollmacht, Arthandlungsvollmacht und Spezialhandlungsvollmacht **drei Grundformen** der Handlungsvollmacht: 217

a) Ist der Handlungsbevollmächtigte zu allen Geschäften bevollmächtigt, die zum Betrieb des betreffenden Handelsgewerbes gehören, hat er eine **Generalhandlungsvollmacht**. Das Gesetz definiert den Umfang dieser Vollmacht: Der Bevollmächtigte ist zur Vornahme aller Geschäfte und Rechtshandlungen berechtigt, die der „Betrieb eines derartigen Handelsgewerbes" gewöhnlich mit sich bringt (§ 54 I). Abweichend vom Prokuristen (vgl. die anders lautende Formulierung in § 49 I: „Betrieb eines Handelsgewerbes") kann er also nicht alle Geschäfte tätigen, die zu irgendeinem Handelsgewerbe gehören. Es muss sich vielmehr um branchenübliche Geschäfte handeln, die im Rahmen des betreffenden Geschäftsbetriebs nicht ungewöhnlich sind.

Der Generalhandlungsbevollmächtigte eines Warenhauses kann daher nicht wie der Prokurist mit Wirkung für und gegen den Geschäftsherrn Geld in Wertpapieren anlegen.

b) Ist der Handlungsbevollmächtigte zur Vornahme einer bestimmten zu einem Handelsgewerbe gehörigen Art von Geschäften bevollmächtigt, bezeichnet man seine Vollmacht als **Arthandlungsvollmacht**. Auch der Umfang dieser Vollmacht ist gesetzlich definiert. Sie erstreckt sich auf alle Geschäfte und Rechtshandlungen, welche die Vornahme von Geschäften dieser Art gewöhnlich mit sich bringt (§ 54 I). 218

Beispiele: Einkäufer, Verkäufer, Kassierer. Der Textilieneinkäufer eines Warenhauses kann Hemden auf Probe oder unter Eigentumsvorbehalt kaufen, den Mangel gekaufter Stoffe rügen. Er ist aber nicht berechtigt, im Namen des Geschäftsinhabers Möbel einzukaufen **(Fall a)**.

c) Ist der Handlungsbevollmächtigte zu einem bestimmten einzelnen Geschäft bevollmächtigt, hat er eine **Spezialhandlungsvoll-** 219 macht. Seine Vollmacht ist auf Geschäfte und Rechtshandlungen beschränkt, welche die Vornahme eines solchen Geschäfts gewöhnlich mit sich bringt (§ 54 I). Der Umfang ergibt sich hier meist aus der konkreten Vollmacht, so dass der Unterschied zur bürgerlich-rechtlichen Vollmacht gering ist.

Beispiel: Der Kaufmann bevollmächtigt seinen Angestellten H, für einen Verkaufsraum eine Ladeneinrichtung zu beschaffen. H ist befugt, eine Theke zu kaufen, Regale von einem Schreiner herstellen zu lassen, aufgetretene Mängel zu rügen; er kann aber nicht mit Wirkung für den Kaufmann Einrichtungsgegenstände für andere Teile des Warenhauses einkaufen.

220   d) Im Gesetz nicht ausdrücklich erwähnt, aber aus allgemeinen Vertretungsregeln folgt, dass der Geschäftsherr **Gesamthandlungsvollmacht** erteilen kann. Dann sind die Gesamthandlungsbevollmächtigten nur gemeinschaftlich befugt, den Geschäftsherrn zu vertreten. Es gilt das zur Gesamtprokura Gesagte (→ Rn. 203 f.) entsprechend; es wird zwischen echter Gesamthandlungsvollmacht und gemischter Gesamtvertretung unterschieden.

2. Grenzen der Handlungsvollmacht

221   a) **Kraft Gesetzes** erstreckt sich die Handlungsvollmacht *nicht* auf die Veräußerung und Belastung von Grundstücken, die Eingehung von Wechselverbindlichkeiten, die Aufnahme von Darlehen und die Prozessführung sowie die damit jeweils einhergehenden Verpflichtungsgeschäfte, es sei denn, dass dazu eine besondere Vollmacht erteilt ist (§ 54 II). Der Grund für diese gesetzliche Beschränkung der Vollmacht liegt darin, dass diese abschließend aufgeführten Geschäfte für den Geschäftsherrn besonders gefährlich sind. Deshalb sind sie dem Handlungsbevollmächtigten selbst dann untersagt, wenn sie im Einzelfall „gewöhnlich" sein sollten.

Aufgrund dieser Gefährlichkeit der aufgeführten Geschäfte sollte die konkludente Erteilung einer derartigen Handlungsvollmacht nur zurückhaltend und bei Vorliegen entsprechender Anhaltspunkte angenommen werden. Ggf. kommt aber eine Verpflichtung des Geschäftsherrn nach den Grundsätzen der Anscheins- oder Duldungsvollmacht in Betracht (dazu *Brox/Walker,* AT, Rn. 562 ff.).

222   b) **Durch Rechtsgeschäft** kann die Handlungsvollmacht im Gegensatz zur Prokura (§ 50 I) auch Dritten gegenüber beschränkt werden. Jedoch kann es einem Dritten nur in beschränktem Maße zugemutet werden, über die durch Rechtsgeschäft gezogenen Grenzen der

§ 11. Die Handlungsvollmacht

Vollmacht des Handlungsbevollmächtigten nähere Ermittlungen anzustellen. Eine Nachforschungspflicht obliegt ihm ohne konkreten Verdacht grundsätzlich nicht. Deshalb braucht er eine Beschränkung der erteilten General-, Art- oder Spezialhandlungsvollmacht nur dann gegen sich gelten zu lassen, wenn er sie kannte oder kennen musste (§ 54 III).

Der Dritte kann (nicht: muss) sich nach § 54 III darauf berufen, dass die Beschränkung der Vertretungsmacht ihm gegenüber nicht geltend gemacht werden kann und das Geschäft als von der Vollmacht umfasst gilt. Wahlweise ist jedoch auch eine Berufung auf die wahre Rechtslage möglich.

Im **Fall b** hat K die Arthandlungsvollmacht auf den Abschluss von Kaufverträgen bis zur Höhe von 20.000,- € begrenzt. Kannte V diese betragsmäßige Beschränkung der Vollmacht des H oder kannte er sie aus Fahrlässigkeit nicht (z. B. weil er einen entsprechenden Aufdruck auf dem Bestellschein aus Unachtsamkeit nicht las), ist kein Kaufvertrag über Textilien zum Preise von 50.000,- € zwischen K und V zustande gekommen. In diesem Fall haftet auch H dem V nicht als Vertreter ohne Vertretungsmacht (§ 179 III 1 BGB).

War dem V dagegen im **Fall b** die betragsmäßige Beschränkung der Vollmacht ohne Fahrlässigkeit unbekannt, wirkt der Kaufvertrag mit V für und gegen K. H ist dem K im Innenverhältnis gem. § 280 BGB schadensersatzpflichtig.

IV. Erlöschen der Handlungsvollmacht

1. Erlöschensgründe

Es gelten die **Erlöschensgründe des BGB** (*Brox/Walker*, AT, Rn. 552 ff.):

a) Regelmäßig erlischt die Vollmacht mit der **Beendigung des Grundverhältnisses** (§ 168 BGB); außerdem durch Eröffnung des **Insolvenzverfahrens** (§ 117 InsO).

b) Solange das Grundverhältnis besteht, kann die Handlungsvollmacht durch **Widerruf** enden (§ 168 S. 2 und 3 BGB). Die Handlungsvollmacht ist regelmäßig frei widerruflich. Der Widerruf wird durch einseitiges Rechtsgeschäft gegenüber dem Handlungsbevollmächtigten oder dem Dritten oder durch Erklärung an die Öffentlichkeit ausgeübt. Weitere Beendigungsgründe sind die **Betriebsaufgabe**, im Zweifel aber nicht der Tod des Geschäftsinhabers, vgl. §§ 168 S. 1, 672 S. 1 BGB.

223a c) Außerdem führen der **Tod** des Handlungsbevollmächtigten, dessen **Niederlegung** der Handlungsvollmacht und eine etwaige **Geschäftsunfähigkeit** des Bevollmächtigten zum Erlöschen der Handlungsvollmacht.

2. Folgen des Erlöschens

224 a) Nach Erlöschen der Handlungsvollmacht **fehlt** dem Handlungsbevollmächtigten die **Vertretungsmacht**. Rechtsgeschäfte des Handlungsbevollmächtigten wirken nicht mehr für und gegen den Geschäftsinhaber; vielmehr haftet der Handelnde selbst als Vertreter ohne Vertretungsmacht (§ 179 BGB).

b) In den **§§ 170–173 BGB** wird ausnahmsweise zugunsten Dritter die Vollmacht als weiter bestehend angesehen. Diese Vorschriften bezwecken den Schutz des Dritten in seinem guten Glauben an das Fortbestehen einer einmal wirksam erteilten Vollmacht (Einzelheiten: *Brox/Walker,* AT, Rn. 557 ff.).

V. Die Handlungsvollmacht von Hilfspersonen im Außendienst (§ 55)

225 § 54 behandelt die Handlungsvollmacht der Hilfspersonen, die im Betrieb des Geschäftsinhabers beschäftigt sind (arg. e § 55 I). Besondere Bestimmungen sieht das Gesetz in § 55 für die „außerhalb des Betriebes" tätigen Personen vor. Erfasst sind zwei Gruppen von Handlungsbevollmächtigten: zum einen diejenigen, die **zugleich Handelsvertreter** nach § 84 sind (selbständige Abschlussvertreter, vgl. § 84; → Rn. 233 ff.), zum anderen diejenigen, die damit betraut sind, regelmäßig außerhalb des Betriebs – also außerhalb der Geschäftsräume (MünchKomm/*Krebs,* § 55 Rn. 12 f.) – ihres Arbeitgebers Geschäfte in dessen Namen abzuschließen (**angestellte Handlungsbevollmächtigte im Außendienst,** vgl. § 59; → Rn. 237). Entscheidend für die Anwendung von § 55 ist allein, ob Abschlussvollmacht (§ 55; § 91 I) oder Vermittlungsvollmacht (§§ 75g, 55 IV; § 91 II) erteilt ist.

Besonderheiten gelten für Versicherungsvertreter (§§ 59 II, 69 ff. VVG).

1. Abschlussvollmacht

226 a) Die Vorschrift des § 55 I (§ 91 I) setzt voraus, dass dem Handlungsgehilfen (Handelsvertreter) eine (General-, Art- oder Spezial-) **Handlungsvollmacht** erteilt worden ist; er muss damit betraut sein,

§ 11. Die Handlungsvollmacht 127

außerhalb des Betriebs des Geschäftsinhabers in dessen Namen Geschäfte abzuschließen.

b) Die **Grenzen der Handlungsvollmacht** ergeben sich zunächst – aufgrund der Verweisung des § 55 I – aus § 54 II, III (→ Rn. 221 f.). Weitere Grenzen werden durch § 55 II, III bestimmt. Danach sind die Abschlussbevollmächtigten nicht befugt, einmal abgeschlossene Verträge abzuändern, insbesondere Zahlungsfristen zu gewähren (§ 55 II; **Fall e**). Dabei ist unerheblich, ob der Bevollmächtigte oder der Geschäftsinhaber selbst den Vertrag geschlossen hat. Außerdem wirken Zahlungen an den Bevollmächtigten nur dann gegen den Geschäftsinhaber, wenn dieser ihn besonders dazu bevollmächtigt hat (§ 55 III).

Ist im **Fall e** dem H Abschlussvollmacht erteilt, besteht zwischen K und D ein wirksamer Kaufvertrag. K kann von D die sofortige Zahlung des ganzen Kaufpreises verlangen.

c) Zum **Schutz gutgläubiger Dritter** bestimmt § 55 IV, dass der Abschlussbevollmächtigte berechtigt ist, Erklärungen entgegenzunehmen, die mit der **Lieferung mangelhafter Waren** im Zusammenhang stehen. Diese Vertretungsmacht besteht auch dann, wenn der Handlungsgehilfe oder Handelsvertreter dazu nicht bevollmächtigt ist (= Scheinhandlungsvollmacht).

Der Abschlussbevollmächtigte kann also eine Mängelrüge entgegennehmen. Er ist aber nicht befugt, entsprechende Gegenerklärungen abzugeben, z. B. eine Absprache über eine Kaufpreisminderung zu treffen (vgl. § 55 II). – Zwar kann der Geschäftsinhaber die in § 55 IV eingeräumte Vollmacht ausschließen; gegenüber einem gutgläubigen Dritten wirkt diese Beschränkung jedoch nicht (§ 54 III).

d) Für den Fall, dass das abgeschlossene Geschäft von der Vollmacht nicht gedeckt ist, sind §§ 75h II und 91a II zu beachten. Danach wird die Vorschrift des § 177 II 2 BGB für den Bereich des Handelsrechts modifiziert. Der Geschäftsabschluss ist trotz Überschreitens der Vertretungsmacht wirksam, wenn der Geschäftsherr das Geschäft nicht unverzüglich (vgl. § 121 II BGB) nach Kenntnis ablehnt und der Dritte den Mangel der Vertretungsmacht nicht kannte. Einer unverzüglichen Ablehnung kann eine Überlegungsfrist vorausgehen (vgl. *BGH* WM 2006, 1107: zwei Wochen sind angemessen).

226a

2. Vermittlungsvollmacht

227 a) Hat der Geschäftsinhaber den für ihn im Außendienst Tätigen nur mit der Vermittlung von Rechtsgeschäften betraut, so kann zweifelhaft sein, ob dem Vermittler überhaupt eine (begrenzte) Handlungsvollmacht erteilt ist oder ob er nur Botenmacht (*Brox/Walker*, AT, Rn. 518 ff.) hat. Zum **Schutze des gutgläubigen Dritten** bestimmen § 75g für den Handlungsgehilfen und § 91 II für den Handelsvertreter, dass diese berechtigt sind, Erklärungen entgegenzunehmen, die mit der **Lieferung mangelhafter Waren** zusammenhängen. Es besteht also bei dem Vermittlungsbevollmächtigten die gleiche Scheinhandlungsvollmacht wie bei dem Abschlussbevollmächtigten (§ 55 IV).

b) Schließt ein Vermittlungsbevollmächtigter im Namen des Geschäftsinhabers ein Geschäft ab, handelt er mangels Abschlussvollmacht als **Vertreter ohne Vertretungsmacht** (§§ 177 ff. BGB; *Brox/Walker*, AT, Rn. 594 ff.); die Wirksamkeit des Vertrags für und gegen den Geschäftsinhaber hängt von dessen Genehmigung ab (§ 177 I BGB). Das vom Handlungsgehilfen oder Handelsvertreter für den Geschäftsinhaber abgeschlossene Geschäft gilt nach § 75h I oder § 91a I als vom Geschäftsinhaber **genehmigt,** wenn dieser dem Dritten gegenüber das Geschäft **nicht unverzüglich ablehnt,** nachdem er vom Vermittlungsbevollmächtigten oder vom Dritten über den Abschluss und den wesentlichen Inhalt des Geschäfts benachrichtigt worden ist. Diese Regelung modifiziert § 177 II BGB, nach dem die Genehmigung als verweigert gilt, wenn der Vertretene sie nicht binnen zwei Wochen erklärt (vgl. *BGH* WM 2006, 1107). Die genannten handelsrechtlichen Vorschriften sind ein Anwendungsfall des Grundsatzes, dass **Schweigen im kaufmännischen Verkehr** als Zustimmung anzusehen ist, wenn nach der Geschäftssitte bei Ablehnung eine Erklärung erwartet werden darf. Die Schutzvorschriften zugunsten des Dritten greifen jedoch nicht ein, wenn dieser infolge der Kenntnis des Mangels der Vertretungsmacht nicht schutzwürdig ist.

Hat K den H im **Fall e** nur mit der Vermittlung von Geschäften betraut, ist der von H im Namen des K mit D geschlossene Kaufvertrag schwebend unwirksam. Der Vertrag gilt als genehmigt, wenn K durch D oder H von dem Abschluss und dem Inhalt des Vertrags unterrichtet wird und K das Geschäft nicht unverzüglich ablehnt.

Empfehlungen zur vertiefenden Lektüre:
Rechtsprechung: *BGH* WM 1976, 769 (Handlungsbevollmächtigter: Umfang einer Bankvollmacht und der Vollmacht zur Begebung von Schecks); *BGH* NJW-RR 2002, 967 (Beschränkungen der Handlungsvollmacht gegen-

über Dritten); *BGH* NJW-RR 2002, 1325 (Zulässigkeit einer Generalhandlungsvollmacht des Geschäftsführers für alle geschäftlichen Angelegenheiten); *BGH* WM 2006, 1107 (Zur Genehmigungsfiktion nach § 75h).
Literatur: *Bork,* Notiz zur Dogmatik des § 54 HGB, JA 1990, 249; *Drexl/ Mentzel,* Handelsrechtliche Besonderheiten der Stellvertretung (Teil I), Jura 2002, 289; *dies.,* Handelsrechtliche Besonderheiten der Stellvertretung (Teil II), Jura 2002, 375; *Joussen,* Die Generalvollmacht im Handels- und Gesellschaftsrecht, WM 1994, 273; *K. J. Müller,* Prokura und Handlungsvollmacht, JuS 1998, 1000; *Petersen,* Scheinvollmachten im Handelsrecht, Jura 2012, 683; *Schroeder/Oppermann,* Die Eintragungsfähigkeit der kaufmännischen Generalvollmacht in das Handelsregister, JZ 2007, 176; *Siems,* Fünf Jahre neuer Kaufmannsbegriff – Eine Bestandsaufnahme der Rechtsprechung, NJW 2003, 1296; *Spitzbarth,* Vollmachten im Unternehmen, Handlungsvollmacht – Prokura – Generalvollmacht, 4. Aufl. 2000; *Steck,* Das HGB nach der Schuldrechtsreform, NJW 2002, 3201.

§ 12. Die Ladenvollmacht (§ 56)

Nach § 56 gilt derjenige, der **in einem Laden oder offenen Warenlager angestellt** ist, zu Verkäufen und Empfangnahmen als bevollmächtigt, die in einem derartigen Laden oder Warenlager gewöhnlich vorkommen.

228

I. Bedeutung

Kaufleute, die auf dem traditionellen Gebiet des Warenhandels tätig sind, lassen sich bei Geschäften in ihren Verkaufsräumen in der Regel von Mitarbeitern vertreten, die sie zu diesem Zweck angestellt haben. Einem Dritten, der in diesen Räumen ein Geschäft abschließen will, ist es nicht zuzumuten, dass er zuvor ermittelt, ob und in welchem Umfang der Mitarbeiter bevollmächtigt ist. Außerdem erweckt der Geschäftsinhaber, mit dessen Wissen und Wollen der Mitarbeiter tätig wird, den Rechtsschein, dass er diese Person zur Vornahme von Geschäften bevollmächtigt hat, die üblicherweise in einem solchen Verkaufsraum getätigt werden. Deshalb kann er sich nach § 56 einem gutgläubigen Dritten gegenüber nicht mit Erfolg darauf berufen, der Mitarbeiter habe keine Vertretungsmacht gehabt. Die Vorschrift begründet, in etwas antiquierter Sprache, eine **Scheinhandlungsvollmacht** für die Angestellten des Geschäftsherrn, die in seinem Laden oder offenen Warenlager tätig sind (*Canaris,* § 14 Rn. 5 m. w. N.).

II. Voraussetzungen

229 a) § 56 setzt voraus, dass der Handelnde als Hilfsperson eines Geschäftsinhabers in dessen Laden oder offenem Warenlager angestellt ist.

(1) § 56 meint unausgesprochen einen Geschäftsinhaber, der Kaufmann ist (§§ 1 ff., 54). Die Vorschrift ist aber auf Kleingewerbetreibende, die von der Möglichkeit des § 2 keinen Gebrauch gemacht haben (dazu → Rn. 45 ff.), entsprechend anzuwenden (Baumbach/Hopt/*Hopt*, § 56 Rn. 1).

(2) Unter einem **Laden** oder **offenen Warenlager** sind alle Verkaufsstätten zu verstehen, die dem Publikum offenstehen und in denen der Inhaber seine Geschäfte betreibt. Dabei braucht es sich nicht um einen geschlossenen Raum, eine feste Niederlassung oder eine dauernde Einrichtung zu handeln (Baumbach/Hopt/*Hopt*, § 56 Rn. 1).

Beispiele für Verkaufsräume: Warenhaus; Einzelhandelsgeschäft (**Fall c**); Verkaufsstand auf der Messe; Möbellager, in dem Möbel verkauft werden. – Keine Verkaufsräume sind das Büro und die Fabrikationsräume, in denen für Dritte ersichtlich keine Geschäfte getätigt werden.

(3) **Angestellt** sind die Personen, die mit Wissen und Wollen des Geschäftsinhabers in dem Laden oder offenen Warenlager tätig sind. Ein wirksames Arbeitsverhältnis braucht nicht vorzuliegen, so dass auch ein Freund oder Familienangehöriger „angestellt" sein kann.

H ist im **Fall c** „angestellt", wenn er mit Billigung des K als Verkäufer tätig wird. Ein Buchhalter ist ebenso wenig wie ein Packer oder eine Raumpflegerin im Laden angestellt, da ihr Beschäftigungsbereich sich nach dem Willen des Geschäftsinhabers nicht auf die Verkaufsräume bezieht. Allerdings kommt hier eine Rechtsscheinhaftung in Betracht, wenn der Kaufmann die für ihn erkennbare Tätigkeit solcher Personen beim Verkauf nicht verhindert.

230 b) Das **Geschäft** der Hilfsperson muss ein Verkauf oder eine Empfangnahme in dem Laden oder Warenlager und zudem dort **üblich** (= „gewöhnlich") sein.

(1) Geschäfte können **Verkäufe und Empfangnahmen** sein.

(a) Zu den **Verkäufen** gehören nicht nur der Abschluss von Kaufverträgen, sondern auch alle Handlungen, die damit zusammenhängen, insbesondere also die Verfügungen (Übereignungen) zur Erfüllung des Kaufvertrags, aber auch die Entgegennahme von Mängelanzeigen, die Vermittlung eines (Kfz)Verkaufs, Werk- und Werklieferungsverträge (str.), Leasingverträge und die Ausstellung von Quittungen. Dagegen ist § 56 auf Ankäufe auch nicht analog anwendbar (*BGH* NJW 1988, 2109, 2110).

Beispiele für „Verkäufe": Verkaufsverhandlungen, Abschluss des Vertrags auf der Verkäuferseite, Übereignung der gekauften Waren, Anfechtung des Kaufvertrags.

(b) **Empfangnahmen** sind das Entgegennehmen von Sachen und Willenserklärungen. § 56 enthält insoweit eine Erweiterung des § 362 BGB, da hier auch eine Leistung, die nicht an den Gläubiger erfolgt, Erfüllungswirkung hat.

Beispiele: Kassieren des Kaufpreises, Rücknahme mangelhafter Waren, Zugang der Anfechtungserklärung eines Kunden oder einer Mängelanzeige; nicht dagegen ein Umtausch.

(2) Die genannten Handlungen müssen **im** Laden oder Warenlager getätigt oder dort zumindest angebahnt (RGZ 108, 48, 49) werden.

Es genügt, wenn D Teppiche im Geschäft des K mithilfe des H aussucht, dieser die Teppiche dem D in die Wohnung bringt und dort einen Kaufvertrag über einen Teppich abschließt.

(3) Die Verkäufe und Empfangnahmen müssen in einem derartigen Laden oder Warenlager „**gewöhnlich**" sein. Branchenfremde Geschäfte fallen nicht unter § 56.

Verkauft H im Lebensmittelgeschäft des K an D eine Waage, so wirkt dieses Geschäft nicht für und gegen K.

c) Der Dritte muss hinsichtlich des Bestehens einer Vollmacht **gutgläubig** sein; denn die Scheinhandlungsvollmacht des § 56 gilt nur gegenüber einem Gutgläubigen. Der Dritte ist nicht schutzwürdig, wenn er die fehlende Vertretungsmacht kennt oder kennen musste (vgl. § 54 III), wobei „kennen müssen" in diesem Sinne fahrlässige Nichtkenntnis i. S. des § 122 II BGB bedeutet. Allerdings ist er nicht von sich aus zu Nachforschungen verpflichtet, selbst wenn er die Räumlichkeiten kennt (vgl. zur Inkassovollmacht des Filialleiters eines Autohauses *OLG Düsseldorf* NJW-RR 2009, 1043).

Der Dritte kann sich auf die Vermutung des § 56 berufen, muss dies aber nicht (vgl. zur Handlungsvollmacht → Rn. 222).

231

Im **Fall d** hat K durch das Schild „Zahlung nur an der Kasse" deutlich darauf hingewiesen, dass die Verkäufer nicht zur Entgegennahme der Kaufpreiszahlungen berechtigt sind. Deshalb kann D sich gegenüber dem Zahlungsanspruch des K nicht mit Erfolg auf eine Scheinhandlungsvollmacht des H berufen.

III. Folgen

232 a) Die Hilfsperson hat eine **Scheinhandlungsvollmacht** zu branchenüblichen Verkäufen und Empfangnahmen.

Im **Fall c** hat H mit Wirkung für K mit dem gutgläubigen D einen Kaufvertrag geschlossen und den Kaufpreis entgegengenommen. K kann daher von D weder Zahlung noch Rückgabe der Waren verlangen.

Nach dem Zweck des § 56 ist eine Anfechtung wegen Inhaltsirrtums (§ 119 I BGB) ausgeschlossen, auch wenn dem Kaufmann die Rechtsfolgen unbekannt sein sollten.

Die Befugnis zu Empfangnahmen bedeutet, dass der gutgläubige Dritte mit schuldbefreiender Wirkung (§ 362 II BGB) an den Angestellten leisten kann.

b) Die **Wirkungen** der Scheinhandlungsvollmacht nach § 56 gehen nicht weiter als die einer durch Rechtsgeschäft begründeten Handlungsvollmacht. Deshalb gelten auch hier die Vollmachtsbeschränkungen des § 54 II (→ Rn. 221).

Ein Angestellter gilt also nicht als befugt, in den Verkaufsräumen Darlehen für den Geschäftsinhaber aufzunehmen.

Empfehlungen zur vertiefenden Lektüre:
Rechtsprechung: *BGH* NJW 1988, 2109 (Rechtsvermutung der Ankaufsvollmacht des Ladenangestellten); *OLG Düsseldorf* NJW-RR 2009, 1043 (Inkassovollmacht eines Filialleiters bei vereinbarter Barzahlung).
Literatur: *Häublein*, Die Ladenvollmacht, JuS 1999, 624; *Petersen*, Scheinvollmachten im Handelsrecht, Jura 2012, 683; *Weimar*, Die Vollmachtsfiktion für Ladenangestellte gem. § 56 HGB, JR 1979, 103.

Sechster Abschnitt. Der Handelsvertreter und der Handelsmakler

§ 13. Der Handelsvertreter

233 **Fall a:** Handelsvertreter H vermittelt seinem Unternehmer U am 29. 12. den Verkauf eines Pkw an K. U schließt am 2. 1. mit K den Kaufvertrag und erfüllt ihn. Hat H einen Provisionsanspruch, wenn der Handelsvertretervertrag zum 31. 12. ausgelaufen ist? → Rn. 253

Fall b: Da K im Fall a bei U am 3. 1. auch noch einen zweiten Wagen kauft, verlangt H auch hierfür Provision. → Rn. 253

Fall c: Im Fall a beträgt der Kaufpreis 40.000,- €. Dabei wird ein Altwagen des K für 10.000,- € in Zahlung genommen. K zahlt 30.000,- € abzüglich 3 % Skonto, also 29.100,- €, an U. H legt bei der Berechnung seines Provisionsanspruchs einen Kaufpreis i. H. v. 40.000,- € zugrunde. → Rn. 253

Fall d: U kündigt dem Abschlussvertreter H während der im Vertrag vorgesehenen Probezeit mit der vereinbarten Zweiwochenfrist. Wirksam? → Rn. 259

Fall e: U kündigt dem H wegen starken Rückgangs des Umsatzes in dem Bezirk des H fristlos. Dieser hält die Kündigung für unwirksam und verlangt hilfsweise einen Ausgleich nach § 89b. → Rn. 260, → Rn. 264

I. Begriff, Abgrenzung und Arten

1. Begriff

Handelsvertreter ist, wer „als selbständiger Gewerbetreibender 233a ständig damit betraut ist, für einen anderen Unternehmer Geschäfte zu vermitteln oder in dessen Namen abzuschließen" (§ 84 I 1).

Der Unternehmer spart durch den Einsatz von Handelsvertretern eigene Niederlassungen und oft auch eigene Auslieferungslager. Da er nur die vom Geschäftserfolg abhängigen Provisionen zu zahlen hat, ist sein Kostenrisiko geringer, als wenn er fest angestellte Reisende beschäftigt.

a) Die Tätigkeit, zu welcher der Handelsvertreter aufgrund des mit dem Unternehmer geschlossenen Vertrags verpflichtet ist, besteht in dem **Vermitteln oder dem Abschluss von Geschäften** für den Unternehmer.

(1) **Vermitteln** von Geschäften bedeutet das (unmittelbare oder mittelbare) Einwirken auf einen Dritten, damit dieser sich zum Abschluss des Geschäfts entschließt (sog. Vermittlungsvertreter).

Dazu genügt das Bereithalten einer Gelegenheit zum Vertragsschluss (z. B. Lotto- und Totoannahmestelle), nicht dagegen die bloße Werbung für Produkte (z. B. Arzneimittelpropagandist).

(2) **Abschluss** von Geschäften bedeutet die Abgabe von Vertragserklärungen im Namen des Unternehmers sowie die Entgegennahme solcher Erklärungen für den Unternehmer (unmittelbare Stellvertretung; §§ 164 ff. BGB; *Brox/Walker*, AT, Rn. 508 ff.). Vertragspartei des Dritten ist nicht der Handelsvertreter, sondern der Unternehmer, wenn dieser dem Vertreter eine entsprechende Vollmacht zum Ab-

schluss von Geschäften erteilt hat (§ 167 BGB; sog. Abschlussvertreter; vgl. → § 55; → Rn. 257).
(3) Die **Art der Geschäfte** wird vom Gesetz nicht näher bestimmt. Es kann sich um alle Arten von Geschäften handeln, die im Rahmen der Tätigkeit des Unternehmers vorkommen können. Insbesondere brauchen es nicht Handelsgeschäfte zu sein, da der Unternehmer kein Kaufmann sein muss (vgl. § 91 I).

Beispiele: Wareneinkäufe, Grundstücksverkäufe, Mietverträge über Maschinen, Versicherungsverträge, Lizenzverträge, Konzertkartenvorverkauf (*BGH NJW-RR* 1986, 709, 710).

(4) Der Handelsvertreter wird für einen (anderen) **Unternehmer** tätig. Der Begriff entspricht weitgehend demjenigen in § 14 BGB, ist aber nicht völlig identisch, da es nicht auf das in § 14 BGB enthaltene Merkmal „bei Abschluss eines Rechtsgeschäfts" ankommt. Erfasst werden vom handelsrechtlichen Unternehmerbegriff neben den nicht kaufmännischen Kleingewerbetreibenden auch Freiberufler, Künstler oder öffentliche Unternehmen.

Auch ein Handelsvertreter kann Unternehmer sein (§ 84 III). Sein Handelsvertreter wird als Untervertreter bezeichnet.

234 b) Der Handelsvertreter muss mit der Vermittlung oder dem Abschluss von Geschäften **ständig betraut** sein. Das zwischen ihm und dem Unternehmer bestehende Vertragsverhältnis ist also ein Dauerrechtsverhältnis (Geschäftsbesorgungsvertrag; § 675 BGB). „Betraut" heißt „beauftragt" (§ 675 BGB). „Ständig" bedeutet nicht „auf immer" oder „auf unbestimmte Zeit"; entscheidend ist vielmehr, dass die Beauftragung auf eine unbestimmte Zahl von Geschäften gerichtet ist.

Es genügt also eine kurze Laufzeit des Besorgungsvertrags (z. B. während einer Saison, einer Messe), nicht dagegen die Beauftragung für ein einzelnes Geschäft oder für eine gelegentliche Tätigkeit.

235 c) Der Handelsvertreter ist ein **selbständiger Gewerbetreibender**. Die persönliche Unabhängigkeit vom Unternehmer, die ihn vom Angestellten unterscheidet (§ 84 II), zeigt sich vor allem darin, dass der Handelsvertreter im Wesentlichen frei seine Tätigkeit gestalten und seine Arbeitszeit bestimmen kann (§ 84 I 2).
Indizien dafür, dass es sich um einen Handelsvertreter handelt, können sein: Der Vertreter hat eigene Geschäftsräume, trägt die Geschäftskosten selbst, benutzt eigene Firmenbögen, führt eigene Han-

delsbücher, erhält für seine Tätigkeit nur Provisionen, vertritt mehrere Unternehmer. Aber auch dann, wenn mehrere solcher Merkmale fehlen, kann der Vertreter Handelsvertreter sein; entscheidend ist das Gesamterscheinungsbild, nicht dagegen die Bezeichnung als Handelsvertreter im Vertrag mit dem Unternehmer.

Der Handelsvertreter ist als Selbständiger strikt vom Arbeitnehmer zu trennen. Die §§ 84ff. enthalten ein eigenständiges Schutzsystem. § 12a TVG sieht – anders als für sonstige arbeitnehmerähnliche Personen – keine Möglichkeit vor, Tarifverträge für Handelsvertreter zu vereinbaren.

d) Der Handelsvertreter ist entweder **Kaufmann** (§§ 1 ff.) oder aber zumindest nicht eingetragener **Kleingewerbetreibender**. § 84 IV stellt klar, dass die Vorschriften der §§ 84ff. auch dann anwendbar sind, wenn der Handelsvertreter zwar ein Gewerbe betreibt, aber keines in kaufmännischer Weise eingerichteten Geschäftsbetriebs bedarf und auch keine freiwillige Eintragung ins Handelsregister betrieben hat, so dass er nach § 2 Kaufmann wäre. 236

Die Klarstellung ist bedeutsam, da die §§ 84ff. wichtige Schutzbestimmungen zugunsten des Handelsvertreters enthalten.

2. Abgrenzung

Der Handelsvertreter ist von folgenden kaufmännisch tätigen Personen zu unterscheiden: 237
a) Der **Handlungsgehilfe** ist in einem Handelsgewerbe zur Leistung kaufmännischer Dienste gegen Entgelt angestellt (§ 59 S. 1). Er wird aufgrund eines Arbeitsvertrags tätig, ist also Arbeitnehmer, für den das Arbeitsrecht gilt. Die für die Handlungsgehilfen geltenden arbeitsrechtlichen Vorschriften der §§ 59ff. werden heute entsprechend auf alle anderen Arbeitnehmer angewendet (Heymann/*Henssler*, Vor § 59 Rn. 10). Für die §§ 74ff. (nachvertragliches Wettbewerbsverbot) wird dies durch § 110 S. 2 GewO sogar ausdrücklich angeordnet.

Ist jemand für einen Unternehmer als „Handlungsreisender" tätig, so ist er entweder Handelsvertreter oder Handlungsgehilfe. Entscheidend ist die tatsächliche Ausgestaltung der Vertragsbeziehung. Ergibt sie eine Abhängigkeit der Hilfsperson, ist diese Handlungsgehilfe, also Arbeitnehmer.

Anhaltspunkte können sein: Weisungsgebundenheit hinsichtlich der Art, Weise und Reihenfolge des Kundenbesuchs, tägliche Berichterstattung über die Tätigkeit, Eingliederung in den Betrieb, Zahlung eines festen Gehalts, Spesenersatz, Gewährung von Urlaub. – Ist die Hilfsperson Handlungsgehilfe, gilt für sie möglicherweise ein Tarifvertrag, genießt sie Kündigungsschutz, wird ihr Lohnsteuer vom Gehalt abgezogen und ist sie sozialversicherungspflichtig.

238 b) Der **Kommissionär** übernimmt es gewerbsmäßig, Waren oder Wertpapiere für Rechnung eines anderen (den Kommittenten) im eigenen Namen zu kaufen oder zu verkaufen (§ 383; → Rn. 424 ff.). Er hat mit dem Handelsvertreter die Selbständigkeit gemeinsam. Jedoch unterscheidet er sich vom Abschlussvertreter dadurch, dass er die Verträge im eigenen und nicht in fremdem Namen abschließt. Zudem wird er nicht ständig für den Kommittenten tätig, sondern nur für einzelne Geschäfte beauftragt.

239 c) Der **Handelsmakler** übernimmt gewerbsmäßig für andere, ohne von ihnen ständig damit betraut zu sein, die Vermittlung von Verträgen über Gegenstände des Handelsverkehrs (§ 93 I; → Rn. 266). Er ist – wie der Handelsvertreter – selbständiger Unternehmer; jedoch vermittelt er nur die Gelegenheit zum Abschluss von Verträgen über Gegenstände des Handelsverkehrs; vor allem aber ist er nicht von einem Unternehmer ständig betraut, sondern tritt als unabhängiger Mittler im eigenen Namen auf. Zur Abgrenzung von Makler- und Handelsvertretertätigkeit: *BGH* NJW 1992, 2818; *OLG Düsseldorf*, Urt. v. 22.12.2011 – 16 U 133/10 = BeckRS 2012, 00828.

240 d) Der **Kommissionsagent,** der nicht im Gesetz geregelt ist, ist eine Mischform aus Eigenschaften des Handelsvertreters und des Kommissionärs. Mit dem Handelsvertreter hat er gemeinsam, dass er als selbständiger Gewerbetreibender von einem Unternehmer ständig damit betraut ist, für dessen Rechnung Verträge abzuschließen. Im Unterschied zum Handelsvertreter handelt er aber – insoweit wie der Kommissionär – im eigenen Namen.

Soweit Gemeinsamkeiten mit dem Handelsvertreter bestehen, findet das Handelsvertreterrecht entsprechende Anwendung. Das gilt aber nur, soweit die Vorschriften nicht an ein Handeln im fremden Namen anknüpfen. Nicht anwendbar sind daher die §§ 91, 91a sowie die Vorschriften über die Provision und deren Abrechnung.

241 e) Der **Vertragshändler** (Eigenhändler), über den das Gesetz ebenfalls keine Regelung trifft, ist ein Kaufmann, dessen Unternehmen in die Verkaufsorganisation des Herstellers (meist von Markenartikeln) eingegliedert und der dem Hersteller gegenüber verpflichtet ist, die Waren im eigenen Namen und auf eigene Rechnung zu verkaufen (vgl. BGHZ 54, 338, 340; z. B. VW-Händler). Zwischen dem Ver-

tragshändler und dem Hersteller besteht ein Geschäftsbesorgungsvertrag mit dienstvertraglichen Elementen, vgl. §§ 675, 611 ff. BGB. Das ständige Betrautsein verbindet ihn mit dem Handelsvertreter; das Handeln im eigenen Namen und für eigene Rechnung unterscheidet sie (vgl. *BGH* WM 1975, 1242).

Wegen der Gemeinsamkeiten mit dem Handelsvertreter stellt sich die Frage, ob einige Vorschriften des Handelsvertreterrechts (z. B. § 89b; dazu BGHZ 68, 340, 342 ff.; *BGH* NJW 1981, 1961; NJW-RR 2007, 1327; DB 2011, 645; *OLG München* ZVertriebsR 2014, 35 zur Geltung der richtlinienkonformen Auslegung des § 89b für das Recht der Vertragshändler) analog auf den Vertragshändler anzuwenden sind. Zu Einzelheiten vgl. *Canaris,* § 17 Rn. 15 ff.; *Schultze/Wauschkuhn/Spenner/Dau,* Der Vertragshändlervertrag, 4. Aufl. 2008; *Ulmer,* Der Vertragshändler, 1969. Zum Ausgleich des Kfz-Vertragshändlers *Siegert,* NJW 2007, 188; *Emde,* MDR 2010, 537; *Niebling,* NJ 2013, 281, 284.

f) Der **Franchisenehmer** (von franchise = Konzession, Vorrecht) ist grundsätzlich selbständiger Unternehmer und wird im eigenen Namen und für eigene Rechnung tätig. Im Franchisevertrag (wie beim Vertragshändler ein Geschäftsbesorgungsvertrag mit dienstvertraglichen Elementen) wird ihm vom Franchisegeber gegen eine Franchisegebühr das Recht eingeräumt, bestimmte Waren oder Dienstleistungen zu vertreiben; der Franchisenehmer ist dabei berechtigt und verpflichtet, Namen, Marken, Symbole und Einrichtungen des Franchisegebers zu benutzen und die von diesem genau festgelegte Geschäftskonzeption zu übernehmen. Anders als der Vertragshändler ist der Franchisenehmer an ein bis ins Einzelne geregeltes Organisations- und Marketingkonzept des Franchisegebers gebunden und insoweit dessen Überwachungs- und Weisungsrecht unterworfen. 242

Nach dem Franchisesystem arbeiten z. B.: McDonald's, Apollo-Optik, Burger King, Subway Sandwiches und TUI-Reisecenter. In der Praxis ist die Abgrenzung vom Arbeitnehmer (Scheinselbständigen) oft schwierig, da die Bindungen an den Franchisenehmer gelegentlich derart intensiv sind, dass von einer persönlichen Abhängigkeit und damit vom Arbeitnehmerstatus auszugehen ist (dazu *Brox/Rüthers/Henssler,* ArbR, Rn. 54 ff.).

Empfehlungen zur vertiefenden Lektüre zum Bereich Franchising:
Rechtsprechung: *BGH* NJW-RR 2000, 1710 (Haftung des Franchisegebers für Franchisenehmerwerbung); *BGH* NJW-RR 2000, 1159 (Franchisevertrag über Restaurantbetrieb); *OLG München* BB 2003, 443 (Täuschung des Franchisenehmers vor Vertragsschluss über erzielbaren Umsatz); *BGH* BGHReport 2003, 1352 (Auslegung eines Franchisevertrags im Hinblick auf die Pflicht des Franchisegebers zur vollständigen Weitergabe der Einkaufsvorteile

aus Einkäufen der Lieferanten an die Franchisenehmer); *BGH* NJW-RR 2006, 776 (Beteiligung des Franchisenehmers an Einkaufsvorteilen); *OLG Celle* BB 2007, 1862 (analoge Anwendung des Handelsvertreterrechts); *BGH* NJW 2008, 1214 (Stellvertretung durch Franchisenehmer); *OLG Hamm* NJW-RR 2009, 1707 (Reichweite eines nachvertraglichen Wettbewerbsverbots bei Franchiseverträgen); *BGH* NJW 2009, 1753 (Bezugsbindung und Beteiligung des Franchisenehmers an Einkaufsvorteilen); *OLG Saarbrücken,* Urt. v. 11.4.2011, Az. 5 W 71/11–29 = BeckRS 2011, 08.611 (zum Arbeitnehmerstatus des Franchisenehmers); *OLG Düsseldorf* NJOZ 2014, 1622 (Haftung des Franchisegebers aufgrund Verletzung von Aufklärungspflichten).

Literatur: *Emmerich,* Franchising, JuS 1995, 761; *Flohr,* Franchising – Bezugsbindung, Einkaufsvorteile und Transparenz, BB 2009, 2159; *Giesler,* Wieviel Know-how braucht Franchising?, ZIP 2003, 1025; *ders./Güntzel,* Haftung und Schutz Dritter beim Franchising, ZIP 2013, 1264; *Haager,* Die Entwicklung des Franchiserechts seit dem Jahre 2002, NJW 2005, 3394; *Hombrecher,* Der Vertrieb über selbständige Absatzmittler – Handelsvertreter, Vertragshändler, Franchisenehmer & Co., Jura 2007, 690; *Kroll,* Ist der Franchisenehmer in eine fremde Absatzorganisation eingegliedert? – Zu den Voraussetzungen des Ausgleichsanspruchs gemäß § 89b HGB analog, ZVertriebsR 2014, 290; *C. Müller,* Der Franchisevertrag im Bürgerlichen Recht, AcP 203 (2003), 319; *Prasse,* Der Ausgleichsanspruch des Franchisenehmers, MDR 2008, 122; *Schreiber,* Grundlagen des Franchising, Jura 2009, 115;.

3. Arten

243   Neben dem erörterten Abschluss- und dem Vermittlungsvertreter kommen in der Praxis folgende Arten von Handelsvertretern vor:

a) Der **Einfirmenvertreter** wird nur für einen einzigen Unternehmer tätig (vgl. § 92a).

Der Einfirmenvertreter i. S. d. § 92a, der entweder vertraglich nur für einen Unternehmer tätig werden darf (sog. Einfirmenvertreter kraft Vertrags) oder dem es nach Art und Umfang der von ihm verlangten Tätigkeit tatsächlich nicht möglich ist, auch für andere Unternehmen tätig zu werden (sog. Einfirmenvertreter kraft Weisung), ist besonders schutzbedürftig und deshalb im Prozessrecht als Arbeitnehmer anzusehen. Für Streitigkeiten zwischen ihm und dem Unternehmer sind daher die Arbeitsgerichte zuständig (vgl. § 5 III ArbGG, zu Einzelheiten vgl. *BGH* NJW-RR 2013, 1511ff.; *BGH* WM 2014, 2217, 2218). Die rechtliche Bedeutung des Einfirmenvertreters erschöpft sich derzeit in dieser Verweisung durch § 5 III ArbGG, da die Verordnung über Mindestarbeitsbedingungen, zu deren Erlass § 92a ermächtigt, bislang nicht erlassen ist, vgl. *BAG* NJW 2003, 2628.

244   b) Der **Bezirksvertreter** ist ein Handelsvertreter, dem ein bestimmter Bezirk oder Kundenkreis zugewiesen ist. Das schließt nicht aus, dass der Unternehmer selbst in dem betreffenden Gebiet Ge-

schäfte abschließt oder ein Dritter solche Geschäfte vermittelt. Jedoch hat der Bezirksvertreter auch für solche Geschäfte, die ohne seine Mitwirkung zustande gekommen sind, einen Provisionsanspruch (§ 87 II).

c) Beim **Alleinvertreter,** der im Gesetz nicht geregelt wird, ist der 245 Bezirks- oder Kundenkreisschutz noch insoweit verstärkt, als es dem Unternehmer oder dessen Bevollmächtigten vertraglich untersagt ist, mit Personen des betreffenden Gebiets Verträge zu schließen.

d) Der **Generalvertreter** ist ein Handelsvertreter, der in einer 246 mehrstufigen Vertriebsorganisation zwischen Unternehmer und Untervertreter steht. Rechtlich sind zwei Fallgruppen zu unterscheiden:

(1) Es bestehen Handelsvertreterverträge nicht nur zwischen dem Unternehmer und den Generalvertretern, sondern auch zwischen Unternehmer und den Untervertretern. Diese sind zwar einem Generalvertreter unterstellt, vermitteln oder schließen Geschäfte aber direkt für den Unternehmer.

(2) Jeder Untervertreter hat einen Handelsvertretervertrag mit dem Generalvertreter. Dieser ist sein Unternehmer (vgl. § 84 III). Für ihn handelt der Untervertreter.

e) **Besondere Bestimmungen** bestehen für Versicherungs- und 247 Bausparkassenvertreter (§ 92), für Handelsvertreter im Nebenberuf (§ 92b) sowie für Handelsvertreter ohne Niederlassung im Gebiet der Europäischen Union und Schifffahrtsvertreter (§ 92c).

4. Entsprechende Anwendung

Die §§ 84 ff. sind auf vergleichbare Personengruppen, insbesondere 248 auf Vertragshändler (vgl. → Rn. 269) und Franchisenehmer entsprechend anwendbar (Einzelheiten sind str.; vgl. Baumbach/Hopt/ *Hopt,* § 84 Rn. 11 ff.; *K. Schmidt,* § 28 III Rn. 42 ff.; *Thume,* VersR 2012, 665, 666 ff.; a. A. *Kirsch,* NJW 1999, 2779). Voraussetzung ist nach der Rspr., dass sich das Rechtsverhältnis zwischen dem Vertragshändler und dem Hersteller oder Lieferanten nicht in einer bloßen Käufer-Verkäufer-Beziehung erschöpft, sondern der Vertragshändler so in die Absatzorganisation des Herstellers eingegliedert ist, dass er wirtschaftlich in erheblichem Umfang dem Handelsvertreter vergleichbare Aufgaben zu erfüllen hat und der Händler verpflichtet ist, dem Hersteller seinen Kundenstamm zu übertragen, so dass sich dieser bei Vertragsende die Vorteile des Kundenstamms sofort und ohne Weiteres nutzbar machen kann (*BGH* NJW-RR 2010, 1263). Praktisch bedeutsam ist dies insbesondere für den Ausgleichsanspruch gem. § 89b (vgl. *BGH* NJW 2011, 848, Rn. 17, vgl. bereits → Rn. 241 f.).

II. Innenverhältnis zum Unternehmer

249 Rechte und Pflichten des Handelsvertreters gegenüber dem Unternehmer ergeben sich aus dem Handelsvertretervertrag, soweit nicht zwingende Vorschriften der §§ 84 ff. entgegenstehen. Fehlen vertragliche Vereinbarungen, greifen die dispositiven Vorschriften der §§ 84 ff., hilfsweise die §§ 675, 611 ff. BGB ein.

Der Handelsvertretervertrag ist **formlos** gültig; er kann auch durch schlüssiges Verhalten zustande kommen (vgl. *BGH* NJW-RR 1990, 354, 355). Jedoch hat jede Partei einen nicht abdingbaren Anspruch darauf, dass die getroffenen Vereinbarungen in eine von der anderen Partei zu unterzeichnende Urkunde aufgenommen werden (§ 85).

1. Pflichten des Handelsvertreters

250 Die dem Handelsvertreter obliegenden Pflichten, die dieser mit der Sorgfalt eines ordentlichen Kaufmanns wahrzunehmen hat (§ 86 III), sind aus dem **Handelsvertretervertrag** und aus **§ 86** zu entnehmen. Vereinbarungen, die von § 86 I oder II abweichen – auch zugunsten des Handelsvertreters –, sind unwirksam (§ 86 IV).

a) Der Handelsvertreter hat sich um die Vermittlung oder den Abschluss von Geschäften zu **bemühen** und dabei die **Interessen** des Unternehmers **wahrzunehmen** (§ 86 I).

Da er durch seine Tätigkeit das Gewerbe des Unternehmers fördern soll, hat der Handelsvertreter z. B. den Markt zu beobachten, weitere Absatzmöglichkeiten zu erkunden, die Beziehungen zu den Kunden zu pflegen und sich über ihre geschäftlichen Verhältnisse, insbesondere über ihre Kreditwürdigkeit, ein Bild zu machen. Für die Erfüllung der Verbindlichkeiten des Kunden hat der Handelsvertreter nur dann einzustehen (sog. Delkrederehaftung), wenn er das für bestimmte Geschäfte schriftlich übernommen hat (Einzelheiten: § 86 b; vgl. → Rn. 254).

251 b) Der Handelsvertreter hat ferner eine **Berichterstattungspflicht;** namentlich hat er dem Unternehmer von jeder (auch einer verbotswidrigen; *BGH* NJW 1996, 2097, 2098) Geschäftsvermittlung und von jedem Geschäftsabschluss unverzüglich Mitteilung zu machen (§ 86 II). Welche Nachrichten darüber hinaus im Einzelnen erforderlich sind, bestimmt sich nach den getroffenen Abreden und den objektiven Interessen des Unternehmers.

So hat der Handelsvertreter den Unternehmer über Umstände zu informieren, die für eine verstärkte Nachfrage sprechen. Unterlässt er dies schuldhaft, so dass der Unternehmer seine Produktion nicht entsprechend einrichtet, hat er dem Unternehmer Schadensersatz zu leisten, also den entgangenen Gewinn zu ersetzen.

c) Aus dem zwischen dem Unternehmer und dem Handelsvertreter bestehenden Dauerrechtsverhältnis folgt eine besondere **Treuepflicht** des Handelsvertreters gegenüber dem Unternehmer. Daraus ergibt sich u. a.: 252

(1) Der Handelsvertreter hat den **Weisungen** des Unternehmers Folge zu leisten.

Beispiele: Weisungen, den abzuschließenden Verträgen einen bestimmten Inhalt zu geben, mit bestimmten Personen Vertragsverhandlungen aufzunehmen, bestimmten Kunden keinen Kredit zu geben.

Jedoch findet das Weisungsrecht wegen der Selbständigkeit des Handelsvertreters dort seine Grenze, wo es diese Selbständigkeit beeinträchtigt oder die Vertragspflichten des Handelsvertreters einseitig erweitert.

So kann der Unternehmer dem Handelsvertreter nicht die Einstellung von Hilfskräften oder Kriterien für die Auswahl von solchen Mitarbeitern vorschreiben.

(2) Der Handelsvertreter ist zur **Verschwiegenheit** verpflichtet; insbesondere hat er Geschäfts- und Betriebsgeheimnisse zu wahren (vgl. auch § 90).

(3) Der Handelsvertreter hat die ihm vom Unternehmer anvertrauten Gegenstände ordnungsgemäß zu **verwahren** und gegebenenfalls **zu versichern.**

Lässt der Handelsvertreter eine Schmuckkollektion im unverschlossenen Kofferraum seines Pkw und wird diese gestohlen, hat er dem Unternehmer Schadensersatz zu leisten.

(4) Ein besonderes **Wettbewerbsverbot**, wie § 60 es für den Handlungsgehilfen bestimmt, sieht das Gesetz für den Handelsvertreter nicht vor. Jedoch kann es vertraglich vereinbart werden; auch für die Zeit nach Beendigung des Handelsvertretervertrags kann eine Wettbewerbsabrede getroffen werden, allerdings ist der in § 90a verankerte Grundsatz der bezahlten Karenz (ähnlich §§ 74 ff.) zu beachten. Grenzen für wettbewerbsbeschränkende Vereinbarungen ergeben sich aus dem AGB-Recht (§§ 305–310 BGB – die Wettbewerbsklausel

ist regelmäßig eine AGB) und dem Kartellrecht (§ 1 GWB; dazu Baumbach/Hopt/*Hopt*, § 86 Rn. 35 f.). Ob im Übrigen eine anderweitige Betätigung des Handelsvertreters an das Einverständnis des Unternehmers geknüpft werden darf, hängt davon ab, ob schutzwürdige Interessen des Unternehmers beeinträchtigt werden. Handelt es sich um ein Konkurrenzunternehmen, folgt schon aus der Pflicht zur Interessenwahrung, dass das Einverständnis des Unternehmers erforderlich ist (*BGH* DB 1958, 512).

2. Rechte des Handelsvertreters

253 a) Der wichtigste Anspruch des Handelsvertreters ist der **Provisionsanspruch**. Dabei handelt es sich um die Gegenleistung des Unternehmers für die vom Handelsvertreter erbrachte Tätigkeit; die Provision berechnet sich nach einem bestimmten Prozentsatz des Wertes des einzelnen getätigten Geschäfts.

Man unterscheidet Abschluss-, Inkasso- und Delkredereprovision.

(1) Die **Abschlussprovision** (§ 87) ist das Entgelt für die Vermittlung oder den Abschluss eines Geschäfts.

(a) **Voraussetzungen** des Anspruchs sind:

– Das Geschäft muss **während** des Bestehens **des Handelsvertreterverhältnisses** abgeschlossen worden sein (§ 87 I 1). Einen Anspruch auf Abschluss des von ihm vermittelten Geschäfts hat der Handelsvertreter gegen den Unternehmer dagegen nicht.

Weigert sich also der Unternehmer abzuschließen, entsteht trotz der Tätigkeit des Handelsvertreters kein Provisionsanspruch; die Provision ist eine Erfolgs- und keine Leistungsvergütung. Obwohl im **Fall a** der Kaufvertrag erst nach Beendigung des Vertreterverhältnisses geschlossen wird, erhält H wegen § 87 III die Provision. Es handelt sich dabei nicht um eine sog. **Überhangprovision**, bei der das Geschäft bereits vor Beendigung des Vertragsverhältnisses abgeschlossen wird und lediglich die Ausführung nach Beendigung erfolgt (vgl. MünchKomm/*von Hoyningen-Huene*, § 87 Rn. 15a).

– Das Geschäft muss auf die Tätigkeit des Handelsvertreters zurückzuführen sein oder mit Dritten abgeschlossen werden, die er als Kunden für Geschäfte der gleichen Art geworben hat (§ 87 I 1).

Der Handelsvertreter muss also eine Ursache (im Sinne einer conditio sine qua non) für den Geschäftsabschluss gesetzt haben; es genügt, dass er beim Kunden eine Hemmungsvorstellung beseitigt. Auch Nachbestellungen sind provisionspflichtig, wenn sie auf einer Fortwirkung der Vermittlertätigkeit beruhen **(Fall b)**.

Ein Bezirks- oder Kundenkreisvertreter hat auch dann Anspruch auf Provision, wenn das Geschäft mit einer Person seines Bezirks oder Kundenkreises ohne seine Mitwirkung zustande kommt (§ 87 II).

– Der Provisionsanspruch steht ferner unter der aufschiebenden Bedingung, dass der Unternehmer oder der Dritte das abgeschlossene **Geschäft ausführt** (Einzelheiten: § 87a). Jedoch entfällt trotz Leistung des Unternehmers der Provisionsanspruch, wenn feststeht, dass der Dritte nicht leistet (§ 87a II). Führt dagegen der Unternehmer das Geschäft nicht oder anders aus, hat der Handelsvertreter den Provisionsanspruch; allerdings entfällt der Anspruch bei Nichtausführung, wenn und soweit diese auf Umständen beruht, die vom Unternehmer nicht zu vertreten sind (§ 87a III). Die Vorschrift kann nicht zum Nachteil des Handelsvertreters abbedungen werden (§ 87a V).

Ein Provisionsanspruch besteht auch dann, wenn der Unternehmer das Geschäft nicht ausführt und auf Bitten eines guten Kunden den „Auftrag streicht", weil er sonst befürchten müsste, den Kunden zu verlieren. – Sofern die vermittelten Verträge dagegen die Zusage des Unternehmers enthalten, nicht benötigte Stücke gegen volle Vergütung des Kaufpreises zurückzunehmen, ist die Leistungspflicht des Kunden von vornherein auflösend bedingt, so dass bei Zurücknahme insoweit kein Provisionsanspruch besteht (*BGH* NJW-RR 1991, 155).

(b) Die **Höhe der Provision** richtet sich nach der Parteivereinbarung; hilfsweise ist der übliche Satz als vereinbart anzusehen (Einzelheiten: § 87b).

Im **Fall c** ist die Provision vom Entgelt, also vom Kaufpreis i. H. v. 40.000,- €, zu berechnen; die Inzahlunggabe des Altwagens ist lediglich eine Zahlungsmodalität. Skonto bleibt unberücksichtigt (vgl. § 87b II).

(c) Der Provisionsanspruch wird am letzten Tag des Monats **fällig,** in dem nach § 87c I über den Anspruch abzurechnen ist (§ 87a IV, V), d. h. in dem Monat, in dem der Unternehmer das Geschäft ausgeführt hat.

Einzelheiten zur Abrechnung: § 87c. Der Abrechnungszeitraum darf höchstens drei Monate betragen. Zum Anspruch des Handelsvertreters auf einen Buchauszug gemäß § 87c II vgl. *OLG Nürnberg*, Beschl. v. 28.1.2011 – 12 U 744/10 = BeckRS 2011, 04747.

(2) Eine **Inkassoprovision** kann der Handelsvertreter für die auftragsgemäße Einziehung von Geldern verlangen (§ 87 IV). Der Anspruch ist abdingbar.

Zieht der Handelsvertreter Beträge ohne Auftrag ein, hängt sein Anspruch von der Genehmigung des Unternehmers ab.

(3) Eine **Delkredereprovision** steht dem Handelsvertreter zu, wenn er sich verpflichtet, für die Erfüllung einer Kundenverbindlichkeit aus einem bestimmten, von ihm geförderten Geschäft einzustehen; dieser Anspruch kann im Voraus nicht ausgeschlossen werden (Einzelheiten: § 86b).

(4) Für besondere, nicht vertraglich übernommene Geschäftsbesorgungen oder Dienstleistungen für den Unternehmer hat der Handelsvertreter Anspruch auf eine **gesetzliche Provision** nach ortsüblichen Sätzen, die jeder Kaufmann für eine solche Tätigkeit verlangen könnte (§ 354).

Beispiel: Der Handelsvertreter, der zur Abwehr von Mängelrügen umfangreiche Verhandlungen für den Unternehmer führt, kann neben der Abschlussprovision die Provision nach § 354 verlangen (vgl. *BGH* BB 1962, 1345).

(5) Dem Handelsvertreter steht dagegen grundsätzlich **kein Anspruch auf Aufwendungsersatz** zu (§ 87d); die im regelmäßigen Geschäftsbetrieb entstandenen Aufwendungen hat er als selbständiger Gewerbetreibender selbst zu tragen. Etwas anderes gilt nur, wenn Entsprechendes vereinbart oder ein Ersatz handelsüblich ist.

Handelsüblichkeit ist dann gegeben, wenn die überwiegende Mehrzahl der Unternehmer in dem betreffenden Geschäftszweig die Geschäftskosten (z. B. für Werbung) erstattet. Für Aufwendungen außerhalb des regelmäßigen Geschäftsbetriebs gelten §§ 670, 683 BGB.

255 b) Im Übrigen hat der Handelsvertreter **Anspruch auf Unterstützung seiner Tätigkeit** durch den Unternehmer. Dieser hat ihm nach der zwingenden Vorschrift des § 86a insbesondere die zur Ausübung seiner Tätigkeit erforderlichen Unterlagen und Informationen zur Verfügung zu stellen.

Wird der Handelsvertreter vom Unternehmer etwa von einer Einschränkung des Geschäfts nicht unverzüglich unterrichtet (vgl. § 86a II 3), kann er für vergeblich aufgewendete Kosten und für entgangenen Gewinn Schadensersatz verlangen (vgl. *BGH* BB 1968, 11, 12).

256 c) Wegen seiner Ansprüche kann dem Handelsvertreter ein gesetzliches **Zurückbehaltungsrecht** (§ 273 BGB; § 369; → Rn. 320 ff.) zustehen. Darauf kann er im Voraus nicht wirksam verzichten (§ 88a I).

§ 13. Der Handelsvertreter

Nach Beendigung des Vertragsverhältnisses hat der Handelsvertreter ein Zurückbehaltungsrecht an ihm zur Verfügung gestellten Unterlagen nur wegen seiner fälligen Ansprüche auf Provision und Aufwendungsersatz (§ 88a II).

III. Außenverhältnis zum Kunden

1. Verhältnis des Handelsvertreters zum Kunden

Der Handelsvertreter tritt in kein Vertragsverhältnis zum Kunden. 257

a) Handelt er als **Vermittlungsvertreter** und nimmt er ein Angebot des Kunden entgegen, ist er passiver Stellvertreter des Unternehmers (vgl. § 164 III BGB). Übermittelt er die Annahmeerklärung des Unternehmers an den Kunden, ist er Übermittlungsbote (vgl. *Brox/Walker*, AT, Rn. 518 ff.).

b) Handelt er als **Abschlussvertreter**, treffen die Rechtsfolgen seiner Erklärung den Unternehmer, sofern er zu der Erklärung Vertretungsmacht hat. Andernfalls haftet der Handelsvertreter als Vertreter ohne Vertretungsmacht nach § 179 BGB.

2. Verhältnis des Unternehmers zum Kunden

a) Ist der Handelsvertreter **Abschlussvertreter**, gilt das in § 55 über 258 die Abschlussvollmacht Bestimmte (→ Rn. 226 f.). Diese Vorschrift ist auch dann anwendbar, wenn der Unternehmer Nichtkaufmann ist (§ 91 I).

b) Ist der Handelsvertreter **Vermittlungsvertreter**, ist das zur Vermittlungsvollmacht Gesagte (→ Rn. 227) zu beachten.

c) Bei **arglistiger Täuschung** des Kunden durch den Handelsvertreter kann der Kunde nach § 123 I BGB anfechten, selbst wenn der Unternehmer die Täuschung weder kannte noch kennen musste; denn der Handelsvertreter ist als Hilfsperson des Unternehmers nicht Dritter i. S. d. § 123 II 1 BGB (*Brox/Walker*, AT, Rn. 450 ff., 457).

IV. Beendigung des Vertragsverhältnisses

1. Beendigungsgründe

§§ 89, 89a regeln die ordentliche und außerordentliche Kündigung; 259 daneben kommen sonstige Beendigungsgründe in Betracht.

a) Für die **ordentliche Kündigung** setzt § 89 I 1 einen auf unbestimmte Zeit geschlossenen Handelsvertretervertrag voraus.

6. Abschnitt. Der Handelsvertreter und der Handelsmakler

Die Kündigungsfrist beträgt im ersten Vertragsjahr einen Monat, im zweiten Jahr zwei Monate und im dritten bis fünften Jahr drei Monate; nach einer Vertragsdauer von fünf Jahren kann mit einer Frist von sechs Monaten gekündigt werden. Die Kündigung ist grundsätzlich nur für den Schluss eines Kalendermonats zulässig. Die genannten Kündigungsfristen können durch Vereinbarung verlängert werden; jedoch darf die Frist für den Unternehmer nicht kürzer als für den Handelsvertreter sein (Einzelheiten: § 89). §§ 620 ff. BGB gelten nur, soweit sie überhaupt auf selbständige Dienstverhältnisse anwendbar sind und §§ 89, 89a nicht als leges speciales vorgehen.

Da § 89 keine Sonderregelung für eine Kündigung in einer Probezeit vorsieht, ist die im **Fall d** getroffene Vereinbarung über die Kündigungsfrist wegen Verstoßes gegen ein gesetzliches Verbot (§ 134 BGB) nichtig. Zu prüfen ist, ob die Vereinbarung nach § 140 BGB in eine solche über eine monatliche Kündigungsfrist umgedeutet werden kann. Möglicherweise ist in der Kündigungserklärung ein Widerruf der erteilten Abschlussvollmacht zu sehen, der jederzeit mit sofortiger Wirkung erfolgen kann (vgl. § 168 S. 2 BGB; *Brox/Walker*, AT, Rn. 553 f.), so dass H nur noch Vermittlungsvertreter ist.

260 b) Die **außerordentliche Kündigung** ist – wie bei jedem Dauerrechtsverhältnis (§ 314 BGB) – eine Kündigung aus wichtigem Grund; das Recht zu einer solchen Kündigung kann nicht ausgeschlossen oder beschränkt werden (§ 89a I). Ein wichtiger Grund liegt vor, wenn dem Kündigenden eine Fortsetzung des Vertragsverhältnisses bis zum vereinbarten oder durch ordentliche Kündigung zu erreichenden Ende nicht zuzumuten ist (§ 626 BGB).

Ein Grund zur außerordentlichen Kündigung besteht z. B., wenn der Handelsvertreter bei Kundenbestellungen mehr Waren aufgeschrieben hat, als bestellt worden sind (*BGH* LM Nr. 15 zu § 89a).

Der Umsatzrückgang im **Fall e** reicht zur fristlosen Kündigung nur dann aus, wenn H seine Vertragspflichten in so grobem Maße schuldhaft verletzt hat, dass dem U eine weitere Zusammenarbeit bis zur Beendigung des Vertrags durch ordentliche Kündigung nicht zuzumuten ist (z. B. H ist grundlos wochenlang untätig geblieben). In diesem Fall kann U von H für seinen Verdienstausfall und entstandene Mehrkosten (z. B. Einstellung und Einarbeitung eines anderen Vertreters) Schadensersatz nach § 89a II verlangen. Der Anspruch beschränkt sich auf den Zeitraum bis zum (vereinbarten oder durch ordentliche Kündigung herbeigeführten) Vertragsende (BGHZ 122, 9, 12). Hat der Kündigungsgegner jedoch auf sein Recht zur ordentlichen Kündigung des unbefristeten Handelsvertreterverhältnisses verzichtet, ist der Schadensersatzanspruch des § 89a III zeitlich nicht begrenzt (*BGH* NJW 2008, 3436).

§ 13. Der Handelsvertreter

Die Ausschlussfrist des § 626 II BGB ist wegen der unterschiedlichen Interessenlage auf das Handelsvertreterverhältnis nicht anzuwenden (*BGH* NJW 1987, 57, 58), jedoch kann ein längerer Zeitablauf nach Kenntniserlangung den wichtigen Grund entkräften (*BGH* BB 1999, 1516, 1517).

c) Als **sonstige Beendigungsgründe** kommen in Betracht: Zeitablauf eines befristeten Vertrags (§ 620 I BGB), Aufhebungsvertrag (§ 311 I BGB), Tod des Handelsvertreters (§§ 675, 673 BGB), Insolvenz des Unternehmers (§ 116 InsO), nicht aber der Rücktritt nach § 323 I BGB (so begründet die Arbeitsunfähigkeit des Handelsvertreters kein Rücktritts-, sondern nur ein Kündigungsrecht; *OLG Braunschweig* NJW-RR 1994, 34, 35). 261

2. Ausgleichsanspruch

Nach Beendigung des Vertragsverhältnisses steht dem Handelsvertreter gegen den Unternehmer ein unabdingbarer Ausgleichsanspruch in Höhe von bis zu einer Jahresprovision zu, sofern die Voraussetzungen des § 89b I erfüllt sind. Der Anspruch ist innerhalb eines Jahres nach Beendigung des Vertragsverhältnisses – gerichtlich oder außergerichtlich – geltend zu machen (§ 89b IV 2). 262

a) Der Sinn des Ausgleichsanspruchs besteht darin, dem Handelsvertreter eine **Gegenleistung** dafür zu gewähren, dass er dem Unternehmer neue Kunden zugeführt hat; diese Geschäftsverbindungen kann der Unternehmer nach Beendigung des Handelsvertreterverhältnisses nunmehr allein nutzen, ohne dem Handelsvertreter für die künftigen Geschäfte eine Provision zahlen zu müssen (vgl. *BGH* NJW 2010, 3226).

Es handelt sich also um einen Vergütungsanspruch, nicht um einen Versorgungs- oder gar Schadensersatzanspruch. Der Handelsvertreter erhält quasi eine kapitalisierte, synallagmatische Restvergütung für den Aufbau des Kundenstamms. Allerdings werden Entstehung und Höhe des Anspruchs weitgehend nach Billigkeitsgesichtspunkten bestimmt. Deshalb sind Rechtsstreitigkeiten über den Ausgleichsanspruch sehr zahlreich. Diesen Billigkeitserwägungen entspricht es, dass der Handelsvertreter seinen Anspruch bei einer von ihm ohne Anlass ausgesprochenen Kündigung verliert (§ 89b III Nr. 1).

b) **Voraussetzungen** des Ausgleichsanspruchs sind neben der Beendigung des Handelsvertretervertrags:
(1) Der Unternehmer muss aus der Geschäftsverbindung mit den vom Handelsvertreter geworbenen Kunden auch **nach Beendigung** 263

des Vertragsverhältnisses **erhebliche Vorteile** haben (§ 89b I 1 Nr. 1). Dabei reicht es aus, wenn der Handelsvertreter die Geschäftsverbindung zu alten Kunden wesentlich erweitert hat (§ 89b I 2).

Ein Vorteil liegt in jeder Mehrung der Aussicht auf Gewinn. Die Erheblichkeit der Vorteile ergibt sich aus einem Vergleich des Neugeschäfts mit dem alten Geschäft, nicht mit dem Gesamtgeschäft des Unternehmers. Vgl. zum Begriff des „neuen Kunden" i. S. d. § 89b I 1 Nr. 1 *BGH* GWR 2014, 280 und dazu *Gräfe/Giesa*, ZVertriebsR 2014, 287.

(2) Die Zahlung eines Ausgleichs muss unter Berücksichtigung aller Umstände, insbesondere der dem Handelsvertreter aus Geschäften mit diesen Kunden entgehenden Provisionen, **der Billigkeit entsprechen** (§ 89b I 1 Nr. 2).

Nach dem Sinn des Ausgleichsanspruchs müssen die Umstände vertragsbezogen sein; die wirtschaftlichen und sozialen Verhältnisse des Handelsvertreters und des Unternehmers sind nur ganz ausnahmsweise zu berücksichtigen (Baumbach/Hopt/*Hopt*, § 89b Rn. 43). Zahlt der Unternehmer aus seinen Mitteln eine Altersversorgung, kann das den Ausgleichsanspruch beeinflussen (vgl. BGHZ 45, 268, 273; *BGH* NJW 1994, 1350, 1351).

Bis zum Inkrafttreten der Neuregelung des § 89b am 5.8.2009 stellte der Verlust von Provisionsansprüchen des Handelsvertreters eine eigene Voraussetzung dar (§ 89b I 1 Nr. 2 a. F.). Der *EuGH* (BB 2009, 1607) entschied jedoch, dass der Ausgleichsanspruch aufgrund einer richtlinienkonformen Auslegung (Richtlinie 86/653/EWG vom 18.12.1986) entgegen § 89b I 1 Nr. 2 a. F. nicht durch die Höhe der Provisionsansprüche begrenzt werden kann. Diese sind seit der als Reaktion auf die Entscheidung des EuGH erfolgten Neuregelung nunmehr lediglich im Rahmen der Billigkeitserwägungen zu berücksichtigen (hierzu Baumbach/Hopt/*Hopt*, § 89b Rn. 26 ff.; MünchKomm/*von Hoyningen-Huene*, § 89b Rn. 92 ff.; *Emde*, WRP 2010, 844; *Thume*, BB 2009, 2490; *Pauly*, MDR 2013, 694, 696).

264 c) **Ausgeschlossen** ist der Ausgleichsanspruch in den Fällen des § 89b III:

(1) Bei (ordentlicher oder außerordentlicher) **Kündigung durch den Handelsvertreter** (§ 89b III Nr. 1) hat dieser es sich selbst zuzuschreiben, dass er in Zukunft keine Provision mehr erhält. Deshalb hält es der Gesetzgeber für sachgerecht, ihm grundsätzlich den Ausgleichsanspruch zu verwehren.

Der Ausgleichsanspruch bleibt jedoch bestehen, wenn das Verhalten des Unternehmers begründeten Anlass zur Kündigung gegeben hat (z. B. Produktionseinschränkung) oder wenn dem Handelsvertreter eine Fortsetzung seiner Tätigkeit wegen seines Alters oder seiner Krankheit nicht zugemutet werden kann.

§ 13. Der Handelsvertreter

Lehnt der Handelsvertreter die Fortsetzung eines durch Kettenverträge begründeten Handelsvertreterverhältnisses durch Zurückweisung einer erneuten Vertragsofferte des Unternehmers ab, so steht das einer Eigenkündigung i. S. d. § 89b III Nr. 1 gleich (*BGH* NJW 1996, 848, 849).

(2) Bei (ordentlicher oder außerordentlicher) **Kündigung durch den Unternehmer** aufgrund eines wichtigen Grunds wegen schuldhaften Verhaltens des Handelsvertreters (vgl. § 89b III Nr. 2) hat dieser den Verlust künftiger Provisionsansprüche selbst durch sein schuldhaftes Verhalten veranlasst. Zwischen dem schuldhaften Verhalten des Handelsvertreters und der Kündigung des Unternehmers muss ein unmittelbarer Ursachenzusammenhang bestehen (*BGH* BB 2011, 973 unter Aufgabe von BGHZ 40, 13; Baumbach/Hopt/*Hopt,* § 89b Rn. 66; a. A. *Pauly,* MDR 2013, 694, 697).

Hat H im **Fall e** den Umsatzrückgang durch schuldhaftes Untätigbleiben verursacht, ist also der Ausgleichsanspruch ausgeschlossen.

Nicht ausgeschlossen ist der Ausgleichsanspruch dagegen **bei Anfechtung** des Handelsvertretervertrags durch den Unternehmer, wenn dieser die vom Handelsvertreter hergestellten Geschäftsbeziehungen künftig weiterhin nutzen kann (BGHZ 129, 290, 293).

(3) Eine **Vereinbarung** zwischen dem Unternehmer und dem Handelsvertreter, nach der ein Dritter anstelle des Handelsvertreters in das Vertragsverhältnis eintritt (§ 89b III Nr. 3), wird der Handelsvertreter i. d. R. nur eingehen, wenn er von dem Unternehmer oder dem Dritten entsprechend abgefunden worden ist.

Eine solche Vereinbarung kann vor Beendigung des Vertragsverhältnisses nicht wirksam getroffen werden (§ 89b III Nr. 3 a. E.).

3. Wettbewerbsabreden

Der Handelsvertreter ist frei darin, nach Vertragsbeendigung dem Unternehmer Konkurrenz zu machen, es sei denn, die Parteien haben etwas anderes vereinbart. Eine solche Wettbewerbsabrede bedarf der **Schriftform** und der **Aushändigung** der entsprechenden Urkunde **an den Handelsvertreter.** Sie kann nur für längstens zwei Jahre getroffen werden. Die Abrede darf sich nur auf den Bezirk oder Kundenkreis, der dem Handelsvertreter zugewiesen ist, und auf die Gegenstände erstrecken, die nach dem Vertrag zur Vertretung des Handelsvertreters gehören (Einzelheiten: § 90a).

Der Unternehmer ist nach § 90a I 3 verpflichtet, dem Handelsvertreter für die Dauer der Wettbewerbsbeschränkung eine angemessene

265

Entschädigung zu zahlen (**Karenzentschädigung**). Ein solcher Anspruch steht dem Handelsvertreter auch zu, wenn darüber keine Vereinbarung getroffen oder eine unangemessen niedrige Entschädigung vereinbart worden ist (anders beim Handlungsgehilfen; vgl. § 74 II: Nichtigkeit der Wettbewerbsabrede).

Empfehlungen zur vertiefenden Lektüre:
Rechtsprechung: *BGH* NJW-RR 2003, 1615 (Wirksamkeit nachträglichen Provisionsverzichts); *BGH* NJW-RR 2006, 755 (Begründeter Anlass zur Kündigung eines Handelsvertretervertrags); *BGH* BB 2007, 2034 (Ausschluss des Provisionsanspruch nach § 89b bei Verschulden einer Hilfsperson); *BGH* NJW-RR 2010, 1550 (Provisionsanspruch eines Tankstellenbetreibers nach § 89b); *OLG München* BB 2010, 2987 (Verlängerung der Kündigungsfristen des § 89 durch AGB); *BGH* NJW 2010, 298 (Unzulässigkeit des Ausschlusses von Überhangprovisionen durch AGB); *BGH* BB 2011, 973 (zur Kausalbeziehung zwischen Kündigung und wichtigem Grund im Rahmen des § 89b III Nr. 2); *BGH* NJW 2011, 848 (Ausgleichsanspruch nach § 89b; analoge Anwendung, kein Ausschluss bei Geschäftsaufgabe); *BGH* NZG 2012, 631 (Haftung des Unternehmers für den Handelsvertreter nach § 278 BGB); *BGH* WM 2014, 2217 (Abgrenzung Handelsvertreter/Einfirmenvertreter).

Literatur: *Bieder,* Ausschluss des Handelsvertreterausgleichsanspruchs in analoger Anwendung des § 89b III HGB, NJW 2007, 3471; *Emde,* Die Novellierung des § 89b HGB – was hat sich ergeben?, WRP 2010, 844; *ders.,* Der Ausgleichsanspruch des Kfz-Händlers analog § 89b HGB, MDR 2010, 537; *ders.,* BB-Rechtsprechungsreport zum Vertriebsrecht des Jahres 2012, BB 2013, 2627; *Ensthaler/Würmann,* Auswirkungen des § 89b III Nr. 3 HGB bei der Veräußerung eines Unternehmens des Handelsvertreters, BB 2008, 230; *Hombrecher,* Der Vertrieb über selbständige Absatzmittler – Handelsvertreter, Vertragshändler, Franchisenehmer & Co, Jura 2007, 690; *Hopt,* Handelsvertreterrecht, 5. Aufl. 2015; *Küstner,* Das neue Recht des Handelsvertreters, 5. Aufl. 2010; *Martinek,* Neue Perspektiven zur Europäisierung des Handelsvertreterrechts, ZVertriebsR 2014, 139; *Meyer,* Die aktuelle höchstrichterliche Rechtsprechung im Vertriebsrecht, ZVertriebsR 2014, 352; *Muhl,* Die außerordentliche Kündbarkeit von Handelsvertreter- und Vertragshändlerverträgen um Falle der Insolvenz des Vertriebspartners, GWR 2014, 496; *Niebling,* Das Recht des Autohandels, NJ 2013, 281; *Pauly,* Aktuelle Entwicklungen zum Handelsvertreterausgleich nach § 89b HGB, MDR 2013, 694; *Schipper,* Verletzung vorvertraglicher Wahrheits- und Aufklärungspflichten des Unternehmers bei Handelsvertreterverträgen und ihre Folgen, NJW 2007, 734; *Siegert,* Der Ausgleichsanspruch des Kfz-Vertragshändlers – Fällt die analoge Anwendung des § 89b HGB?, NJW 2007, 188; *K. Schmidt,* Vom Handelsvertreterrecht zum modernen Vertriebsrecht – Handelsrecht, Vertriebspraxis und Kartellrecht, JuS 2008, 665; *Stötter,* Das Recht der Handelsvertreter, 6. Aufl. 2007; *Thume,* Der neue § 89b Abs. 1 HGB und seine Folgen, BB 2009, 2490; *ders.,* Der alte und der neue Ausgleichsanspruch des Versicherungsvertreters und der anderen Vertriebsmittler, VersR 2012, 665; *Tscherwinka,* Das Recht des

Handelsvertreters, JuS 1991, 110; *Wauschkuhn/Fröhlich,* Der nachvertragliche Provisionsanspruch des Handelsvertreters, BB 2010, 524.

§ 14. Der Handelsmakler

Fall a: K beauftragt den Getreidemakler M, ihm den Kauf einer bestimmten Menge Weizen zu vermitteln. Obwohl dem M bekannt ist, dass V Weizen verkaufen will, bleibt er untätig. Deshalb verlangt K von ihm Schadensersatz. → Rn. 271 266

Fall b: Im Fall a vermittelt M dem K einen Kaufvertrag mit V. Dabei verschweigt er dem K, dass der Weizen mangelhaft ist. Deshalb verlangt K von M Schadensersatz. → Rn. 272

Fall c: M klagt gegen seinen Auftraggeber K die Provision ein. K macht geltend, er habe den Vertrag mit V wirksam angefochten; jedenfalls sei er vom Vertrag zurückgetreten. → Rn. 274

I. Begriff und Abgrenzung

1. Begriff

Handelsmakler ist, wer gewerbsmäßig für andere, ohne von ihnen ständig damit betraut zu sein, die Vermittlung von Verträgen über Gegenstände des Handelsverkehrs übernimmt (vgl. § 93 I). Der Handelsmakler ist im Unterschied zum Zivilmakler (§ 652 BGB) nie bloßer Nachweismakler. 266a

a) Seine Tätigkeit besteht in der **gewerbsmäßigen Vermittlung von Verträgen** über Gegenstände des Handelsverkehrs.

(1) Zur **Vermittlung von Verträgen** gehört nicht deren Abschluss. Vermittlung bedeutet vielmehr nur Vorbereitung des Vertragsabschlusses. Andererseits ist Vermittlung mehr als der bloße Nachweis einer Abschlussmöglichkeit. Zur Vermittlung gehört, dass der Handelsmakler – soweit erforderlich – durch Einwirkung auf die Vertragsparteien die Bereitschaft zum Abschluss des Vertrags herbeiführt (anders beim Nachweismakler nach § 652 I BGB). Notwendig ist damit eine finale Einwirkung auf den Vertragspartner, der allerdings nicht notwendig dem Auftraggeber unbekannt sein muss (Münch-Komm/*v. Hoyningen-Huene,* § 93 Rn. 25).

Da § 93 nicht auf das Maß der aufzuwendenden Tätigkeit abstellt, liegt eine Vermittlung schon dann vor, wenn der Makler von vornherein abschlussbereite Parteien zusammenführt und es zum Vertragsschluss kommt. Er muss dann aber mit der anderen Partei Verbindung aufnehmen und zumindest durch Terminvereinbarung, Verhandlungen o. Ä. zum Vertragsschluss beitragen.

(2) Es muss sich um Verträge über **Gegenstände des Handelsverkehrs** handeln. § 93 I nennt beispielhaft Verträge über Anschaffung oder Veräußerung von Waren (Warenmakler), über Wertpapiere (Effektenmakler, Börsenmakler), Versicherungen (Versicherungsmakler). Darüber hinaus kommen Verträge über sonstige Sachen und Rechte in Betracht, die nach der Verkehrsauffassung als Gegenstände des Handelsverkehrs anzusehen sind (z. B. Patente, Inserate, Bankkredite).

Nach § 93 II sind bei Geschäften über unbewegliche Sachen die §§ 93 ff. nicht anwendbar. Grundstücks- und Wohnungsmakler sind folglich keine Handelsmakler; für sie gelten die §§ 652 ff. BGB (*Brox/Walker*, BS, § 29 Rn. 65). Keine Handelsmakler sind auch die Vermittler von Künstlern und Artisten, da sie keine Verträge über Gegenstände des Handelsverkehrs vermitteln.

§ 93 I stellt auf Verträge über Gegenstände des Handelsverkehrs und nicht auf Handelsgeschäfte ab. Daraus folgt, dass die vermittelten Geschäfte keine Handelsgeschäfte i. S. d. § 343 zu sein brauchen. Kaufmannseigenschaft des Auftraggebers des Handelsmaklers und dessen Vertragspartners ist ebenfalls nicht erforderlich.

(3) Der Makler muss **gewerbsmäßig** handeln. Das ist der Fall, wenn seine fortgesetzte Tätigkeit auf Gewinnerzielung gerichtet ist; eine nur gelegentliche Tätigkeit als Makler reicht nicht aus. Für Gelegenheitsvermittlungen gelten ausschließlich die §§ 652 ff. BGB (anders beim Kommissionär: vgl. § 406 I 2). Der Handelsmakler muss allerdings kein Kaufmann sein; ein Tätigwerden als nicht eingetragener Kleingewerbebetreibender genügt (§ 93 III).

267 b) Die Übernahme der Vermittlung von Verträgen beruht auf einem **einseitigen Rechtsgeschäft** (Auslobung; § 657 BGB) oder einem Vertrag zwischen dem Makler und seinem Auftraggeber. Dieser (formfreie) Handelsmaklervertrag kommt auch durch Schweigen des Handelsmaklers auf den Antrag des Auftraggebers zustande (vgl. § 362 I). Der Handelsmakler kann auch von jeder der beiden Parteien des zu vermittelnden Vertrags beauftragt werden; dann besteht mit jeder Partei ein Handelsmaklervertrag. Selbst wenn nur eine Partei den Handelsmakler beauftragt hat, steht er kraft Gesetzes in einem vertragsähnlichen Verhältnis zur anderen Partei (vgl. §§ 94, 96, 98, 99). Er ist verpflichtet, als unparteiischer Makler auch die Interessen

des anderen Teils wahrzunehmen, und er haftet dafür nach § 98 (vgl. → Rn. 272).

Abweichend von der gesetzlichen Regelung kann der Handelsmakler allein die Interessen seines Auftraggebers wahrnehmen, wenn er mit diesem eine entsprechende Vereinbarung getroffen hat und er gegenüber dem anderen Teil als einseitiger Interessenvertreter auftritt.

c) Der Handelsmakler übernimmt die Vermittlung von Verträgen für andere Personen, **ohne** von ihnen aufgrund eines Vertragsverhältnisses **ständig damit betraut zu sein**. Das Maklerverhältnis ist also kein Dauerrechtsverhältnis. Der Handelsmakler wird aufgrund von Einzelaufträgen verschiedener Auftraggeber tätig. Das schließt nicht aus, dass sich bestimmte Personen bei Bedarf immer wieder an ihn wenden. 268

2. Abgrenzung

Vom Handelsmakler sind der Handlungsgehilfe, der Handelsvertreter, der Eigenhändler und der Kommissionär zu unterscheiden. 269

a) Der **Handlungsgehilfe** ist in einem Handelsgewerbe zur Leistung kaufmännischer Dienste gegen Entgelt angestellt (§ 59 I 1); er ist mithin unselbständig und weisungsgebunden. Demgegenüber ist der Handelsmakler selbständiger Gewerbetreibender.

b) Der **Handelsvertreter** (§ 84 I; → Rn. 233 ff.) ist ebenfalls selbständiger Gewerbetreibender. Er ist aber ständig für einen anderen tätig, dessen Interessen er wahrzunehmen hat, während der Handelsmakler nicht ständig von einem anderen betraut ist und unparteiischer Vermittler sein soll. Zudem trifft den Handelsvertreter im Gegensatz zum Handelsmakler eine Pflicht zum Tätigwerden aus dem zugrundeliegenden Handelsvertretervertrag.

c) Der **Eigenhändler** (Vertragshändler, → Rn. 241) schließt eingebunden in eine Verkaufsorganisation eines Herstellers Verträge im eigenen Namen für eigene Rechnung, der **Kommissionär** (→ Rn. 424 ff.) im eigenen Namen für fremde Rechnung (des Kommittenten) ab. Der Handelsmakler dagegen vermittelt die Verträge nur; er schließt sie weder im eigenen noch im fremden Namen ab.

II. Rechte und Pflichten des Handelsmaklers

Rechte und Pflichten des Handelsmaklers ergeben sich aus dem Handelsmaklervertrag, aus den §§ 94 ff. sowie subsidiär aus den 270

§§ 652 ff. BGB. Bei besonderen Arten von Handelsmaklern sind spezialgesetzliche Regelungen und Handelsbräuche zu beachten.

1. Pflichten

271 a) Der Handelsmakler ist – im Gegensatz zum Handelsvertreter (→ Rn. 233) – regelmäßig **nicht zum Tätigwerden verpflichtet**. Der Gesetzgeber ging davon aus, dass der Maklerlohn genug Anreiz für den Makler zur Vermittlung des Geschäfts ist. Eine solche Pflicht besteht nur, wenn sie mit dem Auftraggeber vereinbart worden ist. Erhöhte Pflichten gelten bei einem Alleinauftrag, bei dem sich der Auftraggeber verpflichtet, keine anderen Makler einzuschalten. In diesem Fall ist der Auftraggeber auf ein Tätigwerden des Handelsmaklers in erhöhtem Maße angewiesen.

Im **Fall a** ist M nicht zur Vermittlung verpflichtet. Deshalb kann K von ihm auch keinen Schadensersatz verlangen.

272 b) Wird der Handelsmakler aber tätig, muss er mit der **Sorgfalt eines ordentlichen Kaufmanns** vorgehen (§ 347). Da er unparteiischer Vermittler („ehrlicher Makler") sein soll, hat er nicht nur die Interessen seines Auftraggebers, sondern auch die des Vertragspartners wahrzunehmen (sog. Doppelauftrag). Deshalb darf er keine der beiden Parteien über ihm bekannte und für deren Entschluss maßgebliche Umstände im Unklaren lassen (vgl. BGHZ 48, 344, 347 f.). Allerdings ist er nicht verpflichtet, selbst Ermittlungen (z. B. über die Zahlungsfähigkeit einer Partei) anzustellen.

Verletzt der Handelsmakler schuldhaft i. S. v. § 276 BGB seine Sorgfaltspflicht, haftet er jeder der beiden Parteien für den dadurch entstandenen Schaden (§ 98). Die Verantwortlichkeit gegenüber beiden Parteien verdeutlicht, dass es sich um eine gesetzliche Regelung der vertraglichen Schutzwirkung zugunsten Dritter handelt. Die Haftung entspricht der Rolle des Maklers als „getreuer Sachwalter beider Parteien" bzw. objektiver und unparteiischer Geschäftsvermittler (vgl. BGHZ 48, 344, 350). Gegenüber dem Vertragspartner greift die allgemeine Haftung aus § 280 BGB bei vom Makler zu vertretender Verletzung vertraglicher Pflichten.

Im **Fall b** hat K neben den kaufrechtlichen Gewährleistungsrechten gegen V einen Schadensersatzanspruch gegen M, da er ihn über den Mangel des Weizens nicht aufgeklärt hat.

§ 98 stellt eine Sondervorschrift zu § 280 BGB dar. Die Prüfung erfolgt jedoch ähnlich: Erforderlich ist im Rahmen des haftungsbegründenden Tatbestandes neben (1) einem wirksamen Handelsmaklervertrag und (2) einem Verstoß gegen die ihm obliegenden Pflichten (3) ein „vertreten müssen" im Sinne von § 276 BGB; im Rahmen des haftungsausfüllenden Tatbestandes ist ein kausaler und dem Makler zurechenbarer Schaden festzustellen.

c) Unverzüglich nach dem Abschluss des vermittelten Geschäfts hat der Handelsmakler jeder Person eine von ihm unterzeichnete **Schlussnote** zu übersenden (§ 94 I). 273

Von dieser Verpflichtung kann der Handelsmakler von den Parteien oder durch einen Handelsbrauch am Ort entbunden sein. Auch ein Krämermakler ist dazu nicht verpflichtet (§ 104).

Die Schlussnote ist eine **Beweisurkunde** über Abschluss und Inhalt des vermittelten Geschäfts. Ist der Empfänger Kaufmann und schweigt er auf dieses Bestätigungsschreiben, so gilt dessen Inhalt als Inhalt des Vertrags. Weitere Einzelheiten: § 94 II, III.

Der Handelsmakler kann sich in der Schlussnote die Bezeichnung der anderen Partei vorbehalten (Einzelheiten: § 95).

d) Nach § 96 ist der Handelsmakler ggf. zur **Aufbewahrung von Proben** verpflichtet. Die Führung eines **Maklertagebuchs**, in das alle abgeschlossenen Geschäfte täglich einzutragen sind, legt ihm § 100 auf. 273a

2. Rechte

a) Der Handelsmakler hat nach § 99 einen **Anspruch auf Maklerlohn** (Provision, Courtage). 274
Dieser Anspruch setzt voraus:
(1) Der vermittelte **Vertrag** muss **wirksam** zustande gekommen sein. Es ist – im Unterschied zum Provisionsanspruch des Handelsvertreters (§ 87a) und des Kommissionärs (§ 396 I) – nicht erforderlich, dass das Geschäft auch ausgeführt wird.

Bei Nichtigkeit des Vertrags oder wirksamer Anfechtung **(Fall c)** scheidet ein Provisionsanspruch aus, nicht dagegen bei späterem Rücktritt vom Vertrag **(Fall c)**, da der Rücktritt an der Wirksamkeit des Vertrags nichts ändert.

(2) Die Tätigkeit des Handelsmaklers muss für den Vertragsschluss (mit-)**ursächlich** gewesen sein (vgl. § 652 I 1 BGB). Die Kausalität hat im Streitfall der Makler zu beweisen (vgl. *BGH* NJW 1979, 869).
(3) Das abgeschlossene Geschäft muss im **Wesentlichen** mit dem **übereinstimmen,** mit dessen Vermittlung der Makler betraut war.

275 b) **Schuldner** des Lohnanspruchs ist in der Regel nicht nur der Auftraggeber; vielmehr sind nach § 99 im Zweifel **beide Parteien des vermittelten Vertrags** zur Zahlung der Hälfte des Maklerlohnes verpflichtet. Etwas anderes kann sich jedoch aus Parteivereinbarung oder Handelsbrauch ergeben.

Ist der Handelsmakler nicht als unparteiischer Vermittler (→ Rn. 272), sondern allein als Interessenvertreter des Auftraggebers tätig geworden, so ist § 99 nicht anwendbar. Nach § 652 I BGB ist in diesem Fall der Auftraggeber alleiniger Schuldner des Maklerlohnes (vgl. MünchKomm/*v. Hoyningen-Huene*, § 99 Rn. 6; Baumbach/Hopt/*Hopt*, § 99 Rn. 1; *Canaris*, § 19 Rn. 30).

276 c) **Anspruch auf Aufwendungsersatz** hat der Makler nur bei entsprechender Vereinbarung (§ 652 II BGB). Das gilt auch dann, wenn es zu keiner Vertragsvermittlung gekommen ist. Oft enthalten die AGB eine Regelung.

277 d) Ebenso wie der Handelsvertreter (zu dessen Rechten → Rn. 253) hat auch der Handelsmakler **keinen Anspruch darauf, dass der Auftraggeber den vermittelten Vertrag auch schließt.**

In den AGB ist oft ein Lohnanspruch des Maklers für den Fall vorgesehen, dass der Auftraggeber den vermittelten Vertragsschluss ablehnt.

278 e) Ein **Recht zum Inkasso** steht dem Handelsmakler nicht zu (§ 97). Er kann dazu jedoch – auch stillschweigend – bevollmächtigt werden.

Empfehlungen zur vertiefenden Lektüre:
Rechtsprechung: BGHZ 48, 344 = NJW 1968, 150 (Zur Unparteilichkeit des Maklers bei Doppelauftrag); *BGH* NJW 1979, 869 (Beweislast für Ursächlichkeit des Maklerangebots); *BGH* NJW-RR 2005, 1506 (Maklercourtage: Auswirkungen bei Erfüllungsunfähigkeit des Hauptvertrags); *BGH* NJW-RR 2007, 400 (konkludenter Vertragsschluss); *BGH* NJW-RR 2007, 1503 (Beratungspflichten).

Literatur: *Reuter*, Das Maklerrecht als Sonderrecht der Maklertätigkeit, NJW 1990, 1321; *Schwerdtner/Hamm*, Maklerrecht, 6. Aufl., 2012; *Seydel/Heinbuch*, Maklerrecht, 4. Aufl., 2005; *Weishaupt*, Der Maklervertrag im Zivilrecht, JuS 2003, 1166; *Zopfs*, Das Maklerrecht in der neueren höchstrichterlichen Rechtsprechung, 3. Aufl. 1996.

II. Teil. Handelsgeschäfte

Erster Abschnitt. Allgemeine Vorschriften

Für die einzelnen Rechtsgeschäfte des Kaufmanns gilt das BGB. Jedoch enthält das Vierte Buch des HGB für solche Geschäfte, die der **Kaufmann im Betrieb seines Handelsgewerbes tätigt,** Vorschriften, die den Erfordernissen des Handelsverkehrs angepasst sind. Diese Bestimmungen gehen teilweise als Spezialnormen den allgemeinen bürgerlich-rechtlichen Regeln vor; teilweise ergänzen sie diese, teilweise regeln sie Tatbestände, die im BGB nicht vorkommen (siehe erneut die Übersicht bei → Rn. 21).

Im Zweiten bis Sechsten Abschnitt des Vierten Buches des HGB werden bestimmte Geschäftstypen wie der Handelskauf, das Lagergeschäft und das Frachtgeschäft einzeln geregelt. Entsprechend der schon aus dem BGB bekannten Ausklammerungsmethode (*Brox/ Walker*, AT, Rn. 37 ff.) werden auch hier Gemeinsamkeiten der einzelnen Geschäftstypen vorweg im Ersten Abschnitt des Vierten Buches (Allgemeine Vorschriften) behandelt. In diesem Abschnitt werden zunächst die Geschäfte näher bestimmt, auf welche die handelsrechtlichen Sonderregeln anzuwenden sind; diese sog. Handelsgeschäfte (der Begriff ist nicht mit dem in §§ 22 ff. verwandten identisch) werden also von den sonstigen (privaten) Geschäften des Kaufmanns abgegrenzt (§§ 343 ff.; → Rn. 280 ff.). Die übrigen Vorschriften sind nur vor dem Hintergrund des BGB zu verstehen.

§ 15. Begriff, Arten und Zustandekommen der Handelsgeschäfte

Fall a: Der Versicherungsvertreter V veräußert seinen Pkw an den Kaufmann K. Dieser stellt einen Mangel fest, teilt ihn vier Wochen danach dem V mit und verlangt Nachbesserung. V beruft sich darauf, die Nachbesserung sei ausgeschlossen, da das Geschäft für beide Parteien ein Handelsgeschäft gewesen sei und K den Mangel nicht unverzüglich gerügt habe (§ 377). K bringt vor, der Verkauf sei für V kein Handelsgeschäft gewesen, da kein Versicherungsvertrag geschlossen worden sei; außerdem habe er den Pkw als Geschenk für seinen Sohn gekauft. → Rn. 285

Fall b: A hat bei der B-Bank sein Gehaltskonto. Er beauftragt die Bank, für ihn Aktien im Werte von 10.000,- € zu kaufen. B unternimmt nichts. Rechte des A? → Rn. 291, → Rn. 293

Fall c: Nach vorhergehenden Vertragsverhandlungen macht Fabrikant V dem Teppichhändler K telefonisch das Angebot, 10 Rollen Teppichboden Armaflex blau zu 45,- € pro qm zu liefern. K stimmt in einem „Bestätigungsschreiben" dem Angebot zu. In der „Auftragsbestätigung" des V ist von Teppichboden „grau" die Rede. Das fällt K erst bei Lieferung auf; er verlangt blaue statt grauer Ware. → Rn. 297f., → Rn. 300f., → Rn. 306

Fall d: Der Frachtführer K kauft nach mündlichen Verhandlungen vom Autohändler V einen gebrauchten Lkw. V bestätigt den Kauf mit der Klausel: „Gekauft wie besichtigt". Gleichzeitig bestätigt K den Kauf ohne diese Klausel. Sind die Gewährleistungsrechte des K ausgeschlossen? → Rn. 302

I. Begriff

280a Handelsgeschäfte sind **alle Geschäfte eines Kaufmanns, die zum Betrieb seines Handelsgewerbes gehören** (§ 343). Hier ist mit dem Begriff „Handelsgeschäft" nicht – wie etwa in den Vorschriften der §§ 22 ff. – das Unternehmen des Kaufmanns im Ganzen, sondern das einzelne (Rechts-)Geschäft gemeint.

1. Geschäft

281 Der Begriff „Geschäft" ist in einem weiten Sinne zu verstehen; er umfasst **jedes rechtserhebliche Verhalten**. Dazu gehören nicht nur Rechtsgeschäfte und Willenserklärungen, sondern auch geschäftsähnliche Handlungen (z. B. Mahnungen, Fristsetzungen) und solche Realakte, die vom Handelnden gewollt sind (z. B. Verarbeitung, Vermischung, bloßes Abschicken von Waren; zum Ganzen *Brox/Walker*, AT, Rn. 94 f.). Den handelsrechtlichen Vorschriften soll bereits ein allein willentliches Verhalten unterstellt werden können (a. A. für Realakte etwa *K. Schmidt*, § 18 II Rn. 9).

Deshalb kann auch ein Handeln, das zu einem Anspruch aus Geschäftsführung ohne Auftrag, ungerechtfertigter Bereicherung oder Delikt führt, ein Geschäft in diesem Sinne sein. Dagegen gehört ein Bereicherungsanspruch, der auf einer ungewollten Vermögensverschiebung beruht, nicht hierher. Würde man einen Anspruch aus unerlaubter Handlung (z. B. wegen Betrugs des Geschäftspartners) nicht nach handelsrechtlichen Maßstäben behandeln, würde ein einheitlicher Lebensvorgang künstlich auseinander gerissen, da der vertragliche Anspruch anders als der deliktische beurteilt würde. Dagegen hat etwa ein deliktischer Schadensersatzanspruch, der auf einem Unfall während einer Fahrt zu einem betrieblichen Termin beruht, mit dem Handelsrecht nichts zu tun.

2. Kaufmann

Nur das **Geschäft eines Kaufmanns** kann ein Handelsgeschäft 282 sein. Fehlt das Merkmal der Kaufmannseigenschaft, liegt kein Handelsgeschäft vor; unsere Rechtsordnung kennt kein Geschäft, das ohne Beteiligung eines Kaufmanns allein wegen des Gegenstands ein Handelsgeschäft wäre (subjektives System; → Rn. 3). Die Kaufmannseigenschaft ergibt sich aus §§ 1 ff. (→ Rn. 24 ff.).

Wer als Scheinkaufmann auftritt, muss die handelsrechtlichen Vorschriften gegen sich gelten lassen, die für ihn ungünstiger sind als die allgemeinen Bestimmungen des BGB (→ Rn. 63 ff.).

Entscheidend ist das Vorliegen der Kaufmannseigenschaft zu dem **Zeitpunkt,** in dem das Geschäft i. S. d. § 343 getätigt wird (*BGH NJW* 1954, 998). Ein späterer Verlust der Kaufmannseigenschaft ist unschädlich. Im Fall einer wirksamen Stellvertretung muss der Vertretene Kaufmann sein, da allein ihn die Wirkungen des Geschäfts treffen (vgl. § 164 I 1 BGB).

3. Betriebszugehörigkeit

a) Das Geschäft muss in einem **Zusammenhang mit dem Betrieb** 283 des Handelsgewerbes stehen. Das ist bei allen Geschäften der Fall, die im Betrieb des Handelsgewerbes vorgenommen werden. Dabei kann zwischen Grund-, Hilfs- und Nebengeschäften unterschieden werden.

(1) **Handelsgrundgeschäfte** sind die Geschäfte des Kaufmanns, die den Gegenstand seines Unternehmens ausmachen, z. B. Kauf und Verkauf von Schreibwaren bei einer Schreibwarenhandlung.
(2) **Handelshilfsgeschäfte** sind Geschäfte des Kaufmanns, welche die Errichtung, Fortführung oder Beendigung des Unternehmens ermöglichen, z. B. Miete eines Ladenlokals, Kauf einer Ladeneinrichtung, Werkvertrag über den Umbau des Lokals, Verkauf des Unternehmens an einen anderen.
(3) **Handelsnebengeschäfte** sind die Geschäfte, die der Kaufmann gelegentlich im Betriebe seines gewöhnlich auf andere Geschäfte gerichteten Handelsgewerbes abschließt. Auf Branchenüblichkeit kommt es nicht an. Beispiele: Spedition einer Maschine durch den Fabrikanten, Verkauf eines Pkw durch einen Versicherungsvertreter.

b) Häufig ist schwer festzustellen, ob die von einem Kaufmann 284 vorgenommenen Geschäfte zum Betrieb des Handelsgewerbes gehören oder ob es sich um private Geschäfte des Kaufmanns handelt. Erwirbt ein Kaufmann z. B. einen Pkw, so ist nicht ohne weiteres ersichtlich, ob er den Wagen für sich privat oder für den Betrieb seines Handelsgewerbes gekauft hat. Um solche Fragen leichter entscheiden zu können, stellt das Gesetz **zwei Vermutungen** auf:

285 (1) Die **von einem Kaufmann vorgenommenen Rechtsgeschäfte** gelten im Zweifel als zum Betriebe seines Handelsgewerbes gehörig (§ 344 I). Die Vermutung greift also erst ein, wenn feststeht, dass ein Geschäft von einem Kaufmann geschlossen wurde. Sie erstreckt sich auf alle Rechtsgeschäfte des Kaufmanns. Entgegen seinem Wortlaut bezieht sich § 344 I nicht nur auf Rechtsgeschäfte, sondern wegen des Sachzusammenhangs mit § 343 auf alle Geschäfte des Kaufmanns i. S. d. § 343.

Wer sich darauf beruft, das Geschäft eines Kaufmanns sei ein Handelsgeschäft, braucht das nicht zu beweisen; vielmehr wird es vermutet. Derjenige, der geltend macht, das Geschäft eines Kaufmanns sei ein privates Geschäft, hat diese Vermutung im Streitfall zu widerlegen. Dabei kann er sich nur auf solche Umstände berufen, die für den Geschäftsgegner erkennbar waren (*BGH* WM 1976, 424, 425; Einzelheiten: MünchKomm/*K. Schmidt*, § 343 Rn. 14 f.; § 344 Rn. 8 f.). Handelsgesellschaften (§ 6) haben ohnehin keine Privatsphäre; ihre Geschäfte sind stets Handelsgeschäfte i. S. der §§ 343 ff.

Die Vermutung des § 344 wird allerdings durch das Verbraucherrecht überlagert (z. B. Verbrauchsgüterkauf, Verbraucherkredit, § 310 BGB; dazu *K. Schmidt*, BB 2005, 837): Die Beweislast für das Nichtvorliegen eines Verbrauchergeschäfts liegt nämlich regelmäßig beim Unternehmer (vgl. zu § 13 BGB *BGH* NJW 2009, 3780).

Da K im **Fall a** nicht unverzüglich gerügt hat, ist die Nachbesserung ausgeschlossen, wenn der Kauf für V und K ein Handelsgeschäft ist (§ 377). Weil V als Handelsvertreter Kaufmann ist, greift die Vermutung des § 344 I ein. Das Vorbringen des K, das Geschäft sei für V kein Handelsgeschäft, da kein Versicherungsvertrag geschlossen sei, ist unerheblich, weil sich die Vermutung des § 344 I nicht nur auf Handelsgrundgeschäfte, sondern auch auf Geschäfte des Kaufmanns erstreckt. Da auch K Kaufmann ist, greift insoweit die Vermutung des § 344 I ebenfalls zugunsten des V ein. Demnach muss K den Beweis führen, dass er den Pkw, wie für V erkennbar, nicht für sein Handelsgewerbe gekauft hat und das Geschäft deshalb für ihn kein Handelsgeschäft war.

Erwägenswert ist es, § 344 analog im Rahmen der §§ 13, 14 BGB anzuwenden, mit der Folge, dass Rechtsgeschäfte eines Unternehmers im Zweifel dem Unternehmensbereich zuzuordnen sind (so Palandt/*Heinrichs*, BGB, § 13 Rn. 3, § 14 Rn. 2, a. A. *Pfeiffer* NJW 1999, 173 wegen europarechtlicher Bedenken).

(2) Die von einem **Kaufmann gezeichneten Schuldscheine** gelten als im Betriebe seines Handelsgewerbes gezeichnet, sofern sich nicht aus der Urkunde das Gegenteil ergibt (§ 344 II). Zu den Schuldscheinen gehören alle Urkunden, in denen der Schuldner eine Verbindlichkeit übernimmt oder bestätigt, also etwa Schuldversprechen und -anerkenntnisse, Wechsel, Bürgschaftserklärungen. Durch § 344 II wird die Vermutung des § 344 I für Schuldscheine des Kaufmanns verstärkt. Der Beweis des Gegenteils, dass der Schuldschein auf einem Privatgeschäft des Kaufmanns beruht, kann nämlich nur aus dem Inhalt der Urkunde geführt werden.

286

So ist z. B. die Vermutung, ein Darlehensschuldschein eines Kaufmanns sei im Betrieb seines Handelsgewerbes gezeichnet, widerlegt, wenn aus dem Text der Urkunde hervorgeht, dass der Kaufmann das Darlehen zur Anschaffung eines Geschenks für seine Frau aufgenommen hat. Hat der Kaufmann diesen Darlehensschuldschein dagegen auf Geschäftspapier ausgestellt und mit seiner Firma unterzeichnet, bleiben Zweifel, so dass die Vermutung des § 344 II weiterhin greift. Etwas anderes gilt, wenn der Gläubiger wusste, dass der Bürge den Schuldschein nicht im Betrieb seines Handelsgewerbes gezeichnet hat (*BGH* NJW 1997, 1779).

II. Arten

1. Einseitiges Handelsgeschäft

Ein einseitiges Handelsgeschäft liegt vor, wenn nur **ein Vertragspartner** Kaufmann ist und dieses Geschäft zu seinem Handelsgewerbe gehört oder wenn zwar beide Vertragspartner Kaufleute sind, aber für einen von ihnen ein Privatgeschäft vorliegt. Grundsätzlich sind die Vorschriften über Handelsgeschäfte schon dann anwendbar, wenn das Rechtsgeschäft nur für *einen* Teil ein Handelsgeschäft ist (§ 345). Dann gelten die Vorschriften auch für den Beteiligten, der kein Kaufmann ist.

287

So greifen z. B. die Vorschriften über das Kontokorrent (§§ 355 ff.) schon dann ein, wenn nur *eine* Partei Kaufmann ist.

Bei manchen Rechtsgeschäften fordert das Gesetz hingegen, dass eine bestimmte Vertragspartei Kaufmann ist.

Zur Anwendung des § 350 ist erforderlich, dass der Bürge Kaufmann ist; die Vorschriften über das Frachtgeschäft (§§ 407 ff.) verlangen, dass eine Partei Frachtführer ist. Die jeweils andere Partei kann Kaufmann oder Nichtkaufmann sein.

2. Beiderseitiges Handelsgeschäft

288 Die Vorschriften über Handelsgeschäfte setzen nur ausnahmsweise ein beiderseitiges Handelsgeschäft voraus. Ein beiderseitiges Handelsgeschäft ist gegeben, wenn **beide Vertragspartner** Kaufleute sind und das Geschäft zu ihrem jeweiligen Handelsgewerbe gehört.

So hat der Kauf nach § 377 I für beide Vertragsparteien ein Handelsgeschäft zu sein; beide Parteien müssen also Kaufleute sein. Gleiches gilt für § 346 (Handelsbrauch), §§ 352 I, 353 (Zinsen), §§ 369–372 (kaufmännisches Zurückbehaltungsrecht) und § 391 (Einkaufskommission).

Empfehlungen zur vertiefenden Lektüre:
Rechtsprechung: *BGH* NJW 1960, 1852; *BGH* WM 1976, 424; BGHZ 63, 32 = NJW 1974, 1462 (jeweils Vermutung des § 344 I); *BGH* NJW 1997, 1779 (Vermutung des § 344 II).
Literatur: *K. Schmidt,* Unternehmer – Kaufmann – Verbraucher, BB 2005, 837; *Schriever,* Die Kaufmannseigenschaft des Beklagten bei Klageerhebung, NJW 1978, 1472; *Weyer,* Handelsgeschäfte (§§ 343 ff. HGB) und Unternehmergeschäfte (§ 14 BGB), WM 2005, 490.

III. Zustandekommen des Handelsgeschäfts durch Schweigen

289 Ist das Handelsgeschäft ein Vertrag, kommt es durch Angebot und Annahme zustande. Es gelten die Vorschriften der **§§ 145 ff. BGB**. Wie im bürgerlichen Recht hat auch im Handelsrecht das Schweigen als untätiges Verhalten grundsätzlich nicht die Wirkung einer Willenserklärung. Es ist weder Annahme noch Ablehnung. § 241a BGB stellt dies für die Zusendung unbestellter Sachen ausdrücklich klar. Ein davon abweichender allgemeiner Handelsbrauch (§ 346), dass Schweigen im Handelsverkehr als Zustimmung zu werten ist, besteht nicht (BGHZ 18, 212, 216). Nur wenn die Parteien dies vereinbart haben oder es durch Rechtsnormen bestimmt ist, gilt das Schweigen eines Kaufmanns auf ein Angebot ausnahmsweise als Annahme.

1. Schweigen auf ein Angebot zur Geschäftsbesorgung (§ 362)

290 Eine wichtige handelsrechtliche Ausnahme enthält § 362. Ein **Kaufmann muss** in den dort genannten Fällen auf ein Angebot zum Abschluss eines Geschäftsbesorgungsvertrags **antworten;** sein Schweigen gilt als Annahme. Das HGB trägt dem im Handelsverkehr bestehenden Bedürfnis nach rascher Klärung der Sach- und Rechtslage Rechnung, indem es über das BGB hinausgehend nicht nur eine das negative Interesse abdeckende Schadensersatzhaftung, sondern eine auf das Erfüllungsinteresse gerichtete Vertragshaftung anordnet.

Die vergleichbare allgemein zivilrechtliche Regelung in § 663 BGB ist deutlich enger gefasst. Nach § 663 BGB ist derjenige, der zur Besorgung von Geschäften öffentlich bestellt ist oder sich dazu öffentlich oder einer bestimmten Person gegenüber erboten hat, zur Ablehnungsanzeige verpflichtet. Als gesetzlich geregelter Fall von §§ 311 II, 241 II BGB verpflicht § 663 BGB zum Ersatz des Vertrauensschadens (negatives Interesse), wenn der Antragsempfänger die Ablehnung des Auftrags nicht unverzüglich (dh schuldhaft s. § 121 I 1 BGB) mitteilt.

a) Die **Voraussetzungen** ergeben sich aus § 362 I 1 oder aus § 362 I 2.

(1) § 362 I 1 setzt voraus, dass einem Kaufmann, dessen Gewerbebetrieb die **Besorgung von Geschäften für andere** mit sich bringt, ein Antrag über die Besorgung solcher Geschäfte von jemandem zugeht, mit dem er in Geschäftsverbindung steht.

(a) Der Gewerbebetrieb des Kaufmanns muss die **Besorgung von Geschäften für andere** mit sich bringen. Unter Geschäftsbesorgung ist – in einem engen Sinne – dasselbe zu verstehen wie in § 675 BGB, nur dass in § 362 I 1 zusätzlich noch vorausgesetzt wird, dass die Geschäftsbesorgung im Gewerbebetrieb eines Kaufmanns erfolgt. Geschäftsbesorgung ist eine **selbständige, wirtschaftliche Tätigkeit im Interesse eines anderen innerhalb einer fremden wirtschaftlichen Interessensphäre** (vgl. *Brox/Walker*, BS, § 29 Rn. 42 ff.; einen weiten Begriff der Geschäftsbesorgung kennen dagegen §§ 662, 677 BGB). Entscheidend ist also, dass die Tätigkeit des Kaufmanns sich unmittelbar auf das Vermögen des Geschäftsherrn auswirkt und der Kaufmann dabei eine an sich dem Geschäftsherrn zukommende Aufgabe wahrnimmt. Gleichgültig ist dagegen, ob die Tätigkeit rechtsgeschäftlicher oder rein tatsächlicher Art ist.

Beispiele: Der Gewerbebetrieb des Handelsvertreters bringt die Geschäftsbesorgung für andere mit sich, da der Handelsvertreter dem Unternehmer gegenüber verpflichtet ist, für diesen Geschäfte zu vermitteln oder abzuschließen (Rn. 234). Gleiches gilt für die Makler, Kommissionäre, Spediteure und Frachtführer sowie für die Kreditinstitute, da sie für ihre Kunden etwa Zahlungs-, Überweisungs- und Einziehungsaufträge erledigen **(Fall b)**. – Ein Warenkaufmann fällt dagegen nicht unter § 362 I 1, so dass er grundsätzlich nicht verpflichtet ist, auf ein Kauf- oder Verkaufsangebot (z. B. Zusendung unbestellter Waren) zu antworten; sein Schweigen gilt nicht als Annahme.

(b) Der Kaufmann muss zu dem Antragenden in einer **Geschäftsverbindung** stehen. Es genügt zwar nicht, dass die Parteien gelegentlich miteinander Geschäfte geschlossen haben; doch ist andererseits auch keine länger bestehende Geschäftsbeziehung erforderlich. Erforderlich ist vielmehr, dass die Geschäftsbeziehung im Zeitpunkt des Antrags besteht und die Parteien den Willen haben, auf Dauer miteinander Geschäfte zu machen.

Im **Fall b** stehen A und B in einer Geschäftsverbindung zueinander, da die Bank auf Grund des Bankvertrags mit A dessen Gehaltskonto auf Dauer führen soll.

(c) Der Antrag muss sich auf solche **Geschäfte** beziehen, **die der Gewerbebetrieb des Kaufmanns mit sich bringt.** Das ist der Fall, wenn das angebotene Geschäft zu den üblichen Geschäften des Gewerbebetriebs des Kaufmanns gehört. Dagegen ist nicht erforderlich, dass der Antrag eine Geschäftsbesorgung betrifft, die in der konkreten Geschäftsverbindung üblich ist.

Im **Fall b** bezieht sich der Antrag des A, Aktien zu kaufen, auf eine übliche Geschäftsbesorgung der B; dass A noch nie Aktien gekauft hat, steht nicht entgegen.

292 (2) § 362 I 2 erweitert den Anwendungsbereich der Regelung auf Fälle, in denen einem Kaufmann ein Antrag über die Besorgung von Geschäften von jemandem zugeht, dem gegenüber er sich zur Besorgung solcher Geschäfte erboten hat.

(a) Der Kaufmann muss sich jemandem **zur Besorgung von Geschäften erboten** haben. Im Gegensatz zu § 362 I 1 ist nicht notwendig, dass der Gewerbebetrieb des Kaufmanns Geschäftsbesorgungen mit sich bringt und eine Geschäftsverbindung besteht.

Beispiel: Das Versenden einer Werbedrucksache an bestimmte Adressaten, in der die Besorgung von Geschäften angeboten wird, gehört hierher. Dagegen genügt nicht (anders als nach § 663 BGB) das öffentliche Erbieten in einer Zeitungsanzeige oder auf einem Firmenschild; der Adressat des Erbietens muss bestimmt sein.

(b) Der Antrag muss sich im **Rahmen des** vom Kaufmann **Erbotenen** halten.

293 b) § 362 ordnet folgende *Rechtsfolgen* an:

(1) Der Kaufmann ist **verpflichtet,** auf einen Antrag **unverzüglich zu antworten** (§ 362 I 1). Er muss also ohne schuldhaftes Zögern erklären, ob er den Antrag annimmt oder nicht.

(2) Antwortet der Kaufmann nicht unverzüglich, gilt sein **Schweigen als Annahme** des Antrags (§ 362 I 1), auch wenn der Kaufmann

seinem Schweigen keinen Erklärungswert beimisst. Anders als bei § 151 BGB wird unter den Voraussetzungen des § 362 I nicht nur der Zugang der Annahmeerklärung, sondern die Annahme als solche ersetzt. Zwischen den Parteien kommt ein Geschäftsbesorgungsvertrag mit dem Inhalt des Antrags zustande. Der Kaufmann ist zur Ausführung der Geschäftsbesorgung verpflichtet und hat bei von ihm zu vertretender Vertragsverletzung Schadensersatz (§§ 280 f. BGB) zu leisten. Der Antragende muss die entsprechende Vergütung zahlen. Leidet der Vertrag an anderen Mängeln (etwa fehlender Geschäftsfähigkeit), können diese nicht mithilfe von § 362 I überwunden werden.

Im **Fall b** ist die Bank zum Erwerb der Aktien für A verpflichtet, da ihr Schweigen als Annahme gilt. Ist A durch die Untätigkeit der B ein Gewinn entgangen, kann er diesen nach § 281 BGB von B ersetzt verlangen.

(3) Auch wenn der Kaufmann den Antrag auf Geschäftsbesorgung ablehnt, hat er die mitgesendeten Waren auf Kosten des Antragstellers einstweilen vor Schaden zu bewahren, soweit er für die Kosten gedeckt ist und soweit es ohne Nachteil für ihn geschehen kann (§ 362 II).

Der Kaufmann hat die Waren also in Obhut zu nehmen und sie vor Verlust und Beschädigung zu schützen. Verletzt er diese Schutzpflicht schuldhaft, ist er zum Schadensersatz verpflichtet (§§ 280, 311 II BGB).

2. Schweigen auf ein kaufmännisches Bestätigungsschreiben

a) Im kaufmännischen Verkehr ist es üblich, dass eine Vertragspartei der anderen das Ergebnis mündlicher Vertragsverhandlungen schriftlich bestätigt. Sinn des Bestätigungsschreibens ist es, **spätere Streitigkeiten** darüber zu **vermeiden**, ob überhaupt ein Vertrag geschlossen worden ist und welche Vertragsbedingungen im Einzelnen vereinbart worden sind. Das Schreiben dient also vornehmlich **Beweiszwecken**. Das gilt nicht nur, wenn das Bestätigungsschreiben das tatsächlich Vereinbarte richtig wiedergibt (deklaratorisches Bestätigungsschreiben), sondern auch, wenn das Bestätigungsschreiben vom vorher Vereinbarten abweicht (konstitutives Bestätigungsschreiben). Im letzten Fall ist der Empfänger des Bestätigungsschreibens nämlich gehalten, unverzüglich zu widersprechen, wenn er mit dem Inhalt des Schreibens nicht einverstanden ist. Anderenfalls wird sein Schweigen als Einverständnis angesehen; der Vertrag ist mit dem Inhalt zustande gekommen, den das Bestätigungsschreiben enthält, selbst wenn bei den mündlichen Vertragsverhandlungen noch gar kein Vertrag geschlossen worden ist. Auch das konstitutive Bestätigungsschreiben dient also Beweiszwecken, da es den Inhalt des Vertrags festlegt und der Empfänger, falls er geschwiegen hat, sich später im Streitfall nicht darauf berufen kann, bei den Vertragsverhandlungen sei kein Vertrag geschlossen oder es sei etwas anderes als Vertragsinhalt vereinbart worden. Das Schweigen auf ein kaufmännisches Bestätigungsschreiben kann schließlich auch dann zum Zustandekommen eines Vertrags führen, wenn für den Empfänger des Schreibens bei den Vertragsverhandlungen ein vollmachtloser Vertreter aufgetreten ist (*BGH* NJW 2007, 987).

295 b) Die **Rechtsgrundlage** des kaufmännischen Bestätigungsschreibens ist zweifelhaft. Es knüpft an den Handelsbrauch (§ 346) an, Vertragsverhandlungen zu bestätigen, bei einer abweichenden Bestätigung zu widersprechen und bei Unterlassen eines Widerspruchs die Bestätigung als Zustimmung anzusehen. Dieser Handelsbrauch ist deshalb gerechtfertigt, weil gerade im Handelsverkehr ein **besonderes Bedürfnis nach Klarheit** besteht und man vom Kaufmann als Empfänger des Bestätigungsschreibens eine besondere Sorgfalt bei der Behandlung seiner Post verlangen darf. Äußert er sich auf ein solches Schreiben nicht unverzüglich, erweckt er in dem Absender den Eindruck, dass er mit dem Inhalt des Schreibens einverstanden sei. In diesem Vertrauen muss der Absender geschützt werden. Deshalb lässt sich die Wirkung des Schweigens aus der **Rechtsscheinhaftung** herleiten (vgl. *Canaris*, § 23 Rn. 9: „Rechtsscheinhaftung kraft verkehrsmäßig typisierten Verhaltens"). Außerdem können die Grundsätze über das kaufmännische Bestätigungsschreiben heute als Gewohnheitsrecht angesehen werden.

296 c) Der im Bestätigungsschreiben niedergelegte Vertragsinhalt wird zwischen den Beteiligten verbindlich, wenn es sich um ein wirksames kaufmännisches Bestätigungsschreiben handelt und der Empfänger dem Schreiben nicht unverzüglich widersprochen hat. Im Einzelnen müssen folgende **Voraussetzungen** vorliegen:

§ 15. Begriff, Arten und Zustandekommen der Handelsgeschäfte   167

> **Voraussetzungen der Vertragsannahme durch Schweigen auf ein kaufmännisches Bestätigungsschreiben**
>
> 1. **Persönlicher Anwendungsbereich**
>   a) Empfänger: Kaufmann oder Teilnehmer am Geschäftsleben in größerem Umfang
>   b) Absender: Kaufmann oder Teilnehmer am Wirtschaftsleben ähnlich einem Kaufmann
> 2. vorangehende **Vertragsverhandlungen** (ohne schriftlichen Vertragsschluss)
> 3. **Bestätigung** des Vertragsschlusses unter Wiedergabe des Vertragsinhalts
> 4. **Absendung** des Bestätigungsschreibens unmittelbar nach Vertragsverhandlungen
> 5. **Schutzwürdigkeit** des Absenders
>   a) Redlichkeit bzgl. Inhalt
>   b) keine Abweichungen, bei denen Absender nicht mehr mit Zustimmung rechnen darf
>   c) Problem: sich kreuzende Bestätigungsschreiben (→ Rn. 302)
> 6. **Schweigen/kein unverzüglicher Widerspruch** des Empfängers

(1) Die Regeln über das kaufmännische Bestätigungsschreiben sind zwar ursprünglich für den Geschäftsverkehr unter Kaufleuten entwickelt worden; sie gelten heute jedoch auch für Personen, die **ähnlich wie Kaufleute** am Geschäftsverkehr teilnehmen. 296a

(a) Der **Empfänger** des Schreibens muss **Kaufmann** sein oder ähnlich einem Kaufmann am Geschäftsleben teilnehmen, so dass von ihm kaufmännisches Verhalten erwartet werden kann (BGHZ 11, 1, 3; *BGH* NJW 1987, 1940). Beispiele bieten Architekten, Rechtsanwälte (*OLG Hamm* VersR 2001, 1240, 1241) oder öffentliche Unternehmen. Von anderen Personen kann die Kenntnis des entsprechenden Handelsbrauchs nicht verlangt werden. Die Grundsätze des Bestätigungsschreiben greifen auch, wenn der Empfänger bei den vorausgehenden Vertragsverhandlungen von einem vollmachtlosen Dritten vertreten wurde, dessen Verhalten sich der Empfänger nach Rechtsscheinsgrundsätzen (Anscheins- oder Duldungsvollmacht) an sich nicht zurechnen lassen müsste (*BGH* NJW 2007, 987).

(b) Der **Absender** des Bestätigungsschreibens braucht **kein Kaufmann** zu sein, da er nicht verpflichtet wird. Doch ist nach h. M. auch insoweit Voraussetzung, dass der Absender **ähnlich einem Kaufmann** am Wirtschaftsleben teilnimmt (BGHZ 40, 42, 44; das können auch Angehörige der Freien Berufe, etwa ein Rechtsanwalt, sein), da der Empfänger nur dann erkennen muss, dass der Absender eine Behandlung nach kaufmännischen Gepflogenheiten erwartet (weiter gehend Teile der Literatur, vgl. Baumbach/Hopt/*Hopt,* § 346 Rn. 19).

297 (2) Dem Bestätigungsschreiben müssen **Vertragsverhandlungen vorangegangen** sein. In der Regel ist es erforderlich, dass die Vertragsverhandlungen mündlich, fernschriftlich oder per E-Mail geführt worden sind und ein schriftlicher Vertrag nicht vorliegt. Haben keine Vertragsverhandlungen stattgefunden, so darf der Absender eines Bestätigungsschreibens nicht mit der Billigung durch den Empfänger rechnen; er ist deshalb nicht schutzwürdig. Gleiches gilt, wenn ein schriftlicher Vertrag geschlossen ist, da dann ein Bestätigungsschreiben zu Beweiszwecken entbehrlich ist.

Im **Fall c** ist zunächst ein Vertrag über blauen Teppichboden zustande gekommen, da das „Bestätigungsschreiben" des K die Annahme des Angebots enthielt; das Schreiben des K ist also kein eigentliches kaufmännisches Bestätigungsschreiben. Obwohl die schriftliche Annahmeerklärung des K das Ergebnis der Vertragsverhandlungen auch zu Beweisgründen festlegte, kann in der „Auftragsbestätigung" des V ein kaufmännisches Bestätigungsschreiben gesehen werden, da eine „einseitige Vertragserklärung" des K nicht ausreicht, um künftigen Streit über den Vertragsinhalt zu vermeiden (vgl. BGHZ 54, 236, 240). V durfte also bei einer Abweichung seines kaufmännischen Bestätigungsschreibens mit einem unverzüglichen Widerspruch des K rechnen. Da der Widerspruch unterblieb, ist ein Vertrag über grauen Teppichboden geschlossen worden.

298 (3) Das Schreiben muss nach der Vorstellung des Absenders den früheren (tatsächlichen oder vermeintlichen) **Vertragsschluss** unter Wiedergabe des Vertragsinhalts **endgültig und eindeutig bestätigen.** Ob das zutrifft, ist durch Auslegung des Schreibens zu ermitteln.

An einer endgültigen Bestätigung fehlt es, wenn der Absender im Schreiben darauf hinweist, dass noch nicht über alle Punkte des Vertrags eine Einigung erzielt sei. Eindeutig ist das Bestätigungsschreiben nicht erst, wenn alle Einzelvereinbarungen aufgeführt sind, sondern schon dann, wenn das Ergebnis der Verhandlungen im Wesentlichen wiedergegeben wird. Dem steht nicht entgegen, dass das kaufmännische Bestätigungsschreiben als Auftragsbestätigung bezeichnet wird **(Fall c).**

Wird in dem Schreiben ein Vertragsschluss nicht bestätigt, sondern nur zum Ausdruck gebracht, dass der Absender das Angebot des Vertragspartners annimmt und damit der Vertrag erst zustande kom-

§ 15. Begriff, Arten und Zustandekommen der Handelsgeschäfte   169

men soll (= **Auftragsbestätigung**), handelt es sich nicht um ein Bestätigungsschreiben, selbst wenn es so bezeichnet wird (**Fall c**). Der Absender, der nicht davon ausgeht, dass ein Vertrag schon geschlossen ist, ist nicht schutzwürdig. Sofern eine solche Annahme vom Antrag abweicht, greift § 150 II BGB ein (*Brox/Walker*, AT, Rn. 187); ein Schweigen des Empfängers auf dieses neue Angebot gilt nicht als Annahme (vgl. BGHZ 18, 212, 215). Ob ein Schreiben, das kaufmännische Vereinbarungen wiedergibt, in dem aber um Gegenbestätigung gebeten wird, ein kaufmännisches Bestätigungsschreiben darstellt, ist im Einzelfall zu prüfen (vgl. *BGH* NJW-RR 2007, 325).

(4) Das Bestätigungsschreiben muss **unmittelbar nach den Vertragsverhandlungen abgeschickt** werden, so dass der Empfänger auf das Eintreffen vorbereitet ist (*BGH* NJW 1964, 1223, 1224). Außerdem muss das Schreiben dem Empfänger **zugegangen** sein. Der Zugang richtet sich nach § 130 BGB (*Brox/Walker*, AT, Rn. 149 ff.). 299

(5) Der Absender muss **schutzwürdig** sein. Das ist der Fall, wenn er unter Berücksichtigung von Treu und Glauben das Schweigen des Empfängers als Einverständnis auffassen darf. 300

(a) Der **Absender muss redlich sein,** also davon ausgehen dürfen, dass der Inhalt des Schreibens der Vereinbarung entspricht. Unredlich ist der Absender, wenn er bewusst das Vereinbarte falsch oder entstellend bestätigt. Er missbraucht das Vertrauen des Empfängers, um den Vertrag zu seinen Gunsten abzuändern. Das Schweigen des Empfängers wirkt dann nicht als Einverständnis.

Hätte V im **Fall c** den Kauf deshalb über graue Teppichböden bestätigt, weil blauer Teppichboden nicht lieferbar war, so hätte er unredlich gehandelt. Es bestünde weiterhin ein Kaufvertrag über blaue Teppichböden.

(b) Das Schreiben darf *nur* solche **Ergänzungen, Konkretisierungen und Abweichungen** von den Vereinbarungen enthalten, bei denen der Absender verständigerweise noch mit der Zustimmung des Empfängers rechnen darf. Würde dagegen z. B. der Vertragsinhalt durch das Schreiben in sein Gegenteil verkehrt, indem die Abreden etwa im Widerspruch zum ursprünglich Vereinbarten stehen, oder hätte der Vertrag auf Grund des Schreibens für den Empfänger keinen Sinn mehr, so verdient der Absender keinen Schutz. Das Schweigen des Empfängers wirkt nicht als Einverständnis (ständige Rspr. vgl. nur *BGH* NJW 1994, 1288). 301

Würde V im **Fall c** irrtümlich einen Kauf über Isolierplatten anstelle von Teppichböden bestätigen, so müsste K die Platten nicht abnehmen, wenn er auf das Schreiben schweigt. Für einen Teppichhändler sind Isolierplatten völlig unbrauchbar. Auch wenn in einem Bestätigungsschreiben auf einen Vertrag Bezug genommen wird, dessen Abschluss der Empfänger des Schreibens ausdrücklich abgelehnt hatte, kann der Absender des Schreibens mit dem Einverständnis des Empfängers nicht rechnen (BGHZ 101, 357, 365). Es ist jedoch Sache des Empfängers, darzutun und zu beweisen, dass das Schreiben vom Inhalt der Verhandlungen so erheblich abweicht, dass ihm eine Bindungswirkung nicht zukommt (*BGH* NJW-RR 2001, 680).

Bei **Ergänzungen** der getroffenen Vereinbarung kommt es darauf an, ob der Absender mit einer Zustimmung des Empfängers rechnen konnte. Solche Ergänzungen durch das Bestätigungsschreiben kommen häufig vor, da sich die Parteien bei (fern-)mündlichen Vertragsverhandlungen oft nur auf die Vereinbarung der wesentlichen Vertragspunkte beschränken.

Nach h. M. kann der Bestätigende auch seine **AGB** durch das Bestätigungsschreiben in den Vertrag einführen, wenn aufgrund der konkreten Umstände (z. B. Branchenüblichkeit der AGB) der Empfänger mit solchen AGB rechnen musste und somit eine Billigung des Empfängers nicht ausgeschlossen erschien (BGHZ 54, 236, 242; a. A. z. B. *Batsch*, NJW 1980, 1731). Mit einer solchen Billigung durch den Empfänger kann der Bestätigende nicht mehr rechnen, wenn der Empfänger sich vorher gegen die fremden AGB verwahrt hat (BGHZ 61, 282, 286 f.).

302 (c) Im Fall **sich kreuzender Bestätigungsschreiben** ist der Absender in der Regel nicht schutzwürdig, wenn die Schreiben inhaltlich voneinander abweichen. Jeder kann dann nämlich dem empfangenen Schreiben entnehmen, ob die Inhalte der Schreiben miteinander vereinbar sind. Im Einzelfall kann die Feststellung, ob sich die Schreiben überhaupt entscheidend widersprechen, schwierig sein.

Im **Fall d** sind Gewährleistungsrechte des K auf Grund der Klausel „Gekauft wie besichtigt" ausgeschlossen, wenn diese auf Grund des Schweigens des K zum Vertragsinhalt geworden ist. V ist nur dann schutzwürdig, wenn er aus dem empfangenen Bestätigungsschreiben des K entnehmen durfte, dass dieser nicht von einem Gewährleistungsausschluss ausging. Zwar erwähnt das Schreiben des K den Gewährleistungsausschluss nicht, doch liegt darin kein ohne weiteres ersichtlicher Widerspruch zum Schreiben des V; vielmehr kann die Klausel im Schreiben des V eher als ein „zusätzlicher Vorbehalt" des V angesehen werden (*BGH* NJW 1966, 1070). Durch das Schweigen des K ist der Gewährleistungsausschluss also vereinbart. Schutzwürdige Interessen des K stehen nicht entgegen, da ein Gewährleistungsausschluss im Gebrauchtwagenhandel üblich ist und K damit rechnen musste.

Widersprechen sich die sich kreuzenden Bestätigungsschreiben im Hinblick auf essentialia negotii, liegt ein Dissens vor. Bezieht sich ein solcher Widerspruch dagegen nur auf Nebenbestimmungen, wie sie regelmäßig in AGB formuliert sind, bleibt es bzw. kommt es dennoch zum Vertragsschluss, wenn sich aus den Gesamtumständen ergibt, dass die Parteien grundsätzlich eine Bindung wünschen. § 150 II BGB erfährt insoweit eine Einschränkung unter dem Gesichtspunkt von Treu und Glauben (BGHZ 61, 282, 288). An die Stelle der sich widersprechenden AGB treten gem. § 306 II BGB die dispositiven gesetzlichen Vorschriften. Insoweit ist die noch von der älteren Rechtsprechung vertretene „Theorie des letzten Wortes" überholt, nach der das jeweils letzte Schreiben maßgeblich war (vgl. BGHZ 18, 212, 215). Sofern die AGB miteinander vereinbar sind, werden sie Vertragsbestandteil (sog. **Konsenstheorie**).

Generell ist bei der Einbeziehung von AGB in Bestätigungsschreiben allerdings zu beachten, dass sie nach § 305b BGB eine zuvor getroffene anderslautende Individualvereinbarung nicht verdrängen können. Auch werden ungewöhnliche AGB, die in Bestätigungsschreiben gestellt werden, nicht Vertragsbestandteil (BGHZ 93, 338, 343).

(6) Der Empfänger darf **nicht unverzüglich widersprochen** haben (vgl. § 362 I 1). Die zulässige Frist richtet sich nach den Umständen des Einzelfalls. Regelmäßig werden 3 Tage ausreichen, ein Widerspruch nach mehr als einer Woche wird dagegen in der Regel verspätet sein (*BGH* BB 1969, 933). Bei komplexen Geschäften können längere Fristen angemessen sein. Der Empfänger des Bestätigungsschreibens trägt die Darlegungs- und Beweislast für den rechtzeitigen Zugang des Widerspruchs.

3. Irrtum beim Schweigen

Ist dem Erklärenden bei Abgabe seiner Willenserklärung ein Irrtum unterlaufen, so räumt das Gesetz (§§ 119 ff. BGB) ihm unter bestimmten Voraussetzungen ein Anfechtungsrecht ein (*Brox/Walker*, AT, Rn. 407 ff.). Auch der Empfänger eines Antrags nach § 362 oder eines kaufmännischen Bestätigungsschreibens kann sich über die Bedeutung seines Schweigens irren, so dass sich die Frage nach einem Anfechtungsrecht stellt.

a) Liegt ein **Irrtum** des Empfängers **über die Rechtsfolge** des Schweigens vor, so besteht kein Anfechtungsrecht. Der Empfänger irrt über die rechtliche Bedeutung des Schweigens, wenn er nicht weiß, dass das Schweigen eine vertragsbegründende Wirkung hat. Ließe man eine Anfechtung zu, würde die Rechtsfolge des Schweigens beseitigt, obwohl sie gerade unabhängig vom Willen des Schweigenden eintritt (vgl. BGHZ 11, 1, 5).

306 b) Ein **Irrtum über den Inhalt** des Antrags nach § 362 oder des kaufmännischen Bestätigungsschreibens besteht, wenn der Empfänger den Antrag oder das Bestätigungsschreiben falsch verstanden hat.

(1) Hat der Empfänger eines Antrags nach § 362 I den **Antrag missverstanden**, so kann er sein Schweigen wegen eines Inhaltsirrtums nach § 119 I BGB anfechten. Der Antragende soll nämlich nur in seinem Vertrauen darauf geschützt werden, dass das Schweigen wirklich die Bedeutung einer Annahme hat. Der Schweigende darf aber nicht schlechter gestellt werden als derjenige, der den Vertragsschluss durch eine ausdrückliche Erklärung herbeigeführt hat.

(2) Hat der Empfänger eines **kaufmännischen Bestätigungsschreibens** dieses **falsch verstanden**, so ist eine Anfechtung nach § 119 I BGB ausgeschlossen. Das ergibt sich aus dem Zweck des Bestätigungsschreibens, spätere Beweisschwierigkeiten zu vermeiden und den Vertragsinhalt exakt festzulegen. Der Vertragsinhalt soll sich ja gerade auch dann nach dem Bestätigungsschreiben bestimmen, wenn dieses gegenüber dem mündlich oder telefonisch Vereinbarten Abweichungen enthält. Die Anerkennung eines Anfechtungsrechts für den Fall, dass nach Auffassung eines Vertragsteils Bestätigungsschreiben und vorherige Vereinbarung nicht übereinstimmen, würde diesen Grundsatz konterkarieren. Der Empfänger ist daher gehalten, das Schreiben sorgfältig zu lesen und festzustellen, ob es mit dem Vereinbarten übereinstimmt. Unterläuft ihm dabei ein Fehler und versteht er das Schreiben falsch, geht dies zu seinen Lasten. Der Vertrauensschutz des Absenders ist vorrangig, da er davon ausgehen kann, dass der Empfänger das Schreiben sorgfältig prüft (h. M.; vgl. *BGH* NJW 1972, 45; a. A. *Canaris*, § 23 Rn. 38). Gegen einen Ausschluss der Anfechtung lässt sich nicht anführen, das Schweigen binde den Erklärenden stärker als eine ausdrückliche Erklärung; denn selbst bei einer ausdrücklichen (zustimmenden) Antwort des Empfängers ist nach dem Zweck des kaufmännischen Bestätigungsschreibens eine Anfechtung ausgeschlossen.

Hat K im **Fall c** aus Versehen gelesen, es werde die Lieferung blauen Teppichbodens bestätigt, so kann er wegen dieses Irrtums nicht anfechten, da V damit rechnen durfte, dass K das Schreiben sorgfältig lesen und bei Bedenken widersprechen werde.

307 c) Einer Anfechtung wegen **arglistiger Täuschung** oder **widerrechtlicher Drohung** (§ 123 BGB) bedarf es dann nicht, wenn der

Absender selbst getäuscht oder gedroht hat; wegen des unredlichen Verhaltens tritt die Wirkung des Schweigens auf ein Bestätigungsschreiben nicht ein. Raum für eine Anfechtung ist nur, wenn die Täuschung oder Drohung von einem Dritten herrührt (vgl. § 123 II BGB).

Empfehlungen zur vertiefenden Lektüre:
Rechtsprechung: BGHZ 11, 1 = NJW 1954, 105 (Schweigen auf Bestätigungsschreiben im Handelsverkehr); *BGH* NJW 1969, 1711 (Anfechtung eines Rechtsgeschäfts, das durch Schweigen zustande gekommen ist); BGHZ 54, 236 = NJW 1970, 2021 (kaufmännisches Bestätigungsschreiben nach schriftlich angenommener telefonischer Vertragsofferte); BGHZ 61, 282 = NJW 1973, 2106 (kreuzende Bestätigungsschreiben mit sich widersprechenden AGB); *BGH* NJW 1987, 1940 (Pflichten des Insolvenzverwalters bei Eingang eines kaufmännischen Bestätigungsschreibens); *BGH* NJW-RR 2001, 680 (Schweigen auf ein kaufmännisches Bestätigungsschreiben); *BGH* NJW-RR 2007, 325 (Rechtsnatur eines kaufmännischen Schreibens mit Bitte um Gegenbestätigung); *BGH* NJW 2007, 987 (Schweigen auf Geschäftsabschluss durch vollmachtlosen Dritten); *BGH* NJW-Spezial 2011, 173 (Anwendung der Grundsätze des kaufmännischen Bestätigungsschreibens auf das Verhandlungsprotokoll); *OLG Dresden* IBR 2014, 589 (geringfügiges Abweichen des kaufmännischen Bestätigungsschreibens vom Inhalt der Vereinbarungen).

Literatur: *Deckert*, Das kaufmännische und berufliche Bestätigungsschreiben, JuS 1998, 121; *von Dücker*, Das kaufmännische Bestätigungsschreiben in der höchstrichterlichen Rechtsprechung, BB 1996, 3; *von Hayn-Habermann*, Voraussetzungen des kaufmännischen Bestätigungsschreibens, NJW-Spezial 2011, 300; *Kröll/Hennecke*, Kaufmännische Bestätigungsschreiben beim internationalen Warenkauf, RabelsZ 67 (2003), 448; *Lettl*, Das kaufmännische Bestätigungsschreiben, JuS 2008, 849 (mit Fallbeispiel); *Lindacher*, Zur Einbeziehung Allgemeiner Geschäftsbedingungen durch kaufmännisches Bestätigungsschreiben, WM 1981, 702; *Moritz*, Vertragsfixierung durch kaufmännisches Bestätigungsschreiben, BB 1995, 420; *Petersen*, Schweigen im Rechtsverkehr, Jura 2003, 687; *Schärtl*, Das kaufmännische Bestätigungsschreiben, JA 2007, 567; *K. Schmidt*, Die Praxis zum sog. kaufmännischen Bestätigungsschreiben: ein Zankapfel der Vertragsrechtsdogmatik, FS Honsell, 2002, S. 99; *Thamm/Detzer*, Das Schweigen auf ein kaufmännisches Bestätigungsschreiben, DB 1997, 213; *Wallenberg/Paulus*, Mit oder ohne Fracht?, JA 2006, 28 (Fallbearbeitung).

§ 16. Der Eigentums- und Pfandrechtserwerb (§ 366)

Fall a: K erwirbt im Geschäft des V ein Bild, das dem E gehört und deutlich sichtbar ein Schild mit dessen Namen trägt. Das Bild hatte E seinem Freund F geliehen, der es während eines finanziellen Engpasses dem V in Verkaufskommission gegeben hatte. E klagt gegen K auf Herausgabe des Bildes. → Rn. 308a, → Rn. 312f.

308

Fall b: Im Fall a erwirbt K von V das Bild, nachdem dieser seinen Geschäftsbetrieb eingestellt hatte, aber noch nicht im Handelsregister gelöscht worden war. → Rn. 310

Fall c: Im Fall a hatte F dem E das Bild gestohlen. → Rn. 315

Fall d: X lagert eine Maschine des E gegen dessen Willen beim Lagerhalter L ein. Als E die Maschine von L herausverlangt, macht L wegen der Lagerkosten ein Pfandrecht an der Maschine geltend (vgl. § 475b). E behauptet, L habe bei der Einlagerung gewusst, dass die Maschine nicht dem X gehöre; L habe den X nur für befugt gehalten, den Lagervertrag über die Maschine abzuschließen. → Rn. 318

I. Eigentumserwerb

1. Eigentumserwerb nach BGB

308a a) Ist der **Veräußerer Eigentümer** einer beweglichen Sache, erlangt der Erwerber das Eigentum an der Sache durch Einigung und Übergabe (§ 929 S. 1 BGB; die Tatbestände von § 929 S. 2, § 930 und § 931 BGB bleiben hier außer Betracht).

b) Ist nicht der Veräußerer, sondern ein **Dritter Eigentümer** der Sache, so kann dennoch ein gutgläubiger Eigentumserwerb vom Nichtberechtigten in Betracht kommen. Das setzt gem. § 929 S. 1, § 932 I 1 BGB voraus:

(1) Einigung und Übergabe nach § 929 S. 1 BGB.

(2) Die Sache gehört nicht dem Veräußerer.

(3) Guter Glaube des Erwerbers an das Eigentum des Veräußerers (= keine Kenntnis oder grob fahrlässige Unkenntnis; § 932 II BGB).

(4) Die Sache darf dem Eigentümer nicht gestohlen worden, verloren gegangen oder sonst abhanden gekommen sein (§ 935 I 1 BGB). Diese Einschränkung greift allerdings nicht bei Geld, Inhaberpapieren oder Sachen, die im Wege öffentlicher Versteigerung veräußert werden (§ 935 II BGB).

Im **Fall a** war V nicht Eigentümer des Bildes. K hat das Eigentum also nicht vom Berechtigten erworben. Ein Erwerb vom Nichtberechtigten kraft guten Glaubens an das Eigentum des V scheitert daran, dass K infolge grober Fahrlässigkeit unbekannt war, dass das Bild nicht V gehörte (vgl. § 932 II BGB). In Betracht kommt aber ein gutgläubiger Erwerb nach § 366 (→ Rn. 310 ff.).

2. Eigentumserwerb nach HGB (§ 366 I)

309 a) Beim **Erwerb vom Eigentümer** bestehen keine Besonderheiten gegenüber dem BGB.

§ 16. Der Eigentums-und Pfandrechtserwerb

b) Beim **Erwerb vom Nichtberechtigten** reicht der vom BGB gewährte Schutz des guten Glaubens an das Eigentum des Veräußerers für den Handelsverkehr nicht aus. Man denke etwa an den Fall, dass ein Verkaufskommissionär (→ Rn. 441) im eigenen Namen für fremde Rechnung fremde Sachen verkauft, von denen der Erwerber weiß oder jedenfalls annehmen muss, dass sie dem Veräußerer nicht gehören. Deshalb **erweitert** § 366 I zugunsten des Erwerbers **den Gutglaubensschutz** für den Bereich des Handelsverkehrs. Nach dieser Vorschrift genügt für den gutgläubigen Erwerb, dass der gute Glaube des Erwerbers die Befugnis des Veräußerers betrifft, über die Sache für den Eigentümer zu verfügen. Geschützt wird also der **gute Glaube an die Verfügungsbefugnis des Veräußerers.** 309a

(1) § 366 I setzt voraus: 310

(a) Der Verfügende muss **Kaufmann** sein (Ausnahme für den Kommissionär: 383 II 2).

Streitig ist, ob § 366 I auch beim **Erwerb von einem Scheinkaufmann** anwendbar ist. Das ist zu verneinen (h. M.; vgl. *OLG Düsseldorf* NJW-RR 1999, 615; *K. Schmidt*, § 23 II Rn. 11; a. A. Großkomm/*Canaris*, § 366 Rn. 12; offen gelassen von *BGH* NJW 1999, 425, 426). Derjenige, der sich als Kaufmann aufspielt, ohne es zu sein, muss sich zu seinem Nachteil wie ein Kaufmann behandeln lassen (→ Rn. 63 ff.). § 366 I regelt aber nicht den Interessengegensatz zwischen Veräußerer und Erwerber, sondern den zwischen Erwerber und Eigentümer, der sein Eigentum verliert, wenn der Tatbestand des § 366 I erfüllt ist. Da der Eigentümer den Rechtsschein des „Scheinkaufmanns" nicht veranlasst hat, ist der erweiterte Vertrauensschutz des § 366 I nicht gerechtfertigt. Die Norm schützt nicht den guten Glauben an die Kaufmannseigenschaft des Verfügenden (vgl. dazu die Übungsfälle bei *Müller*, JA 2007, 258 und *Richter*, JuS 2007, 647).

Im **Fall b** ist V kein Kaufmann mehr. K kann sich gegenüber E nicht darauf berufen, dass eine Löschung im Handelsregister noch nicht erfolgt war. Denn § 15 I wirkt zuungunsten desjenigen, in dessen Angelegenheiten die Tatsache einzutragen war (→ Rn. 85); das ist V und nicht E. Deshalb braucht E die Nichteintragung des Erlöschens der Kaufmannseigenschaft des V nicht gegen sich gelten zu lassen (*K. Schmidt*, § 23 II Rn. 11; a. A. Großkomm/*Canaris*, § 366 Rn. 13). E verlangt also zu Recht die Herausgabe.

(b) Es muss sich um die Veräußerung einer **beweglichen Sache** handeln, und die Veräußerung muss im **Betrieb des Handelsgewerbes** erfolgen. Der gute Glaube, es handele sich um ein Handelsgeschäft des Veräußerers, reicht nicht aus; vielmehr muss tatsächlich 311 ein Handelsgeschäft vorliegen. Hierfür spricht allerdings die Vermutung des § 344 (→ Rn. 284 ff.).

312 (c) Der Erwerber muss gutgläubig den Veräußerer für befugt halten, über die Sache für den Eigentümer zu verfügen. Der **gute Glaube** des Erwerbers **an die Verfügungsbefugnis** des Veräußerers wird vom Gesetz – wie bei § 932 BGB der gute Glaube an das Eigentum des Veräußerers – **vermutet.** Er ist ausgeschlossen, wenn der Erwerber den Mangel der Verfügungsbefugnis kennt oder grob fahrlässig nicht kennt; denn § 366 I verweist auf die Vorschriften des BGB über den Eigentumserwerb vom Nichtberechtigten, also auch auf § 932 II BGB. Wer von einem im Rahmen seines Geschäftsbetriebs agierenden Händler eine Ware kauft, kann damit von dessen Verfügungsbefugnis ausgehen, solange sich keine gegenteiligen Anhaltspunkte aufdrängen (vgl. *BGH* NJW 1975, 735). Veräußert ein Kaufmann jedoch Waren außerhalb seines – nicht auf Veräußerungsgeschäfte angelegten – Geschäftsbetriebs, sind erhöhte Anforderungen an den guten Glauben des Erwerbers gem. § 366 zu stellen (*BGH* NJW 1999, 425).

Praktische Bedeutung hat § 366, wenn der Verkäufer (Händler) die Sache von seinem Lieferanten unter (verlängertem) **Eigentumsvorbehalt** erworben hat. Allein die Kenntnis des Käufers von einem solchen Eigentumsvorbehalt begründet noch kein Verdachtsmoment, da die Ermächtigung des Händlers zum Weiterverkauf der Üblichkeit entspricht. Diese Verfügungsermächtigung gem. § 185 BGB setzt aber regelmäßig voraus, dass der Vorbehaltskäufer (Händler) seine Forderung aus dem Weiterverkauf an den Vorbehaltsverkäufer (Lieferant) abtritt. Der Käufer einer Sache geht daher grob fahrlässig i. S. d. § 366 I von der Verfügungsbefugnis des Verkäufers aus, wenn er in solchen Konstellationen weiß, dass die für die Verfügungsbefugnis konstitutive Vorausabtretung deswegen ins Leere geht, weil er selbst seine Leistung bereits im Voraus an seinen abtretungspflichtigen Vertragspartner, also an den Händler, erbracht hat (*BGH* NJW-RR 2005, 555).

Unter **Kraftfahrzeughändlern,** die mit gebrauchten, aus beendeten Leasingverträgen stammenden Kraftfahrzeugen handeln, gilt der Grundsatz, dass der gute Glaube des Erwerbers an das Eigentum bzw. die Verfügungsbefugnis des Veräußerers nur geschützt ist, wenn er sich zumindest den Kraftfahrzeugbrief vorlegen lässt (*BGH* NJW 1996, 2226). Beim Kauf eines Neuwagens, bei dem an sich die Vorlage des Kfz-Briefs nicht erforderlich ist, fehlt es ausnahmsweise dann am guten Glauben, wenn der gewerbliche Erwerber auf-

grund seiner geschäftlichen Erfahrung den üblichen Eigentumsvorbehalt des Herstellers hätte kennen müssen und er sich gleichwohl den Kfz-Brief nicht vorlegen ließ (*BGH* NJW 2005, 1365, 1366).
Im **Fall a** kann K gem. § 929 S. 1 BGB, § 366 I das Eigentum an dem Bild erworben haben. E gewinnt den Prozess, wenn er behauptet und bei Bestreiten beweist, dass K beim Erwerb des Bildes bösgläubig war, also entweder positiv gewusst oder infolge grober Fahrlässigkeit nicht gewusst hat, dass V zur Verfügung über das Bild nicht befugt war.

Im Übrigen müssen alle **Voraussetzungen** erfüllt sein, die für den Erwerb des Eigentums **nach §§ 929 S. 1, 932 I BGB** erforderlich sind. Fehlt es etwa an einer wirksamen Einigung, weil der Veräußerer geisteskrank ist, scheidet ein gutgläubiger Erwerb aus; denn § 366 I schützt ebenso wenig wie § 932 BGB den guten Glauben an die Geschäftsfähigkeit des Veräußerers.

(2) § 366 I geht von einer fehlenden Verfügungsbefugnis des Veräußerers aus und ersetzt sie durch den guten Glauben des Erwerbers an die Verfügungsbefugnis. Der Fall eines Vertreters ohne Vertretungsmacht, den der Erwerber gutgläubig für zur Vertretung befugt hält, wird vom Wortlaut der Vorschrift also nicht erfasst. Der **gute Glaube an die Vertretungsmacht** ist dem guten Glauben an die Verfügungsbefugnis jedoch durch entsprechende Anwendung des § 366 I gleichzustellen (h. M.; Denkschrift zum Entwurf eines HGB I, 188; Baumbach/Hopt/*Hopt*, § 366 Rn. 5; *K. Schmidt*, § 23 IV Rn. 33 ff.; a. A. Großkomm/*Canaris*, § 366 Rn. 27). Denn die Vorschrift bezweckt im Interesse der Sicherheit des Handelsverkehrs einen verstärkten Schutz des gutgläubigen Erwerbers. Für ihn ist es oft schwer feststellbar, ob sein Verhandlungspartner im eigenen oder fremden Namen auftritt und ob die Verfügungs- oder Vertretungsbefugnis vorliegt. Beide Konstellationen sind in Vertriebssystemen funktionell austauschbar (Heymann/*Horn*, § 366 Rn. 16).

Handelt der **Vertreter ohne Vertretungsmacht,** dann ist der zugrunde liegende (Kauf-)Vertrag gem. § 177 BGB unwirksam, da die entsprechende Anwendung des § 366 nur die fehlende Vertretungsbefugnis beim Verfügungsgeschäft überwindet, jedoch nichts an der Unwirksamkeit des Verpflichtungsgeschäfts ändert. Der bisherige Eigentümer hat daher gegen den Erwerber nach Bereicherungsrecht einen Anspruch auf Rückübereignung oder Wertersatz (a. A. *K. Schmidt*, § 23 IV Rn. 37; Heymann/*Horn*, § 366 Rn. 16, die annehmen, § 366 ermögliche einen kondiktionsfreien Erwerb, da sonst der von § 355 bezweckte sichere Rechtserwerb nicht gewährleistet werde). § 818 III BGB ist zu beachten; Aufwendungen (z. B. Kaufpreis) sind zu erstatten bzw. abzuziehen.

Im **Fall a** würde K auch dann das Eigentum am Bild erwerben, wenn V den Vertrag im Namen des E schließt und K den V gutgläubig für vertretungsbefugt hält.

3. Lastenfreier Eigentumserwerb nach BGB und HGB (§ 366 II)

314 a) Nach § 936 BGB erlangt der Erwerber einer beweglichen Sache, die mit dem Recht (Pfandrecht, Nießbrauch) eines Dritten belastet ist, lastenfreies Eigentum, wenn er **in Bezug auf die Belastung gutgläubig** ist. Das Recht des Dritten erlischt also nur dann nicht, wenn der Erwerber beim Eigentumserwerb die Belastung kennt oder infolge grober Fahrlässigkeit nicht kennt (Einzelheiten: § 936 BGB; dazu auch *Bartels/Nißing*, Jura 2011, 252; *Werner*, JA 2009, 411).

b) § 366 II erweitert den Gutglaubensschutz. Selbst wenn der Erwerber die Belastung kennt, erwirbt er lastenfreies Eigentum, sofern er gutgläubig den Veräußerer für befugt hält, unbeschränkt über die Sache zu verfügen. Es wird also der **gute Glaube an die Befugnis des Veräußerers, ohne Vorbehalt des Rechts über die Sache zu verfügen,** geschützt. Es genügt guter Glaube an die Befugnis des Schuldners gegenüber dem Eigentümer, den Tatbestand herzustellen, dem das gesetzliche Pfandrecht entfließt. Etwa bestehende andere gesetzliche Pfandrechte treten zurück. Ein Pfändungspfandrecht ist kein gesetzliches Pfandrecht. Voraussetzung ist auch hier, dass der Veräußerer Kaufmann ist und die Verfügung im Betrieb seines Handelsgewerbes erfolgt.

4. Einschränkung des Gutglaubensschutzes beim Eigentumserwerb (§ 367)

315 a) Nach BGB ist ein gutgläubiger Erwerb von abhanden gekommenen Sachen ausgeschlossen (§ 935 I BGB). Jedoch gilt das nicht, sofern es sich um Geld, Inhaberpapiere und in öffentlicher Versteigerung erworbene Sachen handelt (§ 935 II BGB); bei diesen ist ein gutgläubiger Erwerb trotz des Abhandenkommens im Interesse der Verkehrssicherheit möglich.

b) Das Gesagte gilt grundsätzlich auch für den Handelsverkehr und unter den Voraussetzungen des § 366 auch für den guten Glauben an die Verfügungsbefugnis des Veräußerers.

Im **Fall c** steht einem gutgläubigen Erwerb das Abhandenkommen des Bildes (§ 935 I BGB) entgegen. Der gute Glaube des K an die Verfügungsbefugnis des V nützt ihm nichts.

§ 16. Der Eigentums-und Pfandrechtserwerb

Eine handelsrechtliche Einschränkung des Gutglaubensschutzes enthält § 367. Während das Abhandenkommen von Inhaberpapieren (zum Begriff vgl. → Rn. 609) normalerweise dem Erwerb kraft guten Glaubens an das Eigentum (§ 932 II BGB) oder an die Verfügungsbefugnis (§ 366 I) nicht entgegensteht, schließt § 367 den guten Glauben aus, wenn das **abhanden gekommene Inhaberpapier an einen Bankier veräußert** wird und der Verlust des Papiers innerhalb einer Frist von einem Jahr vor der Veräußerung im elektronischen Bundesanzeiger bekannt gemacht ist.

II. Pfandrechtserwerb

1. Vertragspfandrecht (§ 366 I)

a) Zur Sicherung einer Forderung kann an einer beweglichen Sache ein Pfandrecht bestellt werden. Das setzt Einigung und Übergabe voraus (§ 1205 I 1 BGB; die übrigen Tatbestände bleiben hier außer Betracht). Nach BGB ist auch ein Pfandrechtserwerb vom Nichtberechtigten kraft **guten Glaubens an das Eigentum** des Bestellers möglich (§§ 1207, 932, 935 BGB).

316

b) Nach HGB genügt zum Erwerb der **gute Glaube** des Erwerbers **an die Verfügungsbefugnis** des Bestellers (§ 366 I). Es gilt das zuvor zum Eigentumserwerb Gesagte entsprechend (§§ 366 I, II, 367).

2. Gesetzliches Pfandrecht (§ 366 III)

a) Nach allgemeinem Zivilrecht erwirbt ein gesetzliches Pfandrecht der Vermieter von Grundstücken oder Räumen an den eingebrachten Sachen des Mieters (§§ 562, 578 BGB), der Gastwirt an den eingebrachten Sachen des Gastes (§ 704 BGB) sowie der Werkunternehmer an den (von ihm hergestellten oder ausgebesserten) Sachen des Bestellers (§ 647 BGB). Einen gutgläubigen Erwerb gesetzlicher Pfandrechte an Sachen, die dem Schuldner nicht gehören, lässt das BGB nicht zu (vgl. § 1257 BGB; Mot. II, 404f. sowie → Rn. 318 am Ende).

317

b) Nach handelsrechtlichen Vorschriften erwerben der Kommissionär (§§ 397, 404), Frachtführer (§ 440), Verfrachter (§ 623 III), Spediteur (§ 464) und der Lagerhalter (§ 475b) kraft Gesetzes ein Pfandrecht, wenn der Vertrag mit diesen Personen geschlossen und ihnen zur Ausführung das Gut übergeben ist. Diese Pfandrechte stehen nach dem 2013 neugefassten (dazu *K. Schmidt* NJW 2014, 1) § 366 III 1 (erfasst wird nunmehr auch das gesetzliche Pfandrecht des Verfrachters) hinsichtlich des Schutzes des guten Glaubens einem durch Vertrag erworbenen Pfandrecht gleich. Geschützt wird demnach der gute Glaube nicht nur an das Eigentum, sondern auch an die Verfü-

318

gungsbefugnis. Hiermit ist gemeint, dass die erfassten Unternehmer ein gesetzliches Pfandrecht erwerben können, wenn ihr Vertragspartner zwar nicht Eigentümer, aber vom Berechtigten ermächtigt ist, mit ihnen entsprechende Verträge zu schließen (Rechtsgedanke des § 185 BGB). Es genügt m. a. W guter Glaube an die Befugnis des Schuldners gegenüber dem Eigentümer, den Tatbestand herzustellen, aus dem das gesetzliche Pfandrecht folgt. Obwohl es sich nach der Rechtsprechung des BGH um eine Ausnahme vom BGB handelt, wird nicht vorausgesetzt, dass der Schuldner Kaufmann ist. Der ebenfalls 2013 neu gefasste § 366 III 2 steht zwar dem gutgläubigen Erwerb aller in S. 1 geregelten gesetzlichen Pfandrechte an Gut, das nicht Gegenstand des Vertrags ist, aus dem die durch das Pfandrecht zu sichernde Forderung herrührt, nicht entgegen. Er beschränkt diese Möglichkeit aber auf Fälle, in denen sich der gute Glaube des Erwerbers auf das Eigentum des Vertragspartners und nicht nur auf dessen Verfügungsbefugnis bezieht. Von Bedeutung ist dies, weil sich die gesetzlichen Pfandrechte des Frachtführers, Spediteurs und Lagerhalters auch auf sog. inkonnexe Forderungen (zum Verzicht auf Konnexität im Handelsrecht auch → Rn. 320), d. h. auf Forderungen aus anderen Fracht-, Speditions- und Lagerverträgen zwischen denselben Parteien erstrecken (→ Rn. 462). Zum Erwerb des gesetzlichen Pfandrechts zur Sicherung solcher inkonnexer Forderungen genügt also der gute Glaube an die bloße Verfügungsbefugnis des Kommittenten, Absenders, Befrachters, Versenders oder Einlagerers nicht.

318a Auf die gesetzlichen Pfandrechte des BGB kann der Rechtsgedanke nicht im Wege der Analogie übertragen werden, auch nicht auf das des Werkunternehmers (§ 647 BGB), obwohl dieses wie die gesetzlichen Pfandrechte des HGB ein Übergabepfandrecht und kein bloßes Einbringungspfandrecht (etwa das des Vermieters, Verpächters, Gastwirts) ist (BGHZ 34, 154, 87, 274, 280, a. A. weite Teile des Schrifttums vgl. nur *Baur/Stürner,* § 55 Rn. 40; *Canaris,* § 27 Rn. 37).

Im **Fall d** hat L nach dem Vorbringen des E das Pfandrecht nicht kraft guten Glaubens an das Eigentum des X erworben. Dagegen scheidet ein guter Glaube an die Verfügungsbefugnis des X, der keine „Verfügung" im Rechtssinne vornimmt, nur auf den ersten Blick aus. In allen Fällen des § 366 III kommt es mangels „Verfügung" nicht auf einen guten Glauben an die Verfügungsbefugnis an; vielmehr bezieht sich der gute Glaube auf die Befugnis, einen der genannten Verträge abzuschließen. Da diese Form des guten Glaubens nach dem eigenen Vorbringen des E bei L vorlag, ist ein Pfandrecht entstanden.

3. Besonderheiten beim Pfandverkauf

Der Pfandverkauf muss angedroht werden (§ 1234 I BGB). Die Wartefrist zwischen Androhung und Verkauf, die nach § 1234 II BGB einen Monat beträgt, wird nach § 368 zwecks Erleichterung der Pfandverwertung auf eine Woche verkürzt.
Voraussetzung dafür ist, dass gem. § 368 I die Bestellung des Pfandrechts auf beiden Seiten und beim gesetzlichen Pfandrecht des Spediteurs und des Frachtführers zumindest aufseiten des Pfandgläubigers (§ 368 II) ein Handelsgeschäft ist.

319

Empfehlungen zur vertiefenden Lektüre:
Rechtsprechung: *BGH* NJW 1996, 2226 (Gutglaubensschutz im Gebrauchtwagenhandel mit Leasingfahrzeugen: Kraftfahrzeugbrief); *BGH* NJW 1999, 425 (Anforderungen an guten Glauben bei Veräußerungsgeschäft eines Kaufmanns außerhalb seines Geschäftsbetriebs); *BGH* NJW-RR 2004, 555 (Gutgläubiger Erwerb bei handelsüblichem verlängerten Eigentumsvorbehalt); *BGH* NJW 2005, 1365 (Bösgläubigkeit bei Kraftfahrzeugerwerb); *BGH* NJW-RR 2010, 1546 (gutgläubiger Pfandrechtserwerb bei gutem Glauben an die Ermächtigung des Absenders, einen Beförderungsauftrag zu erteilen); *OLG Düsseldorf* NJW-RR 1999, 615 (kein gutgläubiger Erwerb vom Scheinkaufmann).
Literatur: *Altmeppen*, Zur Rechtsnatur der handelsrechtlichen Pfandrechte, ZHR 157 (1993), 541; *Bülow*, Gutgläubiger Erwerb vom Scheinkaufmann, AcP 186 (1986), 576; *Müller*, „Baumaschinenvertreter auf Abwegen", JA 2007, 258 (Übungsklausur); *Petersen*, Der gute Glaube an die Verfügungsmacht im Handelsrecht, Jura 2004, 247; *M. Reinicke*, Schützt § 366 Abs. 1 HGB den guten Glauben an die Vertretungsmacht?, AcP 189 (1989), 79; *Richter*, Semesterabschlussklausur – Handelsrecht: Erteilung der Prokura und gutgläubiger Erwerb, JuS 2007, 647; *K. Schmidt*, Schützt § 366 HGB auch das Vertrauen auf die Vertretungsmacht im Handelsverkehr?, JuS 1987, 936 (dazu *W. Bosch*, JuS 1988, 439); *ders.*, Neues über gesetzliche Pfandrechte an Sachen Dritter, NJW 2014, 1.

§ 17. Das kaufmännische Zurückbehaltungsrecht (§§ 369 ff.)

Fall a: Kaufmann A verlangt von Kaufmann B zwei Maschinen heraus, die er bei ihm untergestellt hat. B will zuvor die Aufbewahrungsgebühr, rückständige Warenschulden von 2.000,– € sowie eine Schuld bezahlt haben, die A gegenüber der Firma X hatte und die inzwischen infolge Geschäftsübernahme auf B übergegangen ist. → Rn. 323, → Rn. 326
Fall b: Im Fall a hat A eine Maschine nach der Unterstellung bei B zur Sicherung eines Kredits an seine Bank übereignet. Diese verlangt die Maschine von B heraus. → Rn. 325, → Rn. 329, → Rn. 331, → Rn. 333

320

Fall c: Im Fall a klagt A gegen B auf Herausgabe der Maschinen. B erhebt wegen seiner Forderungen die Zurückbehaltungseinrede. Wie wird das Gericht entscheiden? → Rn. 328

Fall d: In den Fällen a und b will B sich wegen seiner Forderungen gegen A befriedigen. Was muss er tun? → Rn. 330 f.

I. Bedeutung

320a Hat ein Schuldner einen fälligen Anspruch gegen seinen Gläubiger und stammt der Anspruch aus demselben rechtlichen Verhältnis, auf dem seine Verpflichtung beruht (= Konnexität), so steht ihm nach bürgerlichem Recht ein Zurückbehaltungsrecht zu. Der Schuldner kann seine Leistung verweigern, bis die ihm gebührende Leistung bewirkt wird (§ 273 I BGB).

Demgegenüber gewährt das Handelsrecht einem Kaufmann unter bestimmten Voraussetzungen schon dann ein Zurückbehaltungsrecht, wenn **keine Konnexität** der Ansprüche besteht (§ 369 I 1). Das Zurückbehaltungsrecht dient der Sicherung des Kaufmanns, der bestimmte Gegenstände herauszugeben hat, indem es ihm ein Leistungsverweigerungsrecht gewährt, solange der Gläubiger irgendeine dem Kaufmann geschuldete fällige Geldleistung nicht erbringt. Auch in seinen Wirkungen geht das Zurückbehaltungsrecht des HGB weiter als das des BGB, da es dem Berechtigten neben dem Leistungsverweigerungsrecht ein pfandähnliches Befriedigungsrecht einräumt (§ 371).

321 Die Bedeutung des kaufmännischen Zurückbehaltungsrechts darf nicht überbewertet werden: Oft reicht das Zurückbehaltungsrecht gem. § 273 BGB aus. Denn „dasselbe rechtliche Verhältnis" i. S. d. § 273 I BGB setzt nicht voraus, dass es sich um Ansprüche aus einem und demselben Vertrag handelt. Vielmehr genügt für die Konnexität der Ansprüche, dass ein **natürlicher und wirtschaftlicher Zusammenhang**, ein einheitlicher Lebensvorgang, besteht; das ist bei einer dauernden Geschäftsbeziehung regelmäßig der Fall. Zum anderen ist das kaufmännische Zurückbehaltungsrecht nicht schnell zu verwerten, weil dazu ein Vollstreckungstitel auf Befriedigung aus dem zurückbehaltenen Gegenstand erforderlich ist (§ 371 III). Statt auf Befriedigung zu klagen, kann der Zurückbehaltungsberechtigte ebenso gut seine Forderung gerichtlich geltend machen, um dann aufgrund des Zahlungstitels in den von ihm zurückbehaltenen Gegenstand zu vollstrecken. Dazu ist er aber auch in der Lage, wenn ihm nur ein Zurückbehaltungsrecht nach BGB zusteht; außerdem eröffnet ein Zah-

lungsurteil die Möglichkeit, in andere Vermögenswerte des Schuldners zu vollstrecken, wenn die Verwertung des zurückbehaltenen Gegenstands zur Befriedigung der Forderung nicht ausreicht. Von Bedeutung ist das kaufmännische Zurückbehaltungsrecht vor allem im Insolvenzverfahren (§ 51 Nr. 3 InsO: Absonderungsrecht des Gläubigers).

Um das kaufmännische Zurückbehaltungsrecht effektiver zu gestalten, können die Parteien vom Gesetz abweichende Regeln hinsichtlich der Voraussetzungen und der Verwertung vereinbaren. Das ist möglich, weil die §§ 369 ff. dispositiver Natur sind.

Zu beachten ist, dass in §§ 369 ff. – im Gegensatz zu § 273 BGB – der Zurückbehaltungsberechtigte als Gläubiger und sein Gegner als Schuldner bezeichnet wird.

II. Voraussetzungen und Ausschluss

1. Voraussetzungen

a) Gläubiger und Schuldner müssen beide **Kaufleute** sein. 322

b) Die Forderung, wegen der zurückbehalten wird, muss grundsätzlich eine **fällige Geldforderung** sein.

(1) Im Gegensatz zu § 273 BGB setzt § 369 eine **Geldforderung** oder jedenfalls eine solche Forderung voraus, die in eine Geldforderung (z. B. Schadensersatzforderung aufgrund von Leistungsstörungen, §§ 280 ff. BGB) übergehen kann (h. M.; Großkomm/*Canaris*, §§ 369–372 Rn. 51). Das folgt aus § 371, wonach das kaufmännische Zurückbehaltungsrecht wie ein Pfandrecht zu einer Befriedigung der Forderung aus dem Verkaufserlös führen kann.

(2) Wie § 273 BGB verlangt § 369 die **Fälligkeit** der Forderung.

c) Während die Forderung des Gläubigers und die Gegenforderung des Schuldners nach § 273 BGB auf demselben rechtlichen Verhältnis beruhen müssen, ist eine solche Konnexität nach § 369 nicht erforderlich. Jedoch müssen die Forderungen **aus den zwischen ihnen geschlossenen beiderseitigen Handelsgeschäften** entstanden sein (§ 369 I 1). 323

(1) Beide Forderungen müssen jeweils aus Geschäften stammen, die für den Gläubiger wie für den Schuldner **Handelsgeschäfte** (§§ 343 f.) sind. Bei einer Forderung aus einem privaten Geschäft scheidet ein kaufmännisches Zurückbehaltungsrecht aus.

Ausreichend wäre z. B. ein Bereicherungsanspruch, der deshalb entstanden ist, weil ein beiderseitiges Handelsgeschäft angefochten worden ist. – Im **Fall a** stammt der Anspruch des A gegen B auf Herausgabe der Maschinen (§ 695 BGB; § 985 BGB) aus einem beiderseitigen Handelsgeschäft. Das gilt auch für die Ansprüche des B gegen A auf Entgelt für die Verwahrung, auf Bezahlung der Warenschulden und auf Begleichung der übergegangenen Forderung (vgl. §§ 343 f.).

(2) Die Geschäfte müssen **zwischen Gläubiger und Schuldner geschlossen** worden sein. Tritt also ein Dritter seine Forderungen gegen den Schuldner an den Gläubiger ab, so steht diesem wegen der abgetretenen Forderung kein kaufmännisches Zurückbehaltungsrecht an einer Sache des Schuldners zu. Diese Einschränkung dient dem Schutz des Schuldners; es soll verhindert werden, dass durch Abtretung für eine ungesicherte Forderung ein Zurückbehaltungsrecht künstlich geschaffen wird. Der Schuldner ist jedoch nicht schutzwürdig, wenn er bereits bei der Übergabe der Sache an den Gläubiger von der Abtretung der Forderung weiß. Deshalb ist der Wortlaut des Gesetzes „zwischen ihnen" nach der geschilderten Interessenlage zu eng.

Nach h. M. soll auch eine ererbte Forderung den Gläubiger zur Zurückbehaltung berechtigen, da der Gläubiger als Erbe die Rechtspersönlichkeit des Erblassers fortsetze und die Forderung ohne seinen Willen auf den Gläubiger übergehe (MünchKomm/*Welter*, § 369 Rn. 26). Dann muss Entsprechendes auch für den Fall der Geschäftsübernahme gelten (vgl. § 25 I 2). Jedoch ist auch in diesen Fällen der Schuldner nach dem Willen des Gesetzes zu schützen; ein Zurückbehaltungsrecht kann daher nur dann entstehen, wenn der Schuldner bei Übergabe der Sache von dem Forderungsübergang weiß (**Fall a:** Forderungsübertragung infolge Geschäftsübernahme).

324 d) Gegenstand des kaufmännischen Zurückbehaltungsrechts sind nur **verpfändbare bewegliche Sachen** und **Wertpapiere,** nicht dagegen – wie in § 273 BGB – sonstige Rechte. Diese Einschränkung wird mit der Nähe des kaufmännischen Zurückbehaltungsrechts zu den Besitzpfandrechten begründet, die in § 371 besonders deutlich wird. Vom Begriff der „Wertpapiere" erfasst werden nur die Wertpapiere im engeren Sinne, also Inhaber- und Orderpapiere (→ Rn. 521 ff.). Nicht selbständig verwertbare Rektapapiere (→ Rn. 530) – wie die unter § 952 BGB fallenden Papiere (insbesondere Sparbücher, Kraftfahrzeugbrief) – scheiden damit aus.

325 e) Sie müssen grundsätzlich im **Eigentum des Schuldners** stehen. Es kommt dabei auf das Eigentum des Schuldners im Zeitpunkt der

Entstehung und nicht der Geltendmachung des Zurückbehaltungsrechts an. Andernfalls könnte der Schuldner durch Übereignung (z. B. nach § 930 BGB; **Fall b**) die Wirkungen des § 369 zum Nachteil des Gläubigers umgehen. Das Anwartschaftsrecht beim Vorbehaltskauf steht dem Eigentum gleich.

Ausnahmsweise steht dem Gläubiger das Zurückbehaltungsrecht auch an einer eigenen Sache zu, wenn er diese auf den Schuldner zurück übertragen muss, so dass die Sache wirtschaftlich zum Vermögen des Schuldners gehört.

§ 369 I 2 nennt zwei Fälle:
(1) Das Eigentum an dem Gegenstand ist **vom Schuldner** auf den Gläubiger übergegangen (z. B. zur Erfüllung eines Kaufvertrags), muss aber auf den Schuldner zurück übertragen werden (z. B. weil der Gläubiger wegen eines Mangels zurückgetreten ist).
(2) Das Eigentum ist **von einem Dritten** auf den Gläubiger übertragen worden, muss aber vom Gläubiger an den Schuldner weiter übereignet werden (z. B. Fall des Einkaufskommissionärs; → Rn. 442).

f) Der Gläubiger muss **mit Willen des Schuldners den Besitz** an dem Gegenstand **aufgrund von Handelsgeschäften erlangt** haben.

(1) Für den **Besitz** des Gläubigers reicht Mitbesitz, auch mittelbarer Besitz aus, sofern ein Dritter und nicht der Schuldner unmittelbarer Besitzer ist.

Es genügt, dass der Gläubiger im Besitz eines Traditionspapiers (→ Rn. 637 ff.) ist, wenn er durch das Papier über die Sache verfügen kann. § 369 I 1 nennt „insbesondere" das Konnossement, den Ladeschein (§ 444; → Rn. 456) und den Lagerschein (§ 475c; → Rn. 483).

(2) **Mit Willen des Schuldners** muss der Gläubiger Besitzer geworden sein. Dabei reicht es aus, dass der Gläubiger die Sache mit (ausdrücklicher oder stillschweigender) Zustimmung des Schuldners (oder seines Vertreters) an sich nimmt oder von einem Dritten übergeben bekommt. Eine eigenmächtige Besitzergreifung ohne Zustimmung des Schuldners berechtigt selbst dann nicht zur Zurückbehaltung, wenn die Besitzentziehung vom Gesetz gestattet ist.

Wird eine durch ein Zurückbehaltungsrecht abgesicherte Forderung an einen Dritten abgetreten, geht die Einrede auch dann nicht gem. §§ 401, 1250 BGB auf den Zessionar über, wenn der Zedent die Einrede bereits geltend gemacht hat. Vielmehr bedarf es der Übergabe der Sache an den Zessionar, damit ein Zurückbehaltungsrecht zu seinen Gunsten begründet wird.

(3) Der Besitzerwerb muss für den Gläubiger ein **Handelsgeschäft** sein (§ 343 II; **Fall a**).

2. Ausschluss

327 a) Das kaufmännische Zurückbehaltungsrecht kann durch **Parteivereinbarung** ausgeschlossen werden.

b) Es ist nach § 369 III dann ausgeschlossen, wenn der Gläubiger rechtsgeschäftlich verpflichtet oder ihm vom Schuldner spätestens bei der Übergabe die Weisung erteilt worden ist, in bestimmter Weise mit dem Gegenstand zu verfahren, und eine Zurückbehaltung dieser Verpflichtung oder Weisung widerstreitet.

III. Wirkungen

1. Einrede

328 a) Gegenüber dem Herausgabeanspruch des **Schuldners** kann der zur Leistungsverweigerung berechtigte Gläubiger die Zurückbehaltungseinrede erheben. Nach h. M. begründet das Zurückbehaltungsrecht ein Recht zum Besitz gem. § 986 BGB (vgl. *BGH* NJW 1995, 2627, 2628).

Als Einrede wird das Zurückbehaltungsrecht vom Gericht nicht von Amts wegen, sondern nur dann berücksichtigt, wenn der Beklagte sich darauf beruft. Wird die Einrede zu Recht erhoben, führt das nicht zur Klageabweisung, sondern nur zur Zug-um-Zug-Verurteilung (analog § 274 I BGB; **Fall c**).

329 b) Gegenüber dem Herausgabeanspruch eines **Dritten** steht dem Gläubiger die Einrede nur insoweit zu, als dem Dritten die Einwendungen gegen den Anspruch des Schuldners auf Herausgabe des Gegenstands entgegengesetzt werden können (§ 369 II). Überträgt also der Schuldner das Eigentum an der im Besitz des Gläubigers befindlichen Sache durch Einigung und Abtretung des Herausgabeanspruchs (§§ 929, 931 BGB) an einen Dritten, so kann der Gläubiger dem Dritten nach § 986 II BGB das Zurückbehaltungsrecht entgegenhalten. Derjenige, der Eigentum nur aufgrund mittelbaren Besitzes erwirbt, ist nicht schutzwürdig, da er mit Rechten des unmittelbaren Besitzers rechnen muss. Entsprechendes gilt, wenn der Dritte nachträglich einen Nießbrauch oder ein Pfandrecht durch Abtretung des Herausgabeanspruchs erwirbt (vgl. §§ 1032, 1205 II BGB).

Im **Fall b** hat A das Eigentum an der Maschine durch Einigung und Vereinbarung eines Besitzmittlungsverhältnisses (§§ 929, 930 BGB) an die Bank übertragen; das war möglich, weil A mittelbarer Besitzer der im unmittelbaren Besitz des B stehenden Maschine war. Obwohl der Wortlaut des § 986 II BGB nur auf den Fall des § 931 BGB abstellt, muss die Vorschrift wegen der glei-

§ 17. Das kaufmännische Zurückbehaltungsrecht 187

chen Interessenlage auch im Fall des § 930 BGB sinngemäß angewandt werden (vgl. BGHZ 111, 142, 146 f.). Denn es macht keinen Unterschied, auf welche Weise der Dritte Eigentümer wird; erforderlich ist nur, dass der Gläubiger im Besitz des zurückbehaltenen Gegenstands bleibt.

2. Verwertungsrecht

Zur Befriedigung seiner Forderung kann der Gläubiger den zurückbehaltenen Gegenstand verwerten. Dazu stehen ihm zwei Wege offen: 330

a) **Vollstreckungsbefriedigung:** Der Gläubiger klagt seine Forderung gegen den Schuldner ein. Aufgrund des obsiegenden Zahlungsurteils kann er in das Schuldnervermögen und damit auch in den Gegenstand, der in seinem Gewahrsam steht, die Zwangsvollstreckung betreiben. Der Gläubiger lässt den zurückbehaltenen Gegenstand vom Gerichtsvollzieher pfänden und versteigern (§§ 809, 814 ff. ZPO; **Fall d**).

b) **Verkaufsbefriedigung:** Das kaufmännische Zurückbehaltungsrecht ist zwar kein Pfandrecht, hat aber pfandähnliche Wirkungen. Der Gläubiger ist kraft seines Zurückbehaltungsrechts befugt, sich aus dem zurückbehaltenen Gegenstand für seine Forderung zu befriedigen (§ 371 I 1). Die Befriedigung erfolgt nach den für das Pfandrecht geltenden Vorschriften des BGB (§ 371 II 1; **Fall d**). 331

Der Gläubiger hat also die Wahl, ob er den Gegenstand im Wege öffentlicher Versteigerung bzw. – wenn der Gegenstand einen Börsen- oder Marktpreis hat – freihändig verkaufen lässt (§§ 1235, 1221 BGB) oder ob er den Gegenstand wie eine gepfändete Sache durch den Gerichtsvollzieher versteigern lässt (§ 1233 II BGB; §§ 814 ff. ZPO).

(1) Gegenüber den Regeln des BGB sind hier jedoch **zwei Besonderheiten** zu beachten:

(a) Der Verkauf des Gegenstands setzt, sofern nichts anderes unter den Parteien vereinbart worden ist, einen **Vollstreckungstitel auf Befriedigung** aus dem zurückbehaltenen Gegenstand voraus. Der Gläubiger muss also gegen den Eigentümer, d. h. den Schuldner oder den Dritten (**Fall b**), klagen und beantragen, diesen zu verurteilen, dem Kläger zu gestatten, sich wegen seiner Forderung aus dem (näher bezeichneten) Gegenstand zu befriedigen (§ 371 III; **Fall d**); ist der Gläubiger selbst Eigentümer des Gegenstands, muss er gegen den Schuldner klagen (§ 371 III 1).

Die Klage ähnelt der des Hypothekars gegen den Grundstückseigentümer auf Duldung der Zwangsvollstreckung in das Grundstück (vgl. § 1147 BGB).

Zuständig ist (auch) das Gericht, in dessen Bezirk der Gläubiger seinen allgemeinen Gerichtsstand hat (vgl. § 371 IV).

332 (b) Der Gläubiger muss ebenso wie der Pfandgläubiger den Verkauf dem Eigentümer vorher androhen (vgl. § 1234 BGB). Während jedoch der Verkauf des Pfandes nach BGB nicht vor dem Ablauf eines Monats nach der Androhung erfolgen darf (§ 1234 II 1 BGB), genügt bei der Verwertung des zurückbehaltenen Gegenstands eine **Frist** von einer Woche zwischen Androhung und Verkauf (§ 371 II 2).

333 (2) Der Schuldner ist in der Lage, das Eigentum an dem im Besitz des Gläubigers stehenden Gegenstand auf einen Dritten zu übertragen, ohne dass der Gläubiger davon Kenntnis erlangt (**Fall b**). Deshalb muss der Gläubiger geschützt werden; er braucht keine Nachforschungen darüber anzustellen, ob der Schuldner auch noch Eigentümer ist. Vielmehr gilt zu seinen Gunsten in Ansehung der Befriedigung aus dem Gegenstand der Schuldner, der beim Besitzerwerb des Gläubigers Eigentümer des Gegenstands war, auch weiter als Eigentümer, sofern der Gläubiger nicht weiß, dass der Schuldner nicht mehr Eigentümer ist (§ 372 I).

Der Gläubiger kann also den Schuldner auf Gestattung der Befriedigung verklagen; das stattgebende Urteil wirkt auch gegen den Dritten, der inzwischen Eigentümer geworden ist; die Rechtskraftwirkung gegen den Dritten tritt nur dann nicht ein, wenn der Gläubiger bei Eintritt der Rechtshängigkeit wusste, dass der Schuldner nicht mehr Eigentümer war (§ 372 II). Auch die Androhung des Verkaufs kann der gutgläubige Gläubiger an den Schuldner richten (§ 372 I).

3. Absonderungsrecht

334 Im Insolvenzverfahren des Schuldners berechtigt das kaufmännische Zurückbehaltungsrecht den Gläubiger zur abgesonderten Befriedigung aus dem zurückbehaltenen Gegenstand (§§ 51 Nr. 3, 50 InsO). Hier zeigt sich erneut seine dingliche, pfandrechtsähnliche Wirkung. Das Zurückbehaltungsrecht des § 273 BGB gewährt demgegenüber nur ein eingeschränktes Befriedigungsrecht wegen Verwendungen auf die Sache (§ 273 II BGB, § 51 Nr. 2 InsO).

IV. Erlöschen

335 Das kaufmännische Zurückbehaltungsrecht erlischt bei Befriedigung oder Besitzverlust des Gläubigers sowie bei Sicherheitsleistung

des Schuldners; eine Sicherheitsleistung durch Bürgen ist ausgeschlossen (§ 369 IV; ebenso § 273 III 2 BGB).
Bei Sicherheitsleistung (§§ 232 ff. BGB) erlangt der Gläubiger ein Pfandrecht an der Sicherheit (§ 233 BGB) und ist dadurch hinreichend geschützt.

Empfehlungen zur vertiefenden Lektüre:
Literatur: *Braumüller,* Das Zurückbehaltungsrecht in Exekution und Insolvenz, 1991; *Didier,* Pfand-, Sicherungs- und Zurückbehaltungsrechte des Frachtführers bei drohender Zahlungsunfähigkeit und Insolvenz des Absenders, NZI 2003, 513.

§ 18. Das Kontokorrent (§§ 355 ff.)

Fall a: Der Handelsvertreter H vereinbart mit dem Unternehmer U, dass die gegenseitigen Forderungen zu verbuchen sowie jeweils nach Ablauf eines Vierteljahres zu verrechnen sind und der sich ergebende Überschuss dann ausgezahlt werden soll. Da U den Provisionsanspruch des H aus einem von diesem getätigten Geschäft bestreitet, klagt H vor Ablauf des Vierteljahres auf Zahlung dieser Provision, hilfsweise auf Feststellung, dass ihm der Provisionsanspruch zusteht. → Rn. 346   336

Fall b: Im Fall a ergibt sich bei der Verrechnung am Ende eines Vierteljahres ein Saldo von 6.000,- € zugunsten des H. Dieser möchte eine Teilforderung von 1.000,- € an X abtreten und 5.000,- € ausbezahlt bekommen. → Rn. 352

Fall c: Im Fall b stellt U nach Anerkennung des Saldos fest, dass er eine an H geleistete Vorschusszahlung über 1.500,- € bei der Abrechnung vergessen hat. Kann er das gegenüber dem Zahlungsanspruch des H geltend machen? → Rn. 353

Fall d: Kann H sich im Fall b nach Anerkennung des Saldos wegen der Zahlung auch an den Kaufmann B halten, der sich für einen einzelnen Provisionsanspruch i. H. v. 2.000,- € verbürgt hat? → Rn. 356

I. Bedeutung und Begriff

1. Bedeutung

Das in § 355 nur unvollkommen geregelte Kontokorrent ist ein **laufendes Konto** (italienisch: conto corrente). Es ist der Abrechnung beim Skat vergleichbar: Anstatt nach jedem einzelnen Spiel zu zahlen, werden die jeweils gewonnenen Beträge auf dem „Konto" des einzelnen Spielers gutgeschrieben; am Ende des Skatabends werden die Konten „saldiert" und der sich ergebende Betrag gezahlt oder eingezogen. Dadurch wird eine Vielzahl von Geldbewegungen durch eine einzige ersetzt.   336a

337 a) Das Kontokorrent dient vornehmlich drei Zwecken:
(1) Stehen zwei Personen in laufender Geschäftsverbindung und müsste jedes einzelne Geschäft durch Bezahlung oder sonstige Leistung abgewickelt werden, so wäre das wenig praktikabel. Um unnötige Geldbewegungen zu vermeiden, werden die einzelnen Beträge zunächst nur gebucht und nach einem bestimmten Zeitabschnitt verrechnet; der sich dann ergebende Überschuss (Saldo) wird ausgeglichen. Auf diese Weise dient das Kontokorrent der **Vereinfachung**.

(2) In das Kontokorrent werden alle Forderungen der beiden Geschäftspartner ohne Rücksicht darauf eingestellt, aus welchem Schuldgrund (z. B. Kauf, Pacht, Werkvertrag) sie sich ergeben. Sie können ein sehr verschiedenes rechtliches Schicksal haben (z. B. hinsichtlich Verzinsung, Verjährung, Erfüllungsort). Wird jedoch der Saldo anerkannt, soll nur noch dieser für die Parteien maßgebend sein. Damit wird durch das Kontokorrent eine **Vereinheitlichung** erreicht.

(3) Dadurch, dass jede Einzelforderung des einen Geschäftspartners in das Kontokorrent eingestellt und schließlich mit den Forderungen des anderen Geschäftspartners verrechnet wird, erreicht jeder hinsichtlich seiner Forderungen, dass er durch das Erlöschen seiner Schulden befriedigt wird. Die Lage ist mit der bei der Aufrechnung vergleichbar: Solange jemand aufrechnen kann, braucht er keine Sorge zu haben, dass sein Schuldner nicht leisten kann. Insofern dient das Kontokorrent der **Sicherung** der Forderungen.

Die früher bejahte Kreditierungsfunktion wird von der heute h. M. abgelehnt, weil das Kontokorrent nicht zwingend zu einer Stundung der in das Kontokorrent eingestellten Forderungen führen muss (Baumbach/Hopt/*Hopt*, § 355 Rn. 7).

338 b) Bedeutsam ist das Kontokorrent in der Praxis vor allem im Verkehr der Banken mit ihren Kunden (**Bankkonto**), aber auch für die Lieferbeziehungen der Unternehmen mit ihren ständigen Abnehmern und mit ihren selbständigen Hilfspersonen (z. B. Handelsvertretern) sowie im Innenverhältnis der Gesellschafter einer Personengesellschaft (Kapitalkonten der Gesellschafter).

2. Begriff

339 a) Ein Kontokorrent liegt vor, wenn jemand mit einem Kaufmann derart in Geschäftsverbindung steht, dass die aus der Verbindung entstehenden Ansprüche und Leistungen nebst Zinsen in Rechnung gestellt und in regelmäßigen Zeitabschnitten durch Verrechnung und

Feststellung des für den einen oder anderen Teil sich ergebenden Überschusses ausgeglichen werden (§ 355 I).

b) Vom Kontokorrent unterscheidet man das uneigentliche Kontokorrent und die offene Rechnung. 340

(1) Von einem **uneigentlichen Kontokorrent** spricht man, wenn die Parteien in Geschäftsverbindung stehen und ihre beiderseitigen Ansprüche und Leistungen kontokorrentmäßig behandeln, obwohl nicht alle der in § 355 genannten Merkmale des (eigentlichen) Kontokorrents gegeben sind.

Ist beispielsweise keine der Parteien Kaufmann, so muss aus der getroffenen Vereinbarung entnommen werden, ob und in welchem Umfang die §§ 355 ff. nach dem Willen der Parteien anwendbar sein sollen (vgl. → Rn. 341).

(2) Bei einer sog. **offenen Rechnung** werden zwar die einzelnen Ansprüche gegen die eine Partei „angeschrieben"; die einzelnen Rechnungsposten bleiben aber offenstehen. Die Ansprüche können jederzeit vom Gläubiger geltend gemacht werden. Von Zeit zu Zeit wird eine Gesamtrechnung ausgestellt, in der die Einzelbeträge zu einer Gesamtsumme addiert sind.

Beispiele: Der Hausarzt schickt jedes halbe Jahr eine Liquidation. Der Gast lässt in seinem Stammlokal verzehrte Speisen und Getränke anschreiben.

II. Voraussetzungen

1. Geschäftsverbindung mit einem Kaufmann

Es muss eine Geschäftsverbindung zwischen den Parteien bestehen. Diese müssen eine dauernde Verbindung beabsichtigen, aus der von beiden Seiten Ansprüche und Leistungen entstehen können. Dabei ist es unerheblich, ob die Geschäftsverbindung tatsächlich von gewisser Dauer ist und ob auf beiden Seiten tatsächlich Forderungen entstehen. 341

Daher ist ein Girokonto auch dann ein Kontokorrentkonto, wenn nur eine der Parteien Leistungen erbringt und es kurz nach Eröffnung (z. B. wegen plötzlichen Umzugs des Kunden) wieder aufgelöst wird.

Die Geschäftsverbindung muss mit einem **Kaufmann** bestehen. Der Kaufmannseigenschaft einer der Geschäftspartner bedarf es aber nur, um die von Abs. 1 angeordnete Ausnahme vom Zinseszinsverbot des § 248 BGB zur Geltung zu bringen. Im Übrigen kann eine Kontokorrentabrede auch zwischen Nichtkaufleuten getroffen werden. Die allgemeinen Rechtsgrundsätze des Kontokorrents sind dann ebenfalls anzuwenden. Auch wenn sonstige Elemente des Kontokorrents fehlen, können die §§ 355 ff. analog angewendet werden, wenn dies nach den vertraglichen Absprachen angemessen erscheint.

2. Kontokorrentabrede

342 Zwischen den Parteien ist eine Kontokorrentabrede erforderlich. Sie kann ein selbständiger Vertrag sein, ist aber meist ein Bestandteil des sog. Geschäftsvertrags (z. B. Giro-, Handelsvertreter-, Sukzessivlieferungsvertrag).
Die Kontokorrentabrede enthält eine (auch schlüssig mögliche) Vereinbarung über mindestens drei Punkte (vgl. § 355 I):

343 a) Die Ansprüche und Leistungen nebst Zinsen sollen **in Rechnung gestellt,** also bloße Rechnungsposten werden (Kontokorrentbindung).

344 b) Die beiderseitigen Forderungen und Leistungen sollen **verrechnet** werden. Dabei hängt es von der Parteivereinbarung ab, ob diese Verrechnung in bestimmten Zeitabschnitten oder laufend, nämlich schon dann erfolgen soll, wenn sich Forderungen und Leistungen aufrechenbar gegenüberstehen (Verrechnung).

(1) Beim **Periodenkontokorrent,** von dem das HGB ausgeht, werden die in Rechnung gestellten Posten in regelmäßigen Zeitabschnitten saldiert. Die Länge der Periode wird von den Parteien vereinbart und beträgt ohne eine solche Vereinbarung ein Jahr (§ 355 II).

(2) Beim **Staffelkontokorrent,** das von den Parteien vereinbart werden kann (BGHZ 50, 277, 279), wird nicht periodisch, sondern laufend verrechnet, sobald eine Einzelforderung in das Kontokorrent eingestellt wird.

345 c) Das Ergebnis der Verrechnung, also der für den einen oder anderen Teil sich ergebende Überschuss (= der Saldo), soll **festgestellt** und dem Partner **zum Anerkenntnis** mitgeteilt werden (Saldoanerkenntnis).

Die von Banken dem Kunden übersandten Tagesauszüge stellen keine Feststellung des Saldos dar, der vom Kunden etwa stillschweigend anerkannt wird; das gilt auch dann, wenn sie Spesenposten enthalten (*BGH* WM 1985, 936). Vielmehr soll damit lediglich der Bank die Kontrolle über die vom Kunden getroffenen Dispositionen und dem Kunden die Übersicht über den Kontostand erleichtert werden (BGHZ 50, 277, 280). Es handelt sich also nicht um ein Staffelkontokorrent; die Saldoanerkennung erfolgt, wenn dem Kunden nach einem bestimmten Zeitabschnitt ein Rechnungsabschluss übersandt wird.

§ 18. Das Kontokorrent

In dem Schweigen auf die während eines längeren Zeitraums übersandten periodischen Rechnungsabschlüsse und in der Fortsetzung der Geschäftsverbindung auf der Basis dieser Abrechnungen kann eine stillschweigende Anerkennung der Salden liegen (*BGH* NJW-RR 1991, 1251).

III. Wirkungen

1. Wirkungen der Einstellung ins Kontokorrent

Mit der Einstellung der Forderung (oder Leistung) ins Kontokorrent wird diese ein bloßer Rechnungsposten. Sie verliert also ihre Selbständigkeit; sie ist **unabtretbar, unverpfändbar und unpfändbar** und damit wie „gelähmt". 346

Daraus folgt:
a) Der Gläubiger kann über die **Einzelforderung** nicht verfügen. Die Forderung kann nicht selbständig geltend gemacht werden und der Schuldner nicht in Schuldnerverzug kommen.

Im **Fall a** ist die Zahlungsklage des H auf die Kontokorrenteinrede des U also abzuweisen (vgl. RGZ 105, 233, 234; *BGH* NJW 1970, 560). H kann jedoch auf Feststellung klagen, dass ihm die Forderung zusteht, damit für die anstehende Verrechnung die Berücksichtigung dieser Forderung geklärt ist (vgl. RGZ 125, 411, 416).

Eine scheinbare Ausnahme ergibt sich hinsichtlich des Tagesguthabens auf einem Girokonto, das bei den Geschäftsbanken regelmäßig als Kontokorrentkonto geführt wird. Nach dem Girovertrag ist der Kunde berechtigt, sofort und nicht erst beim nächsten periodischen Rechnungsabschluss über das jeweilige Tagesguthaben (nicht aber über bestimmte Einzelforderungen) zu verfügen. Dieser Anspruch ist nicht kontokorrentgebunden. Ein an den Kunden ausgezahlter Betrag wird allerdings wiederum ins Kontokorrent eingestellt (vgl. dazu BGHZ 84, 371, 377).

Die Forderung kann **nicht abgetreten** (h. M.: § 399, 2. Alt. BGB), **verpfändet** (§ 1274 II BGB) **oder gepfändet** (vgl. § 357, der § 851 II ZPO vorgeht) **werden** (vgl. *BGH* NJW 1985, 1219; zur Unanwendbarkeit des § 354a vgl. → Rn. 376). Eine Aufrechnung gegen sie ist demnach ausgeschlossen (§ 394 BGB). Auch mit der Forderung kann nicht aufgerechnet werden. Dies ergibt sich auch aus § 390 S. 1 BGB. Denn die Kontokorrentabrede wirkt – wie soeben gesehen – als Einrede.

b) Die **Tilgung** der Forderung (z. B. durch Zahlung, Überweisung) ist **ausgeschlossen;** § 366 BGB ist nicht anwendbar, sofern nichts anderes vereinbart ist. Die erbrachte Leistung wird dem Konto des 347

Schuldners gutgeschrieben und später bei der Verrechnung berücksichtigt.

348 c) Die **Verjährung** der Einzelforderung ist bis zum nächsten Rechnungsabschluss **gehemmt** (§ 205 BGB analog).

2. Wirkungen der Verrechnung und Feststellung

349 Die Verrechnung der Rechnungsposten und die Feststellung des Saldos sind scharf von der Anerkennung des Saldos zu unterscheiden.

350 a) Die **Verrechnung** hat **Tilgungswirkung** und damit den Charakter einer Verfügung. Die Art der Verrechnung wird vom Gesetz nicht bestimmt. Entscheidend ist die Parteivereinbarung. Die Tilgungswirkung greift, soweit sich die Summen der beiderseitigen Forderungen und Leistungen betragsmäßig decken (str., vgl. zum aktuellen Meinungsstand Heymann/*Horn,* § 355 Rn. 21). Sie ist rechtlich unabhängig von dem sich regelmäßig anschließenden Anerkenntnis.

351 Umstritten ist die Behandlung **unklagbarer Ansprüche,** wie sie aus Spiel und Wette entstehen können (§ 762 BGB; dazu *Henssler,* Risiko als Vertragsgegenstand, 1994, S. 419 ff., 466). Nach der Rechtsprechung sind sowohl die Kontokorrentverrechnung als auch das Saldoanerkenntnis unwirksam, wenn unklagbare Einzelforderungen eingestellt wurden (BGHZ 93, 307, 312). Der Streit hat mit Inkrafttreten des 4. FinanzmarktförderungsG vom 21.6.2002 (BGBl. I, 2010 f.) weitgehend an Bedeutung verloren, da seither die für das Wirtschaftsleben weitaus wichtigste Gruppe der unvollkommenen Verbindlichkeiten, nämlich diejenige der Börsentermingeschäfte, entfallen ist. Der Schutz der Anleger bei Finanztermingeschäften wird seither nur noch über Informationspflichten verwirklicht.

352 b) Die am Ende der Periode aufgrund der Verrechnungsabrede **automatisch eintretende Verrechnung** führt zum **Erlöschen** der verrechneten Einzelforderungen und zum Entstehen eines kausalen Saldoanspruchs. Der Rechtsprechung zufolge werden die Einzelforderungen des Gläubigers der Saldoforderung durch die Verrechnung anteilig getilgt (BGHZ 49, 24, 30). Das bedeutet, dass sich der kausale Saldo aus einer Vielzahl von Einzelforderungsresten zusammensetzen kann. Interessengerechter ist es, im Wege der Analogie auf die Tilgungsgrundsätze der §§ 366, 367, 396 BGB zurückzugreifen (so auch die überwiegende Literaturmeinung, vgl. nur *K. Schmidt,* § 21 IV Rn. 26). Der Gläubiger kann über den kausalen Saldoanspruch verfügen, sofern dieser nach der Parteivereinbarung nicht wieder ins Kontokorrent eingestellt werden soll. Der sich ergebende Überschussbetrag ist zu verzinsen, auch wenn in der Rechnung bereits

Zinsen enthalten sind (§ 355 I; Ausnahme vom Zinseszinsverbot der §§ 248 I; 289 S. 1 BGB; 353 S. 2). Die Verzinsung beginnt mit dem Ende der Rechnungsperiode.

Im **Fall b** ist mangels anderer Abrede davon auszugehen, dass H über seinen Saldoanspruch verfügen kann. Deshalb kann er seine Forderung zum Teil abtreten und im Übrigen Zahlung von U verlangen.

3. Wirkungen der Anerkennung des Saldos

Die Übermittlung des Rechnungsabschlusses mit dem sich ergebenden Saldo stellt das Angebot, die Anerkennung durch den Vertragspartner die Annahme dar, so dass ein abstraktes Schuldanerkenntnis gem. § 781 BGB (*Brox/Walker*, BS, § 33 Rn. 13 ff.) vorliegt. Die Anerkenntniserklärung bedarf nach § 782 BGB keiner Form und kann sogar stillschweigend abgegeben werden. 353

a) Aufgrund des Anerkenntnisvertrags entsteht ein **abstrakter,** vom Schuldgrund losgelöster **Saldoanspruch.** Der Gläubiger kann ihn geltend machen, ohne dass er sich Einwendungen aus dem Kausalverhältnis entgegenhalten lassen muss.

Im **Fall c** kann U wegen seines (Motiv-)Irrtums den Anerkenntnisvertrag nicht nach § 119 BGB anfechten. Jedoch kann er dem Zahlungsanspruch des H die Bereicherungseinrede nach § 821 BGB entgegensetzen (§ 812 II BGB, vgl. BGHZ 51, 346, 348). Nur bei zum Zeitpunkt der Abgabe bekannten (vgl. § 814 BGB) Verrechnungsfehlern oder Einwendungen kann das Schuldanerkenntnis nicht als rechtsgrundlos kondiziert werden. Kommt es im Rahmen eines Girovertrags zu Fehlbuchungen, ist der Girokunde bereits dann als bösgläubiger Empfänger (§ 819 I BGB) zu behandeln, wenn er den Irrtum der Bank erkannt hat; in diesem Fall ist ihm die Berufung auf den Wegfall der Bereicherung (§ 818 III BGB) abgeschnitten (BGHZ 72, 9, 14).

b) Durch das Schuldanerkenntnis werden klare Rechtsverhältnisse geschaffen. Die abstrakte Saldoforderung hat ihren eigenen Erfüllungsort (§ 269 BGB) und verjährt nach §§ 195, 199 BGB mit Ablauf von drei Jahren ab Schluss des Jahres, in dem die Forderung entstanden ist (vgl. zum alten Recht BGHZ 51, 346, 349). 354

c) Das abstrakte Schuldanerkenntnis wird im Zweifel **erfüllungshalber** gegeben (§ 364 II BGB; *Brox/Walker*, BS, § 33 Rn. 18, AS, § 14 Rn. 7). Es bewirkt also keine Novation im Sinne einer Schulderneuerung (Großkomm/*Canaris*, § 355 Rn. 117 ff.; a. A. BGHZ 93, 307, 313). Scheitert die Erfüllung der abstrakten Saldoforderung, können wieder die kausale Saldoforderung – und damit gegebenenfalls die ursprünglichen Einzelforderungen – geltend gemacht werden. 355

IV. Sicherheiten und Pfändung

1. Sicherheiten

356 a) Ist eine einzelne Forderung, die in die laufende Rechnung aufgenommen wird, durch Pfand, Bürgschaft oder in anderer Weise (z. B. durch Sicherungsübereignung oder Sicherungsabtretung) gesichert, so erlischt diese Sicherheit aufgrund der ausdrücklichen Anordnung in § 356 I trotz Anerkennung des Saldos nicht, sofern sich die Saldoforderung und die Einzelforderung der Höhe nach decken. § 356 I setzt also die Tilgungswirkung der Verrechnung (Rn. 352) außer Kraft, soweit es um den Fortbestand der Mithaftung der Sicherheiten geht (str.; vgl. BGHZ 77, 256, 261 f.; Heymann/*Horn*, § 356 Rn. 7; *Pfeiffer*, JA 2006, 105, 108).

Im **Fall d** kann H sich wegen seiner Saldoforderung an den Bürgen B halten; jedoch haftet dieser nur i. H. v. 2.000,- €.

Wird der Saldo wieder ins Kontokorrent aufgenommen, erlischt dadurch die Sicherheit nicht. Folgen mehrere Saldoanerkenntnisse aufeinander, so haftet die Sicherheit nur bis zur Höhe des niedrigsten Saldos (vgl. BGHZ 50, 277, 283).

Hat im **Fall d** der nächste Saldo nur ein Guthaben des H i. H. v. 1.500,- € ergeben, kann H den Bürgen nur in dieser Höhe in Anspruch nehmen. Das gilt auch, wenn der dann folgende Saldo ein Guthaben von 3.000,- € aufweist. Schwankungen des Saldos während einer Rechnungsperiode bleiben dagegen immer unberücksichtigt.

Das bisher Gesagte gilt entsprechend, wenn ein Dritter für eine in die laufende Rechnung aufgenommene Einzelforderung als Gesamtschuldner haftet (§ 356 II).

357 b) § 356 findet jedoch keine Anwendung, wenn eine Sicherheit nicht für eine ins Kontokorrent eingestellte Einzelforderung, sondern für die jeweilige Saldoforderung bestellt worden ist, was im Bankverkehr üblich ist. Da die Sicherheit für den jeweiligen Saldo haftet, gilt auch der Grundsatz der Haftung für den niedrigsten Saldo nicht.

2. Pfändung

358 Ein Gläubiger kann wegen seiner Geldforderung eine Geldforderung seines Schuldners, die dieser gegen einen Drittschuldner hat, pfänden und sich überweisen lassen (Pfändungs- und Überweisungsbeschluss; §§ 829, 835 ZPO). Besteht zwischen Schuldner und Dritt-

§ 18. Das Kontokorrent

schuldner ein Kontokorrentverhältnis, so gelten mehrere Besonderheiten:

a) Eine **Einzelforderung** kann nicht gepfändet werden, da sie ein bloßer Rechnungsposten im Kontokorrent und demnach nicht abtretbar und nicht pfändbar ist (BGHZ 80, 172, 175). 359

Bei Girokonten, die regelmäßig als Kontokorrentkonten geführt werden, ist zu beachten, dass nach dem Girovertrag der Kunde berechtigt ist, über das jeweilige Tagesguthaben zu verfügen. Da diese Abrede der Kontokorrentvereinbarung vorgeht, sind auch die Gläubiger des Kunden nach §§ 829, 835, 851 I ZPO befugt, das (jeweilige) Tagesguthaben zu pfänden und sich zur Einziehung überweisen zu lassen (vgl. BGHZ 84, 325, 329 ff.; 84, 371, 373 ff.; *Brox/Walker*, ZVR, Rn. 525 ff.).

b) Wird eine **Saldoforderung** gepfändet, so kann sich dies auf den Saldo beziehen, der sich beim Rechnungsabschluss zum Ende der Rechnungsperiode ergibt (= zukünftiger Saldo). Denkbar ist aber auch die Pfändung des Saldos, der im Zeitpunkt der Pfändung (also bei Zustellung des Pfändungsbeschlusses an den Drittschuldner; § 829 III ZPO) besteht (= gegenwärtiger Saldo). 360

(1) Die nicht gesondert geregelte Pfändung des **zukünftigen Saldos** bereitet keine Schwierigkeiten. Es handelt sich um die Pfändung einer zukünftigen Forderung. Diese entsteht beim Abschluss der Rechnungsperiode, sofern sich dabei für den Vollstreckungsschuldner ein Guthaben ergibt. Alle bis dahin ins Kontokorrent eingestellten Forderungen des Schuldners gegen den Drittschuldner kommen somit dem pfändenden Gläubiger zugute, da sie die gepfändete Saldoforderung erhöhen. Andererseits wirken sich die ins Kontokorrent gestellten Forderungen des Drittschuldners gegen den Schuldner zum Nachteil des Pfändungsgläubigers aus; möglicherweise bringt die Pfändung nichts ein, wenn nämlich die später eingestellten Forderungen des Drittschuldners für den Vollstreckungsschuldner zu einem negativen Saldo führen. 361

(2) Die Pfändung des **gegenwärtigen Saldos** ist in § 357 geregelt. Obwohl während der Rechnungsperiode keine Saldoforderung, sondern nur ein rein buchmäßiger Saldo besteht, lässt § 357 im Interesse des Vollstreckungsgläubigers eine Pfändung und damit den „Einbruch" des Vollstreckungsgläubigers in das Kontokorrent zu. Er soll dagegen geschützt werden, dass seine Vollstreckung durch Kontokorrentvorgänge ausgehöhlt wird. Gem. § 357 S. 1 wird durch später ins Kontokorrent eingestellte Forderungen eines der Kontokorrentpartner, die auf neuen Geschäften beruhen, die Rechtsstellung des 362

Vollstreckungsgläubigers weder verbessert noch verschlechtert. Im Verhältnis zum Pfändungsgläubiger ist der Saldo maßgebend, der im Zeitpunkt der Zustellung des Pfändungsbeschlusses besteht (sog. **Zustellungssaldo;** vgl. BGHZ 80, 172, 176). Der Gläubiger muss bei der Saldierung allerdings solche späteren Geschäfte gegen sich gelten lassen (Parallele zu § 404 BGB!), die aufgrund eines schon vor der Pfändung bestehenden Rechts oder einer vor diesem Zeitpunkt bestehenden Verpflichtung des Drittschuldners vorgenommen werden (§ 357 S. 2).

Beispiel: Ansprüche wegen Anfechtung eines vor Pfändung geschlossenen Vertrages. Die bloße Erfüllung eines vor Pfändung begründeten Anspruchs fällt dagegen nicht unter § 357 S. 2, ist also dem Vollstreckungsgläubiger gegenüber unwirksam (*BGH* NJW 1997, 2323).

Der Pfändungsgläubiger kann, auch wenn er sich den Anspruch auf den gegenwärtigen Saldo zur Einziehung hat überweisen lassen (§ 835 ZPO), vom Drittschuldner nicht sofortige Zahlung verlangen (str., MünchKomm/*Langenbucher,* § 357 Rn. 11 ff.; Nr. 14 AGB-Banken kann zu anderer Beurteilung führen). Insoweit wirkt die Kontokorrentvereinbarung, wonach ein fälliger Saldoanspruch erst nach Abschluss der laufenden Rechnungsperiode entsteht, auch gegenüber dem Pfandgläubiger.

In der Praxis ist es üblich, die Pfändung des gegenwärtigen Saldos nach § 357 mit der Pfändung des zukünftigen Saldos zu verbinden. Eine solche sog. **Doppelpfändung** hat für den Gläubiger den Vorteil, dass einerseits eine Verschlechterung des Zustellungssaldos durch neue Schuldposten ausgeschlossen ist, er sich andererseits aber auch aus zukünftigen Saldoansprüchen seines Schuldners befriedigen kann.

Von der Pfändung erfasst ist nach h. M. auch ein – z. B. durch einen Überweisungsauftrag – in Anspruch genommener Kredit, sofern dieser keiner Zweckbindung unterliegt. Etwas anderes gilt für einen bloßen Überziehungskredit (Koller/Kindler/Roth/Morck/*Koller,* § 357 Rn. 5).

V. Beendigung

363 Für die Beendigung des Kontokorrentverhältnisses ist in erster Linie die Parteivereinbarung maßgebend. Läuft die Geschäftsverbindung aus, endet auch das Kontokorrentverhältnis (RGZ 140, 219, 221).

Mangels gegenteiliger Abrede kann jede Partei das Verhältnis mit sofortiger Wirkung kündigen (§ 355 III), die Kündigung aus wichtigem Grund kann nicht abbedungen werden. Die Eröffnung des Insolvenzverfahrens über das Vermögen eines Beteiligten beendet das Kontokorrentverhältnis sofort (vgl. *BGH* NJW 2009, 2677; *Pfeiffer,* JA 2006, 105, 109). Leistungen, die nach der Eröffnung erfolgen, werden nicht mehr verrechnet. Die Beendigung des Kontokorrents hat zur Folge, dass sofort ein in die Masse fallender kausaler Schuldsaldo entsteht (*BGH* NJW 2007, 1067).

Empfehlungen zur vertiefenden Lektüre:
Rechtsprechung: BGHZ 26, 142 = NJW 1958, 217 (Schicksal der für eine Einzelforderung gewährten Sicherheit nach Einstellung der Einzelforderung in das Kontokorrent – § 356); BGHZ 49, 24 = NJW 1968, 33 (Kündigung eines Kontokorrents; Anspruch auf Zahlung des Überschusses); BGHZ 50, 277 = NJW 1968, 2100 (Bedeutung der Tagesauszüge beim Sparkassen-Kontokorrent; Verhältnis Sicherheit für Einzel- und Saldoforderung); BGHZ 77, 256 = NJW 1980, 2131 (Haftung des Bürgen für Kontokorrentschuld); BGHZ 80, 172 = NJW 1981, 1611 (Pfändung von Guthaben aus einem Kontokorrent); BGHZ 84, 371 = NJW 1982, 2193 (Pfändbarkeit des Tagesguthabens auf Kontokorrentkonto); *BGH* BB 2001, 1008 (Pfändung von Kontokorrentkrediten); *BGH* NJW 2009, 2677 (Eröffnung des Insolvenzverfahrens).
Literatur: *Bitter,* Neues zur Pfändbarkeit des Dispositionskredits, WM 2004, 1109; *Blaurock,* Das Kontokorrent, JA 1980, 691; *Gröger,* Die zweifache Doppelpfändung des Kontokorrents, BB 1984, 25; *Maier,* Das Kontokorrent, JuS 1988, 199; *Olzen,* Die Zwangsvollstreckung in Dispositionskredite, ZZP 97 (1984), 1; *Pfeiffer,* Die laufende Rechnung (Kontokorrent), JA 2006, 105; *Reinicke/Tiedtke,* Bürgschaft für eine Verbindlichkeit aus laufender Rechnung, ZIP 1988, 545; *K. Schmidt,* Kontokorrent und Zinseszinsverbot, JZ 1981, 126; *Zwicker,* Die Pfändung kontokorrentzugehöriger Forderungen, DB 1984, 1723.

§ 19. Weitere Besonderheiten beim Handelsgeschäft

Fall a: Kaufmann B, der sich auf Bitten des S für dessen Darlehensschuld gegenüber G telefonisch verbürgt hat, wird von G auf Zahlung verklagt. B meint, er brauche nicht zu zahlen, weil seine Bürgschaftserklärung formnichtig sei; hilfsweise macht er geltend, G müsse sich zuvor an S halten. → Rn. 369, → Rn. 383

364

Fall b: Die V-AG verkauft an K Ausbeutungsrechte, deren Wert beide auf mindestens eine Million € schätzen, und verspricht für den Fall, dass sie ihre Vertragspflichten nicht rechtzeitig erfüllt, eine Vertragsstrafe von 20.000,– €. Als K die Vertragsstrafe einklagt, verlangt V Herabsetzung der Strafe, weil beide Parteien bei Vertragsschluss unstreitig von einem viel zu hohen Wert der Ausbeutungsrechte ausgegangen seien. K meint, die Vertragsstrafe dürfe wegen § 348 nicht herabgesetzt werden. → Rn. 380 f.

Neben den bereits erörterten Bestimmungen über Handelsgeschäfte enthält der Erste Abschnitt des Dritten Buches des HGB eine Reihe weiterer allgemeiner Vorschriften, die durch Parteivereinbarung abdingbar sind.

I. Erfüllung von Handelsgeschäften

365 Nach allgemeinem Schuldrecht hat der Schuldner dem richtigen Gläubiger die richtige Leistung am richtigen Ort zur richtigen Zeit zu erbringen, um die Erfüllungswirkung des § 362 BGB auszulösen. Für das Handelsgeschäft gibt es besondere Vorschriften hinsichtlich der richtigen Leistung und der richtigen Zeit, deren praktische Relevanz allerdings gering ist.

1. Richtige Leistung

366 a) Bei einer **Gattungsschuld,** bei der also die geschuldete Leistung nur nach allgemeinen Merkmalen bestimmt wird, ist der Schuldner nach § 243 I BGB nur gehalten, Stücke von mittlerer Art und Güte zu leisten. Demgegenüber bestimmt § 360 für die Gattungswarenschuld, dass ein **Handelsgut mittlerer Art und Güte** zu leisten ist. Gemeint ist damit eine Ware, wie sie im redlichen Handelsverkehr am Erfüllungsort üblich ist. Das kann gegenüber § 243 I BGB ein Mehr, aber auch ein Minus an Qualität bedeuten.

Die Vorschrift kann durch Parteivereinbarung abbedungen werden, was häufig durch Verwendung von Klauseln (z. B. „nach Bericht", „wie sie steht und liegt", „fabrikneu") geschieht.

b) Kommt es bei der Leistung auf Maß, Gewicht, Währung, Zeitrechnung und Entfernungen an, so richtet sich der Leistungsgegenstand im Zweifel danach, was am Erfüllungsort (§ 269 BGB) gilt (§ 361).

2. Richtige Leistungszeit

367 Die Leistungszeit richtet sich nach § 271 BGB. Für Handelsgeschäfte wird diese Vorschrift durch §§ 358 f. ergänzt.

a) Die Leistung kann nur **während der gewöhnlichen Geschäftszeit** bewirkt und gefordert werden (§ 358). Damit wird auf die für Geschäfte des betreffenden Geschäftszweigs übliche Zeit (nicht auf die konkrete Geschäftszeit des Gläubigers) abgestellt.

b) Die Vereinbarung einer **Frist von acht Tagen** bedeutet im Zweifel eine Frist von vollen acht Tagen und nicht von einer Woche (§ 359 II). Ist das **Frühjahr** oder der **Herbst** oder ein in ähnlicher Weise bestimmter Zeitpunkt vereinbart, entscheidet im Zweifel der Handelsbrauch des Leistungsortes (§ 359 I).

II. Entgeltlichkeit der Leistung des Kaufmanns

Der Kaufmann erbringt seine Dienste einem anderen in der Regel nicht unentgeltlich, sondern nur gegen eine Vergütung.

368

1. Vergütungsanspruch

a) Nach bürgerlichem Recht besteht ein Vergütungsanspruch nur, wenn eine entsprechende Vereinbarung getroffen worden ist (z. B. §§ 611, 631, 652 BGB). Jedoch gilt eine Vergütung als stillschweigend vereinbart, wenn die Leistung den Umständen nach nur gegen eine Vergütung zu erwarten ist (z. B. §§ 612 I, 632 I, 653 I, 689 BGB). Nach § 354 I hat ein Kaufmann, der in Ausübung seines Handelsgewerbes für einen anderen tätig wird, einen Vergütungsanspruch, weil sein Handeln durch Erwerbsabsicht geprägt und dies allgemein bekannt ist (*BGH* NJW-RR 1993, 802).

369

b) § 354 I setzt voraus, dass der Kaufmann in Ausübung seines Handelsgewerbes im Interesse eines anderen Geschäftes besorgt oder Dienste leistet.

Es ist nicht erforderlich, dass zwischen dem Kaufmann und einem anderen ein Vertrag besteht; wohl aber muss der Kaufmann zu der Leistung berechtigt sein (vgl. §§ 683, 679 BGB). Selbst wenn im **Fall a** zwischen B und S kein Vertrag geschlossen wurde, hat B wegen der Übernahme der Bürgschaft einen Provisionsanspruch gegen S. – § 354 I greift dagegen nicht, wenn der Kaufmann ausschließlich im eigenen Interesse tätig wird, weil er z. B. eine Sache, an der ihm ein Pfandrecht bestellt worden ist, bei sich einlagert oder wenn ein anderer beim Kaufmann ohne dessen Wissen eine Sache unterstellt (weiterer Fall: *BGH* NJW 1984, 435). Die Verwahrung einer verkauften Sache im Annahmeverzug (→ Rn. 385 ff.) des Käufers erfolgt dagegen im Käuferinteresse; der Kaufmann kann hierfür die üblichen Lagerkosten verlangen (*BGH* NJW 1996, 1464). – Ist ein Anspruch aus § 354 I nicht gegeben, so bleibt zu prüfen, ob dem Kaufmann nicht ein Bereicherungsanspruch zusteht.

c) Liegen die Voraussetzungen des § 354 I vor, folgt daraus, dass der Kaufmann einen Anspruch auf Vergütung (Provision, Lagergeld) hat. Die Höhe richtet sich nach den am Ort üblichen Sätzen.

d) Der gesetzliche Vergütungsanspruch ist ausgeschlossen, wenn zwischen den Parteien eine Vergütung vereinbart ist. Jegliche Vergütung entfällt, wenn dies die Auslegung des Vertrags ergibt.

Manche Nebenleistungen des Kaufmanns (z. B. Aufbewahrung der Kaufsache bis zur Abholung durch den Käufer) können auch schon durch die Gegenleistung des Partners (z. B. Kaufpreiszahlung) abgegolten sein.

2. Zinsanspruch

370 a) Für Darlehen, Vorschüsse, Auslagen und andere Verwendungen kann der Kaufmann vom Tag der Leistung an Zinsen verlangen (§ 354 II).

b) Während der Zinsanspruch nach BGB erst im Fall des Schuldnerverzugs entsteht (§ 288 BGB), sind nach § 353 Kaufleute untereinander berechtigt, für ihre Forderungen aus beiderseitigen Handelsgeschäften schon vom Tag der Fälligkeit an Zinsen zu fordern.

c) Die Höhe des Zinssatzes für gesetzliche Zinsansprüche beträgt nach § 246 BGB grundsätzlich 4 %, bei beiderseitigen Handelsgeschäften 5 % (§ 352).

Während des Verzugs mit einer Entgeltforderung (zum Begriff vgl. Jauernig/*Stadler,* § 288 Rn. 6) ergibt sich aus § 288 II BGB für den Geschäftsverkehr zwischen Unternehmern sogar ein Zinssatz von neun Prozentpunkten über dem Basiszinssatz (§ 247 BGB). Gleiches gilt gem. § 291 S. 2 BGB für Rechtshängigkeitszinsen. Verzugszinsen sind daher von § 352 S. 1 ausdrücklich ausgenommen. Da der Begriff des Unternehmens gegenüber dem Kaufmannsbegriff der weitere ist, greift der dynamische Zinssatz auch im Handelsverkehr. Unberührt bleiben allerdings die Fälligkeitszinsen aus §§ 352, 353.

III. Kaufmännische Sorgfaltspflicht (§ 347)

1. Bedeutung

371 Der Kaufmann hat wie jeder andere Schuldner normalerweise Vorsatz und Fahrlässigkeit zu vertreten (§ 276 I 1 BGB). Fahrlässig handelt nach § 276 II BGB, wer die im Verkehr erforderliche Sorgfalt außer Acht lässt. Dabei ist ein objektiver Maßstab anzulegen und auf die typischen Kenntnisse und Fähigkeiten einer bestimmten Berufsgruppe (z. B. Chirurg, Architekt, Kaufmann) abzustellen. Infolgedessen ergibt sich schon aus § 276 II BGB, dass der Beurteilung, ob ein Kaufmann fahrlässig gehandelt hat, die **Sorgfalt eines ordentlichen Kaufmanns** zugrunde zu legen ist. § 347 I, der dies ebenfalls anordnet, hat damit lediglich klarstellende Funktion.

Der Maßstab der Sorgfalt eines ordentlichen Kaufmanns bedeutet vielfach eine Verschärfung der Verantwortlichkeit; ein Verhalten, das bei einem Nichtkaufmann nicht zu beanstanden ist, kann einem Kaufmann den Vorwurf der Fahrlässigkeit einbringen und damit zu seiner Haftung führen. Andererseits stellt § 347 I für die Sorgfaltspflicht nicht schlechthin auf „den Kaufmann" ab; vielmehr ist nach der Art der Handelsgeschäfte zu differenzieren. Die Sorgfaltspflicht eines Bankiers ist z. B. anders zu beurteilen als die eines Autohändlers.

2. Anwendungsbereich

a) § 347 I greift vor allem bei **Vertragsverletzungen** ein. Die Vorschrift gilt nicht nur für den Schuldner, sondern auch für den Gläubiger, wenn das Geschäft für ihn ein Handelsgeschäft ist. Auch bei Vertragsverhandlungen ist auf die besondere Sorgfaltspflicht des Kaufmanns abzustellen (culpa in contrahendo; §§ 280 I, 311 II, III, 241 II BGB). Dasselbe gilt bei einem Anspruch aus unerlaubter Handlung, dem ein Handelsgeschäft zugrunde liegt. 372

Wird für den Schuldner im Rahmen eines Schuldverhältnisses eine Hilfsperson tätig, muss er gem. § 278 BGB für deren Verschulden einstehen. Für den Verschuldensmaßstab gilt § 347 I, selbst wenn die Hilfsperson kein Kaufmann ist; entscheidend ist allein, dass der Geschäftsherr Kaufmann und das Geschäft für ihn ein Handelsgeschäft ist.

b) § 347 I ist für den **Fahrlässigkeitsbegriff** des § 276 II BGB bedeutsam. Die nach bürgerlichem Recht möglichen Haftungsbeschränkungen auf grobe Fahrlässigkeit oder auf die Sorgfalt in eigenen Angelegenheiten können auch zugunsten eines Kaufmanns eingreifen (§ 347 II). In diesen Fällen ist jedoch der Sorgfaltsmaßstab des § 347 I ebenfalls von Bedeutung. Für die Frage, ob ein Kaufmann grob fahrlässig gehandelt hat, kommt es nämlich darauf an, ob er die Sorgfalt eines Kaufmanns in außergewöhnlichem Maße verletzt hat. 373

IV. Unwirksamkeit des Abtretungsverbots (§ 354a)

1. Bedeutung des § 354a

Nach § 399, 2. Alt. BGB kann der Gläubiger eine Forderung nicht abtreten, wenn die Abtretung durch Vereinbarung mit dem Schuldner ausgeschlossen ist. Vielfach vereinbaren Großunternehmen mit ihren Lieferanten – etwa durch Aufnahme in ihre Einkaufsbedingungen – 374 ein Verbot der Abtretung von Forderungen aus Warenlieferungen und Dienstleistungen. Dadurch wird es den Gläubigern solcher Forderungen unmöglich gemacht, diese – z. B. zur Kreditsicherung oder zur Finanzierung – abzutreten. Das kann die wirtschaftliche Bewegungsfreiheit kleinerer Unternehmen erheblich beeinträchtigen und diese in hohem Maße von der Zahlungsbereitschaft ihres Vertragspartners abhängig machen. Ziel des § 354a ist es, kaufmännischen Lieferanten und Dienstleistern die Abtretung ihrer Forderung zu sichern und damit ihre Kreditfähigkeit zu verbessern (BT-Drs. 12/7912, S. 24). Die Vorschrift ist im öffentlichen Interesse zwingendes Recht; davon abweichende Vereinbarungen sind also unwirksam (§ 354a I 3).

2. Voraussetzungen und Folgen des § 354a

375 a) § 354a I setzt voraus, dass es sich um eine **Geldforderung** aus einem Rechtsgeschäft handelt, das **für beide Vertragsteile ein Handelsgeschäft** ist. Eine entsprechende Anwendung des § 354a I auf Freiberufler und Kleingewerbetreibende (dafür *Canaris*, § 26 Rn. 33 ff.; Baumbach/Hopt/*Hopt*, § 354a Rn. 1) kommt nach Auffassung des BGH mangels einer planwidrigen Regelungslücke nicht in Betracht (*BGH* NJW 2006, 3486, 3487). Die willkürliche Schlechterstellung der Nichtkaufleute verletzt aber Art. 3 I GG.

Geldforderungen aus einem beiderseitigen Handelsgeschäft gleichgestellt sind Forderungen, deren Schuldner eine juristische Person des öffentlichen Rechts oder ein öffentlich-rechtliches Sondervermögen ist. Der Vorbehalt in den Einkaufsbedingungen einer GmbH, dass der Lieferant ohne vorherige schriftliche Zustimmung der GmbH nicht berechtigt ist, seine Kaufpreisforderungen gegen die GmbH abzutreten, steht einem Abtretungsausschluss nach § 354a I gleich (*BGH* NJW-RR 2005, 624).

376 b) Nur ein **vertraglicher Verfügungsausschluss**, nicht dagegen gesetzliche Verfügungsbeschränkungen (z. B. § 399, 1. Alt BGB; § 400 BGB) werden von § 354a erfasst. Die Nichtabtretbarkeit von ins Kontokorrent eingestellten Forderungen (→ Rn. 346), die sich aus der Kontokorrentabrede ergibt, wird durch § 354a ebenfalls nicht in Frage gestellt (h. M., MünchKomm/*K. Schmidt*, § 354a Rn. 12).

377 c) Nach § 354a I 1 ist die **Abtretung** trotz des Abtretungsverbots **wirksam**. Damit wird der neue Gläubiger sowohl bei der Zwangsvollstreckung in die Forderung (Möglichkeit der Drittwiderspruchsklage gem. § 771 ZPO) als auch bei Insolvenz des Zedenten (Absonderungsrecht nach § 47 InsO) gesichert.

Die Vereinbarung des Abtretungsverbots bleibt gleichwohl sinnvoll, um die Wirkungen des § 354a I 2 herbeizuführen. Zum Schutz des Schuldners, der sich wegen § 354a I 1 nicht mehr durch ein Abtretungsverbot schützen kann, sieht Abs. 1 S. 2 vor, dass dieser mit befreiender Wirkung an den bisherigen Gläubiger (Zedenten) „leisten" kann. Das gilt – über § 407 BGB hinausgehend – selbst dann, wenn der Schuldner weiß, dass die Forderung abgetreten worden ist. Dem Schuldner bleibt durch dieses Wahlrecht die Rechtsposition erhalten, die er dem Zedenten gegenüber innehatte. Der Zedent ist aus § 816 II BGB zur Herausgabe des Erlangten an den Zessionar verpflichtet. Nur ausnahmsweise, wenn etwa dem Schuldner die stille Zession offengelegt worden ist und dieser auch ansonsten kein berechtigtes Interesse hat, an den bisherigen Gläubiger zu leisten, kommt ein Missbrauchseinwand gem. § 242 BGB in Betracht; der Schuldner kann dann mit befreiender Wirkung nur an den Zessionar leisten.

Als Leistung i. S. d. § 354a I 2 sind auch Erfüllungssurrogate wie die Aufrechnung anzusehen (*BGH* NJW-RR 2005, 624), nicht dagegen der Vergleich oder der Erlass (BGHZ 178, 315, 319f. = NJW 2009, 438, 439f.; *Seggewiße* NJW 2008, 3256, a. A. *Canaris* § 26 Rn 27, *E. Wagner* WM 2010, 202). Der Wortlaut „leisten" betrifft nur die Empfangszuständigkeit des Zedenten, so dass die Anwendung auf Vergleich oder Erlass nicht passt. Der Schuldner kann dabei die Aufrechnung wegen des identischen Schutzzweckes auch gegenüber dem neuen Gläubiger erklären (*BGH* WM 2005, 429). § 406 BGB findet im Fall des § 354a I keine Anwendung. Der Schuldner kann daher selbst dann mit Forderung gegen den bisherigen Gläubiger aufrechnen, wenn er diese in Kenntnis der Abtretung erwirbt oder wenn sie nach Kenntnis des Schuldners und später als die abgetretene Forderung fällig wird (*BGH* NJW-RR 2005, 624).

Nach dem durch Gesetz v. 12.8.2008 eingefügten Abs. 2 bleibt es für Darlehensforderungen von Kreditinstituten bei dem allgemeinen zivilrechtlichen Grundsatz des § 399 S. 2 BGB (vgl. Rn. 374; zum Problem des Kreditverkaufs *Nobbe*, ZIP 2008, 97). Kreditinstitute sollen die Ansprüche gegen ihre Kreditnehmer aus notleidenden Realkrediten nicht beliebig auf Dritte (ausländische Investoren) übertragen dürfen. Allerdings ergibt sich ein vertraglicher Abtretungsausschluss nicht schon aus dem Bankgeheimnis (*BGH* NJW 2007, 2106).

Empfehlungen zur vertiefenden Lektüre:
Rechtsprechung: *BGH* NJW-RR 2004, 50 (§ 354a I 2); *BGH* NJW-RR 2005, 624 (Zustimmungsvorbehalt bei Abtretung; §§ 354a I 2; 406 BGB); *BGH* NJW 2006, 3486 (keine analoge Anwendung auf Nichtkaufleute);

BGHZ 178, 315 = NJW 2009, 438 (kein Vergleich zwischen Schuldner und Zedent bei nach § 354a HGB wirksamer Abtretung).

Literatur: *Ahcin/Armbrüster,* Grundfälle zum Zessionsrecht, JuS 2000, 549; *Henseler,* Die Neuregelung des Abtretungsverbots, BB 1995, 5; *Henssler,* Der praktische Fall – Bürgerliches Recht – Der allzu großzügige Lieferant, JuS 2000, 156; *Lettl,* Die Wirksamkeit der Abtretung einer Geldforderung trotz wirksamen Abtretungsverbots nach § 354a HGB, JA 2010, 109; *Müller,* Baumaschinenvertreter auf Abwegen, JA 2007, 258; *Nobbe,* Der Verkauf von Krediten, ZIP 2008, 97; *Petersen,* Rechtsgeschäftliche Abtretungsverbote im Handelsrecht; Jura 2005, 680; *Reinicke/Tiedtke,* Kaufrecht, 8. Aufl., 2008, Rn. 1063–1093; *K. Schmidt,* Zur Rechtsfolgenseite des § 354a HGB, FS Schimansky, 1999, S. 503; *ders.,* Gutgläubiger Eigentumserwerb trotz Abtretungsverbots in AGB – Zur Bedeutung des § 354a HGB für die Praxis zu § 366 HGB, NJW 2000, 400; *Seggewiße,* Das kaufmännische Abtretungsverbot und seine Rechtsfolgen, NJW 2008, 3256; *E. Wagner,* Materiell-rechtliche und prozessuale Probleme des § 354a HGB, WM 1996, Sonderbeil. 1; *ders.,* Verkehrsfähigkeit contra Schuldnerschutz im kaufmännischen Geschäftsverkehr mit Geldforderungen – Zur Auslegung des § 354a HGB, WM 2010, 202.

V. Vertragsstrafe des Kaufmanns (§ 348)

1. Regelung nach BGB

378 Die Vertragsparteien können vereinbaren, dass der Schuldner bei einer Pflichtverletzung eine bestimmte Geldsumme zu zahlen hat (§ 339 BGB). Ist die verwirkte Strafe unverhältnismäßig hoch, kann sie auf Antrag des Schuldners durch Urteil auf den angemessenen Betrag herabgesetzt werden (§ 343 I 1 BGB). Dadurch soll der unerfahrene und unbesonnene Vertragspartner geschützt werden.

2. Besonderheit des HGB

379 a) Der Schutz des Schuldners ist nicht erforderlich, wenn dieser Kaufmann ist; nach der Vorstellung des Gesetzgebers ist der Kaufmann in der Lage, die Tragweite der Vertragsstrafe richtig einzuschätzen. Deshalb kommt für ihn eine richterliche Herabsetzung der Vertragsstrafe nicht in Betracht (§ 348).

380 b) § 348 setzt voraus, dass die Vertragsstrafe vom Kaufmann im Betrieb seines Handelsgewerbes versprochen ist. Dagegen braucht der Versprechensempfänger kein Kaufmann zu sein.

Maßgebend ist der Zeitpunkt des Vertragsschlusses. Denn bei Vertragsschluss geht der Versprechende die Verpflichtung zur Vertragsstrafe ein; in diesem Zeitpunkt muss er nach der Vorstellung des Gesetzgebers die Tragweite seiner Verpflichtung übersehen können. Ob der Versprechende auch bei der Verwirkung der Strafe noch Kaufmann ist, spielt daher keine Rolle. Im **Fall b** sind die Voraussetzungen des § 348 erfüllt, so dass eine Herabsetzung der Vertragsstrafe nach § 343 BGB ausscheidet.

c) § 348 schließt nur den Rückgriff auf § 343 BGB aus. Die übrigen Vorschriften des BGB bleiben anwendbar. So kann die Vereinbarung etwa nach § 138 BGB (z. B. wegen Ausbeutung einer Zwangslage oder bei exorbitanter Höhe) nichtig sein. Bei in AGB aufgenommenen Vertragsstrafeklauseln kann sich die Unwirksamkeit aus § 307 BGB ergeben (§ 309 Nr. 6 BGB greift im kaufmännischen Verkehr nicht), etwa wenn die Vertragsstrafe unangemessen hoch ist oder wenn der Schuldner verschuldensunabhängig einstehen muss, ohne dass dies durch die Interessenlage gerechtfertigt ist. Die Vertragsstrafe darf etwa 5 % der Auftragssumme nicht überschreiten (*BGH* ZIP 2003, 913; vgl. aber auch *BGH* NJW 2002, 2323: 0,5 % der Auftragssumme pro Arbeitstag als Obergrenze unwirksam). Änderungen der Geschäftsgrundlage (§ 313 BGB) können zu einer Anpassung der Vertragsstrafe führen. Eine Herabsetzung der Vertragsstrafe kann bei einem außerordentlichen Missverhältnis zur Bedeutung der Zuwiderhandlung zudem nach § 242 BGB geboten sein (vgl. *BGH* NJW 2009, 1882; MünchKomm/*K. Schmidt*, § 348 Rn. 14). 381

Haben die Parteien im **Fall b** ihre falsche Vorstellung vom Wert der Ausbeutungsrechte zur Grundlage des Vertragsstrafeversprechens gemacht, kann die Vertragsstrafe (wegen § 348) zwar nicht nach § 343 BGB, wohl aber wegen Fehlens der Geschäftsgrundlage ermäßigt werden (*BGH* NJW 1954, 998).

VI. Bürgschaft des Kaufmanns (§ 349 f.)

1. Sinn der Abweichungen des HGB vom BGB

Die Bürgschaft ist ein Schuldvertrag, in dem sich der Bürge gegenüber dem Gläubiger eines Dritten verpflichtet, für die Erfüllung einer Verbindlichkeit des Dritten einzustehen (§ 765 I BGB; *Brox/Walker*, BS, § 32 Rn. 1 ff.). Der Bürge geht ein riskantes Geschäft ein. Deshalb wird er vom BGB besonders geschützt. Ist der Bürge jedoch Kaufmann, verfügt er nach der Vorstellung des Gesetzgebers über die nötigen geschäftlichen Erfahrungen. Er ist daher weniger schutzbedürftig, weil ihm die Gefährlichkeit seines Handelns bewusst sein muss. Daraus erklären sich die Abweichungen des HGB vom BGB. 382

2. Spezialvorschriften des HGB

383 a) Die geringere Schutzbedürftigkeit wirkt sich nach dem HGB in zwei Fällen aus:

(1) Während nach § 766 S. 1 BGB die Bürgschaftserklärung der Schriftform bedarf, ist sie nach § 350 **formfrei** gültig, wenn sie von einem Kaufmann im Rahmen des Betriebs seines Handelsgewerbes abgegeben wurde. So ist etwa die per Telefax abgegebene Bürgschaft eines Kaufmanns wirksam (BGHZ 121, 224, 228). § 350 kann auf geschäftsführende persönlich haftende Gesellschafter von Personenhandelsgesellschaften (oHG, KG) anzuwenden sein (vgl. dazu eingehend → Rn. 52b), Teile des Schrifttums erstrecken die Vorschrift sogar auf den geschäftsführenden Gesellschafter einer GmbH (*Canaris*, § 24 Rn. 12 f.; *K. Schmidt*, § 18 II Rn. 35 ff.). Nach zutreffender gefestigter Rechtsprechung stellt jedoch die Übernahme einer Bürgschaft durch den Geschäftsführer/Gesellschafter einer GmbH für deren Verbindlichkeiten kein Handelsgeschäft i. S. d. § 350 dar (vgl. nur *BGH* NJW 2006, 431, 432). Als Privatmann genießt der Gesellschafter den allgemeinen Schuldnerschutz. Nur ausnahmsweise kann daher die Berufung auf den Formmangel rechtsmissbräuchlich sein (vgl. *BGH* NJW-RR 1987, 42).

Nach § 350 kann ein Kaufmann auch ein Schuldversprechen (§ 780 BGB) und ein Schuldanerkenntnis (§ 781 BGB) formfrei abgeben.

(2) Nach bürgerlichem Recht kann der Bürge die Befriedigung des Gläubigers verweigern, solange nicht der Gläubiger eine Zwangsvollstreckung gegen den Schuldner ohne Erfolg versucht hat (§§ 771 ff. BGB; *Brox/Walker*, BS, § 32 Rn. 27). Dagegen steht dem kaufmännischen Bürgen nach § 349 diese **Einrede der Vorausklage nicht zu.**

b) Die Vorschriften des HGB setzen voraus, dass der Bürge die Bürgschaft im **Betrieb seines Handelsgewerbes** übernimmt. Dies wird nach § 344 vermutet.

Danach ist B im **Fall a** zur Zahlung verpflichtet.

Empfehlungen zur vertiefenden Lektüre:
Rechtsprechung: *BGH* NJW-RR 1987, 42 (Anwendungsbereich des § 350; Bürgschaft trotz Formnichtigkeit der Erklärung); BGHZ 121, 224 (Formunwirksame Übermittlung einer Bürgschaft durch Telefax).
Literatur: *Riehm*, Aktuelle Fälle zum Bürgschaftsrecht, JuS 2000, 343; *K. Schmidt*, Formfreie Bürgschaften eines geschäftsführenden Gesellschafters, ZIP 1986, 1510.

Zweiter Abschnitt. Der Handelskauf

Der Handelskauf ist ein Kaufvertrag über Waren oder Wertpapiere (§ 381 I), der **für mindestens einen Vertragspartner ein Handelsgeschäft** (§§ 343 ff.) ist. Ausnahmsweise verlangen § 377 und § 379 das Vorliegen eines beiderseitigen Handelsgeschäfts. Die Bestimmungen des HGB über den Handelskauf gelten – wie § 381 II klarstellt – auch für den Tausch (§ 480 BGB) und für den Werklieferungsvertrag über vertretbare und nicht vertretbare Sachen (§ 651 BGB; *Brox/Walker*, BS, § 23 Rn. 10), nicht jedoch (auch nicht analog) für reine Werkverträge (*BGH* NJW 2007, 2258).

384

Die Vorschriften der §§ 373 ff. ergänzen die Vorschriften des BGB, die auch für den Handelskauf primär anwendbar sind (→ Rn. 7). Sie treffen, leider ohne ein stimmiges Gesamtkonzept, für bestimmte Fragen Sonderregelungen, die eine schnelle und einfache Abwicklung der Geschäfte bezwecken.

Die handelsrechtlichen Vorschriften stärken die Rechtsstellung des Verkäufers. Allerdings ist der einseitige Handelskauf typischerweise zugleich ein Verbrauchsgüterkauf i. S. d. §§ 474 ff. BGB, da ein Kaufmann immer zugleich Unternehmer i. S. v. § 14 BGB ist. Damit besteht ein Spannungsverhältnis zwischen Bürgerlichem Recht und Handelsrecht, da die §§ 474 ff. BGB gerade eine Privilegierung des Käufers bezwecken. Auch beim beiderseitigen Handelskauf kommt es zu Überschneidungen mit dem Verbrauchsgüterkaufrecht, weil der Letztverkäuferregress gem. §§ 478, 479 BGB dem Verbrauchsgüterkauf vorgelagerte Rechtsverhältnisse in der Lieferkette betrifft, die häufig beiderseitige Handelskäufe sind (dazu Heymann/*Emmerich/Hoffmann*, vor § 373 Rn. 5 ff.).

Die §§ 373 ff. regeln vornehmlich die Probleme, die bei Verzögerungen der Leistung und bei Mangelhaftigkeit der Ware auftreten. Daneben wird die Frage behandelt, ob das Brutto- oder Nettogewicht der Ware für den Kaufpreis maßgebend ist, wenn dieser sich nach dem Gewicht richten soll (vgl. § 380).

Empfehlungen zur vertiefenden Lektüre: *Canaris*, Auswirkungen des Gesetzes zur Modernisierung des Schuldrechts auf das Recht des Handelskaufs und der Kommission, FS Konzen, 2006, S. 43; *Emmerich*, Der Handelskauf, JuS 1997, 98; *Hoffmann*, Das Zusammentreffen von Handelskauf und Verbrauchsgüterkauf: Wertungswidersprüche und Korrekturbedarf, BB 2005, 2090; *U. Huber*, Wandlungen im Recht des Handelskaufs, ZHR 161 (1997),

160; *Reinicke/Tiedtke*, Kaufrecht, 8. Aufl. 2009, Rn. 1040 ff.; *Schubel*, Schuldrechtsreform: Perspektivenwechsel im Bürgerlichen Recht und AGB-Kontrolle für den Handelskauf, JZ 2001, 1113; *Steck,* Das HGB nach der Schuldrechtsreform, NJW 2002, 3201.

§ 20. Verzögerungen beim Handelskauf

385 **Fall a:** Weil Händler K mit der Annahme der gekauften Fernsehgeräte in Verzug geraten ist, lässt Großhändler V die Geräte bei seinem gewissenhaften Geschäftsfreund L einlagern, wo einige gestohlen werden. V verlangt von K Ersatz der Lagerkosten und den Kaufpreis für alle verkauften Geräte. → Rn. 386, → Rn. 388

Fall b: Im Fall a lässt V die Geräte öffentlich versteigern, nachdem er das dem K zuvor telefonisch mitgeteilt hatte. V selbst ersteigert die Geräte zu einem Preis, der unter dem mit K vereinbarten Kaufpreis liegt. Rechte des V gegen K? → Rn. 389 f.

Fall c: Händler K hat vom Fabrikanten V Garn gekauft und sich vorbehalten, bis zu einem festgelegten Termin die Farbe des Garns zu bestimmen. Da K trotz Aufforderung die Bestimmung nicht vornimmt, möchte V wissen, welche Rechte er hat. → Rn. 394

Fall d: Der Händler K hat beim Großhändler V Kaffee „zum 1. 12. fix und prompt" bestellt. Da V nicht liefert, möchte K am 15. 12. wissen, welche Rechte er hat. → Rn. 396

Die §§ 373–376 setzen voraus, dass der Kauf wenigstens für eine Vertragspartei ein Handelsgeschäft ist. Die Vorschriften kommen also schon dann in Betracht, wenn entweder nur der Verkäufer oder nur der Käufer Kaufmann ist (vgl. § 345). Das ist rechtspolitisch nicht unbedenklich, wenn der Käufer kein Kaufmann, sondern Verbraucher ist. Er verliert dann nämlich nach § 376 I 2 abweichend von § 281 IV BGB ohne eigenes Zutun seinen Erfüllungsanspruch (Rn. 395 ff.; krit. *Canaris,* FS Konzen, S. 48) oder sieht sich im Falle seines Annahmeverzuges den erweiterten Verkäuferrechten aus § 373 ausgesetzt.

I. Besondere Folgen des Annahmeverzugs des Käufers (§§ 373 f.)

385a Nimmt der Käufer die gekaufte Ware nicht an, kann er in Annahmeverzug (Gläubigerverzug) geraten. Die Voraussetzungen des Annahmeverzugs richten sich nach §§ 293 ff. BGB; das HGB enthält insoweit keine Besonderheiten. Auch für die Rechtsfolgen des Annahmeverzugs gelten beim Handelskauf die Regeln des BGB (§ 374). Jedoch erweitert § 373 das Recht des Verkäufers zur Hinterlegung und zum Selbsthilfeverkauf, damit der Verkäufer sich der Ware – seinem kaufmännischen Interesse an einer zügigen Geschäftsabwicklung entsprechend – schnell entledigen kann. Die bürgerlich-rechtlichen Vorschriften werden durch § 373 nicht verdrängt, so dass der Verkäufer die Wahl hat, ob er nach BGB oder HGB vorgeht (§ 374).

1. Hinterlegung

a) Nach § 372 S. 1 BGB kann der Schuldner bei Annahmeverzug des Gläubigers die geschuldete Sache hinterlegen; hinterlegungsfähig sind aber nur Geld, Wertpapiere und sonstige Urkunden sowie Kostbarkeiten. Demgegenüber ist beim Handelskauf **jede Ware** hinterlegungsfähig (§ 373 I; **Fall a:** Fernsehgeräte).

b) Die Hinterlegung hat nach § 374 I BGB bei der Hinterlegungsstelle des Leistungsorts zu erfolgen; Hinterlegungsstelle ist nach § 1 der Hinterlegungsordnung von 1937 das Amtsgericht. Beim Handelskauf kann die Ware auch in einem **öffentlichen Lagerhaus oder sonst in sicherer Weise** hinterlegt werden (§ 373 I).

Die Auswahl der Hinterlegungsstelle hat der Verkäufer, sofern er Kaufmann ist, mit der Sorgfalt eines ordentlichen Kaufmanns (§ 347 I), ansonsten mit der im Verkehr erforderlichen Sorgfalt (§ 276 II BGB) zu treffen. Bei Verletzung dieser Pflicht hat der Käufer gegebenenfalls einen Anspruch aus § 280 I BGB. Die Haftungserleichterung des § 300 I BGB (Haftung nur für Vorsatz und grobe Fahrlässigkeit) betrifft lediglich die Sorge für den Leistungsgegenstand, greift also nur dann, wenn der Verkäufer die Ware bei sich selbst aufbewahrt (str., zur Gegenansicht vgl. E/B/J/S/*Müller*, § 373 Rn. 22 ff.). – Der Verkäufer hat dem Käufer die Hinterlegung unverzüglich anzuzeigen, was sich schon aus der allgemeinen Sorgfaltspflicht ergibt.

c) Liegen die Voraussetzungen des § 373 I vor, trägt der **Käufer die Gefahr und die Kosten** der Hinterlegung. Bei unverschuldetem Untergang verliert er seinen Erfüllungsanspruch (§§ 275, 300 I, II BGB), muss aber gleichwohl nach §§ 326 II, 300 I BGB den Kaufpreis zahlen. Der Lagerhalter ist nicht Erfüllungsgehilfe des Verkäufers. Im Gegensatz zu § 378 BGB hat die Hinterlegung nach § 373 I **keine Erfüllungswirkung**. Diese setzt nämlich nach § 378 BGB einen Ausschluss des Rücknahmerechts voraus, der gem. §§ 376 II, 374 I BGB die Hinterlegung bei einer staatlichen Hinterlegungsstelle verlangt. Die Hinterlegung befreit den Verkäufer nur von der Last der Aufbewahrung.

Im **Fall a** hat V wegen des Annahmeverzugs des K die Geräte mit Recht bei L hinterlegt. Deshalb muss K die Kosten der Hinterlegung tragen. Auf ihn ist auch die Gefahr des Verlusts der Geräte übergegangen, da V den L sorgfältig ausgewählt hat. K muss also den vollen Kaufpreis für alle Geräte zahlen. – Während des Annahmeverzugs des Käufers kann der Kaufmann die von ihm zu liefernde Ware auch in eigener Obhut behalten und dafür die üblichen Lagerkosten verlangen (*BGH* NJW 1996, 1464).

2. Selbsthilfeverkauf

389 a) Nach den Regeln des BGB schließen Hinterlegung und Selbsthilfeverkauf sich gegenseitig aus, weil die Hinterlegung nur bei hinterlegungsfähigen und der Selbsthilfeverkauf nur bei nicht hinterlegungsfähigen Sachen zulässig ist (vgl. § 383 I BGB). Beim Handelskauf dagegen kommen **alle Waren und Wertpapiere** für einen Selbsthilfeverkauf in Betracht (§ 373 II). Der Verkäufer hat also ein **Wahlrecht** zwischen Hinterlegung und Selbsthilfeverkauf. Er kann sich auch entschließen, die zunächst hinterlegte Ware später versteigern zu lassen **(Fall b)**. Die dispositiven Regeln des Selbsthilfeverkaufs in § 373 II–V bezwecken, dem Verkäufer ein leicht handhabbares Instrument zur Entlastung von der Ware und zur Vertragsliquidation zur Verfügung zu stellen.

390 b) Zur **Durchführung** des Selbsthilfeverkaufs sieht § 373 II entsprechend dem BGB zwei Wege vor:
(1) Regelmäßig muss eine **öffentliche Versteigerung** erfolgen. Dabei können Verkäufer und Käufer mitbieten (§ 373 IV; **Fall b**).

Wirksamkeitsvoraussetzung für die Versteigerung ist die Androhung durch den Verkäufer; diese muss so rechtzeitig erfolgen, dass dem Käufer die Möglichkeit gegeben wird, die Ware doch noch anzunehmen oder auf andere Weise Nachteile zu vermeiden.

Wie beim Selbsthilfeverkauf nach BGB (§ 384 I, III BGB) darf die vorherige Androhung unterbleiben, wenn die Ware dem Verderb ausgesetzt und Gefahr im Verzuge ist (z. B. verfaulendes Obst) oder die Androhung aus anderen Gründen (z. B. Unerreichbarkeit des Käufers) untunlich ist (§ 373 II 2).

Außerdem hat der Verkäufer den Käufer grundsätzlich (Ausnahme bei Untunlichkeit) über Zeit und Ort der Versteigerung vorher zu benachrichtigen; nach dem Verkauf hat er unverzüglich den Vollzug anzuzeigen (§ 373 V 1). Das Unterlassen einer solchen Benachrichtigung macht den Selbsthilfeverkauf nicht unwirksam, sondern den Verkäufer schadensersatzpflichtig (§ 373 V 2).

(2) Ausnahmsweise, wenn nämlich die Ware einen Börsen- oder Marktpreis hat, ist ein **freihändiger Verkauf** durch einen dazu öffentlich ermächtigten Handelsmakler oder durch eine zur öffentli-

chen Versteigerung befugte Person zum laufenden Preis zulässig (§ 373 II 1).

c) Die **Wirkungen** des Selbsthilfeverkaufs richten sich danach, ob 391 dieser ordnungsgemäß erfolgte oder nicht.

(1) Bei **ordnungsgemäßem Selbsthilfeverkauf** wird der Verkäufer in entsprechender Anwendung des § 362 II BGB von seiner Lieferpflicht frei. Aus dem Sinn und Zweck des Selbsthilfeverkaufs folgt, dass der Verkäufer seine Schuld durch Leistung an den Zweitkäufer erfüllen kann. Im Gegenzug bleibt der Kaufpreisanspruch des Verkäufers aufrechterhalten.

Der Selbsthilfeverkauf erfolgt für Rechnung des säumigen Käufers (§ 373 III). Der Verkäufer wird also im Auftrag des Käufers tätig; er hat diesem gegenüber die Rechte und Pflichten eines Beauftragten. Deshalb kann er vom Käufer Ersatz der Aufwendungen verlangen, die er nach den Umständen für erforderlich halten durfte (§ 670 BGB; z. B. Portokosten). Andererseits ist er verpflichtet, dem Käufer das Erlangte (den Erlös) herauszugeben (§ 667 BGB), kann aber mit dem Kaufpreisanspruch aufrechnen (§ 389 BGB).

Im **Fall b** war die Versteigerung ordnungsgemäß, da K sich in Annahmeverzug befand und V ihm die Versteigerung angedroht hatte. V durfte auch die Ware selbst ersteigern. Infolgedessen kann V von K den Kaufpreis und den Ersatz der Aufwendungen verlangen. Andererseits hat er den Versteigerungserlös dem K herauszugeben. Mit seinen Ansprüchen kann V gegen den Anspruch des K auf den Erlös aufrechnen und dann den verbleibenden Überschuss verlangen. Übersteigt der Versteigerungserlös ausnahmsweise den vereinbarten Kaufpreis, steht der Mehrerlös dem Käufer zu (vgl. RGZ 102, 388, 390), da die Versteigerung für seine Rechnung erfolgt.

(2) Bei **nicht ordnungsgemäßem Selbsthilfeverkauf** (z. B. weil die 392 Versteigerungsandrohung unberechtigterweise unterblieb) ist der Verkauf nicht für Rechnung des Käufers erfolgt, sofern der Verkäufer nicht in berechtigter Geschäftsführung ohne Auftrag für den Käufer gehandelt hat (vgl. *BGH* LM Nr. 5 zu § 325 BGB). Den nicht für seine Rechnung erfolgten Selbsthilfeverkauf braucht der Käufer nicht gegen sich gelten zu lassen. Der Verkäufer bleibt zur Leistung verpflichtet. Bei einem Spezieskauf wird dem Verkäufer die Lieferung wegen der Versteigerung unmöglich (§ 275 I BGB), sofern er die Ware nicht selbst ersteigert oder sie sich auf andere Weise wieder verschafft (zur Frage, inwieweit der Verkäufer beim Stückkauf zur Lieferung einer gleichartigen oder gleichwertigen Sache verpflichtet sein kann, vgl. *Musielak*, NJW 2008, 2801, 2802 f.). Der Kaufpreisan-

spruch entfällt dann gem. § 326 I BGB. § 326 II BGB greift nicht. Zum einen ist der Käufer bei einem unkorrekten Selbsthilfeverkauf nicht „weit überwiegend" für den Umstand „verantwortlich", aufgrund dessen der Verkäufer nicht zu leisten braucht (1. Alt.). Zum anderen befindet er sich zwar in Annahmeverzug, das Leistungshindernis ist aber aufgrund des ordnungswidrigen Selbsthilfeverkaufs vom Verkäufer zu vertreten (2. Alt.). Im Hinblick auf die eingetretene Unmöglichkeit stehen dem Käufer regelmäßig Schadensersatzansprüche nach §§ 280 I, III, 283 BGB zu. § 285 BGB gewährt darüber hinaus einen verschuldensunabhängigen Anspruch auf Herausgabe des Erlöses.

Beim Gattungskauf ist das Schuldverhältnis zwar regelmäßig auf die versteigerten Waren beschränkt worden; der Verkäufer ist aber berechtigt, Waren gleicher Art und Güte zu liefern, sofern nicht der Käufer ausnahmsweise ein besonderes Interesse daran hat, die versteigerten und deshalb nicht mehr lieferbaren Waren zu erhalten (vgl. RGZ 91, 110, 112; 109, 184, 187). Der Verkäufer ist in diesem Fall nicht an eine nach § 243 II BGB eingetretene Konkretisierung gebunden, da auf Seiten des Käufers kein entsprechendes Schutzbedürfnis ersichtlich ist.

Liegt kein ordnungsgemäßer Selbsthilfeverkauf vor, so kann der Verkäufer dennoch gem. § 275 I BGB von seiner Leistungspflicht frei geworden sein, wenn es sich um einen **Deckungsverkauf** für Rechnung des Verkäufers handelt. Befindet sich der Käufer nämlich nicht nur im Annahmeverzug, sondern liegen außerdem die Voraussetzungen der §§ 280 I, III, 281 BGB (z. B. aufgrund einer vom Käufer zu vertretenden Verzögerung der Kaufpreiszahlung) vor, so steht dem Verkäufer ein Schadensersatzanspruch zu. Er kann eine konkrete Schadensberechnung anstellen, indem er die Ware im Wege des Deckungsverkaufs anderweitig absetzt und dann die Differenz zwischen dem Preis des Deckungsgeschäfts und dem mit dem Käufer vereinbarten Kaufpreis als Schaden geltend macht. Da der Deckungsverkauf keiner besonderen Form bedarf, kann ein nicht ordnungsgemäßer Selbsthilfeverkauf nachträglich als wirksamer Deckungsverkauf behandelt werden (RGZ 109, 134, 136).

Selbsthilfeverkauf und Deckungsverkauf unterscheiden sich demnach wie folgt:
(a) Der **Selbsthilfeverkauf** setzt **Annahmeverzug** des Käufers voraus und muss **angedroht** werden. Er erfolgt für Rechnung des Käufers. Er sichert den Erfüllungsanspruch des Verkäufers.
(b) Der **Deckungsverkauf** setzt eine **Verzögerung der Leistung** des Käufers im Sinne der Tatbestandsmerkmale der §§ 280 I, III, 281 BGB voraus. Schuldnerverzug im technischen Sinne des § 286 BGB wird dabei häufig vorliegen, ist aber nicht mehr Voraussetzung des Schadensersatzanspruchs statt

der (ganzen) Leistung. Der Deckungskauf erfolgt für Rechnung des Verkäufers und dient zur Schadensermittlung. Für den Verkäufer ergibt sich der zusätzliche Vorteil (vgl. dagegen für den Selbsthilfeverkauf → Rn. 391), dass er einen etwaigen Mehrerlös behalten darf (RGZ 109, 134, 136 f.; Baumbach/Hopt/*Hopt*, §§ 373, 374 Rn. 25).

II. Bestimmungskauf (§ 375)

1. Begriff und Zweck

a) Der Bestimmungskauf (Spezifikationshandelskauf) ist ein Handelskauf, bei welchem **dem Käufer die nähere Bestimmung** über Form, Maß oder ähnliche Verhältnisse **vorbehalten** ist (§ 375 I). Bei Abschluss des Vertrags wird also noch keine Vereinbarung über alle Eigenschaften der verkauften Waren getroffen; vielmehr bleiben einige von ihnen (wie etwa Form, Maß, Qualität, Sorte) der Bestimmung des Käufers vorbehalten. Dieser trifft die Festlegung durch (formfreie) empfangsbedürftige Willenserklärung gegenüber dem Verkäufer im Zweifel nach billigem Ermessen (vgl. § 315 BGB). § 375 I verstärkt das Bestimmungrecht zu einer **Käuferpflicht**, während § 375 II die **Verkäuferrechte** für den Fall einer Pflichtverletzung des Käufers erweitert. Leistungsmodalitäten, die nicht mit der Beschaffenheit der Kaufsache zusammenhängen (etwa Leistungsort und Leistungszeit), werden von § 375 nicht erfasst. 393

Der Spezifikationskauf ist kein Wahlkauf. Bei diesem ist der Verkäufer zu verschiedenen Leistungen verpflichtet, von denen nur die eine oder andere zu erbringen ist (vgl. § 262 BGB zur Wahlschuld), während beim Spezifikationskauf die zu liefernde Ware von vornherein festgelegt ist und nur noch bestimmte Eigenschaften der Ware einer späteren Entscheidung des Käufers vorbehalten bleiben (kritisch MünchKomm/*Grunewald*, § 375 Rn. 9; *Canaris*, § 29 Rn. 25).

b) Vor allem beim Massengüterhandel (z. B. Eisen, Textilien, Papier) kann der Käufer ein Interesse daran haben, sich durch einen sofortigen Vertragsschluss den Bezug von Gütern zu einem bestimmten Preis zu sichern, ehe er genau weiß, welche Eigenschaften (wie Farbe, Format) die Güter im Einzelnen aufweisen müssen.

2. Folgen

a) Die **Spezifikation** ist beim Handelskauf eine Pflicht des Käufers (§ 375 I). Sie ist stets als wesentliche Vertragspflicht anzusehen, so 394 dass bei Pflichtverletzung des Käufers §§ 281 I 3, 323 V 2 BGB nicht greifen.

Dem **Verkäufer** stehen **folgende durch § 375 II erweiterten Rechte** zu (**Fall c**):

(1) Der Verkäufer kann vom Käufer **Erfüllung** seiner Spezifikationspflicht verlangen. Daneben steht ihm **Ersatz des Verspätungsschadens** zu, wenn der Käufer sich mit der Bestimmung im Schuldnerverzug befindet (§§ 280 I, II, 286 BGB).

(2) Der Verkäufer kann vom Vertrag **zurücktreten** (§ 323 BGB) oder **Schadensersatz** statt der Leistung verlangen, wenn die Voraussetzungen der §§ 280 I, III, 281 BGB erfüllt sind (§ 375 II 1 ist eine Rechtsgrundverweisung). Erforderlich ist damit für beide Rechte eine Nachfristsetzung, auf die – wie sonst – nur in Ausnahmefällen verzichtet werden kann. Aus § 325 BGB folgt, dass auch eine kumulative Geltendmachung beider Rechte möglich ist.

(3) Der Verkäufer kann nach § 375 II 1 auch anstelle des Käufers die **Bestimmung selbst vornehmen,** wenn der Käufer mit seiner Verpflichtung zur Spezifikation im Schuldnerverzug ist. Der Verkäufer hat seine Bestimmung dem Käufer mitzuteilen und ihm eine angemessene Frist zur Vornahme einer anderweitigen Bestimmung zu setzen (§ 375 II 2). Erfolgt die Spezifikation durch den Käufer innerhalb der Frist, ist diese maßgebend, anderenfalls gilt die Bestimmung des Verkäufers (§ 375 II 3).

b) Außerdem gerät der **Käufer** in **Gläubigerverzug,** wenn der Verkäufer ihn vergeblich zur Spezifikation auffordert (vgl. § 295 BGB). Der Verkäufer hat also das Recht zur Hinterlegung oder zum Selbsthilfeverkauf (**Fall c**).

III. Fixhandelskauf (§ 376)

1. Begriff und Voraussetzungen

395 a) Der Fixhandelskauf ist ein **Handelskauf,** bei dem vereinbarungsgemäß mindestens ein Vertragspartner „**genau zu einer festbestimmten Zeit oder innerhalb einer festbestimmten Frist**" leisten soll (§ 376 I 1). Es handelt sich um einen Spezialfall des im BGB geregelten (relativen) Fixgeschäfts (§ 323 II Nr. 2 BGB). Das handelsrechtliche Fixgeschäft weist gegenüber dem bürgerlich-rechtlichen Fixgeschäft des § 323 II Nr. 2 BGB die Besonderheiten auf, dass der Erfüllungsanspruchs nur bei sofortiger Anzeige des Gläubigers (§ 376 I 2) fortbesteht und dass außerdem für den Anspruch auf Schadensersatz statt der Leistung bei Waren mit Börsen- oder Marktpreis Besonderheiten gelten (→ Rn. 379). Für das Rücktrittsrecht hat die handelsrechtliche Vorschrift dagegen keine Bedeutung mehr, da in den von § 376 erfassten Fällen auch bürgerlich-rechtlich gem. § 323 II Nr. 2 BGB keine Fristsetzung erforderlich ist und der Rücktritt gem. § 323 BGB seit der Schuldrechtsreform ebenso verschuldensunabhängig ist wie derjenige nach § 376.

b) Der Fixhandelskauf setzt – ebenso wie das bürgerlich-rechtliche relative Fixgeschäft – eine **Vereinbarung über eine bestimmte Leistungszeit** voraus; diese muss ein so wesentlicher Vertragsbestandteil sein, dass mit ihrer Einhaltung oder Versäumung der ganze Vertrag „**steht oder fällt**" (BGHZ 110, 88, 96). Es genügt also nicht, dass etwa ein bestimmter Kalendertag für die Lieferung festgelegt wird; vielmehr muss sich aus der Vereinbarung klar ergeben, dass der Gläubiger an einer späteren Leistung kein Interesse mehr hat.

Üblich sind Klauseln wie „fix", „exakt", „genau", „spätestens am".

Andererseits ist die Angabe eines bestimmten Kalendertages nicht erforderlich. Es genügt, dass sich der Tag oder der Zeitraum vom Eintritt eines bestimmten Ereignisses an bestimmen lässt.

Beispiel: „Lieferung erfolgt binnen einer Woche fix nach Abruf durch den Käufer".

2. Folgen bei Säumnis

Wird die „fix" zu erbringende Leistung beim Handelskauf nicht zu dem festgelegten Zeitpunkt erbracht, so ist die Rechtsstellung des Gläubigers gegenüber dem BGB in mehrfacher Hinsicht modifiziert: a) Während der Gläubiger beim bürgerlich-rechtlichen Fixgeschäft im Fall der Säumnis des Schuldners weiterhin Erfüllung verlangen kann (§ 281 IV BGB), geht das Gesetz beim Fixhandelskauf davon aus, dass die Geltendmachung des Erfüllungsanspruchs trotz Säumnis ganz ungewöhnlich wäre. Deshalb bleibt dem Gläubiger hier der **Erfüllungsanspruch nur dann erhalten,** wenn er **sofort** nach Ablauf der Zeit oder Frist dem Gegner **anzeigt,** dass er auf Erfüllung besteht (§ 376 I 2).

396

Im **Fall d** kann K keine Erfüllung mehr beanspruchen, da die sofortige Anzeige unterblieben ist. Eine Nachholung am 15. 12. scheidet aus, da inzwischen 14 Tage verstrichen sind. „Sofort" ist mehr als „unverzüglich" und bedeutet „ohne jede Verzögerung" (*BGH NJW-RR* 1998, 1489, 1490).

397 b) **Schadensersatz statt der Leistung** steht dem Gläubiger auch beim bürgerlich-rechtlichen Fixgeschäft nach §§ 280 I, III, 281 BGB schon dann zu, wenn sich der Schuldner nicht im Verzug befindet. Allerdings muss er dem Schuldner eine angemessene Frist zur Leistung setzen (§ 281 I 1 BGB). Der Schadensersatzanspruch statt der Leistung aus § 376 I besteht dagegen unabhängig von einer derartigen Nachfristsetzung.

Verlangt der Gläubiger beim Fixhandelskauf Schadensersatz statt der Leistung (das HGB verwendet aufgrund eines Redaktionsversehens noch den älteren Begriff des Schadensersatzes „wegen Nichterfüllung"), so kann er seinen Schaden außerdem abweichend vom BGB nicht nur konkret, sondern auch abstrakt berechnen (§ 376 II, III).

(1) **Abstrakter Schaden** ist der Schaden, der sich nach dem gewöhnlichen Lauf der Dinge ergibt; er berechnet sich nach der Differenz zwischen dem Markt- oder Börsenpreis und dem Kaufpreis (*Brox/Walker,* AS, § 31 Rn. 20). Diese Schadensberechnung ist – entgegen dem Wortlaut des § 376 II – auch bei Waren ohne Markt- oder Börsenpreis zulässig.

(2) **Konkreter Schaden** ist der Schaden, der sich nach den besonderen Umständen des Einzelfalls, insbesondere nach den getroffenen Anstalten und Vorkehrungen ergibt; es geht um die Differenz zwischen dem Preis des Deckungsgeschäfts und dem Kaufpreis (*Brox/Walker,* AS, § 31 Rn. 19). Hat die Ware einen Börsen- oder Marktpreis, will das HGB ein Spekulieren des Gläubigers zum Nachteil des Schuldners verhindern. Deshalb muss das Deckungsgeschäft sofort nach Ablauf der Leistungszeit oder -frist und durch einen öffentlich bestellten Handelsmakler oder Versteigerer vorgenommen werden (vgl. § 376 III, IV).

Empfehlungen zur vertiefenden Lektüre:
Rechtsprechung: *BGH* WM 1976, 124 (Abgrenzung Wahlschuld von Spezifikationskauf); *BGH* LM Nr. 4 zu § 376 (Auslegung eines Handelsgeschäfts als Fixgeschäft); BGHZ 110, 88 = NJW 1990, 2065 (Fixhandelskauf); *BGH* NJW 1996, 1464 (Annahmeverzug des Käufers); *BGH* NJW-RR 1998, 1489 (Umwandlung eines Fixhandelsgeschäfts durch Nachfristsetzung).
Literatur: *Herresthal,* Der Anwendungsbereich der Regelungen über den Fixhandelskauf (§ 376 HGB) unter Berücksichtigung des reformierten Schuldrechts, ZIP 2006, 883; *Leßmann,* Der Fixhandelskauf, JA 1990, 143; *Rieble/Gutfried,* Spezifikationskauf und BGB-Schuldrecht, JZ 2008, 593.

§ 21. Besonderheiten der Mängelhaftung beim Handelskauf (§§ 377 f.)

Fall a: Der Händler K bestellt beim Großhändler V „500 Dosen Erbsen fein". Die von V am 1. 10. gelieferte Ware ist verdorben und ungenießbar. Das erfährt K erst von einer Kundin am 25. 10. Deshalb rügt er am selben Tag den Mangel gegenüber V. Rechte des K? → Rn. 401, → Rn. 410 ff., → Rn. 416

Fall b: Im Fall a liefert V 520 Dosen „Erbsen mittelfein" von einwandfreier Qualität. K ruft den V sofort nach Ankunft der Ware an und teilt ihm mit, dass falsche Erbsen geliefert wurden. Die Zuviel-Lieferung von 20 Dosen rügt er dagegen nicht. K verlangt hinsichtlich 500 Dosen Nacherfüllung und verweigert die Bezahlung der überzähligen 20 Dosen → Rn. 402, → Rn. 404, → Rn. 408, → Rn. 411, → Rn. 418

Fall c: V liefert statt der bestellten 100 Dosen Blutwurst 100 Dosen Hundefutter. K öffnet eine Dose für seinen Haushalt und isst das Hundefutter als Blutwurst. Erst vier Wochen später fällt das Versehen auf. K rügt sofort; V verweigert die Rücknahme der Dosen, da die Rüge verspätet sei. → Rn. 417

I. Bedeutung des § 377

Die dem Käufer gelieferte Ware kann mit **Qualitätsmängeln** i. S. d. § 434 I BGB behaftet sein, zu denen gem. § 434 II BGB auch Montagefehler zählen (Sachmangel). Möglicherweise hat der Verkäufer dem Käufer eine andere Ware geliefert, als die Parteien vereinbart hatten (Falschlieferung; § 434 III BGB). Schließlich kann die Ware hinsichtlich der Menge von der Bestellung abweichen (**Quantitätsmängel**; § 434 III BGB). In allen diesen Fällen gewährt das BGB dem Käufer Sachmängelansprüche. Für den Handelskauf verlangt § 377 im Interesse des Verkäufers zusätzlich eine **rechtzeitige Rüge** des Mangels durch den Käufer. Der Verkäufer soll möglichst schnell Gewissheit erlangen, ob die Lieferung beanstandet wird und deshalb Ansprüche des Käufers drohen oder ob der Käufer die Lieferung als ordnungsgemäß ansieht.

Der Käufer ist **nicht** zur Rüge **verpflichtet**; unterlässt er jedoch eine rechtzeitige Rüge, verliert er seine Ansprüche (vgl. § 377 II). § 377 begründet demnach keine Rügepflicht, sondern nur eine Rügelast des Käufers i. S. einer **Obliegenheit** zur Erhaltung der Mängelrechte. Der Käufer wird Mängel im eigenen Interesse rechtzeitig rügen, um seine Rechte nicht zu verlieren.

§ 377 ist nicht anwendbar, wenn es sich um einen **Rechtsmangel** (§ 435 BGB) handelt. Zwar hat die Schuldrechtsreform eine grundsätzliche Gleichbehandlung von Sach- und Rechtmängeln mit sich gebracht, die insbesondere in § 433 I 2, 437 BGB zum Ausdruck kommt. Die Untersuchungs- und Rügeobliegenheit des § 377 ist jedoch allein auf Sachmängel zugeschnitten, da nur sie durch eine Untersuchung festgestellt werden können. In einem Fall des Rechtsmangels gelten daher allein die Vorschriften des BGB (so auch MünchKomm/*Grunewald*, § 377 Rn. 53; Koller/Kindler/Roth/Morck/*Roth*, § 377 Rn. 5; a. A. Baumbach/Hopt/*Hopt*, § 377 Rn. 12; *Canaris*, § 29 Rn. 52).

II. Voraussetzungen der Rügelast

398b

Aufbauschema
Rügeobliegenheit gemäß § 377

Zum **Aufbau**: § 377 ist innerhalb der Prüfung eines Anspruchs wegen Mangelhaftigkeit (z. B. auf Nacherfüllung gem. § 439 BGB) unter dem Punkt „Ausschluss gemäß § 377 HGB" anzusprechen.

I. **Beiderseitiges Handelsgeschäft**, § 343 f.
II. **Ablieferung** der Ware
III. **Mangelhaftigkeit** der Ware, § 434 BGB
IV. **Kein arglistiges Verschweigen** des Mangels, § 377 V
V. **Ordnungsmäßigkeit der Rüge**
  1. Anzeige des Mangels
  2. Rechtzeitigkeit der Anzeige
     a) Offener Mangel: nach Ablieferung, § 377 I
     b) versteckte Mängel: nach Erkennbarkeit, § 377 III
VI. **Rechtsfolgen** bei nicht ordnungsgemäßer Rüge:
  – Verlust der Rechte aus §§ 434, 437 BGB (nicht: § 823 I BGB)
  – bei Schlechtlieferung oder Zuwenig-Lieferung: Anspruch des Verkäufers auf vollen Kaufpreis
  – bei Zuviel-Lieferung oder Lieferung eines höherwertigen aliuds (kein Mangel i. S. d. § 434 III BGB): grundsätzlich nur Anspruch des Verkäufers auf Rückgabe und Rückübereignung aus § 812 I 1, 1. Alt. BGB (ausnahmsweise: konkludente Vertragsänderung)

1. Beiderseitiges Handelsgeschäft

Anders als bei sonstigen Regelungen über den Handelskauf verlangt § 377 I, dass der Kauf (Tausch; Werklieferungsvertrag; Darlehen, vgl. *BGH* NJW 1985, 2417) über Waren oder Wertpapiere (§ 381) für beide Vertragsparteien ein Handelsgeschäft sein muss. Der Kauf eines Unternehmens (→ Rn. 130 ff.) wird vom Begriff „Ware" nicht erfasst (*Schröcker*, ZGR 2005, 95 f.). 399

a) Das setzt zunächst die **Kaufmannseigenschaft** beider Parteien voraus. Der Käufer muss Kaufmann sein, da einem Nichtkaufmann die sofortige Untersuchung und Rüge mangels Sachkunde nicht zumutbar wäre. Die Kaufmannseigenschaft auch des Verkäufers wird verlangt, weil typischerweise nur der Kaufmann ein schützenswertes Interesse daran hat, zügig disponieren zu können, und dem Schutz dieses Interesses die Rügelast des Käufers dient.

b) Für beide Parteien muss ein **Handelsgeschäft** (§§ 343 f.; → Rn. 279 ff.) vorliegen. Erfasst werden also nur die im Betrieb des Handelsgewerbes des Verkäufers und des Käufers geschlossenen Warenumsatzgeschäfte und nicht etwa Geschäfte für den privaten Bereich.

c) Diese Voraussetzungen müssen **im Zeitpunkt des Vertragsabschlusses** gegeben sein. Verliert etwa der Käufer nach dem Kaufabschluss seine Kaufmannseigenschaft, trifft ihn dennoch die Rügelast, ebenso den Erben, wenn der Kaufmann nach Vertragsabschluss stirbt.

2. Ablieferung der Ware

Die Ware muss vom Verkäufer beim Käufer abgeliefert worden sein. Ablieferung bedeutet, dass der Käufer in eine solche tatsächliche räumliche Beziehung zu der Ware kommt, dass er deren Beschaffenheit prüfen kann (BGHZ 93, 338, 345; *BGH* NJW 1961, 730). Das ist bei der Übergabe der Ware, nicht schon bei der Übergabe etwa eines Traditionspapiers der Fall. Ablieferung ist eine einseitige Tathandlung des Verkäufers (Realakt), keine Willenserklärung. Der Begriff ist von der Abnahme i. S. v. § 433 II BGB zu unterscheiden (BGHZ 60, 6). Die Ablieferung darf auch nicht mit dem Übergang der Leistungsgefahr nach §§ 446, 447 BGB gleichgesetzt werden, weil hier der Käufer noch nicht zwingend die für die Prüfung erforderliche tatsächliche Sachherrschaft ausüben kann (etwa im Fall der Schickschuld bei der Übergabe der Kaufsache an die Transportperson). Übergabe (§ 446 BGB) und Ablieferung i. S. v. § 377 fallen indes häufig zusammen. 400

Auch den Zwischenhändler, der die Ware sogleich an einen Abnehmer weiterveräußern möchte, trifft die Untersuchungs- und Rügeobliegenheit (vgl. *BGH GWR* 2014, 302). Dies gilt auch dann, wenn die Ware auf seine Weisung unmittelbar an einen Abnehmer geliefert wird (Streckengeschäft). Untersucht der Endkunde die erhaltene Ware nicht oder informiert er den Zwischenhändler über einen aufgetretenen Mangel verspätet, geht dies im Ergebnis zu Lasten des Händlers, wenn sein Abnehmer kein Kaufmann ist. Er muss dann bei Lieferung einer mangelhaften Sache den Kaufpreis zahlen, sieht sich aber gleichzeitig Mängelansprüchen seines Kunden ausgesetzt. Aufgrund des zwingenden Charakters von § 475 I BGB sind abweichende Absprachen, die der Zwischenhändler mit dem Endverbraucher vereinbart, unwirksam. Um dem Zwischenhändler zu helfen, wird in der Literatur aus der Art des Geschäfts (Streckengeschäft) ein reduzierter Umfang der Untersuchungs- und Rügepflicht des Zwischenhändlers gefolgert. Er soll lediglich verpflichtet sein, Informationen über Mängel, die beim Endkunden auftreten, unverzüglich weiterzugeben (so etwa *Lange,* JZ 2008, 661, 667). Eine umfassende Untersuchung durch den Zwischenhändler sei dagegen nicht „tunlich" i. S. d. § 377 I (*Canaris,* § 29 Rn. 62, 65).

§ 478 VI BGB belegt indes, dass dem Zwischenhändler abverlangt wird, mit derselben Sorgfalt und Professionalität zu agieren, die im kaufmännischen Verkehr üblich ist. Daher besteht kein Anlass, die den Zwischenkäufer treffenden Pflichten und Obliegenheiten in ihrem Bestand und Umfang nur deshalb zu verändern, weil ihm bei der Abnahme ein Nichtkaufmann zu Hilfe kommt. Die Pflichten und Obliegenheiten eines Schuldners beurteilen sich grundsätzlich aus seiner Person und seiner vertraglichen Beziehung zum Gläubiger, nicht nach den persönlichen Verhältnissen Dritter. Der Sinn und Zweck von § 377, dem Verkäufer schnellstmöglich Gewissheit über die (ordnungsgemäße) Abwicklung des Rechtsgeschäfts zu verschaffen, würde anderenfalls nicht verwirklicht (→ Rn. 398).

Wird die Kaufsache auf Anweisung des Käufers (etwa des Leasinggebers) vom Verkäufer an einen nichtkaufmännischen Dritten (etwa den Leasingnehmer) geliefert, trifft damit den Käufer die Obliegenheit zur Rüge, wenn er sich des Dritten als Erfüllungsgehilfen hinsichtlich der Abnahme der Kaufsache im Verhältnis zum Verkäufer bedient (vgl. BGHZ 110, 130, 138). Er trägt das Risiko, von seinen (auch nicht kaufmännischen) Abnehmern zu spät oder unvollständig über die Mängel unterrichtet zu werden (*OLG Karlsruhe* NZG 2009, 395).

Auch bei schwer erkennbaren Mängeln, etwa beim Kauf von Standardsoftware, wird der Ablieferungszeitpunkt nicht hinausgeschoben. Nachbesserung und Nacherfüllung sind wie eine eigenständige Lieferung zu behandeln, so dass den Käufer erneut eine Untersuchungs-und Rügepflicht trifft (vgl. zum Nacherfüllungsort *BGH* NJW 2011, 2278; *Ringe,* NJW 2012, 3393).

3. Mangel der Ware

Da § 377 keine eigenständige Definition des Mangelbegriffs vorsieht, ist auf die allgemeinen bürgerlich-rechtlichen Vorschriften und damit auf **§ 434 BGB** zurückzugreifen. Die Ware muss demnach einen der folgenden Mängel haben: 401

a) Die Ware weist einen **Qualitätsmangel** auf. Sie ist mit einem Sachmangel behaftet, weil sie bei Gefahrübergang z. B. nicht die vereinbarte Beschaffenheit hat (§ 434 I 1 BGB; **Fall a**). Die Erstreckung des Sachmangelbegriffs auf Montagefehler durch die Schuldrechtsreform (§ 434 II BGB) führt zu einer entsprechenden Erweiterung der Rügepflicht gem. § 377. Praktisch bedeutsam ist dies insbesondere bei Montageverpflichtungen des Verkäufers, die sich auf hochwertige technische Güter beziehen.

b) Die gelieferte Ware ist eine andere **(aliud)** als die bedungene (§ 434 III, 1. Alt. BGB). Eine solche Falschlieferung liegt beim Stückkauf vor, wenn statt des gekauften Stücks ein anderes geliefert wird (a. A. etwa *Schultze,* NJW 2003, 1022 und *Altmeppen/Reichard,* FS U. Huber, 2006, S. 73, 82 ff., die § 434 III BGB nur auf den Gattungskauf anwenden). Will der Käufer seinen ursprünglichen Erfüllungsanspruch behalten, muss er die Annahme der anderen Sache verweigern. Beim Gattungskauf liegt eine Falschlieferung vor, wenn die gelieferte Ware nicht zu der Gattung gehört, die nach der Parteivereinbarung vom Verkäufer geliefert werden sollte (**Fall b;** „Erbsen mittelfein" statt „Erbsen fein"). Dies gilt selbst dann, wenn eine bessere Sache (etwa Äpfel einer höheren Güteklasse) als geschuldet geliefert wird (*Canaris,* § 29 Rn. 55). 402

Wie weit die vereinbarte und die erbrachte Leistung auseinander fallen, ist unerheblich; auf die Genehmigungsfähigkeit der Ware (§ 378 HGB a. F.) kommt es seit der Schuldrechtsreform nicht mehr an (a. A. *Altmeppen/Reichard,* FS U. Huber, 2006, S. 73, 95 f.). Selbst bei krassen Abweichungen („Gänse statt Karpfen") kommt nach der gesetzlichen Konzeption der Fortbestand des Erfüllungsanspruchs über § 242 BGB nicht in Betracht. Andernfalls würden die Abgrenzungsschwierigkeiten nur auf eine andere Ebene verlagert (vgl. BT-Drs. 14/6040, S. 216).

403 c) Die Ware weist einen **Quantitätsmangel** auf. Das ist der Fall, wenn eine zu geringe Menge geliefert wird (§ 434 III, 2. Alt. BGB). Bei einer offenen Zuwenig-Lieferung, bei der der Verkäufer erkennbar seine vertragliche Pflicht nicht vollständig, sondern nur teilweise erfüllen möchte (vgl. § 266 BGB), greift die Rügepflicht dagegen nicht.

404 Eine Abweichung von der vereinbarten Menge liegt zwar auch dann vor, wenn der Verkäufer mehr liefert als vereinbart wurde (Zuviel-Lieferung; **Fall b:** 520 statt 500 Dosen). Hierin liegt indes grundsätzlich keine mangelhafte Leistung. § 434 III BGB erfasst seinem Wortlaut nach keine Quantitätsabweichungen nach oben. Bei einer richtlinienkonformen Auslegung wird man gleichwohl jedenfalls dann von einem Mangel ausgehen müssen, wenn die Zuviel-Lieferung (ausnahmsweise) für den Käufer nachteilig ist, da Art. 2 I der Verbrauchsgüterkaufrichtlinie (ABl. 1999, L 171/12) auch Mengenabweichungen erfasst. Bei einer für den Käufer günstigen Mehrlieferung erfüllt der Verkäufer trotz der Abweichung von den Absprachen den Kaufvertrag, wenn die geschuldete Menge ohne weiteres ausgesondert werden kann. Die Rechtsfolgen der Zuviel-Lieferung richten sich ausschließlich nach dem Bürgerlichen Recht (→ Rn. 415, → Rn. 418).

4. Ausschluss der Rügelast

405 a) Die Rügelast des Käufers entfällt, wenn der Verkäufer keinen Schutz verdient. Das ist der Fall, wenn der Verkäufer den Mangel arglistig verschwiegen oder die Eigenschaft **arglistig** vorgespiegelt hat (vgl. § 377 V).

Hat der Käufer in jahrelanger Geschäftsbeziehung vom Verkäufer regelmäßig gleichartige, mangelfreie Ware bezogen, darf er darauf vertrauen, dass der Verkäufer ihn auf die Änderung der Beschaffenheit der Ware hinweist. Das Unterlassen eines solchen Hinweises stellt eine Nebenpflichtverletzung dar, die die Unanwendbarkeit des § 377 II zur Folge hat. Für den Käufer besteht daher keine Veranlassung die Ware darauf zu untersuchen, ob sich deren Beschaffenheit im Vergleich zu vorherigen Lieferungen geändert hat. Der Käufer ist allerdings in entsprechender Anwendung des § 377 III (→ Rn. 412) gehalten, den Mangel unverzüglich nach seiner Entdeckung zu rügen (BGHZ 132, 175).

406 b) Ein **Verzicht des Verkäufers** auf die zu seinem Schutz bestehenden Rechtsfolgen, die sich aus der Nichtbeachtung der Rügelast

durch den Käufer ergeben, ist jederzeit durch eine entsprechende Vereinbarung möglich. Jedoch ist das formularmäßige Abbedingen der Untersuchungs- und Rügelast bei offen zu Tage liegenden Mängeln mit den wesentlichen Grundgedanken der gesetzlichen Regelung unvereinbar und daher gem. § 307 I, II BGB unwirksam (*BGH* NJW 1991, 2633, 2634).

III. Ordnungsmäßigkeit der Rüge

§ 377 I spricht von Untersuchung und Rüge. Regelmäßig kann der Käufer zwar erst dann rügen, wenn er die Ware zuvor untersucht und dabei den Mangel entdeckt hat. Zu beachten ist aber, dass nur die Rüge und nicht die Untersuchung eine Außenwirkung gegenüber dem Verkäufer hat. Da der Verkäufer möglichst schnell wissen soll, woran er ist, genügt eine Rüge auch dann, wenn der Käufer die Ware nicht untersucht hat, den Mangel aber auf andere Weise erfahren hat (*OLG Frankfurt a. M.* BB 1984, 177) oder ihn auf Verdacht hin behauptet. 407

1. Anzeige des Mangels

a) Die Rüge ist eine **formlose** Anzeige der Mängel durch den Käufer an den Verkäufer. Sie ist zwar eine Wissenserklärung, steht aber einer Willenserklärung derart nahe, dass viele Vorschriften über Willenserklärungen auf sie anwendbar sind (rechtsgeschäftsähnliche Handlung). Die bloße Mitteilung, dass Mängel vorhanden seien, genügt nicht, um die Sachmängelrechte aufrechtzuerhalten. Vielmehr muss der Verkäufer Art und Umfang der Mängel aus der Anzeige erkennen können. Deshalb ist in ihr der Mangel substantiiert anzugeben; verschiedene Mängel müssen einzeln aufgeführt werden (*BGH* NJW-RR 1998, 680, 681). Nicht erforderlich ist, dass der Käufer mitteilt, welche Rechte er wegen des Mangels geltend machen will (*BGH* NJW 1996, 2228, 2229). 408

Im **Fall b** musste K nur die Lieferung des aliuds, nicht dagegen die Zuviel-Lieferung dem V mitteilen. Er kann deshalb wegen der Falschlieferung Rechte geltend machen und muss die zusätzlich gelieferten 20 Dosen nicht bezahlen.

b) Bei einer schriftlichen Mängelanzeige genügt die **rechtzeitige Absendung** (§ 377 IV). Der Verkäufer trägt also die Gefahr des verspäteten Zugangs der Anzeige. 408a

Das setzt aber voraus, dass der Käufer alles getan hat, damit die Anzeige den Verkäufer rechtzeitig erreicht. Falsche Anschrift oder ungenügende Frankierung gehen also zulasten des Käufers.

§ 377 IV verlagert nur das Verspätungs-, nicht aber das **Verlustrisiko** der Anzeige auf den Verkäufer. Als geschäftsähnliche Handlung und empfangsbedürftige Erklärung wird die Anzeige erst mit dem Zugang beim Verkäufer wirksam (§ 130 I 1 BGB analog). Den Zweck des § 377, den Verkäufer möglichst schnell in die Lage zu versetzen, entsprechende Feststellungen und notwendige Dispositionen, insbesondere zur Schadensabwendung, zu treffen, und ihn davor zu bewahren, sich noch längere Zeit nach der Ablieferung Ansprüchen wegen etwaiger, mit zunehmendem Zeitablauf nur unsicher feststellbarer Mängel ausgesetzt zu sehen, (→ Rn. 398), kann eine zwar abgesandte, den Verkäufer aber nie erreichende Anzeige nicht erfüllen. Im Streitfall trifft den Käufer die **Beweislast für den Zugang** der Erklärung (BGHZ 101, 49).

2. Rechtzeitigkeit der Anzeige

409 Die Rüge muss **unverzüglich,** d. h. ohne schuldhaftes Zögern (§ 121 I 1 BGB), erfolgen. Ob diese Voraussetzung erfüllt ist, richtet sich nach den besonderen Umständen des Einzelfalls. So kann etwa eine geschuldete, aber fehlende oder fehlerhafte Dokumentation über den gelieferten Gegenstand die Überprüfung der Ordnungsmäßigkeit der Lieferung erschweren (*BGH* BGH-Report 2003, 908). In erster Linie erfolgt allerdings eine Differenzierung danach, ob es sich um einen offenen oder verborgenen Mangel handelt.

410 a) **Offene Mängel** sind solche, die entweder (1) offen zu Tage liegen oder dem Käufer ohnehin bekannt sind oder (2) bei einer ordnungsgemäßen Untersuchung entdeckt werden.

(1) **Offen zu Tage** liegende **oder** dem Käufer **ohnehin** bekannte **Mängel** bedürfen zu ihrer Entdeckung keiner Untersuchung. Sie sind deshalb **unverzüglich** nach der Ablieferung der Ware **zu rügen.** Regelmäßig wird eine Anzeige binnen ein bis zwei Tagen erwartet werden können.

Waren die Dosen im **Fall a** aufgebläht, hätte K den Mangel schon beim ersten Blick feststellen und rügen können.

411 (2) **Ist der Mangel dagegen erst durch** eine anfängliche **Untersuchung zu erkennen,** muss die Frist für die Rechtzeitigkeit der (un-

§ 21. Besonderheiten der Mängelhaftung beim Handelskauf

verzüglichen) Rüge entsprechend länger sein. Dabei ist der Zeitaufwand für zwei Tätigkeiten des Käufers zu berücksichtigen:
(a) Die **Untersuchung** der Ware muss **unverzüglich** nach der Ablieferung sachgemäß durchgeführt werden, sofern dies nach ordnungsmäßigem Geschäftsgang tunlich ist (§ 377 I). Die Untersuchung darf nicht oberflächlich erfolgen, da sonst die Gefahr besteht, dass erkennbare Fehler übersehen werden; vielmehr ist sie mit fachmännischer Sorgfalt, notfalls unter Hinzuziehung eines Sachverständigen, durchzuführen.

Konserven mit Lebensmitteln sind stichprobenartig zu öffnen und zu untersuchen, es sei denn der Schaden infolge der Untersuchung steht außer Verhältnis zu Wert und Menge der gelieferten Ware. Im **Fall a** hätte K daher einzelne Dosen unverzüglich nach der Lieferung öffnen müssen und dann den Mangel festgestellt. – Im **Fall b** konnte K schon anhand der Aufschrift erkennen, dass eine falsche Sorte geliefert wurde. Hinsichtlich der falschen Menge bestand dagegen keine Rügepflicht.

(b) Die **Rüge** muss **unverzüglich** nach der (unverzüglichen) Untersuchung erfolgen. Sie ist rechtzeitig, wenn die Ware nach ihrer Ablieferung unverzüglich untersucht wird und ein dabei entdeckter Mangel dem Verkäufer unverzüglich nach Ablauf der Untersuchungsfrist angezeigt wird (vgl. *BGH* LM Nr. 1 zu § 377). Die Addition der Fristen für die unverzügliche Untersuchung und die unverzügliche Rüge ergibt den Zeitraum, in dem die Rüge erhoben werden muss, um als rechtzeitig zu gelten. Als Richtwert ist von **einer Woche** auszugehen, bei aufwendigen Untersuchungen verlängert sich die Frist (*BGH* LM § 377 Nr. 9), bei leicht verderblicher Ware muss die kürzestmögliche Untersuchungsdauer eingehalten werden.

Im **Fall a** hat K zwar unverzüglich nach Entdeckung des Mangels gerügt. Das reicht aber nicht aus, weil er die Ware nicht unverzüglich nach der Ablieferung durch Stichproben untersucht hat. Hätte K unverzüglich untersucht, wäre der Mangel viel früher entdeckt worden, so dass er dem V entsprechend früher hätte angezeigt werden können.

b) **Verborgene Mängel** sind solche, die bei ordnungsgemäßer Untersuchung nicht entdeckt worden sind oder mit Sicherheit nicht zu entdecken gewesen wären, wenn eine ordnungsgemäße Untersuchung durchgeführt worden wäre. In einem solchen Fall kann vom Käufer eine Rüge erst nach Entdeckung des Mangels erwartet werden; dann hat er jedoch unverzüglich zu rügen (§ 377 III). 412

Hat K im **Fall a** Stichproben in angemessener Zahl gemacht und waren die Erbsen von einwandfreier Qualität, dann gilt die ganze Ware als untersucht.

Der verborgene Mangel wird am 25. 10. entdeckt und unverzüglich gerügt. Hat K dagegen keine oder nicht ausreichende Stichproben gemacht, wird er nicht damit gehört, dass der Mangel möglicherweise auch bei (ausreichenden) Stichproben nicht entdeckt worden wäre.

Die Bedeutung des § 377 III erschöpft sich in der Verlängerung der Rügefrist. Eine parallele Verlängerung der Verjährungsfrist (§ 438 BGB) sieht das Gesetz dagegen nicht vor.

IV. Rechtsfolgen bei ordnungsgemäßer Rüge

413 Hat der Käufer ordnungsgemäß, insbesondere rechtzeitig gerügt, so behält er seine Rechte wegen des Mangels der Ware.

1. Sachmangel

413a Ist die Ware mit einem Sachmangel i. S. v. § 434 I BGB behaftet, stehen dem Käufer die Rechte nach **§ 437 BGB** zu. Das Gleiche gilt bei Montagefehlern und mangelhaften Montageanleitungen (§ 434 II BGB).

Er kann gem. § 437 Nr. 1 BGB zunächst **Nacherfüllung** (nach Wahl des Käufers Nachbesserung oder Nachlieferung, § 439 I BGB) geltend machen. Unter den Voraussetzungen des §§ 437 Nr. 2, 440, 323 und 326 V BGB kann der Käufer vom Vertrag **zurücktreten** oder nach § 441 den Kaufpreis **mindern**. Dies ist insbesondere dann der Fall, wenn die Nacherfüllung unmöglich ist oder der Käufer erfolglos eine Frist zur Nacherfüllung gesetzt hat. Unter der (weiteren) Voraussetzung des Vertretenmüssens kann der Käufer sogar **Schadensersatz** verlangen (§§ 437 Nr. 3, 440, 280, 281, 283, 311a BGB; *Brox/Walker*, BS, § 4 Rn. 79 ff.).

Erfolgt die Nachlieferung oder Nachbesserung wiederum nicht mangelfrei, muss der Käufer eines Handelskaufs dies **erneut** nach Maßgabe des § 377 **rügen** (*OLG Düsseldorf* NJW-RR 2005, 832). Seine Obliegenheiten sind nicht darauf reduziert, die nachgelieferte Ware daraufhin zu untersuchen, ob sie denselben Fehler aufweist wie die ursprüngliche Ware. Auf der anderen Seite ist der Käufer nicht mit der Rüge solcher Mängel ausgeschlossen, die in gleicher Weise bereits der ursprünglichen Lieferung anhafteten, dort aber nicht gerügt wurden. Aus §§ 437 Nr. 3, 280 I 1 BGB kann eine Pflicht des Verkäufers erwachsen, die Kosten der zweiten Untersuchung zu tragen (zum Ganzen: *Mankowski*, NJW 2006, 865, 869).

2. Falschlieferung

414 Seit der Schuldrechtsreform steht es einer Schlechtlieferung gleich, wenn der Verkäufer eine andere als die geschuldete Sache liefert, also eine Falschlieferung vorliegt (§ 434 III BGB).

Bei Lieferung eines höherwertigen aliuds steht dem Verkäufer ein Rückforderungsanspruch – wenn nicht der Tatbestand des § 814 BGB erfüllt ist – aus § 812 I 1, 1. Alt. BGB zu (*Lorenz*, JuS 2003, 36, 39; zu anderen dogmatischen Konstruktionen *Steinbeck*, § 35 Rn. 27).

3. Lieferung mit Mengenfehler

a) Bei einer **Minderlieferung** ist der Nachlieferungsanspruch gem. §§ 437 Nr. 1, 439 BGB auf Restlieferung gerichtet. Unter den Voraussetzungen der §§ 437 Nr. 2, 440, 323 und 326 V BGB sind ferner die Minderung oder ein teilweiser Rücktritt in Bezug auf die nicht erbrachte Leistung möglich, bei Interessenfortfall auch ein Rücktritt vom ganzen Vertrag (§ 323 V 1 BGB). 415

b) Bei einer **Mehrlieferung** braucht der Käufer das zu viel Geleistete nicht zu behalten und nicht zu bezahlen. Es handelt sich um einen Fall der Zusendung unbestellter Ware, auf den allerdings im kaufmännischen Geschäftsverkehr § 241a BGB (Zusendung an Verbraucher!) nicht anzuwenden ist. Dem Lieferanten steht nur ein Kondiktionsanspruch (§ 812 I 1, 1. Alt. BGB) zu. Kann die geschuldete Menge nicht ohne weiteres ausgesondert werden, darf der Käufer die Lieferung zurückweisen und vertragskonforme Lieferung verlangen. Ungeachtet der Unanwendbarkeit des § 377 kann in der rügelosen Annahme einer offen ausgewiesenen Zuviel-Lieferung je nach den Umständen des Einzelfalls eine konkludente Erstreckung des Vertrags auf die gelieferte Menge zu sehen sein.

V. Rechtsfolgen bei nicht ordnungsgemäßer Rüge

Bei nicht ordnungsgemäßer Rüge „gilt die **Ware** als **genehmigt**" (§ 377 II). Der Käufer muss also die Ware als vertragsgemäß geliefert ansehen (*BGH* LM Nr. 5, 6 zu § 377). 416

1. Sachmangel i. S. v. § 434 I BGB

Bei einem Qualitätsmangel muss der Käufer die Ware behalten und den vereinbarten Kaufpreis zahlen. Er hat wegen des Mangels keine Rechte. Zu den auf dem Mangel beruhenden und daher bei nicht ordnungsgemäßer Rüge ausgeschlossenen Ansprüchen gehören auch Schadensersatzansprüche wegen mangelbedingter Schäden nach §§ 434, 437 Nr. 3, 280, 281, 283 BGB (BGHZ 101, 337, 339f.; *Canaris*, § 29 Rn. 75). Unberührt bleiben Ansprüche wegen solcher Folgeschäden, die nicht auf der Mangelhaftigkeit der Kaufsache beruhen, sondern auf einer sonstigen Nebenpflichtverletzung des Verkäufers 416a

(BGHZ 66, 208, 213). Gleiches gilt für deliktische Ansprüche wegen einer durch die Schlechtlieferung verursachten Verletzung eines der in § 823 I BGB genannten Rechtsgüter des Käufers (BGHZ 101, 341; 105, 357; str.), und zwar auch für sog. Weiterfresserschäden.

Ist die Rüge im **Fall a** verspätet, muss K den vollen Kaufpreis entrichten; er kann weder zurücktreten noch mindern. Für eine Anfechtung wegen Irrtums über eine verkehrswesentliche Eigenschaft (§ 119 II BGB) ist neben der Sachmängelhaftung ohnehin kein Raum (*Brox/Walker*, BS, § 4 Rn. 135).

2. Falschlieferung

417 Bei einer Falschlieferung hat der Käufer wegen der Genehmigungsfiktion keine Rechte mehr. Welche Wirkung die Genehmigung auf den Kaufpreis hat, ergibt sich zwar nicht aus dem Gesetz, wohl aber aus dem Zweck der Rügelast. Wenn der Käufer nicht ordnungsgemäß rügt, soll das ihm und nicht dem Verkäufer zum Nachteil gereichen. Ist also die gelieferte **Ware weniger wert** als die bestellte, muss der Käufer den vereinbarten Preis entrichten.

In **Fall c** stellt die Lieferung des Hundefutters eine mangelhafte Leistung dar, da nach § 434 III BGB auch die Lieferung einer anderen Sache unabhängig vom Grad der Abweichung ein Sachmangel ist (→ Rn. 402). Zwar hat K eine Dose geöffnet und deren Inhalt gegessen und damit zumindest stichprobenartig die Qualität der Ware überprüft. Die Geltendmachung der Sachmängelrechte ist gem. § 377 allerdings bereits dann ausgeschlossen, wenn es sich – wie hier – um einen Mangel handelt, der bei einer ordnungsgemäßen Untersuchung hätte erkannt werden müssen (vgl. § 377 II). Dass K erst vier Wochen nach Lieferung die Blutwurst als Hundefutter erkannt hat, geht daher zu seinen Lasten. Selbst bei einer extremen Abweichung ist die Falschlieferung ausschließlich als Mangel zu behandeln (*Oetker*, § 8 Rn. 36).

Ist die gelieferte **Sache** dagegen **wertvoller,** kann der Verkäufer nicht einen höheren Kaufpreis verlangen. § 377 führt zwar dazu, dass der Käufer diese Ware als vertragsgemäß gegen sich gelten lassen muss, begründet aber keine weiter gehenden Rechte zugunsten des Verkäufers (str.; *OLG Hamm* NJW-RR 2003, 613). Denn Sinn und Zweck der Genehmigungsfiktion ist es, den Verkäufer so zu stellen, als hätte er den Vertrag ordnungsgemäß erfüllt, nicht dagegen, ihn besser zu stellen als nach dem geschlossenen Vertrag. Für einen Anspruch auf den Mehrpreis bedarf es einer (möglicherweise konkludenten) Vertragsänderung, die jedoch nur dann in Betracht kommt, wenn der Käufer die Falschlieferung erkannt hatte. Da § 377 den Schutz des Verkäufers bezweckt, kann der Verkäufer alternativ das geliederte aliud nach § 812 I 1 1. Alt BGB – sofern nicht § 814 BGB eingreift – zurückfordern; er muss dann statt dessen die vereinbarte Leistung erbringen, da der ursprüngliche Erfüllungsanspruch fortbesteht. Andernfalls steht dem Käufer ein Zurückbehaltungsrecht zu.

3. Lieferung mit Mengenfehler

Bei einem Mengenfehler kommt es darauf an, ob der Verkäufer zu wenig oder zu viel geliefert hat. **418**

a) Ist **weniger** geliefert, kann der Käufer keine Erfüllung hinsichtlich des nicht geleisteten Rests verlangen (§ 377 II i. V. m. § 434 III, 2. Alt. BGB). Aus dem Zweck des § 377, die Lieferung im Interesse des Verkäufers als Vertragserfüllung gelten zu lassen, folgt ferner, dass der Verkäufer Anspruch auf den vollen Kaufpreis hat (BGHZ 91, 293, 298 ff.; str.).

b) Ist **mehr** geliefert worden, so trifft den Käufer grundsätzlich keine Rügeobliegenheit, bei deren Nichtbeachtung er auch die Mehrlieferung bezahlen müsste. § 377 greift nur bei Vorliegen eines Sachmangels, der voraussetzt, dass die Mehrlieferung für den Käufer nachteilig ist, was nur ausnahmsweise der Fall sein wird (→ Rn. 404). § 377 will nur die Käuferrechte einschränken, nicht aber Verkäuferrechte erweitern (Koller/Kindler/Roth/Morck/*Roth* § 377 Rn. 27b). Der Käufer hat aber die zu viel gelieferte Ware nach §§ 812 ff. BGB zurückzugeben.

Obwohl K im **Fall b** die Menge nicht gerügt hat, braucht er die zu viel gelieferten Dosen nicht zu bezahlen. Ihn trifft nur eine Herausgabepflicht nach § 812 I 1, 1. Alt. BGB. – Der Käufer kann sogar, wenn ihm die Mehrlieferung nachteilig erscheint (ebenso wie bei Lieferung eines höherwertigen Gegenstands), Rücknahme des Überschusses verlangen (a. A. *Canaris*, § 29 Rn. 56, der dieses Recht entsprechend § 377 für ausgeschlossen hält, allerdings eine Pflicht zur Zahlung eines höheren Kaufpreises ablehnt).

VI. Aufbewahrungspflicht und Notverkaufsrecht des Käufers

1. Aufbewahrungspflicht

Hat der Käufer die Ware wegen Mangelhaftigkeit oder aus einem anderen Grunde beanstandet, so trifft ihn die Pflicht, für eine einstweilige Aufbewahrung der Ware zu sorgen. Die Pflicht setzt voraus, dass der Kauf für beide Teile ein Handelsgeschäft ist und es sich um einen Distanzkauf handelt (§ 379 I). Verletzt der Käufer schuldhaft die Aufbewahrungspflicht, macht er sich dem Verkäufer gegenüber nach § 280 I BGB schadensersatzpflichtig. **419**

2. Notverkaufsrecht

420 Ist die Ware dem Verderb ausgesetzt und ist Gefahr im Verzuge, darf der Käufer sie im Wege des Selbsthilfeverkaufs (§ 373) für Rechnung des Verkäufers verkaufen (vgl. § 379 II).

Empfehlungen zur vertiefenden Lektüre:
Rechtsprechung: BGHZ 91, 293 = NJW 1984, 1964 (voller Kaufpreis bei Verlust des Rügerechts wegen Minderlieferung); BGHZ 93, 338 = NJW 1985, 1333 (Ablieferung); BGHZ 101, 337 = NJW 1988, 52 (Deliktischer Anspruch des Käufers einer mangelhaften Sache trotz Rügeversäumnis); BGHZ 110, 130 = NJW 1990, 1290 (Rügeobliegenheit bei unmittelbarer Lieferung an Dritten); BGHZ 132, 175 = NJW 1996, 1537 (Hinweispflicht des Verkäufers bei Änderung von Beschaffenheitsmerkmalen); *BGH* NJW 1996, 2228 (Anforderungen an die handelsrechtliche Mängelanzeige); BGHZ 143, 107 = NJW 2000, 1415 (Ablieferung; Rügepflicht bei Nachlieferung); *BGH* NJW-RR 2006, 851 (Rügepflicht bei verdecktem Mangel); *BGH* GWR 2014, 302 (Rügepflicht bei unmittelbarer Weiterlieferung an Dritten).
Literatur: *Altmeppen/Reichard,* Die aliud-Lieferung beim Kauf, FS U. Huber, 2006, S. 73; *Bredemeyer,* Der Anwendungsbereich von § 377 HGB im Folge- und Begleitschadenbereich, JA 2009, 161; *Hadding,* Zur Falschlieferung beim beiderseitigen Handelskauf nach „modernisiertem" Schuldrecht, FS Kollhosser, 2004, S. 175; *Lange,* Die Untersuchungs- und Rügeobliegenheit beim Streckengeschäft, JZ 2008, 661; *Lettl,* Die Falschlieferung durch den Verkäufer nach der Schuldrechtsreform, JuS 2002, 866; *ders.,* Die Untersuchungs- und Rügepflicht des Käufers nach § 377 HGB, Jura 2006, 721; *Lorenz,* aliud, peius und indebitum im neuen Kaufrecht, JuS 2003, 36; *ders.,* Sachmangel und Beweislastumkehr im Verbrauchsgüterkauf – Zur Reichweite der Vermutungsregelung in § 476 BGB, NJW 2004, 3020; *Mankowski,* Das Zusammenspiel der Nacherfüllung mit den kaufmännischen Untersuchungs- und Rügeobliegenheiten, NJW 2006, 865; *Michalski,* Die Bestimmtheit der Rüge bei § 377 HGB, DB 1997, 81; *Mock,* Der Ausschluss von Käuferrechten gemäß § 377 HGB, 2010; *G. Müller,* Zu den Folgen des Rügeversäumnisses i. S. d. § 377 HGB, ZIP 2002, 1178; *ders.,* Zu den Auswirkungen der Schuldrechtsreform auf die Rügeobliegenheit i. S. d. § 377 HGB, WM 2011, 1249; *F. Peters,* Zum Anwendungsbereich des § 377 HGB, JZ 2006, 230; *Petersen,* Die kaufmännische Rügeobliegenheit, Jura 2012, 796; *H. Roth,* Vertragsordnung, außervertragliche Haftung und Rügeversäumnis (§ 377 II HGB) – BGHZ 101, 337, JuS 1988, 938; *W.-H. Roth,* Die Rügelast des § 377 HGB bei mehrstufigen Verkaufsketten, FS Canaris, 2007, Bd. II, S. 365; *Sauthoff/Kluth,* Erstmusterfreigabe und Lieferantenhaftung, ZGS 2007, 374; *Stoppel,* Untersuchungspflichten auf Verkäuferseite im Zusammenspiel mit Untersuchungsobliegenheiten auf Käuferseite, ZGS 2006, 49; *Thamm/Möffert,* Die Mängelrüge im Handelsverkehr im Lichte jüngster Rechtsprechung, NJW 2004, 2710.

§ 22. Grundzüge des internationalen Handelskaufs

I. Incoterms

Im internationalen Handelsverkehr sind eine Reihe weiterer Regeln zu beachten. Vor allem der **Vertragsgestaltung** kommt **beim grenzüberschreitenden Warenkauf** eine wichtige Bedeutung zu. Insoweit ist den sog. Incoterms (International Commercial Terms, abgedruckt bei *Baumbach/Hopt*, Anh. 6) besondere Beachtung zu schenken. Diese werden von der International Chamber of Commerce herausgegeben und immer wieder an sich ändernde Handelsbräuche angepasst. Zuletzt wurde eine solche Anpassung im Jahre 2010 vorgenommen. Seit dem 1. Januar 2011 gelten die Incoterms in ihrer neuen Fassung. In nun insgesamt elf Klauseln (die Incoterms 2000 umfassten noch 13 Klauseln) findet sich jeweils eine detaillierte Regelung, insbesondere über den Lieferort, die Gefahr- und Kostentragung, Fragen der Export- und Importabfertigung sowie der Transport-Dokumentationen und gegenseitige Mitteilungspflichten, jedoch jeweils mit unterschiedlicher Pflichtenintensität für Käufer und Verkäufer. Die Incoterms sind in vier Gruppen gegliedert mit einer E-Klausel, drei F-, vier C- und drei D-Klauseln. Diese Gliederung entspricht der gesamten Skala zwischen bloßer Abholklausel (hier greift das schmalste Programm der Verkäuferpflichten) und Ankunftsklausel (hier sind die Verkäuferpflichten besonders stark ausgeprägt). Falls die Kaufvertragsparteien eine dieser Klauseln (ausführlich zu den verschiedenen Klauseln – auf Grundlage der Incoterms 2000 – *Wertenbruch*, ZGS 2005, 136) mit ihrem fest definierten Inhalt als passend ansehen und ausdrücklich oder konkludent vereinbaren, bestimmt sich der Inhalt des Kaufvertrags insoweit nach den Vorgaben der Klausel. Zu wichtigen Rechtsfragen, etwa dem Eigentumsübergang, der Sachmängelhaftung oder Haftungsausschlüssen, enthalten die Klauseln allerdings keine Regelung.

421

Die Incoterms befassen sich vor allem mit dem Transport und der Gefahrtragung bei internationalen Kaufverträgen, bei denen ja häufiger ein längerer und auch gefährlicher Transport nötig ist. Die die jeweiligen Regeln kennzeichnenden Buchstabengruppen werden in vier große Gruppen eingeteilt, die nachfolgenden Buchstaben spezifizieren dann diese Einteilung weiter.

Die gebräuchlichsten INCOTERMS sind diejenigen der Gruppen F und C, insbesondere FOB und CIF.

E (ex)	Die Ware ist beim Verkäufer abzuholen.
	Bsp.: EXW (ex works) – Die Ware ist an der Fabrik des Verkäufers vom Käufer abzuholen.
F (franco/free)	Die Ware ist vom Verkäufer bis zu einem ersten, meist im Land des Verkäufers gelegenen Bestimmungsort zu verbringen.
	Bsp.: FCA – Transport bis zu einem vertraglich bestimmten Ort, insbesondere zum Verschiffungshafen; FAS (franco alongside ship) – wie vor mit Verzollung am Abgangshafen durch Verkäufer; FOB (free on board) – wie vor mit Verladung auf Schiff durch Verkäufer
C (cost)	Der Verkäufer trägt die Kosten des Transports und ist für die Ausstellung eines „sauberen" Konnossements verantwortlich, das Transportrisiko geht aber zulasten des Käufers.
	Bsp.: CFR (cost and freight); CIF (cost, insurance, freight) – Der Verkäufer trägt die Kosten der Transportversicherung.
D (deliver)	Der Verkäufer übernimmt die Lieferung der Ware und trägt die Risiken des Transports.
	Bsp.: DDP (delivered, duty paid) – Der Einfuhrzoll wird vom Verkäufer übernommen.

II. UN-Kaufrecht

422 Sofern sich im Kaufvertrag keine speziellen Vereinbarungen finden und auch keine Incoterms-Klausel vereinbart wurde bzw. eine vereinbarte Klausel zu einem bestimmten Punkt keine Regelung enthält, ist für den **internationalen Warenkauf** (beim internationalen Warenhandel steht der Handelskauf im Vordergrund) heute weithin das einheitliche (Wiener) UN-Kaufrecht, auch CISG-Kaufrecht genannt, zu beachten. Das 1991 in Kraft getretene Vertragswerk ist von den wichtigsten Wirtschaftsnationen unterzeichnet worden. Die Vorschriften des CISG finden unmittelbar Anwendung bei Kaufverträgen über Waren zwischen Parteien, die ihre Niederlassung in verschiedenen Staaten haben, wenn entweder diese Staaten Vertragsstaaten sind oder wenn die Regeln des internationalen Privatrechts zur Anwendung des Rechts eines Vertragsstaats führen (Art. 1 I CISG). Zwar handelt es sich beim UN-Kaufrecht um dispositives Recht (Art. 6 CISG), ein Anwendungsausschluss muss jedoch eindeutig sein. Die Vereinbarung „deutschen Rechts" führt gerade nicht zur ausschließlichen Anwendbarkeit der kaufrechtlichen Vorschriften in BGB und HGB, sondern lässt die Maßgeblichkeit des UN-Kaufrechts bestehen

bleiben (*BGH* NJW 1997, 3309; 1999, 1259), da das UN-Kaufrecht als deutsches Recht für den grenzüberschreitenden Warenkauf zu qualifizieren ist.

Inhaltlich geregelt ist der internationale Warenkauf von seinem Abschluss über die Durchführung bis zu den Rechtsfolgen einer mangelhaften Vertragserfüllung einschließlich der Ausschlussfristen für Mängelrügen. Die Gültigkeit des Vertrags (etwa Geschäftsfähigkeit, Irrtumsanfechtung) bestimmt sich genauso wie der Eigentumsübergang (Art. 4 CISG) nach nationalem Recht. Gleiches gilt für die Haftung des Verkäufers für Personenschäden (Art. 5 CISG). Teil II des Abkommens (Art. 14–24 CISG) regelt den Vertragsschluss. Er entspricht weitgehend der deutschen Rechtsgeschäftslehre. 423

Unter anderem folgende Abweichungen vom deutschen Kaufrecht verdienen hervorgehoben zu werden: Ein Vertragsangebot ist anders als nach § 145 BGB grundsätzlich widerrufbar (Art. 16 I CISG, Ausnahmen: Art. 16 II CISG). – Schweigen oder Untätigkeit allein sind keine Annahme des Angebots (Art. 18 I 2 CISG). Die Grundsätze des Schweigens auf ein kaufmännisches Bestätigungsschreiben sind nur unter besonderen Voraussetzungen anwendbar (zur Anwendbarkeit der Regeln für kaufmännische Bestätigungsschreiben beim internationalen Warenkauf siehe *Kröll/Hennecke,* RabelsZ 67 [2003], 448). – Die inhaltlich abweichende Annahme führt vorbehaltlich eines Widerspruchs des Empfängers zu einem Vertragsabschluss, wenn die Abweichung nicht wesentlich ist (Art. 19 II CISG; typische Beispiele für wesentliche Änderungen: Art. 19 III CISG). – Die verspätet abgegebene Annahmeerklärung ist abweichend von § 150 I BGB kein Gegenangebot, sondern bleibt vorbehaltlich anders lautender Äußerung des Anbietenden ohne Wirkung (vgl. Art. 21 II CISG).

Das materielle Kaufrecht (Art. 25–88 CISG) ist in Teil III des Übereinkommens geregelt. Auch hier halten sich die Unterschiede zum deutschen Recht in Grenzen, waren doch die Grundstrukturen des Leistungsstörungsrechts des UN-Kaufrechts gerade Vorbild für die im Rahmen der Schuldrechtsreform erfolgte Neuregelung des Leistungsstörungsrechts im BGB (ausführlich zu Unterschieden: *Schlechtriem/Schroeter,* Internationales UN-Kaufrecht, 5. Aufl., 2013). Vorangestellt werden zunächst allgemeine Bestimmungen (Art. 25–29 CISG), vor allem die Definition des für alle Leistungsstörungen einheitlichen und damit zentralen Begriffs der wesentlichen Vertragsverletzung (Art. 25 CISG: „Eine von einer Partei begangene Vertragsverletzung ist wesentlich, wenn sie für die andere Partei solchen Nachteil zur Folge hat, daß ihr im wesentlichen entgeht, was sie nach dem Vertrag hätte erwarten dürfen, es sei denn, daß die vertragsbrüchige Partei diese Folge nicht vorausgesehen hat und eine vernünftige Person der gleichen Art diese Folge unter den gleichen Umständen auch nicht vorausgesehen hätte."). Anschließend enthält das CISG Regelungen über die Pflichten des Verkäufers (Art. 31–44 CISG) und die Rechte des Käufers (Art. 45–62 CISG) bei Vertragsverletzungen des Verkäufers. Es folgen Regelungen zu den Pflichten des Käufers (Art. 53–60 CISG) und zu Rechtsbehelfen des Verkäufers (Art. 61–65 CISG) bei Vertragsverletzungen des Käufers. Ergänzend finden sich in Art. 66–70 CISG Vorschriften zur Gefahrtragung. Darüber hinaus enthalten Art. 71–88 CISG gemeinsame Bestimmungen über die Pflichten von Verkäufer und Käufer. Diese betreffen u. a. den Schadensersatz (Art. 74–77 CISG) und die Wirkungen der Vertragsaufhebung (Art. 81–84 CISG).

Empfehlungen zur vertiefenden Lektüre: *von Bernstorff,* Incoterms 2010, RIW 2010, 672; *Deckert,* Der Vertrag im internationalen Handelsverkehr, Jura 1997, 288; *Daun,* Grundzüge des UN-Kaufrechts, JuS 1997, 811 und 998; *Ferrari/Kieninger/Mankowski/Otte/Saenger/Schulze/Staudinger,* Internationales Vertragsrecht, 2. Aufl., 2012; *P. Huber,* Neues deutsches Kaufrecht und UN-Kaufrecht, FS Konzen, 2006, S. 331; *Janssen/Maier,* Kalte Dusche, JA 2005, 597 (Fallbearbeitung); *Kampf,* UN-Kaufrecht und Kollisionsrecht, RIW 2009, 297; *Karollus,* Der Anwendungsbereich des UN-Kaufrechts im Überblick, JuS 1993, 378; *Koch,* „Spielzeug für Down Under", JA 2010, 332 (Fallbearbeitung); *Magnus,* 25 Jahre UN-Kaufrecht, ZEuP 2006, 90; *ders.,* Das UN-Kaufrecht: stete Weiterentwicklung der Praxis, ZEuP 2008, 318; *ders.,* Das UN-Kaufrecht – bereit für die nächste Dekade, ZEuP 2010, 881; *Magnus,* UN-Kaufrecht – Konsolidierung und Ausbau nach innen und gleichzeitig Erodierung von außen? – Aktuelles zum CISG, ZEuP 2015, 159; *Piltz,* Internationales Kaufrecht, 2. Aufl., 2008 *ders.,* Neue Entwicklungen im UN-Kaufrecht, NJW 2013, 2567; *Schlechtriem/Schroeter,* Internationales UN-Kaufrecht, 5. Aufl., 2013; *Schlechtriem/Schwenzer,* Kommentar zum Einheitlichen UN-Kaufrecht, 6. Aufl., 2013; *Witz/Salger/Lorenz,* International Einheitliches Kaufrecht, 2010 (2. Aufl., in Vorbereitung für November 2015); *Zwilling-Pinna,* Update wichtiger Handelsklauseln: Neufassung der Incoterms ab 2011, BB 2010, 2980.

zu den Incoterms 2000: *Bredow/Seiffert,* Incoterms 2000, 2000; *Lehr,* Die neuen Incoterms 2000, VersR 2000, 548; *Piltz,* INCOTERMS 2000 – ein Praxisüberblick, RIW 2000, 485; *Wertenbruch,* Die Incoterms – Vertragsklauseln für den internationalen Kauf, ZGS 2005, 136.

Dritter Abschnitt. Die sonstigen Handelsgeschäfte

§ 23. Das Kommissionsgeschäft (§§ 383 ff.)

Fall a: X gibt dem Kommissionär K eine antike Uhr „in Kommission". K verkauft die Uhr an D. Kann X von D den Kaufpreis verlangen? → Rn. 426 424
Fall b: X hat den K angewiesen, die Uhr für 4.000,- € zu verkaufen. D bietet dem K 5.000,- € für die Uhr. Muss K zu diesem Preis abschließen, und darf er den Überschuss behalten? → Rn. 432
Fall c: Im Fall b verkauft K die Uhr für 3.000,- € an D. Rechte des X? → Rn. 433
Fall d: Nach dem Verkauf der Uhr von K an D im Fall a pfändet der Gläubiger G des K dessen Kaufpreisforderung gegen D. Rechte des X? → Rn. 444
Fall e: Im Fall a rechnet D mit einer Schadensersatzforderung, die ihm aus einem Verkehrsunfall gegen K zusteht, gegen die Kaufpreisforderung auf. Rechte des X? → Rn. 445

I. Begriff und Abgrenzung

1. Begriff des Kommissionärs

Kommissionär ist, wer es gewerbsmäßig übernimmt, Waren oder Wertpapiere für Rechnung eines anderen (des Kommittenten) in eigenem Namen zu kaufen oder zu verkaufen (§ 383 I). Sein Vertragsverhältnis zum Kommittenten beruht auf dem mit ihm geschlossenen Kommissionsvertrag. Das Geschäft, das er für Rechnung des Kommittenten mit einem Dritten abschließt, nennt man Ausführungsgeschäft. 424a

Jemand bedient sich eines Kommissionärs, wenn er z. B. nicht über die notwendige eigene Verkaufsorganisation verfügt, die besonderen Marktkenntnisse des Kommissionärs ausnutzen oder bei Durchführung des Geschäfts nach außen nicht offen auftreten will. Praktische Bedeutung hat die Kommission heute insbesondere beim Wertpapiergeschäft der Banken (Effektenkommission), sie ist aber beispielsweise auch im Kunsthandel (*OLG Köln* NJW 2012, 2665, *OLG München* NJW 2012, 2891), im Antiquitäten- und Briefmarkenhandel und im Gebrauchtwagenhandel (wirtschaftliches Ziel: Vermeidung der MWSt) anzutreffen (Baumbach/Hopt/*Hopt*, § 383 Rn. 4).

a) Die Tätigkeit des Kommissionärs hat den **Kauf oder Verkauf von Waren oder Wertpapieren** zum Gegenstand. Die sog. Einkaufs- oder Verkaufskommission umfasst außer dem Abschluss von Kaufverträgen auch die Vornahme der Erfüllungsgeschäfte. 425

Aber auch auf andere kommissionsweise übernommene Geschäfte (z. B. Kaufverträge über Grundstücke, Filmverleihverträge) sind die gesetzlichen Regeln über das Kommissionsgeschäft anwendbar (§ 406 I 1; sog. Geschäftsbesorgungskommission).

426 b) Der Kommissionär nimmt die Ausführungsgeschäfte **in eigenem Namen und für Rechnung des Kommittenten** vor. Er tritt also nicht als Stellvertreter eines anderen auf; vielmehr schließt er die Geschäfte im eigenen Namen ab, so dass er selbst Vertragspartei wird. Die Folgen des Geschäfts treffen ihn selbst. Jedoch handelt der Kommissionär für fremde Rechnung, also in fremdem Interesse; die wirtschaftlichen Folgen der Ausführungsgeschäfte sollen nämlich beim Kommittenten eintreten. Es handelt sich um einen Fall der mittelbaren Stellvertretung (*Brox/Walker*, AT, Rn. 515; dazu auch *Petersen*, Jura 2003, 744).

Im **Fall a** sind K und D Parteien des Kaufvertrags. Infolgedessen steht dem K der Kaufpreisanspruch gegen D zu. Hat D an K gezahlt, ist K gegenüber X aus dem Kommissionsvertrag verpflichtet, ihm das Geld zu übereignen (vgl. § 384 II). Vor der Zahlung an K ist dieser auf Verlangen des X verpflichtet, seinen Kaufpreisanspruch gegen D an X abzutreten. X kann also erst nach Abtretung des Anspruchs von D den Kaufpreis verlangen.

427 c) Der Kommissionär übernimmt **gewerbsmäßig** den Abschluss der genannten Geschäfte.

Jedoch sind die Vorschriften über das Kommissionsgeschäft auch dann anwendbar, wenn jemand im Betrieb seines Handelsgewerbes nur gelegentlich ein Kommissionsgeschäft übernimmt (§ 406 I 2; sog. Gelegenheitskommission). So hat der Buchhändler, der Bilder eines Malers in Kommission nimmt, beim Verkauf eines Bildes einen Provisionsanspruch (§§ 406 I 2, 396).

2. Abgrenzung

428 Der Kommissionär ist von anderen Hilfspersonen des Handelsverkehrs abzugrenzen:

a) Mit dem Handelsvertreter, der **Abschlussvertreter** ist (§ 84; → Rn. 233 ff.), hat der Kommissionär gemeinsam, dass beide durch den Abschluss von Geschäften die Interessen ihrer Auftraggeber wahrnehmen. Während der Kommissionär im eigenen Namen auftritt, handelt der Handelsvertreter in fremdem Namen.

b) Vom **Handelsmakler** (§ 93; → Rn. 266 ff.) und vom **Vermittlungsvertreter** (§ 84; → Rn. 233 ff.) unterscheidet sich der Kommissionär dadurch, dass er Verträge mit Dritten nicht nur vermittelt, sondern selbst abschließt.

c) Im Gegensatz zum **Kommissionsagenten** (→ Rn. 240) ist der Kommissionär nicht ständig von einem einzigen Unternehmer mit der Vornahme von Geschäften betraut, sondern wird für viele Auftraggeber tätig.

d) Während der **Vertragshändler** (Eigenhändler; → Rn. 241) für eigene Rechnung handelt und damit selbst das wirtschaftliche Risiko der Geschäfte trägt, nimmt der Kommissionär die Ausführungsgeschäfte für Rechnung des Kommittenten vor, so dass diesen die wirtschaftlichen Folgen treffen.

3. Der Kommissionär als Kaufmann

Der Kommissionär ist nur dann Kaufmann, wenn er einen nach Art und Umfang in kaufmännischer Weise eingerichteten Geschäftsbetrieb unterhält oder im Handelsregister eingetragen ist (§§ 1, 2). Erfüllt der gewerblich handelnde Kommissionär diese Voraussetzungen nicht, so gelten gem. § 383 II gleichwohl nicht nur die §§ 383 ff., sondern darüber hinaus die allgemeinen Bestimmungen der §§ 343–372. Lediglich die für den Unternehmer besonders gefährlichen §§ 348–350 bleiben ausgenommen. Zu unterscheiden ist damit zwischen dem kaufmännischen und dem kleingewerbetreibenden Kommissionär, wobei in beiden Fällen die §§ 383 ff. auch dann greifen, wenn Kommissionsgeschäfte nur gelegentlich übernommen werden (§ 406 I 2). 429

II. Kommissionsvertrag

1. Anwendbare Vorschriften

Der Kommissionsvertrag, der zwischen dem Kommittenten und dem Kommissionär geschlossen wird, ist ein **Geschäftsbesorgungsvertrag** i. S. d. § 675 BGB (*Brox/Walker*, BS, § 29 Rn. 42 f.). Soweit die §§ 383 ff. das Rechtsverhältnis nicht erschöpfend regeln, sind gem. § 675 BGB die Auftragsregeln (§§ 662 ff. BGB) ergänzend heranzuziehen. 430

Für die dann noch verbleibenden Lücken ist umstritten, ob Werkvertragsrecht (§§ 631 ff. BGB) oder Dienstvertragsrecht (§§ 611 ff. BGB) in Betracht kommt.

Diese Frage ist bedeutsam, weil nur § 627 BGB für beide Parteien des Kommissionsvertrages ein Recht zur jederzeitigen Kündigung vorsieht. Nach Werkvertragsrecht steht allein dem Kommittenten – lässt man die jederzeit bestehende Möglichkeit zur außerordentlichen Kündigung gem. § 314 BGB außer Betracht – ein Kündigungsrecht gem. § 649 BGB zu.

Nach richtiger Ansicht kommt bei einem Einzelgeschäft Werkvertragsrecht, bei einer ständigen Betrauung des Kommissionärs Dienstvertragsrecht zur Anwendung (Baumbach/Hopt/*Hopt*, § 383 Rn. 6; anders MünchKomm/*Häuser*, § 383 Rn. 29, E/B/J/S/*Füller*, § 383 Rn. 14 ff.: Dienstvertragsrecht). Unabhängig von der vertraglichen Einordnung kommt ein Ausschluss des Kündigungsrechts des Kommittenten in den AGB des Auftragnehmers nicht in Betracht; er benachteiligt auch im Verkehr zwischen Kaufleuten den Auftraggeber/Kommittenten unangemessen und ist nach § 307 II Nr. 1 BGB unwirksam.

2. Pflichten des Kommissionärs

431 a) Den Kommissionär trifft zunächst eine **Ausführungspflicht.** Er hat das übernommene Geschäft mit der Sorgfalt eines ordentlichen Kaufmanns auszuführen (§ 384 I; vgl. auch § 347 I). Das bedeutet im Einzelnen:

(1) Er hat sich um den Abschluss des Ausführungsgeschäfts **ernstlich zu bemühen** (*BGH* NJW-RR 2002, 1272) und muss es abschließen, wenn ihm dies möglich ist.

Aus dem Kommissionsvertrag kann sich auch die Pflicht zur Erfüllung des Ausführungsgeschäfts (z. B. Beschaffung, Versendung der Ware) ergeben.

432 (2) Dabei hat er die **Interessen des Kommittenten wahrzunehmen** (§ 384 I).

(a) Er ist verpflichtet, einen für den Kommittenten möglichst **vorteilhaften Geschäftsabschluss** zu erreichen (*BGH* NJW-RR 2002, 1344, 1345).

Im **Fall b** ist K gegenüber X verpflichtet, mit D zu 5.000,– € abzuschließen. Der Mehrerlös kommt dem Kommittenten X zugute (§ 387).

(b) Er hat für einen **mangelfreien Zustand des Kommissionsguts zu sorgen** und es vor Verlust und Beschädigung zu schützen (Einzelheiten: §§ 388, 390).

Wird die Kommissionsware beim Kommissionär beschädigt, ist dieser dem Kommittenten schadensersatzpflichtig, wenn er sich nicht entlasten kann (§ 390 I). § 390 I bewirkt eine Beweislastumkehr zugunsten des Kommittenten, der lediglich darlegen und beweisen muss, dass Verlust oder Beschädigung während der Verwahrungszeit eingetreten sind. Im Falle einer Verkaufskommission genügen Darlegung und Beweis, dass die zu verkaufenden Waren dem Kommissionär übergeben wurden und dieser sie nicht mehr herausgeben kann, obwohl er die Kommission nicht ausgeführt hat (*BGH* NJW-RR 2007, 1177).

(c) Aus der Pflicht zur Wahrung der Interessen des Kommittenten folgt u. a. die **Pflicht,** dem Kommittenten die erforderlichen **Nach-**

richten zu geben (§ 384 II) und **eigenmächtige Vorschuss- und Kreditgewährungen** an den Vertragspartner des Ausführungsgeschäfts **zu unterlassen** (§ 393).

Räumt er dem Dritten unbefugt einen Kredit ein, muss er den Kommittenten so stellen, als ob kein Kredit gewährt worden wäre (§ 393 I). Im Übrigen hat der Kommissionär für die Leistungsfähigkeit des Dritten dem Kommittenten nur unter besonderen Umständen einzustehen (§ 394; Delkrederehaftung).

(3) Der Kommissionär hat die **Weisungen des Kommittenten zu befolgen** (§ 384 I). Diese Gehorsamspflicht des Kommissionärs ergibt sich daraus, dass er im Interesse des Kommittenten tätig wird. Die Weisungen kann der Kommittent bei Vertragsschluss, aber auch später erteilen; nur dürfen sie nicht zum Inhalt des Kommissionsvertrags in Widerspruch stehen.

(a) Handelt der Kommissionär den Weisungen unbefugt zuwider, braucht der Kommittent das Ausführungsgeschäft nicht für seine Rechnung gelten zu lassen, und kann Schadensersatz vom Kommissionär verlangen (§ 385 I).

Jedoch ist der Kommissionär berechtigt, von den Weisungen abzuweichen, wenn er den Umständen nach annehmen darf, dass der Kommittent bei Kenntnis der Sachlage die Abweichung billigen würde. Dann hat er dem Kommittenten Anzeige zu machen und dessen Entschließung abzuwarten. Nur wenn mit dem Aufschub Gefahr verbunden ist, darf er selbständig handeln (§ 385 II i. V. m. § 665 BGB).

(b) Besonderheiten ergeben sich aus § 386, wenn der Kommissionär den ihm vom Kommittenten gesetzten Verkaufspreis unter- oder den Einkaufspreis überschreitet (limitierte Verkaufs- oder Einkaufskommission). Dann muss der Kommittent nach der Anzeige der Ausführung des Geschäfts dieses unverzüglich zurückweisen; andernfalls gilt es als für seine Rechnung abgeschlossen. Eine Zurückweisung ist allerdings ausgeschlossen, wenn der Kommissionär sich mit der Durchführungsanzeige zugleich zur Deckung der Preisdifferenz erbietet.

Im **Fall c** kann X von K Schadensersatz verlangen, wenn er das Geschäft unverzüglich zurückweist. Er kann jedoch die Uhr von D nicht herausverlangen, da dieser Eigentümer geworden ist, es sei denn, dass D bösgläubig war (vgl. § 366). – Reagiert X nicht unverzüglich, verliert er das Zurückweisungsrecht und seinen Schadensersatzanspruch.

b) Nach Durchführung des Ausführungsgeschäfts treffen den Kommissionär **Abwicklungspflichten** (§ 384 II):

(1) Er hat dem Kommittenten die **erforderlichen Nachrichten** zu geben, insbesondere die Ausführung der Kommission unverzüglich anzuzeigen und Rechenschaft abzulegen. Die Durchführung des Ausführungsgeschäfts ist dem Kommittenten umfassend und detailliert darzustellen.

(2) Er hat dem Kommittenten das aus der Geschäftsbesorgung **Erlangte herauszugeben.**

Der Einkaufskommissionär hat etwa die gekauften Waren dem Kommittenten zu übereignen, die gekauften Wechsel an ihn zu indossieren (vgl. § 395). Der Verkaufskommissionär muss dem Kommittenten die Kaufpreisforderung abtreten, das empfangene Geld übereignen.

3. Rechte des Kommissionärs

435 a) Der Kommissionär hat einen **Provisionsanspruch** gegen den Kommittenten. Das ergibt sich aus der zwischen ihnen getroffenen Vereinbarung, ansonsten aus § 354 I. Der Anspruch entsteht bereits mit dem Abschluss des Ausführungsgeschäfts, steht jedoch unter der aufschiebenden Bedingung, dass das Geschäft ausgeführt ist (sog. Ausführungsprovision; § 396 I). Da das Interesse des Kommittenten gerade an der Leistung des Dritten besteht, ist unter der Ausführung i. S. d. § 396 I 1 die Leistung des Dritten und nicht die des Kommissionärs zu verstehen.

Beispiele: Der Dritte zahlt den Kaufpreis, liefert die gekauften Waren.

Ausnahmsweise steht dem Kommissionär die Provision nach § 396 I 2 auch dann zu, wenn das Geschäft nicht ausgeführt wird. Voraussetzung ist, dass das Geschäft aus einem in der Person des Kommittenten liegenden Grund unterbleibt oder eine Provision trotz Nichtausführung ortsüblich ist.

436 b) Daneben kann der Kommissionär gem. §§ 675, 670 BGB **Ersatz aller Aufwendungen** verlangen, die er zur Ausführung des Geschäfts gemacht hat und die er den Umständen nach für erforderlich halten durfte.

Dazu gehört auch die Vergütung für die Benutzung der Lagerräume und der Beförderungsmittel des Kommissionärs (§ 396 II).

437 c) Zur Sicherung seiner Forderungen gegen den Kommittenten stehen dem Kommissionär **Sicherungsrechte** zu:

(1) Ein **gesetzliches Besitzpfandrecht** hat der Kommissionär an dem im Eigentum des Kommittenten stehenden Kommissionsgut (§ 397).

(2) Ist der Kommissionär selbst Eigentümer des Kommissionsguts (so oft bei der Einkaufskommission), gewährt § 398 ihm ein **pfandähnliches Befriedigungsrecht** an dem Gut, da er an seiner eigenen Sache kein Pfandrecht haben kann.

(3) Ein **bevorzugtes Befriedigungsrecht an den Forderungen**, die durch das mit dem Dritten geschlossene Geschäft begründet sind (z. B. Kaufpreisforderung des Verkaufskommissionärs gegen den Käufer), räumt § 399 dem Kommissionär ein.

d) Unter bestimmten Voraussetzungen hat der Kommissionär ein Recht zum Selbsteintritt (§§ 400 ff.) sowie zum Selbsthilfeverkauf und zur Hinterlegung (§§ 388 II, 389, 373). 438

III. Ausführungsgeschäft

1. Vertragsparteien und Haftung des Dritten

a) Der Kommissionär schließt zwar den Vertrag mit dem Dritten im Interesse des Kommittenten, aber nicht in dessen, sondern in eigenem Namen. Deshalb sind der Kommissionär und der Dritte Parteien des Ausführungsgeschäfts. Infolgedessen stehen Rechte und Pflichten aus dem Vertrag nur diesen beiden Personen und nicht (auch) dem Kommittenten zu. 439

Forderungen aus dem Geschäft kann der Kommittent also nur nach deren Abtretung gegen den Dritten geltend machen (§ 392 I; **Fall a**).

b) Verletzt der Dritte schuldhaft seine Vertragspflichten, ist er seinem Vertragspartner, also dem Kommissionär, schadensersatzpflichtig. Dieser hat jedoch keinen Schaden, weil er für Rechnung des Kommittenten handelt. Demgegenüber steht dem geschädigten Kommittenten, da er nicht Vertragspartner des Dritten ist, kein vertraglicher Schadensersatzanspruch gegen den Dritten zu, so dass der Dritte ihm den Schaden auch nicht zu ersetzen bräuchte. Wegen dieser Interessenlage darf der Kommissionär anerkanntermaßen den Schaden des Kommittenten gegen den Dritten geltend machen (**Drittschadensliquidation**). Der Kommissionär als Anspruchsinhaber ist berechtigt, den Schaden des Kommittenten zu liquidieren (Schaden wandert zum Anspruch). Sofern er nicht ohnehin Zahlung unmittelbar an den Kommittenten geltend gemacht hat, ist er gem. § 384 II zur Herausgabe des erhaltenen Schadensersatzes an den Kommittenten verpflichtet. Der Kommittent seinerseits kann entsprechend § 285 BGB Abtretung des Anspruchs gegen den Dritten verlangen (dazu

Fleckner, in: Baum/Fleckner/Hellgardt/Roth (Hrsg.), Perspektiven des Wirtschaftsrechts – Beiträge für Klaus J. Hopt, 2008, 3).

2. Dingliche Rechtslage

440 Bei den zur Erfüllung des Kaufvertrags erforderlichen dinglichen Rechtsgeschäften ist zwischen der Verkaufs- und der Einkaufskommission zu unterscheiden.

441 a) Bei der **Verkaufskommission** behält der Kommittent regelmäßig das Eigentum an dem Kommissionsgut, auch wenn er dieses dem Kommissionär in Besitz gibt. Der Kommittent verliert sein Eigentum, wenn der verfügungsbefugte Kommissionär die Ware dem Dritten übereignet (§§ 929 ff., 185 BGB).

Zahlt der Dritte den Kaufpreis an den Kommissionär, wird dieser Eigentümer des Geldes. Der Kommittent erlangt das Eigentum daran erst, wenn der Kommissionär es ihm übereignet. Veräußert der Kommissionär eine dem Kommittenten nicht gehörende Sache, richtet sich der Anspruch des Eigentümers aus § 816 I BGB gegen den Kommissionär als den Verfügenden und nicht gegen den Kommittenten (*OLG Karlsruhe* WM 2003, 584; vgl. auch BGHZ 47, 131; str.). Führt der Kommissionär den erhaltenen Kaufpreis an den Kommittenten ab, kommt ihm § 818 III BGB zugute, zugleich ist der Kommittent aus § 822 BGB verpflichtet. Das Schrifttum bejaht teilweise wegen § 392 II einen Anspruch aus § 816 I BGB alternativ oder zusätzlich gegen den Kommittenten (Koller/Kindler/Roth/Morck/*Roth* § 392 Rn. 6a m. w. N.).

442 b) Bei der **Einkaufskommission** schließt der Kommissionär auch das dingliche Erfüllungsgeschäft hinsichtlich der gekauften Sachen regelmäßig im eigenen Namen ab, so dass er Eigentümer wird. Ein Eigentumserwerb durch den Kommittenten bedarf der Einigung und Übergabe (oder eines Übergabesurrogats) nach §§ 929 ff. BGB zwischen Kommissionär und Kommittent.

Schon vor Übergabe der Sache an ihn kann der Kommittent Eigentümer werden, wenn der Kommissionär die Übereignung im Wege des Insichgeschäfts (§ 181 BGB; *Brox/Walker,* AT, Rn. 584 ff.) vornimmt. Ein solches ist hier ausnahmsweise zulässig, da der Kommissionär mit der Übereignung nur seiner Verpflichtung aus § 384 II nachkommt (vgl. § 181 BGB a. E.). Möglich ist auch eine Eigentumsübertragung gem. §§ 929, 930 BGB, wenn die Parteien ein antizipiertes Besitzkonstitut (§ 868 BGB) vereinbaren. – Ist ein Durchgangserwerb nicht gewünscht, etwa weil die Gefahr besteht, dass Gläubiger des Kommissionärs die Zwangsvollstreckung in das Kommissionsgut betreiben, kann ausnahmsweise ein Direkterwerb denkbar sein. So wird der Kommittent sofort Eigentümer, wenn der Kommissionär bei der Übereignung im Namen des Kommittenten auftritt (§ 164 I 1 BGB) und das Kommissionsgut als Besitzdiener (§ 855 BGB) entgegennimmt. Gleiches gilt, wenn ein Geschäft für den, den es angeht (*Brox/Walker,* AT, Rn. 526), vorliegt. – Beim Einkauf von Wertpapieren durch den Kommissionär ist § 18 III DepotG zu beachten.

3. Schutz des Kommittenten

Der Kommittent ist nicht Vertragspartei des Ausführungsgeschäfts. Deshalb stehen die Forderungen gegen den Vertragspartner des Ausführungsgeschäfts nicht dem Kommittenten, sondern dem Kommissionär zu (vgl. § 392 I). Solange der Kommissionär seine Forderungen nicht an den Kommittenten abgetreten hat, besteht für ihn z. B. die Gefahr, dass ein Gläubiger des Kommissionärs die Zwangsvollstreckung in eine solche Forderung betreibt, die rechtlich zwar dem Kommissionär, wirtschaftlich aber dem Kommittenten zusteht. Hier greift zum Schutz des Kommittenten die Fiktion des § 392 II, die zu einer **Verdinglichung** seiner Rechtsstellung führt. 443

a) Nach § 392 II gelten die **Forderungen aus dem Ausführungsgeschäft,** auch wenn sie noch nicht abgetreten sind, im Verhältnis zwischen dem Kommittenten und dem Kommissionär oder dessen Gläubigern als Forderungen des Kommittenten. 444

(1) Lässt also ein Gläubiger des Kommissionärs eine solche Forderung pfänden und sich zur Einziehung überweisen (§§ 829, 835 ZPO), so steht dem Kommittenten die Drittwiderspruchsklage offen (§ 771 ZPO; *Brox/Walker,* ZVR, Rn. 1422). Damit kann er erreichen, dass die Zwangsvollstreckung in diese Forderung für unzulässig erklärt wird **(Fall d).**
(2) Befindet sich der Kommissionär im Insolvenzverfahren, kann der Kommittent die Aussonderung der Forderung verlangen (§ 47 InsO).
(3) Verfügt der Kommissionär über die Forderung, indem er sie etwa zur Sicherung an seinen Gläubiger abtritt oder indem er mit ihr gegen eine Forderung des Dritten aufrechnet, so braucht der Kommittent eine solche Verfügung nicht gegen sich gelten zu lassen (relative Unwirksamkeit).

b) Streitig ist, ob der Kommittent eine **Aufrechnung** gegen sich gelten lassen muss, die der Dritte mit einer Forderung, die ihm gegen den Kommissionär zusteht, gegen eine Forderung aus dem Ausführungsgeschäft erklärt **(Fall e).** Hier sind die Interessen des Dritten schutzwürdiger als die des Kommittenten. Dessen Besserstellung darf – unabhängig davon, ob es sich um eine konnexe (eine aus dem Ausführungsgeschäft herrührende) oder eine sonstige Gegenforderung handelt – nicht zulasten des Dritten gehen. Deshalb ist § 392 II – auch im Hinblick auf die Wertungen der §§ 404, 406 BGB – einschränkend dahin auszulegen, dass zu den „Gläubigern" des Kom- 445 missionärs nicht der Vertragspartner des Ausführungsvertrags gehört (vgl. *BGH* NJW 1969, 276; a. A. *K. Schmidt*, § 31 VI Rn. 135).

Rechnet daher im Fall der Einkaufskommission der Dritte mit einer ihm gegenüber dem Kommissionär zustehenden Gegenforderung wirksam gegen die Kaufpreisforderung auf, wird dem Kommissionär die aus § 384 II folgende Pflicht, dem Kommittenten dasjenige herauszugeben, was er aus der Geschäftsbesorgung erlangt hat, gem. § 275 I BGB unmöglich. Entsprechend §§ 816 II, 818 II BGB schuldet der Kommissionär allerdings Wertersatz. Obwohl der Kommissionär im Zeitpunkt der Aufrechnung formell Inhaber der Forderung war, ist er doch nach der Wertung des § 392 II als Nichtberechtigter i. S. d. § 816 II BGB anzusehen.

446 c) § 392 II greift nicht bei **Erfüllungssurrogaten**, die an die Stelle der in der Vorschrift genannten „Forderungen" getreten sind. Fälle, in denen ein Gläubiger des Kommissionärs bei der Einkaufskommission die Zwangsvollstreckung in das im Eigentum des Kommissionärs stehende Kommissionsgut betreibt oder bei einer Verkaufskommission in das Geld vollstreckt, das dem Kommissionär schon vom Vertragspartner zur Erfüllung der Kaufpreisschuld übereignet wurde, werden also nicht erfasst (h. M.; BGHZ 79, 89, 94; *OLG Hamm* ZIP 2003, 2263; a. A. Koller/Kindler/Roth/Morck/*Roth* § 392 Rn. 5 m. w. N.). Hier muss der Kommittent sich selbst schützen, indem er etwa dafür sorgt, dass der Dritte unmittelbar an ihn leistet oder der Kommissionär das Geld an ihn zahlt.

Empfehlungen zur vertiefenden Lektüre:
Rechtsprechung: BGHZ 47, 128 = NJW 1967, 1021 (Verkauf einer nicht dem Kommittenten gehörenden Sache durch den Kommissionär); *BGH* NJW 1969, 276 (Aufrechnung des Käufers von Kommissionsgut mit Forderung gegen Kommissionär); *BGH* NJW 1974, 456 (§ 392 II; Zugriff der Gläubiger des Kommissionärs auf Einziehungserlös); BGHZ 104, 123 = NJW 1988, 3203 (Globalzession des Kommissionärs hinsichtlich der Forderungen aus dem Kommissionsgeschäft); *BGH* NJW-RR 2002, 1344 (Verkauf von Wertpapieren im Echtzeithandel; Effektenkommission); *BGH* NJW-RR 2003, 1056 (Preisbindung und Mankoklausel im Kommissionsvertrag); *BGH* NJW-RR 2007, 1177 (§ 390 I; Umfang der Darlegungs- und Beweislast); *OLG Frankfurt a. M.* NJW-RR 2004, 835 (Hypothetische Provision bei Schadensersatz wegen Verlusts von Kommissionsgut); *OLG München* v. 18.9.2007 – 5 U 2012/07, BeckRS 2007, 17.029 (Umfang des Auskunftsanspruchs des Kommittenten).
Literatur: *Canaris*, Auswirkungen des Gesetzes zur Modernisierung des Schuldrechts auf das Recht des Handelskaufs und der Kommission, FS Konzen, 2006, S. 43; *Fleckner*, Schadensausgleich beim Handeln in eigenem Namen für fremde Rechnung, in: *Baum/Fleckner/Hellgardt/Roth* (Hrsg.), Per-

spektiven des Wirtschaftsrechts – Beiträge für Klaus J. Hopt, 2008, S. 3; *G. Hager,* Die Prinzipien der mittelbaren Stellvertretung, AcP 180 (1980), 239; *Heyers,* Gewährleistung und Gewährleistungsausschluss im Kunstauktionshandel, GRUR 2012, 1206; *Hüffer,* Vorrang des Kommittenten bei Mehrfachabtretung durch den Kommissionär – BGHZ 104, 123, JuS 1991, 195; *Koller,* Das Provisions- und Aufwendungsrisiko bei der Kommission, BB 1979, 1725; *Schwark,* Rechtsprobleme der mittelbaren Stellvertretung, JuS 1980, 777; *Voit,* Kauf, Handelskauf und Kommission, 1988.

§ 24. Das Frachtgeschäft

I. Begriff, Rechtsverhältnisse und Urkunden

1. Begriff des Frachtführers

Seit der Neuordnung des Transportrechts durch das Gesetz zur Neuregelung des Fracht-, Speditions- und Lagerrechtes vom 25.6.1998 (BGBl. I, 1588) kommt dem Frachtvertrag die Leitbildfunktion im Transportrecht zu. Das Herzstück der Neuregelung ist die vertragliche Haftung des Frachtführers nach § 425, an der sich auch die Haftung des Spediteurs orientiert. Da der Frachtvertrag den Bezugspunkt für die übrigen transportrechtlichen Geschäfte bildet (BT-Drs. 13/8445, S. 24), ist er folgerichtig auch systematisch an die Spitze der Regelung des Transportrechts im HGB gerückt (§§ 407 ff.). 447

Frachtführer ist, wer es übernimmt, die Beförderung von Gütern auszuführen (vgl. § 407). Sein Vertragsverhältnis zum Absender des Guts beruht auf dem mit ihm geschlossenen Frachtvertrag. Dieser ist ein Vertrag zugunsten des Empfängers des Guts (§ 328 BGB). 448

Während der Spediteur die Besorgung von Güterversendungen übernimmt, der Spediteurvertrag also eine Sonderform der entgeltlichen Geschäftsbesorgung gem. § 675 BGB ist, führt der Frachtführer den Transport tatsächlich aus. Der Frachtvertrag ist damit eine Unterform des Werkvertrags (§ 631 BGB).

a) Die Tätigkeit des Frachtführers hat die **Güterbeförderung** zum Gegenstand. Dazu gehört das Verbringen von einem Ort zu einem anderen. Dabei kommt es weder auf die Zeitdauer noch auf die Entfernung (z. B. von einem zum anderen Stockwerk desselben Hauses) an. Keine Rolle spielt auch, auf welche Weise die Beförderung ausgeführt wird oder wem das Beförderungsmittel gehört. 449

450 b) Die Beförderung muss **zu Lande oder auf Binnengewässern oder mit Luftfahrzeugen** ausgeführt werden. Damit scheiden Seefrachtgeschäfte von vornherein aus.

451 c) Der Frachtführer übernimmt **gewerbsmäßig** die Güterbeförderung. Durch Selbsteintritt erlangt ein Spediteur die Rechtsstellung eines Frachtführers (§ 458 S. 2).

2. Rechtsverhältnisse

452 a) **Zwischen Absender und Frachtführer** wird der **Frachtvertrag** abgeschlossen.

453 b) **Kein Vertragsverhältnis** besteht **zwischen Empfänger und Frachtführer**. Da der Frachtvertrag ein Vertrag zugunsten des Empfängers ist, erhält dieser gegen den Frachtführer aber Rechte aus dem Vertrag.

§ 421 I 2 gewährt dem Empfänger zudem unmittelbare Ansprüche wegen Beschädigung, verspäteter Lieferung oder Verlusts gegen den Frachtführer. Der Absender bleibt allerdings neben dem Empfänger zur Geltendmachung der Ansprüche berechtigt (Fall der Gesamtgläubigerschaft). Da es unerheblich ist, ob der Empfänger oder Absender im eigenen oder fremden Interesse handelt, ist im Anwendungsbereich des § 421 I 2 ein Rückgriff auf die Grundsätze der Drittschadensliquidation entbehrlich.

454 c) Ein **Vertragsverhältnis** besteht im Regelfall **zwischen Absender und Empfänger** (z. B. Kaufvertrag).

455 d) Weitere Rechtsverhältnisse entstehen, wenn der Frachtführer noch einen anderen Frachtführer einschaltet (vgl. §§ 437, 441).

3. Urkunden

456 Zwei Urkunden sind voneinander zu unterscheiden:

a) Der **Frachtbrief** ist eine Urkunde, die der Absender auf Verlangen des Frachtführers ausstellt (§ 408). Es handelt sich nicht um ein Wertpapier (→ Rn. 508 ff.), sondern nur um eine Beweisurkunde über Abschluss und Inhalt des Frachtvertrags.

b) Der **Ladeschein** ist eine Urkunde, die der Frachtführer über seine Verpflichtung zur Auslieferung des Guts ausstellt. Es handelt sich um ein Wertpapier (→ Rn. 508 ff.), und zwar um ein Traditionspapier (§ 448; → Rn. 637 ff.), das im Landfrachtgeschäft nicht üblich ist (Einzelheiten: §§ 444–450).

II. Frachtvertrag

1. Anwendbare Vorschriften

Für den Frachtvertrag gelten zunächst §§ 407 ff. Sie werden durch 457
das Werkvertragsrecht (§§ 631 ff. BGB) ergänzt, da der Frachtvertrag
auf die Herbeiführung eines Erfolgs, nämlich die Ortsveränderung
des zu befördernden Guts, gerichtet ist. Wie der Kommissions- und
Speditionsvertrag hat der Frachtvertrag gleichzeitig eine Geschäftsbesorgung zum Gegenstand (§ 675 BGB – § 362 ist damit anwendbar;
vgl. → Rn. 290 ff.).

Bevor die im HGB und BGB zu findenden Regelungen über den Frachtvertrag herangezogen werden, ist zu prüfen, ob nicht eine der Spezialregelungen eingreift, welche die §§ 407 ff. verdrängen. Spezialregeln für den Umzugsvertrag finden sich in §§ 451 ff. Werden die Allgemeinen Deutschen Spediteurbedingungen (ADSp) vereinbart, so gehen sie den §§ 407 ff. ebenfalls vor.

2. Pflichten des Frachtführers

Dem Frachtführer obliegen sowohl gegenüber dem Absender als 458
auch gegenüber dem Empfänger Pflichten, da der Frachtvertrag ein
Vertrag zugunsten Dritter ist.

a) Die Hauptpflicht des Frachtführers ist es, das **Gut zu befördern.** Dazu muss er es vom Absender in Empfang nehmen und Besitz am Gut begründen. Er hat dem Empfänger den Besitz am Gut binnen der vereinbarten Beförderungszeit zu verschaffen. Ohne Zeitvereinbarung gilt § 423. Bei Ablieferungshindernissen greift § 419.

b) Der Frachtführer hat die **Weisungen** des Absenders oder des 459
Empfängers zu befolgen.

(1) Solange das Gut zum Ablieferungsort unterwegs ist, kann der Absender darüber verfügen, insbesondere das Gut anhalten, sich zurückbringen lassen oder einen anderen Empfänger bestimmen (§ 418 I).

(2) Ist das Gut am Ablieferungsort angekommen, erlischt das Verfügungsrecht des Absenders (§ 418 II 1). Aber der Empfänger ist berechtigt, die Rechte aus dem Frachtvertrag gegen Erfüllung der sich daraus ergebenden Verpflichtungen geltend zu machen (§ 421 I).

3. Haftung des Frachtführers

Die Haftung des Frachtführers richtet sich meist nach Allgemeinen 460
Geschäftsbedingungen (Allgemeine Deutsche Spediteurbedingungen,
ADSp), ansonsten nach §§ 425 ff., wenn der Schaden durch Verlust

oder Beschädigung des Guts oder durch Versäumung der Lieferzeit entsteht.

Der Frachtführer haftet gem. §§ 425–427 grundsätzlich verschuldensunabhängig für Schäden am Transportgut und für Verspätungsschäden. Eine Haftungsbefreiung tritt nur dann ein, wenn der Frachtführer nachweisen kann, dass die Beschädigung oder die Überschreitung der Lieferfrist für ihn unabwendbar war oder aber einer der besonderen Haftungsausschlussgründe greift. Die Verschuldensunabhängigkeit der Haftung wird dadurch (teil-)kompensiert, dass der Schadensersatz der Höhe nach auf 8,33 Sonderziehungsrechte des Internationalen Währungsfonds je Kilogramm des Rohgewichts des Guts beschränkt wird (§ 431). Aktuell beläuft sich die Haftung damit auf ca. 10 € pro Kilo. Folgeschäden (Verluste durch Produktionsausfälle, entgangener Gewinn) sind grundsätzlich nicht ersatzfähig (*BGH* NJW 2007, 58). Der Schadensersatzanspruch verjährt grundsätzlich in einem Jahr (§ 439).

Der Frachtführer hat nach § 428 auch für das Verhalten „seiner Leute" einzustehen. Dazu gehören alle in seinem Betrieb Beschäftigten, auch wenn sie nicht mit der Ausführung des Transports betraut sind; sie müssen nicht – anders als in § 278 BGB – in Erfüllung der dem Frachtführer obliegenden Verbindlichkeit handeln (weitere Haftungsausschlussgründe: § 427).

Dem Empfänger des Transportguts können gegenüber einem vom Hauptfrachtführer eingesetzten Unterfrachtführer neben Ansprüchen aus §§ 437, 421 I 1 auch solche aus dem ihn als Dritten begünstigenden Unterfrachtvertrag zustehen (*BGH* NJW 2009, 1205).

4. Rechte des Frachtführers

461 a) Der Frachtführer hat einen Anspruch auf die vereinbarte Vergütung (**Fracht**), die nach Ablieferung des Guts zu zahlen ist (§ 407 II i. V. m. § 420 I 1) und auf **Ersatz seiner Aufwendungen** (§ 420 I 2).

Schuldner ist der Absender als Vertragspartner des Frachtführers (§ 407 II). Sind mehrere Frachtführer tätig gewesen, so hat der letzte die Forderungen seiner Vormänner einzuziehen (Einzelheiten: § 441).

462 b) Zur Sicherung seiner Ansprüche aus dem Frachtvertrag sowie bestimmter anderer Forderungen (§ 440 I 2, 3) hat der Frachtführer ein **gesetzliches Pfandrecht** an dem Gut (§ 440 I). Gesichert werden gem. § 440 I 1 neben den durch den Frachtvertrag begründeten Forderungen auch inkonnexe Forderungen, d. h. (unbestrittene) Forde-

rungen aus anderen mit dem Absender abgeschlossenen Fracht-, Speditions- und Lagerverträgen (vgl. auch → Rn. 318).

(1) Es handelt sich um ein Besitzpfandrecht (§ 440 II). Gutgläubiger Erwerb ist möglich (§ 366 I, III; → Rn. 317 f.; zur Einschränkung des gutgläubigen Erwerbs bei inkonnexen Forderungen s. → Rn. 318). Trotz des eintretenden Besitzverlusts erlischt das Pfandrecht allerdings nicht mit der Ablieferung des Guts. Vielmehr besteht es trotz Ablieferung weiter, wenn der Frachtführer es binnen drei Tagen nach der Ablieferung gerichtlich geltend macht und das Gut noch im Besitz des Empfängers ist (§ 440 III; Folgerecht). Diese Besonderheit beruht auf der Erwägung, dass der Frachtführer das Gut dem Empfänger aushändigt, um diesem die Möglichkeit zur Untersuchung zu geben, bevor dieser die Fracht zahlt.

(2) Sind mehrere Frachtführer tätig gewesen, übt der letzte die Pfandrechte der Vormänner aus (§ 441 I 1). Das Pfandrecht der Vormänner besteht so lange wie das Pfandrecht des letzten Frachtführers (§ 441 I 2). Die Rangfolge der gesetzlichen Pfandrechte richtet sich nicht – wie gem. §§ 1209, 1257 BGB – nach dem Prioritätsgrundsatz. Vielmehr geht das jüngere dem älteren vor (vgl. § 442), weil der spätere Frachtführer einen Weitertransport ablehnen würde, wenn das Pfandrecht der Vormänner seinem Pfandrecht vorginge.

c) Der Frachtführer kann vom Absender die **Ausstellung** eines **Frachtbriefs** und die **Übergabe der Begleitpapiere** verlangen (§§ 408, 413). 463

Empfehlungen zur vertiefenden Lektüre:
Rechtsprechung: *BGH* NJW 1967, 499 (Haftung des Frachtführers nach Art. 17 CMR); *BGH* NJW-RR 2001, 1612 (Beendigung der KVO-Haftung des Frachtführers); BGHZ 158, 322 = NJW 2004, 2445 (Sorgfaltspflichtverletzung des Spediteurs/Frachtführers bei mangelnder Ein- und Ausgangskontrolle); *BGH* NJW 2007, 58 (Ersatzfähigkeit von Folgeschäden); *BGH* NJW-RR 2008, 347 (Frachtführerhaftung; Mitverschulden des Versenders); *BGH* v. 30.10.2008 – I ZR 12/06, BeckRS 2009, 05781 (Ansprüche des Empfängers gegen den Unterfrachtführer); *BGH* NJW-RR 2010, 1546 (Entstehung des Frachtführerpfandrechts an Drittgut nur aufgrund konnexer Forderungen).
Literatur: *Andresen,* Die Beförderung von Umzugsgut – Neuregelung, durch den Entwurf eines Transportreformgesetzes, TranspR 1998, 97; *Becker,* Die Geltendmachung von Ersatzansprüchen gegen den Frachtführer gemäß § 421 Abs. 1 Satz 2 HGB, AcP 202 (2002), 722; *Bellardita,* Fachanwalt: Einführung in das Transport- und Speditionsrecht, JuS 2006, 136; *Gran,* Die Rechtsprechung zum Transportrecht im Jahr 2013, NJW 2014, 975; *Homann,* Die Drittschadensliquidation beim Versendungskauf und das neue Transportrecht, JA 1999, 978; *Koller,* Transportrecht, 8. Aufl., 2013; *ders.,* Der Werter-

satz im Transportrecht, in: 50 Jahre Bundesgerichtshof, Festgabe aus der Wissenschaft, Bd. 2, 2000, 57; *ders.*, HGB-Frachtführer und Drittschadensliquidation, TranspR 2013, 220; *Oetker,* Versendungskauf, Frachtrecht und Drittschadensliquidation, JuS 2001, 833; *Pokrant,* Höchstrichterliche Rechtsprechung zum nationalen und internationalen Gütertransportrecht, TranspR 2014, 45.

§ 25. Das Speditionsgeschäft (§§ 453 ff.)

464 **Fall a:** V, der eine Maschine an K verkauft hat, beauftragt den Spediteur S mit der Versendung. S übergibt die Maschine an den gewissenhaften Frachtführer F. Während des Transports wird die Maschine fahrlässig von F beschädigt. Rechte des V gegenüber S? → Rn. 468, → Rn. 473

Fall b: S macht nach Erhalt der Maschine geltend, er habe an ihr ein gesetzliches Pfandrecht wegen seines Provisionsanspruchs aus dem letzten Speditionsgeschäft. Mit Recht? → Rn. 475

I. Begriff und Rechtsverhältnisse

1. Begriff des Spediteurs

464a Spediteur ist, wer es übernimmt, Güterversendungen für Rechnung eines anderen (des Versenders) in eigenem Namen zu besorgen (vgl. §§ 453 ff.). Er ist also fremdnütziger Geschäftsbesorger. Sein Vertragsverhältnis zum Versender beruht auf dem mit ihm geschlossenen Speditionsvertrag. Er schließt im eigenen Namen und für Rechnung des Versenders mit dem Frachtführer den Frachtvertrag. Entgegen dem Sprachgebrauch „Spediteur" führt dieser den Transport also nicht selbst durch. Seit der Neufassung des Transportrechts kommt nicht mehr dem Speditionsvertrag, sondern dem Frachtvertrag die „Leitfunktion" im Transportrecht zu (→ Rn. 447). Die Haftung des Spediteurs orientiert sich seither eng an derjenigen des Frachtführers.

Der Hersteller oder Händler bedient sich des Spediteurs, damit dieser für den Transport der Ware zum Abnehmer sorgt. Aufgrund seiner Sachkunde auf dem Gebiet des Transportwesens einschließlich der Beförderungsbedingungen und Zollvorschriften entlastet der Spediteur den Unternehmer beim Versand von Gütern.

465 **a) Der Spediteur besorgt Güterversendungen durch den Frachtführer oder Verfrachter** (§ 453 I).
(1) **Güter** sind alle beweglichen Sachen.

Personen sind keine Güter; deshalb ist der Reiseveranstalter kein Spediteur.

(2) Mit der **Besorgung** ist der Abschluss des Frachtvertrags mit dem Frachtführer oder dem Verfrachter von Seeschiffen gemeint. Mit der Übergabe des Guts zur Beförderung an den Frachtführer hat der Spediteur seine Pflichten erfüllt.

Der Spediteur kann auch einen Zwischenspediteur einschalten; dieser übernimmt für eine Teilstrecke (z. B. vom Seehafen nach Übersee) die Weiterversendung in selbständiger Spediteurtätigkeit, also im eigenen Namen für Rechnung des (Haupt-)Spediteurs. Im Gegensatz dazu wird der Unterspediteur nach Weisung des (Haupt-)Spediteurs tätig.

b) Der Spediteur schließt den Frachtvertrag **im eigenen Namen und für Rechnung des Versenders.** In dieser mittelbaren Stellvertretung ähneln sich Spediteur und Kommissionär (dazu → Rn. 426).

466

c) Der Spediteur übernimmt **gewerbsmäßig** die Güterversendung durch Frachtführer oder Verfrachter (vgl. § 453 III).

2. Rechtsverhältnisse

Folgende Rechtsverhältnisse sind zu unterscheiden:

467

a) Der **Speditionsvertrag,** der zwischen Versender und Spediteur geschlossen wird, begründet Rechte und Pflichten nur zwischen diesen beiden Personen. Er ist ein gegenseitiger Vertrag, durch den der Spediteur verpflichtet wird, die Versendung des Guts zu besorgen, während der Versender verpflichtet wird, die vereinbarte Vergütung zu zahlen (§ 453).

b) Der **Frachtvertrag,** der zwischen Spediteur und Frachtführer geschlossen wird, begründet Rechte und Pflichten zwischen den Vertragsparteien. Die Rechtsstellung des Empfängers richtet sich nach den Vorschriften über das Frachtgeschäft (→ Rn. 457 ff.).

c) **Keine Vertragsbeziehungen** bestehen **zwischen Versender und Frachtführer,** da der Spediteur den Frachtvertrag im eigenen Namen abschließt. Deshalb kann der Versender vertragliche Ansprüche gegen den Frachtführer nur geltend machen, wenn sie ihm vom Spediteur abgetreten worden sind.

468

Unberührt bleiben Ansprüche aus unerlaubter Handlung. So kann V im **Fall a** als Eigentümer der Maschine unter den Voraussetzungen des § 823 I BGB Schadensersatz von F verlangen.

d) **Keine Vertragsbeziehungen** bestehen ferner **zwischen Spediteur und Empfänger.**

Ist dagegen der Empfänger mit dem Versender identisch, hat er als solcher Rechte und Pflichten aus dem Speditionsvertrag. Abgesehen davon ist zu prüfen, ob der Speditionsvertrag zwischen Versender und Spediteur ein Vertrag zugunsten eines Dritten (hier des Empfängers) ist.

e) Ein **Vertragsverhältnis** kann schließlich **zwischen Versender und Empfänger** bestehen.

Im **Fall a** haben V und K einen Kaufvertrag geschlossen, so dass wegen der Beschädigung der Maschine auf dem Transport die Regelung des § 447 BGB über die Gefahrtragung beim Versendungskauf (*Brox/Walker*, BS, § 3 Rn. 19 ff.) in Betracht kommen kann.

II. Speditionsvertrag

1. Anwendbare Vorschriften

469 a) Das Gesetz regelt den Speditionsvertrag in §§ 453 ff.

Wie der Kommissionsvertrag (→ Rn. 430) ist der Speditionsvertrag ein **Geschäftsbesorgungsvertrag** (§ 675 BGB). Ergänzend sind die Werkvertragsregeln heranzuziehen, wenn es sich um einzelne konkrete Versendungen handelt; umfasst der Vertrag dagegen alle Versendungen bestimmter Art während eines Zeitraums, ist das Dienstvertragsrecht anwendbar.

b) Bei Verträgen mit Kaufleuten, juristischen Personen des öffentlichen Rechts und öffentlich-rechtlichen Sondervermögen werden in der Regel die **Allgemeinen Deutschen Spediteurbedingungen** (ADSp; abgedruckt bei *Baumbach/Hopt*, Anh. 18) als AGB (BGHZ 17, 1, 2) vereinbart. Dafür genügt eine stillschweigende Unterwerfung, wenn der Geschäftspartner des Spediteurs weiß oder wissen muss, dass dieser seinen Geschäften die ADSp zugrunde zu legen pflegt (vgl. §§ 310 I 1, 305 II, III BGB; BGHZ 18, 98, 99).

2. Pflichten des Spediteurs

470 a) Den Spediteur treffen ähnliche Pflichten wie diejenigen, die sich für den Kommissionär aus §§ 384 ff. insbesondere hinsichtlich der Empfangnahme, Aufbewahrung und Versicherung des Guts ergeben (§§ 453 ff.; beachte eventuell ADSp).

471 (1) Der Spediteur hat die Versendung mit der **Sorgfalt eines ordentlichen Kaufmanns** auszuführen.

Dazu gehören die Auswahl geeigneter Frachtführer oder Zwischenspediteure sowie die Bestimmung der besten Transportwege und -mittel. Der Spediteur hat das Gut entgegenzunehmen, evtl. einzulagern, die notwendigen Begleitpapiere zu verschaffen und das Gut dem Frachtführer zu übergeben.

Außerdem hat er für die Sicherung von Schadensersatzansprüchen des Versenders zu sorgen (§ 454 I Nr. 3).

(2) Er hat das **Interesse des Versenders wahrzunehmen.** 472

Dabei hat er seine eigenen Interessen denen des Versenders unterzuordnen. Insbesondere ist er nicht berechtigt, dem Versender eine höhere als die mit dem Frachtführer bedungene Fracht zu berechnen.

(3) Er hat die **Weisungen des Versenders zu befolgen.** 473

Die Weisungen können sich z. B. auf die Person des Frachtführers, den Transportweg oder die Transportart beziehen.

b) Verletzt der Spediteur schuldhaft eine ihm obliegende Pflicht, ist er dem Versender zum **Schadensersatz** verpflichtet. Nach § 461 II wird das Verschulden des Spediteurs vermutet. Darüber hinaus besteht für in der Obhut des Spediteurs beschädigtes oder verloren gegangenes Gut – ebenso wie in dem als Leitfunktion dienenden Frachtrecht – eine verschuldensunabhängige Einstandspflicht (vgl. § 461 I). Über die Verweisung in § 461 I 2 greifen allerdings viele frachtrechtliche Haftungsausschluss- und -begrenzungstatbestände (dazu → Rn. 460; hierzu *Bellardita*, JuS 2006, 136, 139). Die Ansprüche gegen den Spediteur wegen Verlusts, Minderung, Beschädigung oder verspäteter Ablieferung verjähren in einem Jahr (vgl. §§ 463, 439), bei Vorsatz, Leichtfertigkeit oder beim Bewusstsein, dass ein Schaden mit Wahrscheinlichkeit eintreten werde (vgl. § 435), in drei Jahren.

Im **Fall a** ist S nicht schadensersatzpflichtig, weil er den F mit der Sorgfalt eines ordentlichen Kaufmanns ausgewählt und die Maschine an ihn ordnungsgemäß übergeben hat (vgl. §§ 461 II, 454, 347). Er hat auch nicht für das Verschulden des F nach § 278 BGB einzustehen, da der Frachtführer wie auch der Zwischenspediteur (anders der Unterspediteur) keine Erfüllungsgehilfen des Spediteurs sind; denn sie erfüllen nicht die Verbindlichkeit des Spediteurs dem Versender gegenüber. Der Spediteur schuldet lediglich die Besorgung der Versendung, so dass F nicht in seinem Pflichtenkreis tätig war (vgl. § 454). S kann jedoch den Schaden des Versenders gegen F geltend machen (Drittschadensliquidation; Baumbach/Hopt/*Merkt*, § 421 Rn. 2; *Koller*, § 421 Rn. 16). Im **Fall a** hat aber auch der Versender V keinen Schaden, da die Preisgefahr nach § 447 BGB auf den Käufer K übergegangen ist (anders wäre der Fall zu beurteilen, wenn K Verbraucher ist, da die in § 474 IV BGB genannten Voraussetzungen nicht vorliegen).

Die Haftung des Spediteurs aus Vertragsverletzung oder aus unerlaubter Handlung wird erheblich eingeschränkt, sofern die ADSp eingreifen.

3. Rechte des Spediteurs

474 a) Für seine Tätigkeit steht dem Spediteur gegen den Versender ein Anspruch auf die vereinbarte **Vergütung** zu (§ 453 II, 456).

475 b) Der Spediteur hat ein gesetzliches **Pfandrecht** an dem Gut wegen aller Forderungen aus dem Speditionsvertrag sowie wegen unbestrittener Forderungen aus den zwischen den Parteien geschlossenen Speditions-, Fracht- und Lagerverträgen (§ 464, **Fall b**). Es genügt die Verfügungsmöglichkeit mittels Konnossements (→ Rn. 529), Ladescheins (→ Rn. 456) oder Lagerscheins (→ Rn. 483).

476 c) Der Spediteur hat ein **Selbsteintrittsrecht** (§ 458). Sofern die Parteien nichts anderes vereinbart haben, kann der Spediteur also das Gut selbst befördern.

Der Selbsteintritt erfolgt durch formlose, nicht empfangsbedürftige Willenserklärung (z. B. Beförderung als konkludente Handlung), ist allerdings dem Versender mitzuteilen (§§ 675, 666 BGB). Durch den Selbsteintritt erlangt der Spediteur zusätzlich die Rechts- und Pflichtenstellung eines Frachtführers oder Verfrachters (§ 458 S. 2).

477 d) Darüber hinaus treffen den Versender zusätzliche Mitwirkungs-, Mitteilungs- und Behandlungspflichten, deren Verletzung zu einer verschuldensunabhängigen Haftung des Versenders aus § 455 II führen kann.

Empfehlungen zur vertiefenden Lektüre:
Rechtsprechung: BGHZ 149, 337 = NJW 2002, 3106 (Organisationsverschulden des Paketdienstunternehmens).
Literatur: *Basedow,* Die Tragweite des zwingenden Rechts im neuen deutschen Gütertransportrecht, TranspR 1998, 58; *Bellardita,* Fachanwalt: Einführung in das Transport- und Speditionsrecht, JuS 2006, 136; *Herber,* Die Neuregelung des deutschen Transportrechts, NJW 1998, 3297; *Homann,* Die Drittschadensliquidation beim Versendungskauf und das neue Transportrecht, JA 1999, 978; *Koller,* Transportrecht, 8. Aufl., 2013; *Saenger,* Die Reform des deutschen Handels- und Transportrechts, FS Leser, 1998, S. 199; *Wolf,* Allgemeine deutsche Spediteur-Bedingungen SpV und HGB, 20. Aufl., 2003.

§ 26. Das Lagergeschäft (§§ 467 ff.)

I. Begriff, Arten und Urkunden
1. Begriff des Lagerhalters

Lagerhalter ist, wer die Lagerung und Aufbewahrung von Gütern übernimmt (§ 467). Sein Vertragsverhältnis mit dem Einlagerer beruht auf dem mit ihm geschlossenen Lagervertrag, der eine Variante des Verwahrungsvertrages gemäß §§ 688 ff. BGB ist. 478

Der Lagerhalter dient dem Wirtschaftsverkehr, indem er vor allem an den Umschlagplätzen des See- und Binnenhandels Lagerräume zur Verfügung stellt. Dadurch sparen Hersteller und Händler die Kosten für eigenen Lagerraum (z. B. Kühlraum); sie können mittels eines Lagerscheins dennoch über die eingelagerten Güter verfügen.

Der Lagerhalter übernimmt die **Lagerung und Aufbewahrung von Gütern**. Gegenstand des Geschäfts ist nicht nur die Lagerung, also die Unterbringung der Güter in dazu bestimmten Räumen; dann würde es sich um bloße Raum- oder Platzmiete handeln. Auch die Pflicht, das Gut gegen Gefahren zu schützen, muss Gegenstand der vertraglichen Absprachen sein. 479

2. Arten der Lagerung

Drei Lagerarten sind zu unterscheiden: 480
a) Bei der **Einzellagerung**, die dann vorzunehmen ist, wenn Einlagerer und Lagerhalter nichts anderes vereinbart haben (vgl. § 469 I), werden die eingelagerten Güter getrennt von den anderen aufbewahrt. Der Einlagerer bleibt Eigentümer und wird mittelbarer Besitzer; der Lagerhalter wird unmittelbarer Besitzer.

Wird also aufgrund eines Vollstreckungstitels gegen den Lagerhalter in das eingelagerte Gut die Zwangsvollstreckung betrieben, hat der Einlagerer gegen den pfändenden Gläubiger die Möglichkeit der Drittwiderspruchsklage (§ 771 ZPO). Im Insolvenzverfahren des Lagerhalters kann der Einlagerer seine Güter aussondern (§ 47 InsO).

b) Bei der **Sammellagerung**, die bei vertretbaren Sachen möglich ist (§ 469) und die oft aus Kostengründen vereinbart wird, werden die eingelagerten Sachen mit anderen Sachen gleicher Art und Güte vermischt. Die Einlagerer dieser Sachen werden Miteigentümer nach Bruchteilen (§§ 948, 947, 1008 ff., 741 ff. BGB) und erlangen mittelbaren Mitbesitz; der Lagerhalter wird unmittelbarer Besitzer. Der Einlagerer genießt weiterhin den Schutz der §§ 771 ZPO, § 47 InsO; er kann über seinen Anteil ohne Zustimmung der anderen 481

Miteigentümer verfügen (§ 747 S. 1 BGB) und ihn vom Lagerhalter herausverlangen (§ 469 III).

482 c) Bei der nicht von § 467 erfassten **Summenlagerung** wird der Lagerhalter an den eingelagerten vertretbaren Sachen vereinbarungsgemäß Eigentümer; er ist verpflichtet, Sachen von gleicher Art, Güte und Menge zurückzugewähren. Hierbei handelt es sich um ein Hinterlegungsdarlehen (§ 700 BGB; *Brox/Walker*, BS, § 30 Rn. 8) und nicht um ein Lagergeschäft.

3. Urkunden

483 Vor allem folgende Urkunden sind voneinander zu unterscheiden:
a) Der **Lagerschein** ist eine vom Lagerhalter ausgestellte Urkunde, in der dieser sich zur Herausgabe des eingelagerten Guts verpflichtet (§ 475c). Dabei kann es sich um einen Rekta-, Order- oder Inhaberlagerschein handeln (vgl. → Rn. 635 ff.).

b) Der **Lagerempfangsschein** wird ebenfalls vom Lagerhalter ausgestellt und bescheinigt den Empfang des Guts.

c) Der **Lieferschein** wird vom Einlagerer ausgestellt und enthält eine Anweisung an den Lagerhalter, das Gut einem bestimmten Dritten (z. B. dem Käufer) auszuhändigen.

II. Lagervertrag

1. Anwendbare Vorschriften

484 Der Lagervertrag wird in §§ 467 ff. geregelt. Ergänzend greifen die Bestimmungen über den Verwahrungsvertrag (§§ 688 ff. BGB). Der Lagervertrag ist wie der Verwahrungsvertrag kein Real-, sondern ein Konsensualvertrag, da kein Grund besteht, für den Abschluss des Vertrags die Übergabe des Guts zu verlangen (BGHZ 46, 43, 49).

2. Pflichten und Haftung des Lagerhalters

485 Vertragliche Pflichten des Lagerhalters bestehen nur gegenüber dem Einlagerer als seinem Vertragspartner, unabhängig davon, ob er Eigentümer des Guts ist.

486 a) Die Hauptpflicht des Lagerhalters besteht in der **Lagerung und Aufbewahrung** des Guts. Die Lagerung hat in eigenen Lagern des Lagerhalters zu erfolgen, sofern nicht der Einlagerer anderes ausdrücklich gestattet hat (§ 472 II). Der Lagerhalter hat das eingelagerte Gut vor Verlust und Beschädigung zu schützen.

487 b) Treten am Gut Veränderungen ein, die eine Entwertung befürchten lassen, hat der Lagerhalter den Einlagerer unverzüglich zu benachrichtigen (§ 471 II). Um solche Veränderungen feststellen zu können, muss der Lagerhalter die eingelagerten Güter überwachen.

c) Da die Erhaltung des Guts grundsätzlich Sache des Einlagerers ist, besteht die Pflicht des Lagerhalters, die **Besichtigung** des Guts, die Entnahme von **Proben** und die Vornahme der zur **Erhaltung des Guts** notwendigen Handlungen zu gestatten (§ 471 I). 488

Verweigert der Lagerhalter schuldhaft z. B. die Entnahme einer Probe und zerschlägt sich dadurch ein günstiger Verkauf des Guts durch den Einlagerer, muss er dem Einlagerer den Schaden ersetzen.

d) Der Lagerhalter hat das **Gut** dem Einlagerer, auch wenn eine Lagerfrist vereinbart ist, auf Verlangen **jederzeit auszuhändigen** (vgl. § 473). 489

e) Abweichend vom Fracht- und Speditionsrecht kennt das Lagerrecht **keine Gefährdungshaftung,** sondern lediglich eine Haftung für vermutetes Verschulden. Nach § 475 ist der Lagerhalter bei Verlust oder Beschädigung des Guts schadensersatzpflichtig, sofern ihm nicht der Nachweis gelingt, dass der Verlust oder die Beschädigung auf Umständen beruht, die durch die Sorgfalt eines ordentlichen Kaufmanns nicht abgewendet werden konnten. Der Schadensersatzanspruch verjährt in einem Jahr (§§ 475a, 439), bei Vorsatz, Leichtfertigkeit oder beim Bewusstsein, dass ein Schaden mit Wahrscheinlichkeit eintreten werde (vgl. § 435), in drei Jahren. Die Haftung für sonstige Pflichtverletzungen, die nicht den Verlust oder die Beschädigung des Guts betreffen, richtet sich nach allgemeinen Vorschriften (§ 280 BGB). 490

3. Pflichten des Einlagerers

a) Als Gegenleistung für die Lagerung hat der Lagerhalter gegen den Einlagerer einen Anspruch auf das vereinbarte, hilfsweise auf das ortsübliche **Lagergeld** sowie auf **Ersatz der Aufwendungen,** die er den Umständen nach für erforderlich halten durfte (§ 474). 491

b) Zur Sicherung des Anspruchs auf Zahlung der Lagerkosten sowie bestimmter anderer Forderungen (vgl. § 475b I 1, 2) hat der Lagerhalter ein **gesetzliches Pfandrecht** am Gut, solange er es im Besitz hat, insbesondere durch ein Traditionspapier darüber verfügen kann (§ 475b III). 492

Daneben kommen das kaufmännische Zurückbehaltungsrecht (§ 369; → Rn. 320 ff.) und das Zurückbehaltungsrecht gem. § 273 BGB (*Brox/Walker*, AS, § 13 Rn. 2 ff.) als Sicherungsmittel in Betracht.

493 c) Der Lagerhalter hat wie der Kommissionär das Recht zum **Selbsthilfeverkauf** und zur **Hinterlegung** (§ 471 II 2, 3). Er kann vom Einlagerer die **Rücknahme** des Guts verlangen, wenn ein wichtiger Grund vorliegt oder die vereinbarte Lagerzeit abgelaufen ist (§ 473 II). Ansonsten ist der Lagerhalter erst nach drei Monaten unter Einhaltung einer Kündigungsfrist von einem Monat zur Kündigung befugt (§ 473 II 1).

494 Hinsichtlich weiterer Pflichten ist danach zu unterscheiden, ob der Einlagerer Verbraucher (§ 13 BGB) ist oder nicht (vgl. § 468 IV).

(1) Ist der **Einlagerer kein Verbraucher,** hat er dem Lagerhalter bei Einlagerung eines gefährlichen Guts die genaue Art der Gefahr und etwaiger Vorsichtsmaßnahmen schriftlich oder in sonst lesbarer Form mitzuteilen. Ferner hat er das Gut zu verpacken und zu kennzeichnen (Einzelheiten: § 468 I).

495 (2) Ist er dagegen ein **Verbraucher,** so ist er lediglich verpflichtet, den Lagerhalter über die vom Gut ausgehende Gefahr allgemein zu unterrichten (Einzelheiten: § 468 II). Einlagerer mit Verbraucherstatus sind außerdem besser geschützt. So muss der Lagerhalter sie auf die Versicherbarkeit des Guts hinweisen (§ 472) und er kann ihnen gegenüber nicht von sonst dispositiven Vorschriften abweichen (§ 475h).

Empfehlungen zur vertiefenden Lektüre:
Rechtsprechung: BGHZ 46, 43 = NJW 1966, 1966 (Begriff und Abschluss eines Lagervertrages); *LG München I* TranspR 2007, 82 (Entgelt nur für tatsächlich eingelagerte Güter); *OLG Köln* MDR 2006, 277 (Voraussetzungen des Haftungsausschlusses gem. § 475 S. 1 HGB).

III. Teil. Handelsrechtliches Gutachten

§ 27. Das Gutachten zu einem Handelsrechtsfall

Fall a: Der Geschäftsführer Germer (G) der Veltmann GmbH (V) schloss mit Peter Paulsen (P), der als „Prokurist der Firma Kerber" (K) handelte, am 1.2. einen schriftlichen Vertrag über 1.000 Dosen Ochsenschwanzsuppe zum Gesamtpreis von 3.000,– €. Diese wurden am 10.2. von V an K geliefert. Als K am 25.2. von V eine Rechnung über den genannten Betrag erhält, ruft er sofort bei V an und teilt G mit, er stelle die gelieferte Ware zur Verfügung, da sie ungenießbar sei. Ganz abgesehen davon könne er eine derartige Menge Ochsenschwanzsuppe überhaupt nicht verkaufen. Außerdem sei er schon deshalb nicht zur Zahlung verpflichtet, weil er P schon vor einem Jahr die Prokura entzogen habe. G antwortet, er habe von dem Entzug der Prokura bis jetzt nichts gewusst und verlangt sofortige Bezahlung. → Rn. 497 ff.

Fall b: Bevor die V-GmbH im Fall a die Dosen an K lieferte, fragte G telefonisch bei seinem Freund Fritz Färber (F), der gelegentlich Anzüge vertreibt, nach, ob K für den Kaufpreis gut sei. F bejahte das und erklärte, er stehe der V-GmbH dafür ein. Da G den F bat, ihm das schriftlich zu geben, schrieb F auf einen Geschäftsbogen, er verbürge sich gegenüber der V-GmbH für die Schuld des K, und übermittelte diese Urkunde der V durch Telefax. Später nimmt V den F aus der Bürgschaft in Anspruch. → Rn. 497 ff.

Fall c: Emil (E) findet in der Privatbibliothek des Fritz (F) drei Bücher, die auf der ersten Seite einen Stempel mit Namen und Anschrift des E tragen. Auf Befragen erklärt F, er habe die Bücher vor einiger Zeit in der Buchhandlung des Bachmann (B) gekauft. Wegen des Stempels des E habe er – F – den B gefragt, wie dieser an die Bücher gekommen sei. B habe geantwortet, er habe die Bücher von F „in Kommission genommen", was sich inzwischen als falsch herausgestellt habe. E verlangt von F Herausgabe der Bücher. → Rn. 497 ff.

I. Übereinstimmung mit der Lösung bürgerlich-rechtlicher Fälle

Wer ein Gutachten zu einem Handelsrechtsfall erstatten will, muss wissen, wie ein rein bürgerlich-rechtlicher Fall zu lösen ist. Dazu sei auf die „Methode der Fallbearbeitung" (*Brox/Walker*, AT, Rn. 833 ff.) und das dort zitierte Schrifttum verwiesen.

§ 27. Das Gutachten zu einem Handelsrechtsfall

1. Sachverhalt und Fragestellung

496b Auch bei der Lösung eines handelsrechtlichen Falls muss zunächst der Sachverhalt sorgfältig gelesen und dann von der gestellten Frage ausgegangen werden (*Brox/Walker*, AT, Rn. 833 ff.).

2. Ansprüche und Anspruchsgrundlagen

496c Bei handelsrechtlichen Klausuren geht es – ebenso wie bei bürgerlich-rechtlichen – regelmäßig um die Frage, ob einer Person Ansprüche gegen eine andere Person zustehen. Die Anspruchsgrundlagen ergeben sich dabei zumeist aus dem BGB.

Beispiele: Ansprüche auf Vertragserfüllung (z. B. Lieferung von gekauften Waren, Kaufpreiszahlung), auf Schadensersatz für Pflichtverletzungen, Ansprüche auf Herausgabe von Sachen, Unterlassung bestimmter Handlungen sowie aus unerlaubter Handlung oder ungerechtfertigter Bereicherung (*Brox/Walker*, AT, Rn. 839 ff.).

II. Besonderheiten bei der Lösung handelsrechtlicher Fälle

1. Anspruchsgrundlagen

497 a) Das HGB enthält – sieht man einmal vom Gesellschaftsrecht ab – kaum besondere **Anspruchsgrundlagen**. Zu nennen sind:
(1) § 37 II (Unterlassungsanspruch gegen denjenigen, der eine ihm nicht zustehende Firma gebraucht; → Rn. 120)
(2) § 25 (Haftung des Erwerbers eines Handelsgeschäfts; → Rn. 136 ff.)
(3) § 28 (Haftung der oHG oder KG bei Eintritt einer Person in das Geschäft eines Einzelkaufmanns; → Rn. 150 ff.).
Schon die beiden letztgenannten Normen leiten freilich genau genommen nur einen gegen den bisherigen Geschäftsinhaber bereits bestehenden – regelmäßig bürgerlich-rechtlichen – Anspruch auf einen neuen Schuldner über.
Für die Lösung von wechsel- oder scheckrechtlichen Fällen halten das WG und SchG außerhalb des HGB zahlreiche eigene Anspruchsgrundlagen bereit.
b) In den meisten Klausurkonstellationen ist von einer im BGB enthaltenen Anspruchsgrundlage auszugehen.

Im **Fall a** wird nach einem Kaufpreisanspruch gefragt; also ist § 433 II BGB als Anspruchsgrundlage in Betracht zu ziehen. Im **Fall b** wird ein Anspruch aus einer Bürgschaft (§ 765 I BGB) geltend gemacht. Im **Fall c** kommt ein Herausgabeanspruch aus § 985 BGB in Frage.

2. Verflechtung von handelsrechtlichen und bürgerlich-rechtlichen Normen

a) Es gibt kaum Handelsrechtsklausuren, zu deren Lösung allein 498 handelsrechtliche Normen ausreichen.

Solche seltenen Ausnahmen sind z. B. gegeben, wenn danach gefragt wird, ob jemand verpflichtet ist, sein Unternehmen, seine Firma, die Erteilung einer Prokura oder deren Erlöschen zur Eintragung ins Handelsregister anzumelden.

In der Vielzahl der Handelsrechtsfälle sind bürgerlich-rechtliche und handelsrechtliche Normen zur Lösung heranzuziehen. Die bürgerlich-rechtlichen Vorschriften werden durch handelsrechtliche Spezialregeln abgeändert oder nur ergänzt. Das zeigt sich in den **Beispielsfällen a–c**:

(1) **Fall a:** Die Prokura (§ 48) ist nichts anderes als eine handelsrechtliche Vollmacht, deren Umfang vom Gesetz bestimmt wird (§ 49; → Rn. 194). Sie erlischt durch Widerruf (§ 168 S. 2 BGB, *Brox/Walker*, AT, Rn. 553; § 52 I, Rn. 206). Der gutgläubige Dritte wird jedoch geschützt, solange das Erlöschen noch nicht ins Handelsregister eingetragen worden ist (§ 15 I i. V. m. § 53 II; → Rn. 78).
Der Käufer hat wegen einer mangelhaften Kaufsache die Rechte aus § 437 BGB (*Brox/Walker*, BS, § 4 Rn. 6 ff.). Wenn aber der Kauf für beide Vertragsparteien ein Handelsgeschäft ist, hat der Käufer die Sache nach deren Ablieferung unverzüglich zu untersuchen und den Mangel unverzüglich zu rügen. Unterlässt er das, scheiden Gewährleistungsrechte aus (§ 377; → Rn. 399 ff.). Was „unverzüglich" bedeutet, ist in § 121 I 1 BGB legal definiert (*Brox/Walker*, AT, Rn. 435).

(2) **Fall b:** Die Bürgschaft ist im BGB geregelt (§§ 765 ff. BGB; *Brox/Walker*, BS, § 32 Rn. 1 ff.). Nach § 766 S. 1 BGB bedarf die Bürgschaftserklärung der Schriftform. Wird diese nicht eingehalten, ist das Rechtsgeschäft nichtig (§ 125 S. 1 BGB). Die Schriftform ist aber nicht erforderlich, wenn der Bürge Kaufmann ist (§ 350; → Rn. 383).

(3) **Fall c:** Im BGB wird beim Erwerb beweglicher Sachen der gute Glaube des Erwerbers an das Eigentum des Veräußerers geschützt (§ 932 ff. BGB). Im HGB wird darüber hinaus auch der gute Glaube des Erwerbers an die Verfügungsbefugnis des Veräußerers geschützt (§ 366; → Rn. 309 ff.).

b) Obwohl bei einer handelsrechtlichen Klausur handelsrechtliche 499 Bestimmungen in aller Regel den Schwerpunkt der Lösung ausmachen, bedeutet dies nicht, dass von ihnen auszugehen ist oder dass sie als Vorfrage an den Anfang des Gutachtens gestellt werden dürften. Insoweit werden bei der Falllösung häufig Fehler gemacht. Die handelsrechtlichen Besonderheiten sind immer erst an jenen Stellen des Gutachtens zu berücksichtigen, an denen sie für die Falllösung bedeutsam sind.

(1) Es wäre also falsch, wenn man bei der Lösung des **Falls a** mit der Prüfung beginnen würde, ob V und K Kaufleute waren und ob P bei Vertragsschluss Prokurist des K war. Ebenso falsch wäre es, wenn der Verfasser, dem beim Lesen des Textes sofort die „Rügeobliegenheit nach § 377" einfällt, die Erörterungen zu § 377 „als zentrales Problem des Falls" an den Anfang seiner Ausarbeitung stellen würde. Denn möglicherweise kommt es darauf nicht entscheidend an oder dem Leser des Gutachtens wird nicht sofort klar, warum die angeschnittenen handelsrechtlichen Fragen bei der Lösung des Falls von Bedeutung sind.

(2) Auch beim Gutachten zum **Fall b** wäre es falsch, am Anfang die Kaufmannseigenschaft der Parteien des Bürgschaftsvertrags zu prüfen. Ob V Kaufmann ist, spielt keine Rolle. Denn die Spezialnorm des HGB (§ 350; Rn. 383), wonach die Bürgschaftserklärung des Bürgen – entgegen der Vorschrift des BGB (§ 766 S. 1 BGB; *Brox/Walker*, BS, § 32 Rn. 16) – nicht der Schriftform bedarf, wenn die Bürgschaft für den Bürgen ein Handelsgeschäft ist, gilt nicht für den Gläubiger; dessen Willenserklärung ist formfrei gültig. Für den F als Bürgen spielt § 350 nur dann eine Rolle, wenn zuvor geprüft worden ist, ob die per Telefax übermittelte Urkunde der Schriftform genügt (*Brox/Walker*, AT, Rn. 300 a ff.), und diese Frage verneint worden ist.

(3) Schließlich wäre es falsch, wenn man bei der Lösung des **Falls c** mit der Erörterung beginnen würde, was das „in Kommission genommen" bedeutet und ob das Handelsrecht etwa dann einschlägig ist, wenn der Anspruchsteller E und der Anspruchsgegner F Kaufleute sind. Denn das setzt ein Anspruch aus § 985 BGB nicht voraus. Zu prüfen ist also, ob E noch Eigentümer der Bücher ist oder ob er sein Eigentum dadurch verloren hat, dass F inzwischen das Eigentum vom Berechtigten oder vom Nichtberechtigten – kraft guten Glaubens an das Eigentum, die Verfügungsbefugnis oder die Vertretungsbefugnis des B gem. §§ 929, 932 BGB, § 366 (→ Rn. 309 ff.) – erworben hat.

3. Ausarbeitung des Gutachtens

Wie bei einer rein bürgerlich-rechtlichen Klausur hat der Bearbeiter Anspruchsteller, -gegner, -inhalt und -grundlage zu ermitteln. Es ist zu fragen: Wer will was, von wem, woraus?
Ist die Rechtsvorschrift gefunden, auf die das Begehren des Anspruchstellers möglicherweise gestützt werden kann, muss untersucht werden (vgl. *Brox/Walker*, AT, Rn. 855 ff.),
– ob der Anspruch entstanden ist,
– bejahendenfalls: ob der Anspruch noch fortbesteht oder ob er inzwischen erloschen ist,
– für den Fall, dass der Anspruch noch besteht: ob der Anspruch durchsetzbar ist oder ob ihm eine Einrede (z. B. Erhebung der Verjährungseinrede, § 214 BGB) entgegensteht.

500

In den **Beispielsfällen a–c** müssten die Gutachten folgende Erörterungen (hier in Stichworten) enthalten:

a) **Fall a:** Anspruchsgrundlage für den Anspruch auf Kaufpreiszahlung: § 433 II BGB. Das setzt den Abschluss eines wirksamen Kaufvertrags zwischen der V-GmbH und dem K über 1.000 Dosen Ochsenschwanzsuppe zum Preis von 3.000,- € voraus. Die V-GmbH wurde beim Vertragsschluss durch den G als Geschäftsführer der GmbH vertreten (vgl. § 164 I 1 BGB; § 35 I GmbHG). Für K trat P auf; K hatte die Prokura allerdings widerrufen (vgl. § 52 I). Damit fehlte P die Vertretungsmacht. Das Erlöschen der Prokura ist eine eintragungspflichtige Tatsache (vgl. § 53 II). Eine Eintragung in das Handelsregister ist noch nicht erfolgt. Daher kann K sich nicht darauf berufen, dass die Prokura des P widerrufen wurde (vgl. § 15 I). Also ist der Kaufvertrag zustande gekommen und der Kaufpreisanspruch der V entstanden.

501

Dieser Anspruch kann durch den Rücktritt des K untergegangen sein (vgl. §§ 346, 437 Nr. 2, 1. Alt. i. V. m. § 323 BGB). Die Suppe ist mangelhaft, weil sie ungenießbar ist (vgl. § 434 I 2 Nr. 1 BGB). Allerdings ist der Kaufvertrag für beide Vertragsparteien ein Handelsgeschäft. Deshalb hätte K den Mangel unverzüglich rügen müssen, um seine Sachmängelrechte und damit das Rücktrittsrecht nicht zu verlieren (§ 377 I). „Unverzüglich" bedeutet nach § 121 I 1 BGB „ohne schuldhaftes Zögern". Das ist hier bei einer Zeitspanne von zwei Wochen nicht mehr der Fall (ist näher auszuführen). Infolgedessen gilt die Ware als genehmigt (§ 377 II), sodass K nicht mehr wirksam zurücktreten kann. Also besteht der Kaufpreisanspruch weiterhin.

Hätte K unverzüglich gerügt, so wäre er im Rahmen der ihm dann grundsätzlich zustehenden Sachmängelrechte zunächst auf den Anspruch auf Nacherfüllung zu verweisen (Recht zur zweiten Andienung, §§ 437, 439 BGB). Ein Rücktrittsrecht stünde ihm erst nach erfolgloser Fristsetzung zu (§§ 437 Nr. 2, 323 BGB).

501a b) **Fall b:** Grundlage für den Anspruch der V gegen F auf Zahlung kann § 765 BGB sein. Voraussetzung ist ein wirksamer Bürgschaftsvertrag zwischen V als Gläubigerin und F als Bürgen. § 766 S. 1 BGB verlangt zur Gültigkeit des Vertrags die Schriftform der Willenserklärung des Bürgen. Fraglich ist, ob die Übermittlung der Erklärung durch Telefax der gesetzlich vorgeschriebenen Schriftform genügt. Das ist (mit näherer Begründung) zu verneinen (vgl. BGHZ 121, 224, 229 ff.).

Ausnahmsweise reicht auch eine formlose Erklärung des Bürgen aus, nämlich dann, wenn der Bürge Kaufmann ist (vgl. § 350). F ist kein Kaufmann (was darzulegen ist). Folglich bedurfte die Bürgschaftserklärung des F der Schriftform. Da sie fehlt, besteht mangels formgültigen Bürgschaftsvertrags kein Anspruch gegen F.

501b c) **Fall c:** Anspruchsgrundlage kann § 985 BGB sein. Dann muss E Eigentümer und F Besitzer der Bücher sein. Fraglich ist, ob F von B Eigentum an den Büchern erworben und E dadurch sein Eigentum verloren hat. Ein Erwerb vom Berechtigten nach § 929 BGB scheidet aus, weil der Veräußerer B kein Eigentümer war. Ein gutgläubiger Erwerb des F vom Nichtberechtigten (B) nach § 932 BGB ist ebenfalls zu verneinen, da F (wegen des Stempels in den Büchern) jedenfalls grob fahrlässig annahm, dass B Eigentümer der Bücher war. In Betracht kommt aber ein Erwerb nach § 366 (→ Rn. 309 ff.), wenn F gutgläubig in Bezug auf die Verfügungsbefugnis des B war (ist näher auszuführen).

Empfehlungen zur vertiefenden Lektüre: *Brox,* Zur Methode der Bearbeitung eines zivilrechtlichen Falles, JA 1987, 169; *Fezer,* Klausurenkurs im Handelsrecht, 6. Aufl., 2013; *Hadding/Hennrichs,* Die HGB-Klausur, 3. Aufl., 2003; *Schwabe/Pelzer,* Lernen mit Fällen – Handels- und Gesellschaftsrecht, 5. Aufl., 2013; *Timm,* Die Klausur im Handels- und Wirtschaftsrecht, JuS 1994, 309; *Timm/Schöne,* Fälle zum Handels- und Gesellschaftsrecht, Bd. 1, 9. Aufl., 2014; Bd. 2, 8. Aufl., 2014.

B. Grundzüge des Wertpapierrechts

Erster Abschnitt. Grundlagen des Wertpapierrechts

Das Wertpapierrecht gilt allgemein als gerade für Studierende schwierige Materie. Das Fehlen einer einheitlichen gesetzlichen Regelung (z. B. in einem „Wertpapiergesetzbuch" oder einem eigenen Abschnitt „Wertpapiere" im BGB) und die zugrunde liegenden komplexen und häufig wenig vertrauten wirtschaftlichen Zusammenhänge erschweren die Einarbeitung. Umso wichtiger erscheint es, gewisse Grundstrukturen des Wertpapierrechts zu verdeutlichen:

Als erster Anhaltspunkt kann schon der **Begriff** „**Wertpapier**" selbst dienen. Demnach handelt es sich um die Verbindung eines „Wertes" (d. h. eines Vermögensrechts, z. B. einer Forderung) mit einem „Papier", also einer Urkunde. Es wird eine Forderung zur Urkunde verbrieft und beide werden so zu einer Einheit (einem Wertpapier) verbunden. Dabei treffen die Grundsätze des Schuldrechts (insbesondere §§ 398 ff. BGB), denen die Forderung eigentlich unterliegt, auf das sachenrechtliche System der §§ 854 ff., 929 ff. BGB. Denn bei der rechtsverbriefenden Urkunde, dem „Papier", handelt es sich um einen körperlichen Gegenstand i. S. d. § 90 BGB. Diese unterschiedlichen Regelungen können einander ergänzen, aber auch zueinander in Widerspruch treten, so dass eine Abgrenzung erforderlich wird. Dies gilt insbesondere für die Frage, nach welchen Regeln das Wertpapier zu übertragen ist.

Der Grund für diese „Verbriefung eines Rechts zur Sache" liegt in der damit verbundenen Erhöhung der Verkehrsfähigkeit. Eine Forderung als solche stellt kein verkehrsfähiges Gut dar und eignet sich daher kaum für den Rechts-, insbesondere nicht für den Handelsverkehr. Dies ändert sich durch die Verkörperung. Durch die Anwendbarkeit sachenrechtlicher Vorschriften ergibt sich zugleich die Möglichkeit eines gutgläubigen bzw. einredefreien Erwerbs von (verbrieften) Forderungen, da mit dem Besitz an der Urkunde als körperlichem Gegenstand ein Rechtsscheinstatbestand Wirkungen entfalten kann.

§ 28. Funktionen, Begriff und wirtschaftliche Bedeutung der Wertpapiere

I. Funktionen

503 Neben **Forderungen** (wie z. B. beim Wechsel, Scheck, Lagerschein etc.) können auch **Mitgliedschaftsrechte** (Beispiel: die Mitgliedschaft an einem Personenverband wie etwa die Aktie) und **Sachenrechte** (Beispiel: Hypotheken-/Grundschuld-/Rentenschuldbrief) in einer Urkunde verbrieft sein. Grundgedanke der Verbriefung ist stets die Erhöhung der **Verkehrsfähigkeit** des Rechts. Die Urkunde dient den Interessen der am Handel mit dem jeweiligen Recht beteiligten Personen. Diese grundlegende Schutzfunktion erlangt in verschiedenen Zusammenhängen Bedeutung und konkretisiert sich damit in unterschiedlichen Einzelfunktionen. Sie werden besonders deutlich, wenn man von der Interessenlage bei einer unverbrieften Forderung ausgeht und die Gefahren für die beteiligten Personen sowie die Möglichkeiten ihres Schutzes näher betrachtet.

1. Interessenlage bei der unverbrieften Forderung

504 Bei der Forderung stehen sich Gläubiger und Schuldner gegenüber. Wird die Forderung vom Gläubiger an einen Dritten abgetreten, sind die Interessen des Schuldners sowie die Interessen des bisherigen und des neuen Gläubigers zu beachten.

a) Der **Schuldner** der Forderung wird gem. § 362 BGB nur dann von seiner Leistungspflicht frei, wenn er die Leistung gegenüber dem (richtigen) Gläubiger erbringt (*Brox/Walker*, AS, § 12 Rn. 7 f.).

(1) Die Gefahr, an den Falschen zu leisten und deshalb dem Gläubiger weiterhin verpflichtet zu sein, ist für den Schuldner insbesondere dann gegeben, wenn er den Gläubiger nicht kennt, weil er etwa eine Vielzahl von Gläubigern hat.

Beispiel: S, der eine Theatergarderobe betreibt, hat nach der Vorstellung die Rückforderungsansprüche der Besucher aus den Verwahrungsverträgen zu erfüllen. Gibt er den Mantel an den Falschen heraus, wird er gegenüber dem Gläubiger nicht frei.

(2) Selbst wenn der Schuldner den Gläubiger kennt, besteht die Gefahr, an den Falschen zu leisten, falls der Gläubiger seine Forderung auf einen Dritten übertragen hat. Dazu ist lediglich ein Abtre-

tungsvertrag zwischen dem bisherigen und dem neuen Gläubiger (§ 398 S. 1 BGB) erforderlich, nicht dagegen die Mitwirkung oder auch nur Kenntnis des Schuldners.

Hat der Schuldner von der Abtretung Kenntnis (vgl. § 407 I BGB) oder ist ihm die Abtretung schriftlich angezeigt worden (vgl. § 410 II BGB), muss er an den neuen Gläubiger leisten. Die Regelung des § 410 II BGB kann für den Schuldner besonders dann misslich sein, wenn er zur selben Zeit eine Vielzahl von Forderungen zu erfüllen hat und in jedem Einzelfall nachprüfen muss, ob ihm eine oder gar mehrere Abtretungsanzeigen zugegangen sind.

b) Der **Gläubiger** einer unverbrieften Forderung und der **Erwerber** einer solchen Forderung sind in mehrfacher Hinsicht schutzbedürftig:

(1) Derjenige, der eine Forderung kauft und sich abtreten lässt, erwirbt die Forderung nicht, wenn der Verkäufer nicht Inhaber der Forderung ist. Der Käufer wird nicht in seinem guten Glauben an das Recht des Veräußerers geschützt. Denn einen gutgläubigen Erwerb vom Nichtberechtigten gibt es bei Forderungen grundsätzlich (Ausnahmen: §§ 405, 2366 BGB) nicht.

Aber selbst wenn die Forderung existiert und die Abtretung wirksam ist, bestehen erhebliche Gefahren für den Erwerber: Der Schuldner kann dem Erwerber nach § 404 BGB sämtliche Einwendungen und Einreden entgegenhalten, die ihm gegen den alten Gläubiger zustanden, auch wenn diese für den Erwerber nicht erkennbar waren.

(2) Ist die Forderung abgetreten, so besteht für den Erwerber die Gefahr, dass der Schuldner, der von der Abtretung keine Kenntnis hat, an den früheren Gläubiger mit befreiender Wirkung leistet (§ 407 I BGB). Der Zessionar hat gegen den Zedenten zwar einen Anspruch aus dem der Abtretung zugrunde liegenden Vertrag oder aus § 816 II BGB; der Anspruch ist aber möglicherweise nicht realisierbar.

(3) Der Erwerber muss dem Schuldner bei der Geltendmachung der Forderung sein Recht nachweisen; das kann für ihn schwierig sein, wenn die Forderung „durch mehrere Hände gegangen" ist.

(4) Will ein Gläubiger seine Forderung an einen Dritten „veräußern" oder diese als Sicherungsmittel verwenden, so fällt es ihm oft schwer, dem Dritten zu dessen Überzeugung nachzuweisen, dass die Forderung existiert, sie ihm zusteht und auch nicht mit Einreden behaftet ist.

2. Schutz der Beteiligten bei der verbrieften Forderung

506　Wird die Forderung in einer Urkunde verbrieft, können die genannten Gefahren vermieden werden. Ein Bedürfnis, die Forderung zu verbriefen entsteht demnach insbesondere bei Forderungen, die in Massen vorhanden und/oder für den Umlauf gedacht sind.

a) Den **Interessen des Schuldners** dienen folgende Funktionen der Urkunde:

(1) Eine Urkunde kann zunächst eine **Liberationsfunktion** zugunsten des Schuldners haben. Der Schuldner kann dann mit befreiender Wirkung an den Inhaber der Urkunde leisten, auch wenn dieser nicht im Sinne von § 362 I BGB Gläubiger der Forderung ist.

Beispiel: Die Ausgabe von Garderobenmarken (= Urkunden im Rechtssinne) erleichtert dem Schuldner die Erfüllung der Rückforderungsansprüche. Er wird frei, wenn er die Garderobe an denjenigen aushändigt, der die Marke vorlegt. – Hat der Gläubiger die Marke verloren, bleibt ihm die Möglichkeit, dem Schuldner sein Recht auf andere Art nachzuweisen.

(2) Mit der Urkunde kann auch bezweckt sein, dass der Schuldner nur an den Inhaber der Urkunde zu leisten braucht. Der Gläubiger, der die Urkunde nicht vorlegt, kann vom Schuldner die Leistung nicht verlangen. Dies gilt selbst dann, wenn er in der Lage ist, sein Recht auf andere Weise nachzuweisen. Es soll also eine **Vorlegungspflicht** des Gläubigers zugunsten des Schuldners bestehen.

Beispiel: Die Sparkasse ist nur gegen Vorlage des Sparbuchs zur Zahlung verpflichtet (§ 808 II 1 BGB).

507　b) Den **Interessen des Gläubigers und des Erwerbers** tragen folgende Wirkungen einer Urkunde Rechnung:

(1) Die über eine Forderung ausgestellte Urkunde kann dazu bestimmt sein, im Interesse des Gläubigers den Nachweis seiner Berechtigung zu erleichtern. Die Urkunde soll ihren Inhaber als Gläubiger der in ihr verbrieften Forderung legitimieren (**Legitimationsfunktion** zugunsten des Gläubigers). So ist etwa der Besitzer einer Inhaberschuldverschreibung berechtigt, das verbriefte Recht geltend zu machen, ohne seine sachliche Berechtigung nachzuweisen. Es ist Sache des Schuldners, die Nichtberechtigung des Inhabers darzutun (vgl. § 793 I 1 BGB a. E.). So wie nach § 1006 BGB der Besitzer einer beweglichen Sache widerlegbar als Eigentümer der Sache vermutet wird, so begründet die Inhaberschaft an der Urkunde die widerlegbare Vermutung der materiellen Berechtigung.

Beispiel: Der Dieb oder Finder eines Lotterieloses oder einer Theaterkarte ist förmlich berechtigt, den Anspruch auf den Gewinn oder den Theaterbesuch geltend zu machen. Der Lotterie- oder Theaterunternehmer muss an ihn leisten, sofern er nicht beweist, dass der Inhaber nicht materiell Berechtigter ist.

(2) Die Urkunde kann zum Schutz des Zessionars auch bezwecken, dass der **Schuldner nur an den Inhaber der Urkunde mit befreiender Wirkung leisten kann.** Dadurch soll ausgeschlossen werden, dass der Schuldner, der die Abtretung nicht kennt, gem. § 407 BGB mit befreiender Wirkung an den Zedenten leistet.

Beispiel: Die Sparkasse braucht nur gegen Vorlage des Sparbuchs zu zahlen (§ 808 II 1 BGB). Mit der Abtretung wird der neue Gläubiger auch Eigentümer des Sparbuchs (§ 952 II BGB), so dass er das Buch, wenn es ihm nicht bei der Abtretung ausgehändigt worden ist, vom bisherigen Gläubiger nach § 985 BGB herausverlangen kann. Hat der neue Gläubiger das Sparbuch in Besitz, ist er davor geschützt, dass die Sparkasse mit befreiender Wirkung an den alten Gläubiger zahlt.

(3) Die Urkunde kann schließlich den **Schutz des gutgläubigen Erwerbers** bezwecken.

Der Besitz der Urkunde kann Rechtsscheinstatbestand und damit die Grundlage für einen gutgläubigen Erwerb des im Papier verbrieften Rechts sein. Vertraut der Erwerber darauf, dass der Inhaber der Urkunde auch Inhaber der verbrieften Forderung ist, soll er das Recht auch vom Nichtberechtigten erwerben können.

Beispiel: Veräußert der Dieb das gestohlene Lotterielos an einen Dritten, der den Veräußerer gutgläubig für den Eigentümer hält, so wird der Dritte nach §§ 929, 932, 935 II BGB Eigentümer des Loses und damit Gläubiger des Gewinnanspruchs.

Außerdem kann der gutgläubige Erwerber vor Einwendungen geschützt werden, die dem Schuldner gegen den Veräußerer zustanden (z. B. § 796 BGB).

II. Begriff

Eine erste Annäherung an den Begriff des Wertpapiers liefert bereits eine Aufspaltung des zusammengesetzten Worts in seine Bestandteile „Wert" und „Papier" (→ Rn. 502). Eine einheitliche, griffige Definition gestaltet sich gleichwohl schwierig. Zwar wird der Begriff des Wertpapiers in mehreren Gesetzesbestimmungen verwendet (z. B. in §§ 232, 234, 372, 702 III, 1813 I Nr. 1, 1818 f. BGB; § 369

508

I 1 HGB; §§ 808 II, 821 ZPO); er wird jedoch im Gesetz nicht definiert. Zudem hat das Wort „Wertpapier" in den verschiedenen Gesetzesbestimmungen unterschiedliche Bedeutungen. Diese sind jeweils durch Auslegung der einzelnen Vorschrift zu ermitteln.

Ungeachtet dessen hat die Wissenschaft einen allgemeinen Begriff des Wertpapiers entwickelt, der allerdings nicht für die Rechtsanwendung, sondern nur für die Systematisierung und Abgrenzung des Wertpapierrechts von Bedeutung ist. Unter einem Wertpapier versteht die h. M. eine **Urkunde, in der ein privates Recht in der Weise verbrieft ist, dass zur Geltendmachung des Rechts die Innehabung** (tatsächliche Sachherrschaft/Besitz) **der Urkunde notwendig ist.** Diese sehr weit gefasste Definition bezieht auch solche Urkunden ein, bei denen die zentralen Funktionen der Wertpapiere nur unvollkommen verwirklicht sind (Beispiel: Rektapapiere, an denen es keinen gutgläubigen Erwerb gibt).

1. Urkunde über ein privates Recht

509 a) Die Urkunde darf nicht nur eine Tatsache bekunden, sondern muss ein **Recht verbriefen.**

Keine Urkunde über ein Recht ist die Marke, die ein Fuhrunternehmer für jede durchgeführte Fuhre erhält; sie soll ihm bei der späteren Abrechnung den Beweis der erbrachten Leistung durch Vorlage der Marken erleichtern. Die einzelne Marke bestätigt also die Tatsache, dass eine Fuhre durchgeführt wurde; sie verbrieft kein Recht (z. B. auf Bezahlung).

510 b) Das Recht muss aus dem **Privatrecht** stammen.

Demnach scheiden z. B. das Staatsangehörigkeitszeugnis, die Urkunde über die Berufung ins Beamtenverhältnis, die Bauerlaubnis aus.

Bei dem verbrieften (Vermögens-)Recht kann es sich um eine Forderung, um ein Sachenrecht oder um ein Mitgliedschaftsrecht (→ Rn. 503) handeln.

2. Innehabung der Urkunde als Voraussetzung der Geltendmachung

511 a) Als Wertpapier wird nur eine solche Urkunde über ein privates Recht angesehen, deren Innehabung zur Geltendmachung des Rechts notwendig ist (sog. **Wertpapierfunktion**). Ohne die Urkunde kann das Recht nicht ausgeübt werden. Es besteht also eine **Vorlegungspflicht.**

Beispiel: Die Sparkasse ist nur gegen Vorlage des Sparbuchs zur Leistung verpflichtet (§ 808 II 1 BGB). Der Inhaber eines Wechsels hat den Wechsel zur Zahlung vorzulegen.

b) **Keine Wertpapiere** sind nach *herrschender Meinung* die Beweisurkunden und die einfachen Legitimationspapiere. 512

(1) **Beweisurkunden** erbringen nur den Beweis über ein privates Recht. Dieses Recht kann auch ohne Urkunde geltend gemacht werden.

Beispiele: Der Schuldschein erbringt den Beweis, dass der Gläubiger eine Forderung gegen den Schuldner hat. Macht der Gläubiger die Forderung gegenüber dem Schuldner geltend, so ist dazu die Vorlage des Schuldscheins nicht erforderlich (§ 371 BGB).

(2) **Einfache Legitimationspapiere** (wie Garderobenmarken, Gepäckscheine, Reparaturscheine) haben zwar eine Liberationsfunktion zugunsten des Schuldners. Dieser kann mit befreiender Wirkung an den Inhaber des Papiers leisten. Diese Papiere sind jedoch keine Wertpapiere, weil zur Ausübung des Rechts die Innehabung der Urkunde nicht erforderlich ist; der Gläubiger kann sein Recht auch auf andere Weise nachweisen.

Beispiel: Wer seine Garderobenmarke nicht vorlegen kann, wird gebeten, solange zu warten, bis die übrigen Gegenstände ausgegeben worden sind, um dann etwa anhand von Beschreibungen des Mantels (Fabrikat, Besonderheiten) und des Tascheninhalts darzutun, dass es sich um seinen Mantel handelt.

c) Eine *Mindermeinung* stellt für den Begriff des Wertpapiers darauf ab, dass die Urkunde zur **Übertragung** des Rechts erforderlich ist (**enger Wertpapierbegriff,** auch Verkörperungstheorie genannt). Danach liegt nur dann ein Wertpapier vor, wenn zur Verfügung über das Recht eine Verfügung über die Urkunde nach sachenrechtlichen Grundsätzen erforderlich ist, eine Abtretung gemäß § 398 BGB also nicht ausreicht. 513

Beispiele: Lotterielose, Theaterkarten, Wechsel, nicht dagegen das Sparbuch, da die Forderung gegen die Sparkasse durch Abtretung, also ohne Buch, übertragen wird. Alle genannten Papiere, also auch die Sparbücher, sind nach der h. M. Wertpapiere, da zur Geltendmachung des Rechts die Vorlage des Papiers erforderlich ist.

Der Meinungsstreit betrifft lediglich die Systematisierung, nämlich die Frage, ob der Begriff mit der h. M. weiter oder mit der Mindermeinung enger gefasst werden soll. Rechtliche Schlussfolgerungen dürfen aus dem Begriff nicht gezogen werden, zumal jedes Wertpapier seine eigene rechtliche Ausgestaltung erfahren hat. Man muss aber wissen, dass der engere Begriff nur die Inhaberpapiere (→ Rn. 521 ff.; z. B. Theaterkarte, Lotterielos) und die Orderpapiere (→ Rn. 525 ff.; z. B. Wechsel) umfasst, während der weitere Begriff zusätzlich die Namens- oder Rektapapiere (→ Rn. 530 ff.; z. B. Hypothekenbrief) einbezieht.

Im Folgenden wird der Begriff „Wertpapier" im Sinne der h. M. also weit verwendet.

III. Wirtschaftliche Bedeutung

514 Mit den einzelnen Wertpapieren können verschiedene wirtschaftliche Zwecke verfolgt werden. Einige dienen als Zahlungs- oder Kreditmittel; andere erleichtern den Güterumlauf; wieder andere Papiere sind zur Kapitalaufbringung und Kapitalanlage bestimmt.

1. Zahlungsmittel

Vornehmlich der **Scheck** diente lange Zeit dem bargeldlosen Zahlungsverkehr.

Beispiel: Der Käufer K stellt dem Verkäufer V einen auf die Bank B gezogenen Scheck aus. V gibt den Scheck an die Bank, die den Betrag auf dem Konto des V gutschreibt oder an V auszahlt.

Seine praktische Bedeutung als Zahlungsmittel hat der Scheck in den letzten Jahren fast vollständig verloren (vgl. → Rn. 567). An seine Stelle sind die Kreditkarten (→ Rn. 587 ff.) und die Zahlungskarten (→ Rn. 593 ff.) getreten.

2. Kreditmittel

515 Der **Wechsel** ist in erster Linie ein Mittel der Kreditbeschaffung und der **Kreditsicherung.** Auch dieses Wertpapier hat im Wirtschaftsleben ganz erheblich an Bedeutung verloren (vgl. → Rn. 540).

Beispiele: Der Käufer K vereinbart mit dem Verkäufer V, dass die Kaufpreisforderung erst in drei Monaten zu bezahlen ist. Er gibt dem V einen akzeptierten Wechsel über die Kaufpreissumme, der in drei Monaten fällig sein soll. V kann den Wechsel für seine Kaufpreisschuld an seinen Lieferanten indossieren und übergeben. Er kann das Papier aber auch an seine Bank verkaufen und übertragen, so dass er sofort Geld bekommt. Schließlich steht es dem V auch frei, den Wechsel zu behalten, um am Fälligkeitstag von K Zahlung aus dem Wechsel zu verlangen.

Soll K dem V den Kaufpreis sofort nach Vertragsschluss zahlen, fehlt ihm dazu aber das Geld und nimmt er daher bei seiner Bank einen entsprechenden Kredit auf, so dient die Hingabe eines von K akzeptierten Wechsels an die Bank der Kreditsicherung. Zahlt K den Kredit nicht rechtzeitig zurück, kann die Bank ihn aus dem Wechsel in Anspruch nehmen. Die Bank erhält im Wechselprozess (§§ 602 ff. ZPO) schneller ein Urteil, als wenn sie die Darlehensforderung gegen K einklagen würde.

3. Mittel zur Erleichterung des Güterumlaufs

Dem Güterumlauf dienen der **Ladeschein** (→ Rn. 456), der **Lagerschein** (→ Rn. 483) und das **Konnossement** (→ Rn. 529). Sie verbriefen einen Anspruch auf bestimmte Güter und sollen die Verfügungen über diese Güter erleichtern. Die Übergabe des Papiers ersetzt die Übergabe der Güter (§§ 448, 475g, 643: **Traditionspapiere**; → Rn. 637 ff.).   516

Beispiel: Durch Einigung und Übergabe des Ladescheins (§§ 929 BGB, 448) kann das Eigentum an dem verbrieften Gut übertragen werden.

4. Mittel zur Kapitalaufbringung und Kapitalanlage

Zur Kapitalbeschaffung und Kapitalanlage dienen **Aktien** und **Inhaberschuldverschreibungen** (vgl. → Rn. 609 ff.). Diese Kapitalmarktpapiere (Effekten) werden in Massen zu gleichen Teilbeträgen hergestellt und ausgegeben (Massenemission). Sie sind oft nach Buchstaben und Nummern gekennzeichnet und werden teilweise an den Wertpapierbörsen gehandelt.   517

Beispiele: Aktien, Anleihen, Obligationen.

Um den Inhaber vor Verlust der Papiere zu schützen, werden diese meist von den Banken verwahrt. Will der Aktionär an der Hauptversammlung der Aktiengesellschaft teilnehmen, braucht er sich nicht die Aktie von der Bank aushändigen zu lassen. Bei börsennotierten Gesellschaften reicht ein in Textform erstellter besonderer Nachweis des Anteilsbesitzes durch das depotführende Institut aus (vgl. § 123 III AktG). Der Depotkunde bekommt also seine Effekten nie zu Gesicht.

Die Papiere jedes einzelnen Depotkunden können von der Bank für ihn gesondert von den Papieren anderer aufbewahrt werden (**Sonderverwahrung** im sog. Streifbanddepot). Da diese Art der Verwahrung wenig praktikabel und auch kostspielig ist, werden die Papiere gleicher Art (z. B. die Aktien einer Aktiengesellschaft) üblicherweise von einer Wertpapiersammelbank (= Kassenverein) in **Sammelverwahrung** genommen; dann ist der einzelne Depotkunde nicht Eigentümer bestimmter Papiere, sondern nur Miteigentümer nach Bruchteilen am Sammelbestand gleicher Papiere (vgl. § 6 DepotG). Um auch die Kosten für die Herstellung und die Verwahrung der Papiere zu sparen, ist man schon seit Längerem dazu übergegangen, anstelle vieler Papiere nur ein einziges Papier zu schaffen. Ohne solche **Sammel-** bzw. **Globalurkunden** (§ 9a DepotG) ist der moderne Kapitalmarkt nicht vorstellbar.

Die geschilderte Entwicklung zeigt, dass die Bedeutung der Kapitalmarktpapiere als urkundliche Verkörperungen von Rechten immer weiter zurückgegangen ist. Der Endpunkt dieser Entwicklung ist die Schaffung **körperloser Wertrechte;** es findet überhaupt keine Verbriefung mehr statt, vielmehr erfolgt nur eine Eintragung in ein besonderes Register.

Beispiele: Anleihen des Bundes und der Länder.

IV. Anhang. Schrifttum zum Wertpapierrecht
1. Lehrbücher, Grundrisse, Fallsammlungen

518 *Annuß/Becker,* Das Recht der Wertpapiere – Eine Einführung, JA 2003, 337
Bilda, Wechsel- und Scheckrecht mit Grundzügen des Wertpapierrechts, 2. Aufl., 1990
Einsele, Wertpapierrecht als Schuldrecht, 1995
v. Gierke, Recht der Wertpapiere, 1954
Gursky, Wertpapierrecht, 3. Aufl., 2007
Hueck/Canaris, Recht der Wertpapiere, 12. Aufl., 1986
Meyer-Cording/Drygala, Wertpapierrecht, 3. Aufl., 1995
Müller-Christmann/Schnauder, Wertpapierrecht, 1992
Richardi, Wertpapierrecht, 1987
Roth, Österreichisches Wertpapierrecht, 2. Aufl., 1999
Sedatis, Einführung in das Wertpapierrecht, 1988
Wiedemann, Wertpapierrecht (Prüfe dein Wissen), 6. Aufl., 1994
Zöllner, Wertpapierrecht, 14. Aufl., 1987

2. Kommentare

519 *Baumbach/Hefermehl/Casper,* Wechselgesetz und Scheckgesetz, 23. Aufl., 2008
Bülow, Wechselgesetz, Scheckgesetz, Allgemeine Geschäftsbedingungen, 5. Aufl., 2013
Canaris, in: Großkommentar zum HGB, Bankvertragsrecht, 4. Aufl., 1988, Neuauflage angekündigt für Dezember 2015

§ 29. Arten der Wertpapiere

Die Wertpapiere können nach der Art, in der die Person des Berechtigten aus dem Wertpapier bestimmt wird, in Inhaber-, Order- und Rektapapiere bzw. Namenspapiere eingeteilt werden. Diese Unterscheidung ist für die Geltendmachung und die Übertragung des Rechts von Bedeutung. 520

I. Inhaberpapiere

1. Begriff

Inhaberpapiere **weisen den jeweiligen Inhaber als berechtigt aus**, das in dem Papier verbriefte Recht geltend zu machen. Ein Inhaber wird also in der Urkunde gerade nicht benannt. 521

2. Geltendmachung

a) Zur Geltendmachung ist im Interesse des Schuldners und des neuen Gläubigers die **Vorlage des Papiers erforderlich**. Der Schuldner kann mit befreiender Wirkung an den Vorlegenden leisten; der neue Gläubiger wird davor geschützt, dass der Schuldner an den alten Gläubiger mit befreiender Wirkung (§ 407 BGB) leistet. 522

b) Der jeweilige Inhaber kann das verbriefte Recht geltend machen. In seinem Interesse besteht die **Vermutung sachlicher Berechtigung für den Besitzer**. Der Verpflichtete muss die Nichtberechtigung des Inhabers beweisen.

3. Übertragung

Die Übertragung der Forderung erfolgt durch Übertragung des Papiers; diese geschieht nach sachenrechtlichen Regeln, also durch Übereignung der Urkunde (§§ 929 ff. BGB). **Das Recht aus dem Papier folgt dem Recht am Papier.** Infolgedessen ist auch ein gutgläubiger Erwerb des Eigentums an der Urkunde und damit der in ihr verbrieften Forderung vom Nichtberechtigten möglich (§§ 932 ff. BGB; § 366). Selbst ein Abhandenkommen des Inhaberpapiers steht einem gutgläubigen Erwerb nicht entgegen (§ 935 II BGB). Durch diese Gleichstellung mit Bargeld ist der Verkehrsschutz hier noch stärker ausgestaltet als gewöhnlich bei beweglichen Sachen Diese Re- 523 gelung wirkt zugunsten des schutzwürdigen Zessionars und erhöht damit die Umlauffähigkeit des Papiers.

4. Arten

524 Folgende Papiere sind Inhaberpapiere:

a) **Inhaberschuldverschreibungen** sind Urkunden, in denen sich der Aussteller zu einer Leistung an den Inhaber der Urkunde verpflichtet (§§ 793 ff. BGB; → Rn. 609 ff.). Hierbei handelt es sich um das gesetzlich am detailliertesten geregelte Inhaberpapier. Die für das Recht der Inhaberpapiere allgemein geltenden Grundsätze wurden daher größtenteils nach dem Vorbild der §§ 793 ff. BGB entwickelt. Andere Inhaberpapiere, etwa Inhaberaktien, werden häufig analog §§ 793 ff. BGB behandelt (vgl. etwa *OLG Oldenburg* AG 2000, 367, 368).

b) **Inhaberzeichen** sind kleine, unvollkommene Inhaberschuldverschreibungen wie (Theater-, Konzert-)Karten und (Rabatt-, Bier-, Essens-)Marken (§ 807 BGB; → Rn. 619 ff.).

c) **Inhaberaktien** sind Aktien, die auf den Inhaber lauten (§ 10 I AktG). Ihre Ausgabe setzt die Volleinzahlung des Nennbetrags oder des höheren Ausgabebetrags voraus (§ 10 II AktG).

Die Aktie ist ein Mitgliedschaftspapier; sie verbrieft die Mitgliedschaft an der Aktiengesellschaft. Häufig ist die Aktie ein Inhaberpapier, wobei die Namensaktien in letzter Zeit wieder an Bedeutung gewinnen.

d) **Inhabergrundschuldbriefe** und **Inhaberrentenschuldbriefe** sind – im Gegensatz zu Inhaberhypothekenbriefen – zulässig (§§ 1195, 1199 BGB), aber ungebräuchlich.

e) **Inhaberschecks** sind Schecks mit der Überbringerklausel („oder Überbringer"), mit einem gleichbedeutenden Vermerk oder ohne Angabe des Schecknehmers (Art. 5 II, III SchG).

II. Orderpapiere

1. Begriff

525 Orderpapiere sind solche Wertpapiere, die eine namentlich bezeichnete Person als berechtigt ausweisen, das im Papier verbriefte Recht geltend zu machen; **berechtigt** ist derjenige, **der zuerst namentlich bezeichnet ist oder der durch die Order des namentlich Bezeichneten bestimmt wird** (Hauptbeispiel: Wechsel). Durch die letztgenannte Möglichkeit einer sog. Orderklausel unterscheiden sie sich von den Namens- oder Rektapapieren (→ Rn. 530 ff.).

Beispiel: Erklärt der Aussteller A in der Urkunde: „Ich zahle an Herrn R oder dessen Order" und händigt er dem R die Urkunde aus, so ist R der Berechtigte, also der Inhaber der Forderung.

Der namentlich Bezeichnete ist befugt, auf dem Papier eine andere Person als Berechtigten zu bezeichnen. Da dieser Vermerk meist auf der Rückseite des Papiers erfolgt (= in dorso, in dosso), nennt man ihn Indossament.

Beispiel: Der Berechtigte R schreibt auf die Rückseite des Wertpapiers etwa: „Für mich an die Order des Herrn I 1", unterzeichnet diese Erklärung mit seinem Namen und händigt dem I 1 das Papier aus. Damit ist I 1 der Berechtigte, also der Inhaber der Forderung.

Das **Indossament** ist danach ein vom Berechtigten auf das Papier gesetzter Vermerk, durch den er erklärt, dass die Leistung an einen anderen erfolgen soll. Der sein Recht Übertragende wird Indossant genannt; er entspricht dem Zedenten bei der Forderungsabtretung. Der Erwerber wird als Indossatar bezeichnet; er entspricht dem Zessionar bei der Forderungsabtretung.

Der Indossatar ist nun seinerseits befugt, das Wertpapier an einen anderen zu indossieren.

Beispiel: I 1 schreibt unter das Indossament des R den Vermerk: „Für mich an die Order des Herrn I 2", unterschreibt die Erklärung und gibt das Papier dem I 2. Dieser wird dadurch Berechtigter und Inhaber der Forderung.

Das Indossament bewirkt also den Umlauf des Papiers. Deshalb spricht man von „Giro" (= Kreislauf) und verwendet statt des Verbs „indossieren" auch den Ausdruck „girieren".

2. Geltendmachung

a) Zur Geltendmachung des Rechts ist zunächst die **Vorlage des Papiers** notwendig.

b) Anders als beim Inhaberpapier reicht aber das bloße Innehaben des Papiers zur Geltendmachung nicht aus. Vielmehr muss der Inhaber grundsätzlich noch auf dem Papier als Berechtigter bezeichnet sein. Diese Benennung kann vom Aussteller herrühren, aber auch im Indossament eines Indossanten enthalten sein. Sind mehrere Indossamente auf der Urkunde, muss der Inhaber als letzter Indossatar genannt sein; auf ihn muss eine **ununterbrochene Indossamentenkette** hinführen (vgl. Art. 16 I WG).

Die Geltendmachung des Rechts aus einem Orderpapier ist also – gegenüber der Geltendmachung beim Inhaberpapier – erschwert.

Beispiele: I 2 kann das Recht geltend machen, wenn er das Papier im Besitz hat, das letzte Indossament ihn als Indossatar ausweist und eine ununterbrochene Reihe von Indossamenten (R indossierte an I 1, dieser indossierte an I 2 usw.) gegeben ist. Fehlt etwa ein Indossament von R an I 1, ist die Indossamentenkette unterbrochen und damit I 2 nicht legitimiert, obwohl er das Papier in Händen hat und das letzte Indossament auf ihn lautet. – Der Dieb oder Finder eines Orderpapiers kann das Recht aus dem Papier nicht mit Erfolg geltend machen, da das letzte Indossament ihn nicht als Indossatar ausweist.

Weist der Inhaber eines Orderpapiers sein Recht durch eine ununterbrochene Indossamentenkette nach, so ist er – wie der Inhaber eines Inhaberpapiers – förmlich Berechtigter. Die förmliche Berechtigung begründet die Vermutung für die sachliche Berechtigung. Es ist im Streitfall Sache des Schuldners, die sachliche Nichtberechtigung des förmlich Berechtigten zu beweisen und damit die Vermutung zu widerlegen.

Fehlt hingegen die formelle Legitimation des Inhabers, muss dieser seine materielle Berechtigung nachweisen. So hat der Erbe des Indossatars (z. B. durch Erbschein) zu beweisen, dass er als Erbe Rechtsnachfolger des Indossatars und damit Inhaber der Wechselforderung ist.

3. Übertragung

527 Die Übertragung der Forderung erfolgt grundsätzlich (vgl. aber → Rn. 547f.) durch Übereignung des indossierten Papiers. Anders als beim Inhaberpapier genügt aber die Übereignung nach §§ 929ff. BGB nicht. Vielmehr muss hinzukommen, dass das Papier mit dem Indossament versehen ist (vgl. Art. 14 I WG). Dadurch wird ein gutgläubiger Erwerb vom Nichtberechtigten zwar nicht ausgeschlossen, aber doch erschwert. Der das Recht Übertragende muss ein Indossament zugunsten des Erwerbers auf das Papier setzen und es unterschreiben. Er muss seinerseits vorher in der Urkunde als Berechtigter namentlich bezeichnet sein (Ausnahme: Blankoindossament; dazu *Baumbach/Hefermehl/Casper*, Art. 13 WG Rn. 2).

Veräußert der Dieb oder Finder ein Orderpapier an einen gutgläubigen Dritten, so erwirbt dieser, wenn der Dieb oder Finder unter das letzte, zugunsten des I 2 lautende Indossament ein weiteres Indossament zugunsten des Dritten setzt und dieses mit dem Namen des I 2 unterschreibt (also eine Urkundenfälschung begeht).

4. Arten

Der Aussteller kann nicht jedes Papier, etwa durch Aufnahme der Orderklausel in den Text der Urkunde, als Orderpapier ausgestalten. Wegen der besonderen Bedeutung des Indossaments bestimmt das Gesetz, welches Wertpapier ein Orderpapier ist oder zu einem solchen gemacht werden kann und somit indossabel ist. Es besteht also ein numerus clausus der Orderpapiere. Dabei sind zwei Gruppen von Orderpapieren zu unterscheiden:

528

a) **Geborene Orderpapiere** sind solche Wertpapiere, die selbst dann Orderpapiere sind, wenn sie keine Orderklausel enthalten. Bei ihnen ist die Orderklausel nicht erforderlich; sie schadet aber auch nicht.

Geborene Orderpapiere sind:
(1) der **Wechsel** (Art. 11 I WG).

Der Wechsel kann kein Inhaberpapier sein; jedoch gibt es einen Ausweg, auf dem erreicht werden kann, dass der Wechsel wie ein Inhaberpapier umlaufen kann: Der Indossant lässt in seinem Indossament den Namen des Indossatars offen; es genügt sogar die bloße Unterschrift des Indossanten auf der Rückseite des Wechsels (sog. Blankoindossament; Art. 13 II WG). Dann ist für die Übertragung des Wechsels kein neues Indossament erforderlich; vielmehr genügt – wie beim Inhaberpapier – die bloße Übereignung gem. §§ 929 ff. BGB.

(2) der **Scheck** (Art. 14 I SchG).

In der Praxis enthalten die Scheckformulare fast immer die Überbringerklausel („oder Überbringer"); dann ist der Scheck ein Inhaberpapier (Art. 5 II SchG).

(3) die **Namensaktie** (§§ 10 I, 68 I AktG) und der **Zwischenschein** (§§ 10 III, 68 IV AktG).

Namensaktien haben in den letzten Jahren deutlich an Beliebtheit gewonnen, auch weil sie im Ausland, insbes. den USA, verbreitet sind und die Pflege der „Investor Relations" erlauben (dazu *Hüffer/Koch,* AktG, § 67 Rn. 3). Sie müssen ausgegeben werden, wenn der Ausgabebetrag noch nicht vollständig geleistet ist (§ 10 II 1 AktG). Der Zwischenschein ist ein Anteilschein, der dem Aktionär vor der Ausgabe der Aktie erteilt wird. Er muss auf den Namen lauten (§ 10 III AktG).

b) **Gekorene Orderpapiere** sind solche Wertpapiere, die nur dann Orderpapiere sind, wenn sie die Orderklausel enthalten. Hier ist die Orderklausel also nicht wie bei den geborenen Orderpapieren über-

529

flüssig; fehlt sie bei einem gekorenen Orderpapier, ist das Papier ein Rektapapier (→ Rn. 530 ff.).

Gekorene Orderpapiere sind die sechs in § 363 genannten handelsrechtlichen Orderpapiere:

(1) Die **kaufmännische Anweisung** ist ein Wertpapier, durch das ein Kaufmann angewiesen wird, Geld, Wertpapiere oder andere vertretbare Sachen zu leisten, ohne dass die Leistung von einer Gegenleistung abhängig gemacht ist (§ 363 I 1).

(2) Der **kaufmännische Verpflichtungsschein** ist ein Wertpapier, das von einem Kaufmann ausgestellt ist und in dem dieser sich zur Leistung von Geld, Wertpapieren oder anderen vertretbaren Sachen verpflichtet, ohne dass die Leistung von einer Gegenleistung abhängig gemacht ist (§ 363 I 2).

(3) Das **Konnossement** ist ein Wertpapier, das von einem Verfrachter (meist einem Reeder) ausgestellt ist und in dem dieser sich zur Auslieferung des über See zu befördernden Guts an den durch das Konnossement Ausgewiesenen verpflichtet (§§ 363 II, 513 ff.).

(4) Der **Ladeschein** ist ein Wertpapier, das vom Frachtführer ausgestellt ist und in dem dieser sich zur Auslieferung des zur Beförderung übernommenen Guts an den durch den Ladeschein Ausgewiesenen verpflichtet (§§ 363 II, 444 ff.).

(5) Der **Lagerschein** ist ein Wertpapier, das von einem Lagerhalter ausgestellt ist und in dem dieser sich zur Auslieferung des eingelagerten Guts an den durch den Lagerschein Ausgewiesenen verpflichtet (§§ 363 II, 475g).

(6) Die **Transportversicherungspolice** ist ein Wertpapier, das der Versicherer bei der Transportversicherung ausstellt und in dem die Ansprüche aus der Versicherung wegen der Gefahren der Beförderung verbrieft sind (§ 363 II, § 3 VVG). Der Versicherungsschein ist eine Schuldurkunde. *Transportversicherungspolice*n können nur dann durch Indossament übertragen werden, wenn sie an Order lauten. Enthält der Transportversicherungsschein nach § 3 VVG eine solche positive Orderklausel, so ist er gekorenes Orderpapier und damit Wertpapier. Bei Abhandenkommen muss er gemäß §§ 946 ff., 1003 ff. ZPO für kraftlos erklärt werden (Thume/de la Motte/Ehlers/*Thume*, Transportversicherungsrecht, 2. Aufl., 2011, § 3 VVG, Rn. 14).

III. Rektapapiere

1. Begriff

Rektapapiere (= Namenspapiere) sind solche Wertpapiere, die **eine namentlich bezeichnete Person als berechtigt ausweisen**. Es soll direkt (recta) an den Bezeichneten geleistet werden. Das heißt aber nicht, dass das Recht nicht übertragen werden könnte. Nur scheidet hier eine Übertragung durch Übereignung des Papiers (wie bei den Inhaberpapieren) oder durch Übereignung des indossierten Papiers (wie bei den Orderpapieren) aus. Vielmehr erfolgt die Übertragung des Rechts nach Zessionsregeln (§§ 398 ff. BGB); das Eigentum am Papier geht nach § 952 BGB über („**Das Recht am Papier folgt dem Recht aus dem Papier**"). 530

2. Geltendmachung

a) Zur Geltendmachung des Rechts ist die **Vorlage des Papiers erforderlich**. Ohne Papier kann das Recht dem Schuldner gegenüber nicht ausgeübt werden; der Gläubiger kann sein Recht nicht auf andere Weise nachweisen. Insofern unterscheidet sich das Rektapapier vom einfachen Legitimationspapier (→ Rn. 512), das kein Wertpapier ist. 531

b) Anders als beim Inhaber- oder Orderpapier besteht für den Inhaber des Rektapapiers **kein Rechtsschein sachlicher Berechtigung**.

So ist der Inhaber eines **Sparbuchs** nicht berechtigt, Leistung zu verlangen (§ 808 I 2 BGB); er muss sein Recht nachweisen. Im Grundsatz wird umgekehrt auch der Verpflichtete nicht schon durch Leistung an den jeweiligen Papierinhaber frei. Er muss vielmehr an den wahren Berechtigten oder den in der Urkunde namentlich Benannten leisten. Anders ist dies jedoch bei sog. „**Namenspapieren mit Inhaberklausel**" wie z. B. dem Sparbuch. Hier wird der Verpflichtete durch Leistung an den Inhaber der Urkunde befreit, als läge ein Inhaberpapier vor (§ 808 I 1 BGB), weshalb man auch von „**hinkenden Inhaberpapieren**" spricht. Dies darf indessen nicht darüber hinweg täuschen, dass es sich rechtlich gerade nicht um Inhaberpapiere, sondern um Namenspapiere handelt. Ebenso missverständlich ist angesichts dieser klaren rechtlichen Einordnung die häufige Bezeichnung als „qualifiziertes Legitimationspapier", fehlt Legitimationspapieren doch gerade die konstitutive Wertpapierfunktion. Das Sparbuch ist mehr als ein Legitimationspapier, nämlich ein Wertpapier im Sinne der weiten Begriffsdefinition (→ Rn. 624).

3. Übertragung

532 Die im Rektapapier verbriefte Forderung wird durch Abtretung (§ 398 BGB) übertragen. **Das Recht am Papier folgt dem Recht aus dem Papier.** Infolgedessen scheidet ein gutgläubiger Erwerb vom Nichtberechtigten grundsätzlich aus; die Rektapapiere sind auch nicht für den Umlauf bestimmt.

Lediglich bei Hypothek und Grundschuld ist ein Gutglaubensschutz vorgesehen (vgl. §§ 892 f., 1138, 1155, 1157 BGB).

Ob für die Übertragung des Rechts außer der Abtretung noch die Papierübergabe erforderlich ist, kann nicht generell entschieden werden. Wenn auch die Geltendmachung des Rechts den Besitz des Papiers erfordert, so folgt daraus allein noch nicht, dass die Papierübergabe ein Tatbestandselement der Rechtsübertragung sein muss. Ist nämlich das Recht durch Abtretung übergegangen, so kann der neue Gläubiger das Papier vom Besitzer nach §§ 985, 952 BGB herausverlangen oder gegen den Zedenten den Anspruch auf Auslieferung des Papiers nach § 402 BGB geltend machen.

In einigen Fällen schreibt das Gesetz jedoch für die Übertragung des Rechts die Übergabe des Papiers vor (z. B. Hypothek, § 1154 I BGB; Anweisung, § 792 I 3 BGB).

4. Arten

533 Zu den Rektapapieren gehören beispielsweise:
 a) die **Hypotheken-, Grund- und Rentenschuldbriefe** (die beiden letzteren nur, sofern sie nicht ausnahmsweise auf den Inhaber lauten),
 b) die **bürgerlich-rechtlichen Anweisungen** (§§ 783 ff. BGB),
 c) die **Namenspapiere mit Inhaberklausel** (§ 808 BGB),
 d) die **handelsrechtlichen Wertpapiere** des § 363, sofern sie nicht an Order gestellt sind,
 e) **Wechsel und Scheck mit der negativen Orderklausel.**

IV. Überblick

	Inhaberpapier	Orderpapier	Rektapapier
Übertragung	Einigung und Übergabe bzw. Übergabesurrogat (§§ 929 ff. BGB).	Einigung und Übergabe u. Indossament (Art. 11, 14 WG, § 363 HGB). Möglich auch: formlose Abtretung nach § 398 BGB.	Übertragung des verbrieften Rechts durch Abtretung (§ 398 BGB). Übergabe des Papiers ist zum Rechtserwerb nur erforderlich bei Hypothek (§ 1154 BGB), Anweisung (§ 792 BGB); Eigentumsübergang am Papier nach § 952 BGB.
Rechtsschein hinsichtlich der Person des Berechtigten a) zugunsten des Schuldners	Leistung an Papierinhaber befreit den Schuldner (§ 793 I 2 BGB; Schuldverschreibung auf den Inhaber). Grenze: §§ 242, 826 BGB.	Leistung an Inhaber des auf diesen indossierten Orderpapiers befreit den Schuldner. Ausnahme: Bei arglistigem oder grob fahrlässigem Verhalten (Art. 40 III WG; § 365 HGB).	Grundsätzlich kein Rechtsschein. Aber § 407 BGB: Leistung an Zedenten befreit, wenn er Inhaber des Papiers ist. § 409 I 2 BGB: Leistung an den in der Urkunde Bezeichneten. § 808 I 1 BGB: Leistung an jeden Inhaber befreit bei sog. „Namenspapier mit Inhaberklausel" (wie beim Inhaberpapier), z. B. Sparbuch.

534

	Inhaberpapier	Orderpapier	Rektapapier
b) zugunsten des Inhabers	Inhaber hat Rechtsvermutung, Berechtigter zu sein.	Inhaber des durch eine ununterbrochene Indossamentenkette auf ihn indossierten Orderpapiers gilt als Berechtigter (Art. 40 III WG; § 365 HGB)	Kein Rechtsschein. Ausnahme: Hypothek (§§ 1155, 891 BGB), da Sachenrecht.
c) zugunsten des redlichen Erwerbers	Gutgläubiger Erwerb wie bei Sachen (§§ 932 BGB, § 366 HGB).	Guter Glaube heilt alles (h. M.). Art. 16 II WG: „irgendwie abhanden gekommen" geht weiter als § 935 BGB.	Kein Gutglaubensschutz (vgl. § 404 BGB). Ausnahme: Hypothek (§§ 1155, 892 BGB), da Sachenrecht.

§ 30. Die Entstehung der Wertpapiere

I. Wertpapiertheorien

535 Will jemand eine Verpflichtung aus einem Wertpapier begründen, so stellt sich die Frage, ob dafür die Anfertigung der Urkunde, ihre Kreation, ausreicht (so die Kreationstheorie) oder ob noch ein Vertrag zwischen Geber und Nehmer hinzukommen muss (so die Vertragstheorie). Dieser Vertrag wird als Begebungsvertrag bezeichnet. Durch ihn soll zum einen das Eigentum an der Urkunde übertragen werden (§§ 929 ff. BGB); zum anderen soll eine wertpapierrechtliche Verpflichtung des Gebers begründet werden. Nach allgemein zivilrechtlichen Grundsätzen (vgl. § 311 I BGB) müsste man von der Notwendigkeit eines Vertrages ausgehen. Gleichwohl ist die uneingeschränkte Geltung des Vertragsprinzips im Wertpapierrecht bestritten.

1. Kreationstheorie

536 a) Nach der Kreationstheorie entsteht das verbriefte Recht allein durch die **Schaffung (Kreation) des Papiers.** Die Ausstellung der Urkunde, der bloße Skripturakt, ist demnach eine einseitige, nicht empfangsbedürftige Willenserklärung, durch die das Recht zugunsten

des späteren Papierinhabers entsteht. Diese Auffassung stützt sich auf §§ 793 f. BGB. In § 793 I 1 BGB heißt es: „Hat jemand eine Urkunde ausgestellt,...". Nach § 794 I BGB wird der Aussteller aus einer Inhaberschuldverschreibung auch dann verpflichtet, wenn diese ohne seinen Willen in den Verkehr gelangt ist.

b) Die Kreationstheorie führt zu folgenden Konsequenzen:

(1) Hat ein **Minderjähriger** die Urkunde ausgestellt, z. B. einen Wechsel unterschrieben, so ist eine wirksame Genehmigung durch den gesetzlichen Vertreter nicht möglich, da ein einseitiges Rechtsgeschäft des Minderjährigen vorliegt, das nach § 111 BGB unheilbar nichtig ist.

Das Gleiche gilt für den Fall, dass jemand als **Vertreter ohne Vertretungsmacht** unterzeichnet hat. Eine Genehmigung durch den Vertretenen scheidet nach § 180 BGB aus.

(2) Wird die Urkunde, etwa ein Wechsel, ihrem Aussteller **gestohlen oder verliert** sie der Aussteller, so ist die wertpapierrechtliche Verpflichtung gegenüber demjenigen, der als Berechtigter ausgewiesen ist (bei Inhaberpapieren also der Inhaber), gleichwohl begründet worden.

(3) Ist der Kreationsakt (= die Willenserklärung bei der Schaffung der Urkunde) **nichtig oder** gem. §§ 119, 123 BGB wirksam **angefochten,** so entsteht eine Verpflichtung des Ausstellers weder gegenüber dem zunächst aus der Urkunde berechtigten ersten Nehmer (z. B. dem Remittenten) noch gegenüber einem späteren (gutgläubigen) Erwerber.

c) Die Kreationstheorie ist mit Recht auf **Kritik** gestoßen:

(1) Die Anwendung der §§ 111 und 180 BGB, die keine Genehmigung zulassen, beeinträchtigt die Umlauffähigkeit, passt daher nicht für die Ausstellung von Wertpapieren. Anders wäre es bei Anwendbarkeit der §§ 108 und 177 BGB, nach denen eine Genehmigung möglich ist; diese Vorschriften setzen aber einen Vertrag voraus.

(2) Auch ist es kein interessengerechtes Ergebnis, wenn der Dieb und der Finder, die nicht schutzwürdig sind, Inhaber der Forderung werden.

Um dieses unliebsame Ergebnis zu vermeiden, ist die strenge Kreationstheorie dahin abgewandelt worden, dass zur Ausstellung noch ein einseitiges Rechtsgeschäft, nämlich ein bewusstes Inverkehrbringen (so die **Emissionstheorie**) oder ein Eigentumserwerb des ersten Nehmers (so die **Eigentumstheorie**) bzw. ein gutgläubiger Erwerb eines Dritten (so die **Redlichkeitstheorie**), hinzukommen müsse (vgl. zu diesen Fortentwicklungen auch: *Gursky,* S. 16 f.; *Hueck/Canaris,* § 3 I 1d).

(3) Ist der Kreationsakt nichtig, so wird auch ein schutzwürdiger späterer Erwerber, der von dem Mangel des Kreationsakts nichts ahnt, nicht geschützt. Er erwirbt keine Forderung.

(4) Abgesehen von den geschilderten nicht sachgerechten Konsequenzen wird die Kreationstheorie auch deshalb abgelehnt, weil nach ihr die Verpflichtung durch eine einseitige Willenserklärung entstehen soll, obwohl nach dem Grundsatz des § 311 I BGB zur Begründung einer Verpflichtung ein Vertrag erforderlich ist.

2. Vertragstheorie

537 a) Nach der Vertragstheorie entsteht das verbriefte Recht durch **Skripturakt sowie Angebot und Annahme** (vgl. §§ 145 ff. BGB; zu Inhalt und Rechtsnatur dieses Vertrages vgl. im Einzelnen *Hueck/ Canaris*, § 3 I 2b).

b) Die Vertragstheorie führt zu folgenden Konsequenzen:

(1) Die (z. B. wechselmäßige) Verpflichtung eines **Minderjährigen** oder eines **Vertreters ohne Vertretungsmacht** kann vom gesetzlichen Vertreter oder vom Vertretenen genehmigt werden (§§ 108, 177 BGB).

(2) Mangels Begebungsvertrags haftet der Aussteller oder Unterzeichner dem **Dieb oder Finder** der Urkunde nicht.

(3) Ist der Begebungsvertrag von vornherein **nichtig** oder nach §§ 119, 123 BGB wirksam **angefochten**, entsteht keine Verpflichtung des Gebers gegenüber dem Nehmer oder einem späteren Erwerber.

c) Die Vertragstheorie vermeidet zum Teil die interessenwidrigen Konsequenzen der Kreationstheorie, reicht aber andererseits nicht aus, um in allen Fällen zu sachgerechten Ergebnissen zu führen:

(1) Positiv ist hervorzuheben, dass eine Genehmigung möglich ist und der Dieb sowie der Finder kein Recht geltend machen können.

(2) Es ist auch zu billigen, dass bei einem fehlenden oder nichtigen Begebungsvertrag der Ersterwerber kein Recht erwirbt.

(3) Es ist jedoch nicht sachgerecht, dass auch der Zweiterwerber, der in Bezug auf die Gültigkeit des früheren Begebungsvertrags gutgläubig ist, nicht erwirbt. Hier zeigt sich, dass die Vertragstheorie umlauffeindlich ist; die Umlauffähigkeit des Wertpapiers wird beeinträchtigt, wenn der Erwerber damit rechnen muss, dass er mangels eines früheren Begebungsvertrags keine Forderung erwirbt.

3. Rechtsscheintheorie

538 a) Die heute h. M. geht aufgrund dieser Verkehrsfeindlichkeit der reinen Vertragstheorie von der sog. **Rechtsscheintheorie** aus (vgl. *Gursky*, S. 17 ff.; *Hueck/Canaris*, § 3 II und – zum Wechselrecht – *Baumbach/Hefermehl/Casper*, Einl. WG Rn. 26 ff., 30). Ihr folgt auch der BGH (vgl. BGHZ 121, 279, 281).

Gursky (S. 17, 19) weist zutreffend darauf hin, dass dies nicht für Rektapapiere (Rn. 530 ff.) gelten kann, die gar kein selbständiges Verfügungsobjekt darstellen, sondern als Annex der Forderung mit dieser übertragen werden. Es bleibt hier bei der Vertragstheorie. Die nachfolgenden Ausführungen beziehen sich auf die sog. Umlaufpapiere (also Inhaber- und Orderpapiere, vgl. → Rn. 521 ff., → Rn. 525 ff.)

Für die Entstehung des Rechts sind hiernach im Ausgangspunkt – wie von der Vertragstheorie vertreten – die Schaffung der Urkunde und ein gültiger Begebungsvertrag erforderlich. Damit werden die geschilderten positiven Konsequenzen der Vertragstheorie erzielt und die negativen Folgen der Kreationstheorie vermieden.

b) Aus Gründen des Verkehrsschutzes erfährt die reine Vertragstheorie jedoch eine Ergänzung. Wägt man bei einem unwirksamen Begebungsvertrag die Interessen des Ausstellers und die des gutgläubigen Zweiterwerbers (z. B. des Indossatars bei Orderpapieren) gegeneinander ab, so sind die des Letztgenannten schutzwürdiger. Er vertraut auf das vom Aussteller ausgegebene Wertpapier. Dieser begründet mit der Ausstellung zurechenbar den Rechtsschein, dass das im Papier verbriefte Recht wirksam entstanden ist.

Ausnahmsweise muss also anstelle des **Begebungsvertrags der Rechtsschein** des Begebungsvertrags genügen: Der Indossatar eines Wechsels erwirbt dann trotz fehlenden Begebungsvertrages zwischen Aussteller und Remittent das Recht, wenn der Aussteller den Rechtsschein durch Ausstellung des Papiers zurechenbar veranlasst hat und der Indossatar in Bezug auf den Bestand des verbrieften Rechts gutgläubig ist. An der Zurechenbarkeit fehlt es insbesondere in Fällen von vis absoluta, bei Auftreten eines Vertreters ohne Vertretungsmacht, bei Fälschung der Urkunde oder fehlender bzw. beschränkter Geschäftsfähigkeit (vgl. *Hueck/Canaris*, § 3 II 3b). Auf diese Weise werden die sachwidrigen Ergebnisse der Vertragstheorie vermieden, zugleich wird die Umlauffähigkeit der Wertpapiere erhöht.

II. Übersicht über die Wertpapiertheorien

539

Kreationstheorie	Vertragstheorie	Rechtsscheintheorie (= Ergänzung der Vertragstheorie)
Die Verpflichtung wird begründet durch:	Die Verpflichtung wird begründet durch:	Die Verpflichtung wird begründet durch:
Skripturakt	**1. Skripturakt**	**1. Skripturakt**
= Einseitiges empfangsbedürftiges Schuldversprechen des Ausstellers der Urkunde; vgl. § 794 I BGB.	**2. Begebungsvertrag** = Vertrag zwischen dem Aussteller und dem ersten Nehmer des Wertpapiers	**2.** a) **Begebungsvertrag** oder b) **Rechtsschein eines entstandenen Rechts**
Kritik: Entspricht nicht dem Willen des Ausstellers, der das Wertpapier auch nach der Skriptur ohne weiteres zurückbehalten kann. In den Fällen der §§ 111 S. 1 und 180 S. 1 BGB würde unheilbare Unwirksamkeit eintreten, die Verkehrsfähigkeit wäre beeinträchtigt.	**Kritik:** Keine Gewährleistung eines ausreichenden Verkehrsschutzes für die weiteren Nehmer und damit Beeinträchtigung der Umlauffähigkeit. Der Rechtserwerb der weiteren Nehmer wird beim Fehlen eines Begebungsvertrags beeinträchtigt.	Voraussetzungen des Rechtsscheins: 1. Redlichkeit des Zweiterwerbers 2. Zurechenbarkeit des Rechtsscheins An ihr fehlt es bei: a) vis absoluta b) Vertretung ohne Vertretungsmacht c) Fälschung d) fehlender oder beschränkter Geschäftsfähigkeit Der redliche Eigentumserwerb des Nehmers am Papier reicht damit aus.
Verschiedene Modifikationen: Emissionstheorie, Eigentumstheorie, Redlichkeitstheorie.		

Zweiter Abschnitt. Wechsel- und Scheckrecht; Recht der kartengestützten Zahlungssysteme

Wechsel und Scheck kam in der Praxis lange Zeit als Kredit-, Sicherungs- und Zahlungsmittel (vgl. *Gursky*, S. 34 ff.) eine überragende Bedeutung zu, der auch in der juristischen Ausbildung durch eigenständige Pflichtvorlesungen zum Wertpapierrecht Rechnung getragen wurde. Mit der Entwicklung hin zur Entmaterialisierung des Wertpapiers und der Ersetzung von Wechsel und Scheck durch andere Instrumente haben beide Wertpapiere auch in der juristischen Ausbildung ihren Stellenwert verloren. Die folgende Darstellung begnügt sich daher mit der Schilderung von nach wie vor wissenswerten Grundlagen und geht ergänzend auf die Kreditkarte (→ Rn. 587 ff.) und die Zahlungskarte (→ Rn. 593 ff.) ein, die den Scheck als Zahlungsmittel abgelöst haben.

540

§ 31. Der Wechsel: Begriff, Funktion und Formstrenge

I. Das Wechselrechtsverhältnis

Fall a: Möbelhändler Aust verkauft seinem Kunden Bezog einen Schrank für 2.000,– €; dieser Betrag soll in drei Monaten gezahlt werden. Da Aust andererseits dem Großhändler Remi 2.000,– € aus Kauf schuldet, stellt er einen Wechsel über 2.000,– € aus, in dem er den Bezog anweist, diesen Betrag nach drei Monaten an Remi zu zahlen; den Wechsel händigt er dem Remi aus. Nach drei Monaten verlangt Remi von Bezog Zahlung. Mit Recht? → Rn. 544

541

Fall b: Wie ist zu entscheiden, wenn Bezog seine Unterschrift links quer auf die Vorderseite des ihm von Remi zur Annahme vorgelegten Wechsels gesetzt hat? → Rn. 544

Der Wechsel ist ein Wertpapier, das eine Zahlungsverpflichtung unter **besonderer Formstrenge** verbrieft. Sein Kennzeichen ist eine strenge Haftung der Verpflichteten, die im Interesse des Rechtsverkehrs angeordnet wird. Grundlage für das Verständnis des Wechsels ist die bürgerlich-rechtliche Anweisung (§§ 783 ff. BGB; → Rn. 602 ff.), deren gesetzlich geregelter Spezialfall der Wechsel ist. In seiner typischen Form als **gezogener Wechsel** weist der Aussteller den Bezogenen an, an den Wechselnehmer (sog. Remittent) einen bestimmten Geldbetrag zu zahlen. Hauptverpflichteter aus dem Wechsel ist damit der Bezogene, der seine Verpflichtung durch Annahme in Form einer einfachen Unterschrift auf der Vorderseite des Wechsels begründet (Art. 25 I WG, → Rn. 544). Der Aussteller haftet allerdings ebenfalls und zwar nicht nur für die Zahlung, sondern außerdem auch für die Annahme des Wechsels durch den Bezogenen (Art. 9 I WG). Charakteristisch für den Wechsel ist damit das aus der Anweisung bekannte Dreipersonenverhältnis. Der Aussteller kann aber auch selbst – ohne Einschaltung eines Bezogenen – eine Zahlungsverpflichtung gegenüber dem Wechselnehmer begründen. Dann liegt ein sog. eigener Wechsel vor (Art. 75 ff. WG).

542 Wer (als Akzeptant, Aussteller, Indossant) eine Wechselverbindlichkeit eingeht, wird hierfür in aller Regel einen besonderen Grund haben, etwa eine gegenüber dem Wechselgläubiger begründete Zahlungsverpflichtung aus einem Kauf- oder Werkvertrag. Die Wechselforderung besteht allerdings losgelöst von diesem Kausalgeschäft als abstrakte Forderung. Diese rechtliche Trennung dient der Sicherheit im Rechtsverkehr, da die Wechselforderung von den Mängeln der kausalen Geschäfte unabhängig bleibt. Die abstrakte Wechselverpflichtung ist bei Unwirksamkeit des Kausalverhältnisses aber kondizierbar (*Gursky*, S. 40).

543 Der Wechselgeber erbringt mit der Hingabe des Wechsels dem Wechselgläubiger eine andere als die geschuldete Leistung (z. B. Kaufpreiszahlung); der Anspruch auf die geschuldete Leistung erlischt nur dann, wenn der Wechselgläubiger den Wechsel als Erfüllung annimmt (Leistung an Erfüllungs statt, § 364 I BGB; *Brox/Walker*, AS, § 14 Rn. 6). Im Regelfall ist die Wechselhingabe aber nur eine **Leistung erfüllungshalber** (§ 364 II BGB; *Brox/Walker*, AS, § 14 Rn. 7, 9), also ein Zahlungsversuch, noch keine Zahlung (vgl. RGZ 158, 315, 317; BGHZ 3, 238, 242). Der Wechselgläubiger hat folglich nunmehr **zwei Ansprüche gegen den Wechselgeber,** zum einen aus dem Wechsel und zum anderen aus dem zwischen ihm und dem Wechselgeber bestehenden Grundverhältnis. Aufgrund der Inzahlungnahme des Wechsels ist der Wechselgläubiger allerdings gegenüber dem Schuldner verpflichtet, **zuerst Befriedigung aus dem Wechsel zu suchen** (RGZ 153, 179, 182; *Gursky*, S. 38).

II. Bedeutung des Akzepts

544 Durch die bloße Ausstellung des Wechsels wird der Bezogene nicht wechselmäßig verpflichtet. Der Bezogene kann nämlich nicht

§ 31. Der Wechsel: Begriff, Funktion und Formstrenge   293

verhindern, dass jemand einen Wechsel auf ihn zieht. Eine Verpflichtung des Bezogenen tritt erst ein, wenn er den Wechsel annimmt. Die **Annahme** des Wechsels (= Akzept) ist die Erklärung des Bezogenen, durch die er sich zur Bezahlung des Wechsels bei Verfall verpflichtet (vgl. Art. 28 I WG). Durch das Akzept wird der Bezogene Hauptschuldner der Wechselverbindlichkeit. Die Erklärung unterliegt der Schriftform nach Art. 25 I WG. Die bloße Unterschrift auf der Vorderseite des Wechsels gilt als Annahme (Art. 25 I 3 WG); üblich ist das „Querschreiben" des Namens am linken Rand.

Im **Fall a** haftet daher Bezog nicht aus dem Wechsel, wohl aber in **Fall b,** da für die Annahme die bloße Unterschrift des Bezogenen auf der Vorderseite des Wechsels genügt (vgl. Art. 25 I 3 WG).

Verweigert der Bezogene die Annahme, haftet er nicht aus dem Wechsel. Der Wechselinhaber kann nach Protest mangels Annahme gegen seine Vormänner als Rückgriffsschuldner vorgehen (Art. 43 I, II Nr. 1 WG; vgl. → Rn. 558 ff.), sofern die Haftung für die Annahme nicht ausgeschlossen worden ist (Art. 9 II, 15 I WG).

III. Funktion

Ursprünglicher Zweck des im Mittelalter in den oberitalienischen Handelsstädten entwickelten Wechsels war der Transfer von Geldmitteln. Im letzten Jahrhundert wurde der Wechsel dagegen verbreitet als Kreditmittel in Form des Waren- oder Handelswechsels eingesetzt, wenn dem Käufer durch Stundung der Kaufpreissumme vom Verkäufer Kredit eingeräumt wurde. Ohne zugrunde liegende Warenlieferung oder Werkleistung diente die Verwendung des Wechsels als reines Kreditbeschaffungsmittel (Kredit- oder Finanzwechsel). Als Sicherungsmittel eignet sich der Wechsel, da er dem Inhaber im Wechselprozess einen schnellen Titel ermöglicht (*Gursky*, S. 28 ff.). Die ZPO stellt in §§ 602 ff., 592 ff. ZPO ein vereinfachtes Verfahren (**Wechselprozess**) zur Geltendmachung von Wechselforderungen zur Verfügung.

545

IV. Formelle Wechselstrenge

Im Interesse seiner Umlauffähigkeit werden an einen Wechsel nach Art. 1 WG strenge formelle Voraussetzungen gestellt. Fehlt eines der Erfordernisse, so ist der Wechsel grundsätzlich nichtig (*Gursky*, S. 34). Art. 1 WG nennt insgesamt acht formelle Erfordernisse:

546

1) Bezeichnung als Wechsel im Text der Urkunde, und zwar in der Sprache, in der die Urkunde ausgestellt ist (sog. Wechselklausel; Art. 1 Nr. 1; Art. 75 Nr. 1 WG).

2) Aufnahme der unbedingten Anweisung, eine bestimmte Geldsumme zu zahlen, in den Urkundentext (Art. 1 Nr. 2 WG; sog. Zahlungsklausel). Die Anweisung muss auf **Zahlung einer bestimmten Geldsumme** in Euro oder einer gültigen ausländischen Währung lauten. Wechsel auf andere (auch auf vertretbare) Sachen sind nichtig (*Baumbach/Hefermehl/Casper,* Art. 1 WG Rn. 9).

3) *Name des Bezogenen* oder Trassaten (Art. 1 Nr. 3 WG).

4) Angabe der *Verfallzeit* (Art. 1 Nr. 4; Art. 75 Nr. 3 WG) als dem Zeitpunkt, an dem der Wechsel bezahlt werden soll.

5) Angabe des *Zahlungsortes* (Art. 1 Nr. 5 WG; Art. 75 Nr. 4 WG) als dem Ort, an dem die Zahlung erfolgen soll.

6) *Name des Wechselnehmers oder Remittenten,* an den oder an dessen Order gezahlt werden soll (Art. 1 Nr. 6 WG; Art. 75 Nr. 5 WG).

7) Angabe des *Tages und des Ortes der Ausstellung* (Art. 1 Nr. 7 WG; Art. 75 Nr. 6 WG).

8) *Unterschrift* des Ausstellers (Art. 1 Nr. 8 WG; Art. 75 Nr. 7 WG).

§ 31. Der Wechsel: Begriff, Funktion und Formstrenge

Münster, den 1. Juni 2002
Ort und Tag der Ausstellung (Monat in Buchstaben)

Gegen diesen **Wechsel** – erste Ausfertigung – zahlen Sie am 1. September 2002
Monat in Buchstaben

an Herrn Rudolf Remi

Euro fünftausend
Betrag in Buchstaben

Bezogener Bernhard Bezog

in Bochum, Bergstraße 1
Ort und Straße (genaue Anschrift)

Zahlbar in Bochum
Zahlungsort

bei Stadtsparkasse Bochum 548297
Name des Kreditinstituts z. L. Konto Nr.

Münster 1.9.2002
Nr. d. Zahl.-Ortes Zahlungsort Verfalltag

Euro 5000,–
Betrag in Ziffern

Anton Aust
Warendorfer Straße 27
Münster

Anton Aust
Unterschrift und genaue Anschrift des Ausstellers

Angenommen
Bernhard Bezog

sigel Einheitswechsel DIN 5004

§ 32. Die Übertragung des Wechsels

547 **Fall a:** R hat den von A ausgestellten und von B akzeptierten Wechsel an I 1, dieser an I 2, dieser an I 3 und dieser an I 4 indossiert und weitergegeben. Als I 4 von B Zahlung begehrt, verlangt dieser von ihm den Nachweis, dass I 4 auch wirklich Gläubiger der Wechselforderung sei. → Rn. 552
Fall b: Welche Rechte hat I 4, wenn sich später herausstellt, dass I 3 unerkannt geisteskrank war? → Rn. 554
Fall c: B macht gegenüber I 4 geltend, er habe gegenüber R aufrechnen können. Mit Recht? → Rn. 555

Der Wechsel kann auf zwei verschiedenen Wegen übertragen werden: zum einen durch Abtretung der im Wechsel verbrieften Forderung nach § 398 BGB und zum anderen durch Übertragung des Wertpapiers selbst. Als Orderpapier erfolgt die wertpapierrechtliche Übertragung durch Einigung, Indossament und Übergabe.

I. Übertragung der Wechselforderung durch Zession

548 Jede Wechselforderung kann durch Abtretung übertragen werden, was allerdings selten geschieht. Ein Rektawechsel (= ein Wechsel mit negativer Orderklausel; → Rn. 533) ist nur auf diese Weise übertragbar (Art. 11 II WG).

Erforderlich ist nach § 398 BGB ein **Abtretungsvertrag**, der formlos gültig ist; es bedarf auch keines Vermerks auf dem Wechsel. Nach h. M. muss gem. § 792 I 3 BGB analog die **Übergabe** des Wechsels (oder ein Übergabesurrogat) hinzukommen (*BGH* WM 1970, 245, 246; a. A. *Baumbach/Hefermehl/Casper* Art. 11 WG Rn. 8; *Zöllner*, § 14 I).

Die Zielsetzungen des Wertpapierrechts werden bei einer Übertragung durch Abtretung nur unzureichend verwirklicht. Ist der Zedent nicht Inhaber der Wechselforderung, erwirbt auch der Zessionar die Forderung nicht; einen **gutgläubigen Erwerb** vom Nichtberechtigten gibt es bei der Abtretung nicht. Alle **Einreden** gegen den Zedenten können auch dem Zessionar entgegengesetzt werden (§ 404 BGB); dem Schuldner werden also Einreden nicht abgeschnitten.

Der Zedent haftet damit nicht gegenüber jedem Nachmann für die Einlösung des Wechsels.

II. Übertragung durch Indossament

Die wechselmäßige Übertragung des Wertpapiers setzt ein Indossament und einen Begebungsvertrag voraus. Das Indossament ist der schriftliche, meist auf der Rückseite des Wechsels befindliche **Vermerk des Indossanten, dass ein anderer (der Indossatar) die Rechte aus dem Wechsel haben soll.** Das Indossament bedarf der Schriftform und muss vom Indossanten unterschrieben werden (Art. 13 I WG). Es muss auf den Wechsel oder auf ein mit ihm verbundenes Blatt (Anhang) gesetzt werden. 549

Beispiele: „Für mich an die Order des Herrn Indos (Unterschrift:) Remi".

Indossant muss der Berechtigte sein. Das ist regelmäßig der Remittent oder der letzte Indossatar und beim Wechsel an eigene Order der Aussteller. **Indossatar kann jede Person sein.** Es ist auch möglich, den Wechsel an den Bezogenen, den Aussteller oder einen früheren Indossanten zu indossieren (Art. 11 III WG; sog. Rückindossament). 550

III. Wirkungen der Übertragung durch Indossament

Das Indossament hat drei Funktionen, die der Verkehrsfähigkeit des Wechsels dienen: die Legitimationsfunktion, die Transportfunktion und die Garantiefunktion. 551

1. Legitimationsfunktion

a) Nach Art. 16 I 1 WG gilt als rechtmäßiger Inhaber des Wechsels, wer ihn in Händen hat und sein Recht durch eine ununterbrochene Reihe von Indossamenten nachweist. Für die Legitimation sind also der **Besitz** des Wechsels und eine **ununterbrochene Indossamentenkette** erforderlich. Der durch eine ununterbrochene Indossamentenkette ausgewiesene Wechselinhaber ist **formell legitimiert** (*Gursky*, S. 70). Der in Anspruch genommene Wechselschuldner muss das Fehlen der materiellen Berechtigung des formell Legitimierten behaupten und bei Bestreiten auch beweisen. 552

Im **Fall a** hat der letzte Indossatar I 4 den Wechsel in Besitz. Das auf ihn lautende Indossament stammt von I 3, der in dem von I 2 stammenden Indossament als Indossatar genannt wird. I 2 ist im Indossament des I 1, dieser im Indossament des Remittenten R als Indossatar bezeichnet. Damit ist I 4 durch eine ununterbrochene Indossamentenkette legitimiert.

553 b) Der **Wechselschuldner** kann sich darauf verlassen, dass der formell legitimierte Wechselinhaber auch Gläubiger der Wechselforderung ist. Er wird bei der Zahlung an ihn grundsätzlich von seiner Leistung frei, selbst wenn der Legitimierte nicht materiell Berechtigter ist (vgl. Art. 40 III WG).

2. Transportfunktion

554 a) Bei dem Erwerb des Wechsels durch den Indossatar ist ein **gutgläubiger Erwerb vom Nichtberechtigten** möglich, Art. 16 II WG. Die Regelung geht weit über die sachenrechtliche Gutglaubensvorschrift des § 932 BGB hinaus. Ein gutgläubiger Erwerb kommt in allen Fällen in Betracht, in denen „der Wechsel einem früheren Inhaber irgendwie abhanden gekommen" ist. Der Begriff des **„irgendwie abhanden kommen"** erfasst – über § 935 I BGB hinaus gehend – alle Konstellationen, in denen der Wechsel ohne wirksamen Begebungsvertrag in fremde Hände gelangt ist (vgl. *BGH* NJW 1992, 316, 317); so greift Art. 16 II WG auch bei einem freiwilligen Besitzverlust, wenn der Wechsel aufgrund eines Willensmangels übergeben worden ist (RGZ 103, 87, 89).

Im **Fall b** ist der Wechsel dem I 3 „irgendwie abhanden gekommen". Danach hat I 4 das Eigentum am Wechsel und damit die Wechselforderung gutgläubig erworben, wenn er I 3 gutgläubig für geschäftsfähig hielt. Das heißt aber nicht, dass I 3 als Indossant nunmehr auch wechselmäßig haftet. Er ist zwar wegen Art. 16 II WG den Wechsel „los"; er kann aber durch seine Erklärung keine eigene Schuld aus dem Wechsel begründen.

555 b) Nach Art. 17 WG können persönliche Einwendungen gegen den Aussteller oder den früheren Inhaber gegenüber dem jetzigen Inhaber nicht mit Erfolg erhoben werden, es sei denn, dass der Inhaber beim Erwerb bewusst zum Nachteil des Schuldners gehandelt hat. Die Transportfunktion führt also zu einem **Einwendungsausschluss** (→ Rn. 563).

Im **Fall c** ist der Einwand des B, er habe gegenüber R aufrechnen können, unerheblich, es sei denn, I 4 hat beim Erwerb des Wechsels bewusst zum Nachteil des B gehandelt.

3. Garantiefunktion

556 Nach Art. 15 I WG haftet der Indossant mangels eines entgegenstehenden Vermerks neben dem Aussteller für die Annahme und die Zahlung. Bei der Indossierung geht es also nicht nur um die Übertra-

gung des Wechsels, sondern auch um die Begründung einer Verpflichtung des Indossanten. **Jeder Indossant** (gleichgültig, ob er als Remittent oder als Indossatar indossiert) **haftet** gegenüber demjenigen, an den er den Wechsel indossiert, also **gegenüber seinem Nachmann,** dafür, dass der Bezogene den Wechsel annimmt und als Akzeptant den Wechsel einlöst (*Gursky*, S. 69).

Da jeder Indossatar seinerseits befugt ist, als Indossant den Wechsel an einen anderen Indossatar zu übertragen, **haftet jeder Indossant** nicht nur seinem unmittelbaren Nachmann, sondern **allen weiteren Nachmännern** für die Annahme und die Zahlung durch den Bezogenen. Er kann von jedem seiner Nachmänner auf Zahlung in Anspruch genommen werden, wenn Protest mangels Annahme oder Zahlung durch den Bezogenen erhoben worden ist (Art. 43 I, II Nr. 1, 44 WG; vgl. → Rn. 558 ff.). Entgegenstehende Vermerke sind allerdings zulässig.

§ 33. Erfüllung durch den Bezogenen und Wechselrückgriff

Fall a: Nachdem Bezog die Wechselsumme am Zahlungstag an den Wechselinhaber Indos gezahlt hatte, verlangt Remi von Bezog Zahlung, da Indos das Indossament des Remi an Indos gefälscht habe. → Rn. 557

Fall b: R hat den von A ausgestellten und von B akzeptierten Wechsel an I 1 indossiert und weitergegeben. Die weitere Indossamentenkette lautet: I 2–I 3 – I 4. Letzterer lässt Protest mangels Zahlung gegen B erheben und möchte wissen, gegen wen er mit Erfolg auf Bezahlung des Wechsels klagen kann. → Rn. 561

Fall c: Im Fall b will I 2, der auf Verlangen des I 4 den Wechsel eingelöst hat, gegen I 1 und I 3 Regress nehmen und über die Wechselsumme hinaus den Betrag erstattet haben, den er dem I 4 gezahlt hat. Mit Recht? → Rn. 562

Fall d: B akzeptiert einen von A an eigene Order gestellten Wechsel, den er auf Vorlage seiner Sekretärin zusammen mit anderer Geschäftspost unterzeichnet. Bevor A den Wechsel an I indossiert, ficht B seine Erklärung an, da er nicht gewusst habe, dass er einen Wechsel unterzeichnet habe. Als I von B Zahlung verlangt, beruft B sich auf die Anfechtung. Mit Recht? → Rn. 563

557

I. Erfüllung durch den Bezogenen

Zahlt der Bezogene die Wechselsumme an den Wechselinhaber, so erlischt dessen Wechselforderung gegen den Bezogenen als Akzeptanten. Zugleich erlöschen alle Wechselforderungen gegen die Indos-

557a

santen und den Aussteller. Bei Zahlung der gesamten Wechselsumme kann der Bezogene vom Inhaber die Aushändigung des quittierten Wechsels verlangen (Art. 39 I WG).

Wer durch den Besitz des Wechsels und durch eine ununterbrochene Indossamentenkette ausgewiesen ist, gilt als materiell Berechtigter (Art. 16 I WG). Deshalb wird der Bezogene grundsätzlich von seiner Verbindlichkeit frei, wenn er an den formell Berechtigten zahlt, auch wenn dieser materiell nicht berechtigt ist (Art. 40 III 1 WG).

Im **Fall a** hat Bezog an den formell berechtigten Indos gezahlt, so dass er von seiner Zahlungspflicht frei geworden ist. Er brauchte nicht die Echtheit der Unterschrift des Remi zu prüfen.

Da der Wechsel in aller Regel jeweils für eine bestehende Schuld (z. B. Kaufpreisschuld) erfüllungshalber gegeben und weitergegeben wird (→ Rn. 542 f.), erlöschen mit der Zahlung auch alle den einzelnen Wechselbegebungen zugrunde liegenden Forderungen.

II. Voraussetzungen der Wechselhaftung

558 Wird die Wechselforderung bei Fälligkeit vom Bezogenen als dem Hauptschuldner nicht bezahlt, so kann der Inhaber des Wechsels unter detailliert geregelten Voraussetzungen die weiteren aus dem Wechsel verpflichteten Personen (Indossanten, Aussteller und sonstige Wechselverpflichtete wie etwa der Wechselbürge) im Wege des Wechselrückgriffs **(Regress)** in Anspruch nehmen. Unter dem Wechselregress ist also die Inanspruchnahme der „Vorgänger" des Wechselinhabers zu verstehen.

1. Materielle Voraussetzungen

559 Der Wechsel muss **notleidend** i. S. d. Art. 43 WG geworden sein, d. h. der Bezogene muss bei rechtzeitiger Vorlegung des Wechsels am richtigen Ort ganz oder teilweise die geschuldete Summe nicht geleistet haben. Gleichgestellt ist die gänzliche oder teilweise Nichtannahme des Wechsels (Art. 43 II Nr. 1 WG).

2. Formelle Voraussetzungen

560 Regelmäßig ist für den Rückgriff die **Protesterhebung** erforderlich (Art. 44 WG). Protest ist die Feststellung bestimmter wechselrechtlicher Tatsachen (u. a. ordnungsgemäße Vorlage; ausgebliebene Zah-

lung) in einer öffentlichen Urkunde. Urkundsperson (Protestperson) kann ein Notar oder ein Gerichtsbeamter sein (Art. 79 WG).

III. Rechtsfolgen

561 Jedem Wechselinhaber haften alle vor ihm auf dem Wechsel Stehenden (Akzeptant, Aussteller, Indossanten), und zwar als Gesamtschuldner (Art. 47 I WG) auf die Wechselsumme, Zinsen, Kosten usw. (Art. 48 WG).

Im **Fall b** ist I 4 zu raten, I 3, I 2, I 1, R, A und B gemeinsam zu verklagen; denn je größer die Zahl der zur Zahlung Verurteilten ist, desto größer ist die Chance des I 4, wegen seiner Wechselforderung befriedigt zu werden. – Hat I 4 schon den I 1 in Anspruch genommen und stellt er dann fest, dass I 2 viel kapitalkräftiger ist, steht nichts im Wege, nunmehr von I 2 Zahlung zu verlangen, sofern er noch nicht befriedigt worden ist.

562 Hat ein Rückgriffsschuldner den Wechsel eingelöst, stehen dem Einlöser seinerseits Rückgriffsansprüche zu (Art. 47 III WG; sog. **Ersatzrückgriff**, Einlösungsrückgriff, Remboursregress). Mit der Einlösung erlangt der Einlöser die Rechtsstellung, die er früher hatte. Er erwirbt kraft Gesetzes Eigentum am Wechsel, wenn er damals Eigentum erworben hatte. **Rückgriffsschuldner** sind wiederum alle Vorgänger des Einlösers als Gesamtschuldner.

Im **Fall c** kann I 2 zwar von seinem Vorgänger I 1, nicht aber von seinem Nachfolger I 3 Zahlung verlangen. Von I 1 kann I 2 u. a. den Betrag verlangen, den er dem I 4 ersetzt hat, außerdem seine eigenen Zinsen, Kosten etc.

IV. Einwendungen des Wechselschuldners

563 a) Nach Art. 17 WG kann der Wechselschuldner solche Einwendungen, die auf seinen unmittelbaren Beziehungen zu einem bestimmten anderen Wechselbeteiligten (z. B. auf dem der Wechselbegebung zugrunde liegenden **Kausalverhältnis**) beruhen, nur diesem Wechselbeteiligten entgegensetzen. Ein anderer Wechselbeteiligter braucht sich um diese persönlichen Einwendungen grundsätzlich nicht zu kümmern (*Gursky*, S. 41). Hat der Wechselschuldner einen ihm zurechenbaren Rechtsschein für seine Wechselverpflichtung gesetzt und war der Zweiterwerber gutgläubig, so hat er seine Forderung einredefrei erworben. Keinen Schutz verdient der Zweiterwerber lediglich dann, wenn er die Einwendung des Schuldners kannte oder infolge grober Fahrlässigkeit nicht kannte.

Im **Fall d** hätte sich B gegenüber A als Ersterwerber mit Recht auf die Irrtumsanfechtung nach § 119 I BGB berufen können. Die Einwendung ist jedoch gegenüber I unerheblich, wenn I von dem Irrtum weder wusste noch infolge grober Fahrlässigkeit nichts wusste.

564 b) Einwendungen, die sich **aus der Wechselurkunde** ergeben (sog. urkundliche Einwendungen; z. B. auf dem Wechsel vermerkte Teilzahlung), sind dagegen für jeden Erwerber erkennbar. Sie können jedem Wechselinhaber entgegengehalten werden.

§ 34. Der Scheck

565 **Fall a:** A stellt statt eines Wechsels einen Scheck aus, den er auf drei Monate vordatiert und dem N übergibt. Dieser legt ihn sofort der bezogenen Bank zur Zahlung vor. → Rn. 568

Fall b: A zieht auf seinen Geschäftsfreund B, der einen Großhandel betreibt, einen Scheck, den B akzeptiert. Als der Inhaber den B und später den A auf Zahlung in Anspruch nimmt, meinen beide, der Scheck sei ungültig, da B kein Bankier (Art. 3 SchG) sei. → Rn. 569

Fall c: A hat Scheckformulare der B-Bank auf seinem Schreibtisch liegen gelassen. Die Putzfrau füllt ein Formular mit ungelenker Schrift aus, unterschreibt mit dem Namen des A und legt es der Bank vor. Diese löst den Scheck ein und belastet dementsprechend das Konto des A, der damit nicht einverstanden ist. → Rn. 580a

I. Bedeutung

1. Rechtliche Bedeutung

565a a) Der Scheck ist eine schriftliche, in bestimmter Form ausgestellte Zahlungsanweisung. Wie die Anweisung des BGB (§ 783 BGB; → Rn. 602 ff.) enthält der Scheck eine **doppelte Ermächtigung:**

(1) die Ermächtigung an den Angewiesenen (den Bezogenen, die Bank), dem Anweisungsempfänger (dem Schecknehmer) von dem Konto des Ausstellers (des Bankkunden) für dessen Rechnung zu zahlen,

(2) die Ermächtigung an den Schecknehmer, bei der bezogenen Bank die Zahlung zu erheben.

566 b) Die rechtliche Regelung des Schecks lehnt sich eng an diejenige des Wechsels an. Der Scheck ist seiner Rechtsnatur nach ein Wertpapier (→ Rn. 508), und zwar ein geborenes Orderpapier (→ Rn. 528), das durch die negative Orderklausel zum Rektapapier und durch die

Überbringerklausel („oder Überbringer") zum Inhaberpapier wird (vgl. Art. 5, 14 SchG). Der Scheck verbrieft eine abstrakte Scheckforderung gegen Aussteller und Indossanten (vgl. → Rn. 542 f.). Das auf dem Orderscheck angebrachte Indossament hat Legitimations-, Transport- und Garantiefunktion (vgl. Art. 19, 21, 17, 12, 18 SchG). Es gelten die **Grundsätze der Selbständigkeit der Scheckerklärungen** (vgl. Art. 10 SchG) und der **Scheckstrenge** (vgl. → Rn. 546).

2. Wirtschaftliche Bedeutung

Der Scheck war lange Zeit das wichtigste Mittel des bargeldlosen Zahlungsverkehrs. Der Schuldner zahlt – statt mit Bargeld – mit einem Scheck an seinen Gläubiger. Dieser kann sich von der bezogenen Bank das Geld auszahlen, den Betrag auf seinem Konto gutschreiben lassen oder aber den Scheck zur Bezahlung seiner Schuld an einen seiner Gläubiger weitergeben. Der Scheck dient damit zum einen den Interessen des Einzelnen, dem er einen einfachen und sicheren Weg der Zahlung ermöglicht. Zum anderen dient er auch den Interessen der Allgemeinheit, da das Geld bei den Kreditinstituten liegt und von diesen volkswirtschaftlich nutzbringend verwendet werden kann. Heute ist die Bedeutung des Schecks als Mittel des Zahlungsverkehrs nahezu vollständig verschwunden. An seine Stelle sind die Kreditkarte (→ Rn. 587 ff.) und die Zahlungskarten (→ Rn. 593 ff.) getreten. 567

II. Vergleich von Scheck und Wechsel

1. Unterschiede

Die wirtschaftliche Funktion von Wechsel und Scheck ist sehr verschieden: Wer einen Wechsel gibt, braucht Geld; wer einen Scheck gibt, hat Geld. Dieser Unterschied zwischen dem **Wechsel als Kreditmittel** und dem **Scheck als Zahlungsmittel** erklärt die unterschiedliche rechtliche Regelung. 568

a) Wegen der Befürchtung, dass der Scheck anstelle eines Wechsels als Kreditmittel gebraucht werden könnte, will der Gesetzgeber verhindern, dass die Verfallzeit des Schecks lange hinausgeschoben wird; ferner soll erreicht werden, dass der Scheck möglichst bald zur Zahlung vorgelegt wird.

(1) Nach Art. 28 I SchG ist der Scheck daher zwingend **bei Sicht zahlbar**: jede gegenteilige Angabe (z. B. einer Zahlungsfrist) macht den Scheck zwar nicht unwirksam, gilt aber als nicht geschrieben.

Im **Fall a** legt N den Scheck zu Recht sofort vor (Art. 29 I SchG). Wird dieser nicht bezahlt, kann N Rückgriff nehmen.

(2) Art. 29 SchG bestimmt zwingende **kurze Vorlegungsfristen**. Hält der Scheckinhaber die Frist nicht ein, verliert er seine Rückgriffsrechte (vgl. Art. 40 SchG); außerdem kann der Scheck widerrufen werden (Art. 32 SchG).

Die Vorlegungsfrist, die an dem im Scheck angegebenen Ausstellungstag beginnt, beträgt bei einem im Inland ausgestellten und zahlbaren Scheck acht Tage (Art. 29 I SchG). Ein Scheck, der in einem anderen Land als dem der Ausstellung zahlbar ist, muss binnen 20 Tagen bzw. 70 Tagen (wenn Ausstellungs- und Zahlungsort in verschiedenen Erdteilen liegen) vorgelegt werden. Einzelheiten: Art. 29 ff. SchG.

569 b) Da der Scheck nur Zahlungsmittel ist, soll der **Bezogene** *ein Bankier* sein, bei dem der Aussteller ein Guthaben hat (Art. 3 S. 1 SchG).

Bankiers sind die in Art. 54 SchG genannten Anstalten, also auch Kreditgenossenschaften und Sparkassen. Trotz des Wortlauts des Art. 3, 1 SchG („darf nur") handelt es sich nur um eine Sollvorschrift, was sich aus Art. 3, 2 SchG ergibt. Im **Fall b** ist der Scheck also gültig, obwohl B kein Bankier i. S. d. Art. 3 S. 1 SchG ist.

570 c) Aus der Sorge, der Scheck werde wie ein Wechsel als Kreditmittel verwandt, wenn der Bezogene den Scheck wirksam annehmen und damit eine eigene Verpflichtung begründen könnte, hat der Gesetzgeber für den Scheck ein **Akzeptverbot** bestimmt.

(1) Nach Art. 4 SchG kann ein Scheck nicht angenommen werden; ein auf den Scheck gesetztes Akzept gilt als nicht geschrieben.

Eine Ausnahme vom Akzeptverbot macht § 23 BundesbankG. Danach hat die Bundesbank das Recht, auf sie gezogene Schecks mit einem Bestätigungsvermerk zu versehen, wodurch sie sich scheckmäßig zur Einlösung verpflichtet.

(2) Damit das Akzeptverbot auch nicht dadurch umgangen werden kann, dass der Bezogene seine Unterschrift als Indossant oder als Scheckbürge auf den Scheck setzt und demgemäß aus dem Scheck in Anspruch genommen werden kann, sind ein Indossament und eine Scheckbürgschaftserklärung des Bezogenen nichtig (vgl. Art. 15 III, 25 II SchG).

571 d) Auch hinsichtlich der formellen Rückgriffsvoraussetzungen unterscheiden sich Scheck und Wechsel. Nach Art. 40 Nr. 2 SchG ist der

Bezogene befugt, in einer schriftlichen, datierten Erklärung auf dem Scheck den Tag der Vorlegung und die Nichteinlösung des Schecks festzustellen. Durch diese **Vorlegungsbescheinigung** des Bezogenen (bzw. Einlieferungsbescheinigung einer Abrechnungsstelle; Art. 40 Nr. 3 SchG) kann auf einfache und billige Art ein Protest als Voraussetzung des Rückgriffs ersetzt werden.

e) Im Unterschied zum Wechsel kann der Scheck an den Inhaber zahlbar gestellt werden (Art. 5 SchG). Das ist in der Praxis der Regelfall, da die Banken Schecks mit einer durchgestrichenen Überbringerklausel nicht einlösen. 572

2. Übereinstimmungen

Wechsel und Scheck haben gemeinsam, dass sie auf Zahlung einer bestimmten Geldsumme gerichtete Anweisungen sind. Daraus erklären sich zahlreiche, zum Teil wörtliche Übereinstimmungen im Wechsel- und Scheckgesetz. 573

Beispiele: a) Formerfordernisse (Art. 1, 2 WG; Art. 1, 2 SchG),
b) Indossament (Art. 11 ff. WG; Art. 14 ff. SchG),
c) formelle Legitimation (Art. 16 I WG; Art. 19 SchG),
d) gutgläubiger Erwerb (Art. 16 II WG; Art. 21 SchG),
e) Rückgriff mangels Zahlung gegen den Aussteller (Art. 9 WG; Art. 12 SchG), den Indossanten (Art. 15 WG; Art. 18 SchG), den Bürgen (Art. 32 WG; Art. 27 SchG),
f) Einwendungen des Verpflichteten (Art. 17 WG; Art. 22 SchG).

III. Entstehung

1. Formerfordernisse

a) Wie der Wechsel setzt der Scheck bestimmte Formerfordernisse voraus, damit ein gültiger Scheck vorliegt (Art. 1, 2 SchG): 574
(1) die Bezeichnung als Scheck im (zusammenhängenden) Text der Urkunde (Art. 1 Nr. 1 SchG),
(2) die unbedingte Anweisung, eine bestimmte Geldsumme zu zahlen (vgl. Art. 1 Nr. 2, Art. 7 SchG),
(3) den Namen des Bezogenen (Art. 1 Nr. 3 SchG; → Rn. 569),
(4) die Angabe des Zahlungsortes (vgl. Art. 1 Nr. 4, Art. 2 II, III SchG),
(5) die Angabe des Tages und des Ortes der Ausstellung (Art. 1 Nr. 5 SchG; zum Ausstellungsort vgl. Art. 2 IV SchG),
(6) die Unterschrift des Ausstellers (Art. 1 Nr. 6 SchG).

b) **Nicht erforderlich** ist die Angabe des Schecknehmers; fehlt sie, gilt der Scheck als an den Inhaber zahlbar (Art. 5 III SchG). Auch die Angabe der Verfallzeit ist kein Erfordernis des Schecks, da dieser stets bei Sicht zahlbar ist (Art. 28 SchG).

2. Begebungsvertrag

575 a) Eine Verpflichtung aus dem Scheck kann grundsätzlich (zu den Ausnahmen vgl. → Rn. 538) nur entstehen, wenn außer dem Skripturakt noch ein Begebungsvertrag zwischen Geber und Nehmer geschlossen wird.

b) Vom **Begebungsvertrag** sind die **Kausalverhältnisse** zwischen Aussteller und Nehmer (Valutaverhältnis) sowie zwischen Aussteller und bezogener Bank (Deckungsverhältnis) zu unterscheiden. Diese haben auf die Gültigkeit der Scheckbegebung grundsätzlich keinen Einfluss.

(1) Im **Valutaverhältnis** besteht vielfach eine (Kaufpreis-)Schuld, für die der Scheck erfüllungshalber gegeben wird. Daraus ergibt sich ein ständiges Leistungsverweigerungsrecht, wenn der Scheck nicht unversehrt zurückgegeben wurde und die Verlustgefahr des Schecks auf den Schecknehmer übergegangen ist (vgl. *BGH* WM 2007, 1171, 1172).

(2) Im **Deckungsverhältnis** besteht regelmäßig ein Scheckvertrag zwischen Aussteller und Bank. Danach ist diese ihrem Kunden gegenüber zur Einlösung des von ihm ausgestellten Schecks verpflichtet, sofern der Kunde ein Scheckformular der Bank benutzt und ein entsprechendes Guthaben bei der Bank hat.

IV. Übertragung

1. Inhaberscheck

576 Ein Inhaberscheck ist ein Scheck, der keinen Nehmer angibt oder an den Inhaber zahlbar gestellt ist oder zwar eine bestimmte Person als Zahlungsempfänger bezeichnet, aber mit der Überbringerklausel versehen ist (Art. 5 SchG).

a) Die **Übereignung** eines solchen Schecks erfolgt durch Einigung und Übergabe oder Übergabesurrogat (**§§ 929–931 BGB**).

b) Der **gutgläubige Erwerb** richtet sich jedoch nicht nach den §§ 932–935 BGB, sondern nach der scheckrechtlichen Sonderregelung des **Art. 21 SchG**, der Art. 16 II WG entspricht. Im Gegensatz zum Wechsel als Orderpapier ist beim Inhaberscheck nur der Besitz (und nicht zusätzlich die ununterbrochene Indossamentenkette) die Grundlage eines gutgläubigen Erwerbs.

Ein gutgläubiger Erwerb scheidet wegen grob fahrlässiger Unkenntnis der Nichtberechtigung des Inhabers etwa dann aus, wenn der Erwerber die Berechtigung nicht überprüft, obwohl der Scheck mit einem großen Adressaufkleber beklebt ist (BGHZ 102, 316, 318f.).

2. Orderscheck

Der Orderscheck wird – wie der Wechsel – durch **Einigung, Indossament** (Art. 14ff. SchG) **und Übergabe(surrogat)** übertragen.

V. Einlösung

1. Vorlegung

a) Der Scheckinhaber muss den Scheck der bezogenen Bank **innerhalb der Vorlegungsfrist vorlegen** (vgl. Art. 29ff., 48, 55ff. SchG). Dabei bedient sich der Scheckinhaber meist des Scheckinkassos durch seine Hausbank.

b) Versäumt der Scheckinhaber die Vorlegungsfrist, so ist der Bezogene dennoch nicht gehindert, den Scheck einzulösen, sofern der Aussteller den Scheck nicht widerrufen hat (vgl. Art. 32 SchG). Lehnt jedoch die Bank die Bezahlung ab, so kann der Scheckinhaber keinen Rückgriff nehmen, denn mit der Versäumung der Vorlegungsfrist erlöschen alle Rückgriffsansprüche (vgl. Art. 40 SchG; BGHZ 3, 238, 239). Wird im Scheckinkasso eine für den Bankkunden nicht ersichtlich lange Bearbeitungszeit notwendig (z. B. Feiertage), muss die Inkassobank den Bankkunden darauf hinweisen, dass eine Weiterleitung an die bezogene Bank voraussichtlich nicht vor Ablauf der Vorlegungsfrist erfolgen wird (*OLG Schleswig* ZIP 2007, 2066, 2067).

2. Zahlung

a) Zahlt der Bezogene, wozu er scheckrechtlich nicht verpflichtet ist, so **erlöschen sämtliche Scheckverbindlichkeiten**; der Bezogene wird Eigentümer des Schecks. Er kann vom Inhaber gegen Zahlung die Aushändigung des quittierten Schecks verlangen (Art. 34 I SchG). Durch die Einlösung des Schecks erwirbt die bezogene Bank aufgrund des Scheckvertrags nach §§ 675, 670 BGB einen Aufwendungsersatzanspruch, mit dem sie das Konto des Ausstellers belasten kann (vgl. *BGH* NJW 1951, 598; BankR-Hdb./*Nobbe*, § 60 Rn. 213; teilweise abweichend MünchKomm/*Häuser*, ZahlungsV Rn. D 62).

580 b) Zahlt der Bezogene **an einen Nichtberechtigten,** fehlt es bei einem falschen oder gefälschten Scheck an einer Anweisung des Scheckkunden, sodass kein Aufwendungsersatz der Bank entsteht (BGHZ 135, 116, 118). Eine hiervon abweichende vertragliche Vereinbarung ist zwar grundsätzlich zulässig. Die entsprechende Klausel in älteren Scheckbedingungen hielt der BGH jedoch nach § 307 I 1 BGB für unwirksam (BGHZ 135, 116, 120 ff.), weshalb die aktuellen Scheckbedingungen keine derartige Klausel mehr enthalten.

580a Anders stellt sich der Fall dar, wenn der Einlösende eines echten Schecks zur Einlösung nicht materiell berechtigt ist. Nach den Scheckbedingungen der deutschen Banken haftet die Bank in diesem Fall nur, wenn sie die Nichtberechtigung des Einlösenden kennt oder grob fahrlässig nicht kennt. In allen anderen Fällen entsteht mit der Scheckeinlösung ein Aufwendungsersatzanspruch der Bank gegenüber dem Scheckaussteller nach §§ 675, 670 BGB (vgl. BankR-Hdb./ *Nobbe,* § 60 Rn. 175 f.)

Im **Fall c** kann B von A nicht nach §§ 675, 670 BGB Aufwendungsersatz verlangen.

Den Scheckkunden trifft eine Schadensersatzpflicht gegenüber der Bank nach § 280 Abs. 1 BGB, wenn er seine Sorgfaltspflichten verletzt. Hierzu zählen insbesondere die Pflichten zur sicheren Aufbewahrung der Scheckformulare (Einzelheiten: *Baumbach/Hefermehl/Casper,* Art. 3 SchG Rn. 19 ff.), zur sofortigen Verlustanzeige sowie der unverzüglichen Rückgabe oder Vernichtung nicht genutzter Scheckvordrucke nach Beendigung des Scheckvertrages. Der Bank ist ein Mitverschulden anzulasten, wenn sie bei der Einlösung des Schecks eine ordnungsmäßige und sorgfältige **Prüfung unterlassen** hat; diese Mitverantwortung kann nicht ausgeschlossen werden (vgl. BGHZ 135, 116, 120 ff.). Verdachtsmomente, die eine Prüfung des Schecks erfordern, sind z. B. Veränderungen an der Scheckurkunde oder ein ungewöhnlich hohes Barauszahlungsverlangen. Gleiches gilt, wenn die Höhe des Scheckbetrages nicht zum Verhalten, zum Eindruck oder zu den persönlichen oder finanziellen Verhältnissen des Einreichers passt (vgl. BankR-Hdb./*Nobbe* § 60 Rn 128 ff.).

Eine Bank ist bei der Hereinnahme eines Inhaberschecks nicht zur Nachprüfung der Berechtigung des Scheckinhabers verpflichtet, wenn der aus dem Scheck ersichtliche Zahlungsberechtigte nicht mit dem Inhaber des Schecks identisch ist. Daraus allein ergeben sich keine Verdachtsmomente gegen die materielle Berechtigung des Inhabers, zumal der Besitz an einem Inhaberscheck eine widerlegbare Vermutung dafür begründet, dass der Inhaber auch materiell berechtigt ist (*BGH* NJW 1993, 1583,1584; *Baumbach/Hefermehl/ Casper,* Art. 21 SchG Rn. 21). Allerdings ist es inzwischen ungewöhnlich, Schecks im kaufmännischen Verkehr zahlungshalber weiterzugeben, weshalb Rspr. und Literatur aktuell diesen Grundsatz anpassen. Danach ist bei disparischen Schecks von einer Prüfungspflicht der Bank auszugehen, wenn der Wert des Schecks größer als 6.000 € ist (*Baumbach/Hefermehl/Casper*, Art. 21 SchG Rn. 32), er aus dem kaufmännischen Verkehr stammt und zur Gutschrift auf ein Privatkonto eingereicht wird (*OLG Karlsruhe* ZIP 2007, 857, 858 m. w. N.; a. A. *Baumbach/Hefermehl/Casper*, Art. 21 SchG Rn. 32; Münch-Komm/*Häuser* ZahlungsV Rn. D 402) oder der Zeitraum zwischen Ausstellung und Einreichung für eine Weitergabe nicht ausreicht (*OLG München* WM 1998, 2101).

c) Hat der Aussteller den Scheck vor Ablauf der Vorlegungsfrist **widerrufen,** so wird davon die im Scheck enthaltene Anweisung nicht berührt (Art. 32 I SchG). Die Bank bleibt also trotz eines einseitigen Widerrufs vor Ablauf der Vorlegungsfrist zur Bezahlung des Schecks ermächtigt und demzufolge zu einer entsprechenden Belastung des Kontos des Ausstellers berechtigt. Da die Bank aber dem Schecknehmer gegenüber nicht zur Zahlung verpflichtet ist, steht es ihr frei, ob sie den Widerruf des Ausstellers beachtet und die Zahlung verweigert. Mit Ablauf der Vorlegungsfrist wird der Widerruf wirksam (*Baumbach/Hefermehl/Casper*, Art. 32 Rn. 15). 581

d) Der **Verrechnungsscheck** ist ein Scheck, der auf seiner Vorderseite den Vermerk „nur zur Verrechnung" oder einen gleichbedeutenden Vermerk (z. B. „nur zur Gutschrift") trägt (Art. 39 I SchG). Der Bezogene darf den Verrechnungsscheck nur durch eine Gutschrift einlösen, die als Zahlung gilt (Art. 39 II SchG); die **Barzahlung ist verboten.** Zahlt das Kreditinstitut dennoch bar an einen Unbefugten, hat sie dem dadurch Geschädigten (Aussteller oder Inhaber) den entstandenen Schaden bis zur Höhe der Schecksumme zu ersetzen (Art. 39 IV SchG). 582

VI. Rückgriff

1. Voraussetzungen

a) Ebenso wie das Wechselrecht kennt auch das Scheckrecht den Scheckregress, bei dem im Falle der Nichteinlösung des Schecks jeder Inhaber seine Vorderleute in Anspruch nehmen kann. **Materielle** Voraussetzung des Rückgriffs ist, dass der Scheck rechtzeitig vorgelegt und nicht eingelöst worden ist (Art. 40 SchG; Art. 55–57 SchG). 583

b) **Formelle** Voraussetzung ist die förmliche Feststellung der Zahlungsverweigerung. Das kann – wie beim Wechsel – durch Protesterhebung (vgl. Art. 40 Nr. 1, 41, 55 SchG), aber auch durch eine schriftliche, datierte Erklärung des Bezogenen (vgl. Art. 40 Nr. 2 SchG) oder einer Abrechnungsstelle (Art. 40 Nr. 3 SchG) geschehen.

Die förmliche Feststellung der Zahlungsverweigerung ist nicht lediglich Beweismittel, sondern sachliche Voraussetzung für den Rückgriffsanspruch (BGHZ 96, 9, 15). Bei Protesterlass entfällt diese formelle Voraussetzung (vgl. Art. 43 SchG).

2. Rückgriffsschuldner

584 a) Rückgriffsschuldner sind der Aussteller (Art. 12 S. 1, 40 SchG), der seine Haftung nicht ausschließen kann (Art. 12 S. 2 SchG), die Indossanten (Art. 18 I, 40 SchG) und die Scheckbürgen (Art. 27 I, 40 SchG).

b) Die Rückgriffsschuldner haften als Gesamtschuldner (vgl. Art. 44 I SchG); der Scheckinhaber kann Sprungrückgriff nehmen; ihm steht ein Wahlrecht zu (vgl. Art. 44 II SchG), welchen der Rückgriffsschuldner er in Anspruch nimmt.

3. Rückgriffsanspruch

585 a) Der in sechs Monaten verjährende (Art. 52 f. SchG) Rückgriffsanspruch des Scheckinhabers geht auf Bezahlung der Schecksumme, Zinsen, Auslagen und Vergütung (Art. 45 SchG). Gegenüber dem Rückgriffsanspruch stehen dem Schuldner dieselben Einwendungen zu wie einem Wechselschuldner (vgl. Art. 22 SchG; Art. 17 WG; → Rn. 563 f.).

b) Der einlösende Rückgriffsschuldner kann von seinen Vorgängern den von ihm gezahlten Betrag, die Zinsen, Auslagen und eine Vergütung verlangen (Art. 46 SchG; Ersatzrückgriff).

Einzelheiten ergeben sich aus Art. 40 ff. SchG, die mit den entsprechenden Vorschriften des Wechselgesetzes größtenteils übereinstimmen.

Empfehlungen zur vertiefenden Lektüre: *Aden*, Die Haftung der einlösenden Bank bei abhandengekommenen Schecks, NJW 1994, 413; *Baumbach/Hefermehl/Casper*, WG Einleitung; *Bülow*, Scheckrechtliche Anweisung und Überweisungsvertrag, WM 2000, 58; *Hövelberndt*, Grundzüge des Urkunden-, Wechsel- und Scheckprozesses, JuS 2003, 1105.

Dritter Abschnitt. Kreditkarten und Zahlungskarten/Debitkarten

586 Wertpapiere haben heute als Mittel des Zahlungsverkehrs nahezu vollständig ausgedient. Zwar hat der Bedarf nach einem bargeldlosen Zahlungsverkehr, der ursprünglich zur Beliebtheit des Schecks ge-

führt hat, sogar noch zugenommen. Einer Verbriefung von Forderungsrechten zur Erhöhung der Verkehrsfähigkeit und zur Sicherung der Rechtsstellung des Empfängers des Wertpapiers bedarf es im Zeitalter des elektronischen Datenverkehrs indes nicht mehr. Allein die Verbriefung einer Geldforderung in einer Urkunde erscheint als zu schwerfälliger Vorgang. Außerdem ermöglichen neue Kommunikationsmethoden selbst im Massengeschäft eine sofortige Bonitätskontrolle. Nur für die **Legitimationsfunktion** bedarf es noch eines urkundenähnlichen Ausweises in Form einer Kredit- oder Zahlungskarte.

§ 35. Das Recht der Kreditkarte

Fall a: Flott ist stolzer Besitzer einer neuen Kreditkarte. Sein erstes Geschäft, das er mit der Karte tätigt, ist die Bezahlung einer Tankrechnung an der Tankstelle des T. Flott schöpft keinen Verdacht, als T mit der Karte im Innenraum der Tankstelle kurzzeitig verschwindet. T nutzt diese Zeit, um mit der ihm anvertrauten Karte Belastungsbelege herzustellen, auf denen er die Unterschrift des Flott fälscht. Als Flott gegen die Belastung mit dem Gegenwert der angeblichen Rechnungen protestiert, verweist das Kreditkartenunternehmen auf seine AGB, in denen es die Haftung für Missbrauch teilweise (bis 100,- €) auf den Karteninhaber abgewälzt hat. Mit Recht? → Rn. 588

587

Fall b: Antiquitätenhändler A hat mit dem Kreditkartenunternehmen Eurocard einen Rahmenvertrag abgeschlossen. Im Juni 2006 betritt der gutgekleidete Theo sein Geschäft und erwirbt zwölf böhmische Weingläser zum Preis von 900,- €. Er bezahlt mit seiner Eurocard. Das Kreditkartenunternehmen zahlt den Gegenwert zunächst an A aus. Als es von Theo die Begleichung der Monatsrechnung verlangt, verweist jener auf seine (tatsächlich) fehlende Geschäftsfähigkeit. Darauf verlangt Eurocard von A die gezahlten Beträge zurück. Mit Recht? → Rn. 591

I. Grundlagen

Die Kreditkarte als solche ist kein Wertpapier, sondern lediglich ein **Berechtigungsnachweis** (bloßes Legitimationspapier). Ebenso wie ihr Vorläufer, der Scheck, ist sie ein Mittel des bargeldlosen Zahlungsverkehrs. Ihre weiterhin wachsende Verbreitung ist darauf zurückzuführen, dass sie eine für alle Beteiligten bequeme Art der Zahlung ermöglicht. Durch die Bezahlung mit Kreditkarte wird eine erst nachträgliche Überweisung des Zahlungsbetrags an den Gläubiger er-

587a

setzt. Heutzutage existieren einige Geschäftsformen, bei denen die Verwendung einer Kreditkarte die einzige Möglichkeit zur Zahlung ist (Mailorder- bzw. Telefonorderverfahren).

Im Regelfall leitet z. B. bei einem Kaufvertrag der Käufer den Zahlungsvorgang ein, indem er mit seiner Kreditkarte „zahlt". Häufig werden dabei die Karteninformationen elektronisch ausgelesen (was eine Echtheitsprüfung und den Abgleich mit einer Sperrdatei einschließt) und gemeinsam mit dem Forderungsbetrag und der Bezeichnung des Vertragsunternehmens auf einem Beleg ausgegeben, den der Kreditkarteninhaber unterzeichnet. Durch Vergleich der Unterschriften auf der Karte und dem Beleg erfolgt eine Autorisierungsprüfung. Der Beleg kann im Prozess als Privaturkunde (§ 416 ZPO) vorgelegt werden. Im Mailorderverfahren (z. B. bei Fernabsatzgeschäften) genügt die Angabe des Karteninhabers, der Kreditkartennummer, einer Prüfziffer und des Ablaufdatums der Kreditkarte. Diese Daten werden elektronisch mit den beim Kreditkartenunternehmen hinterlegten Daten abgeglichen; zudem findet eine Abfrage der Sperrdatei statt. Die Ausführung der Zahlung erfolgt erst durch das Kreditkarteninstitut.

588 Bei dem **Kreditkartensystem** bestehen verschiedenartige Vertragsbeziehungen mit häufig bis zu fünf Parteien. Den Kernbereich bildet in allen Fällen das Dreiecksverhältnis zwischen dem Kreditkartenaussteller, dem Kartenempfänger und dem Vertragsunternehmen. Bei dem letztgenannten handelt es sich regelmäßig um ein Unternehmen der Absatzwirtschaft, mit dem der Karteninhaber Kaufverträge etc. abschließt. Ausgestellt werden Kreditkarten in Deutschland überwiegend von Kreditinstituten als Zahlungsdienstleister i. S. v. § 675f BGB. Sie emittieren allerdings überwiegend keine eigenen Kreditkarten, sondern auf der Grundlage von Lizenzverträgen mit den weltweit tätigen Kreditkartenunternehmen, insbesondere VISA und MASTERCARD. Beobachten lassen sich auch Kooperationen von Kreditinstituten mit Unternehmen, die ihre Kundenkarten (z. B. Meilenkarten von Luftfahrtunternehmen, Mitgliedskarten von Automobilclubs) zu einer Universalkreditkarte erweitern. Der Händlervertrag kann zwar direkt mit dem Kartenunternehmen abgeschlossen werden. In der Praxis wird aber häufig ein sog. Acquirer zwischengeschaltet, der von einem oder mehreren Kartenunternehmen lizenziert ist. In diesem Fall ist nicht das Kreditkartenunternehmen, sondern der Acquirer Vertragspartner des Vertragsunternehmens.

588a Zwischen dem Zahlungsdienstleister und dem Inhaber der Karte wird ein sog. **Emissionsvertrag** geschlossen, welcher die Abgabe der Kreditkarte regelt und den Kartenempfänger zur Zahlung einer jährlichen Pauschalgebühr verpflichtet. Ferner besteht zwischen dem

Acquirer und dem Vertragsunternehmen ein sog. **Akquisitionsvertrag,** welcher das Vertragsunternehmen dazu berechtigt, als Zahlungsmittel die Kreditkarte zu akzeptieren und gleichzeitig die Pflicht begründet, einen Abschlag zu akzeptieren, sog. Disagio i. H. v. ca. 3–5 %. Einzelheiten des vertraglichen Pflichtenprogramms ergeben sich aus den AGB der Kreditkartenunternehmen. Sie unterscheiden sich danach, ob die Kreditkarte im Präsenz- oder Distanzgeschäft, also unter persönlicher Kartenvorlage oder im Internet- oder Telefoneinsatz verwendet wird. Die Rechtsprechung hat in der Vergangenheit zahlreiche Klauseln, die eine allzu weitreichende Risikoverlagerung auf den Karteninhaber (vgl. BGHZ 114, 238) bzw. das Vertragsunternehmen (vgl. BGHZ 150, 286, 295 ff.) zum Gegenstand hatten, für unwirksam erklärt.

So verstößt eine AGB-Klausel, durch die der Kartenaussteller das Risiko des Missbrauchs durch Vertragsunternehmen ohne Rücksicht auf ein Verschulden des Kunden auf diesen abwälzt **(Fall a),** gegen § 307 II Nr. 1 BGB (BGHZ 114, 238).

Übersichten:
Abb. 1. Einfaches Dreiecksverhältnis

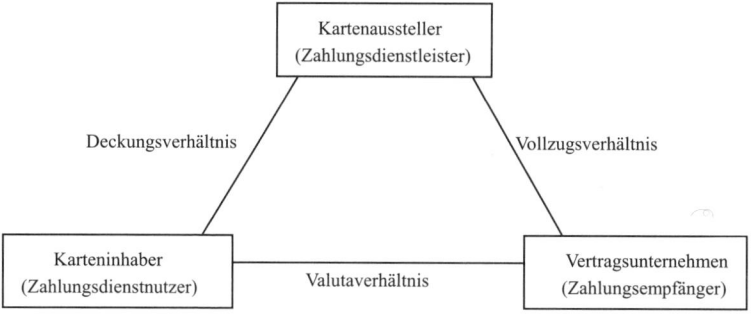

Abb. 2. Darstellung einer typischen Vertragsstruktur nach BeckOK BGB/*Schmalenbach* § 675 f Rn. 58.

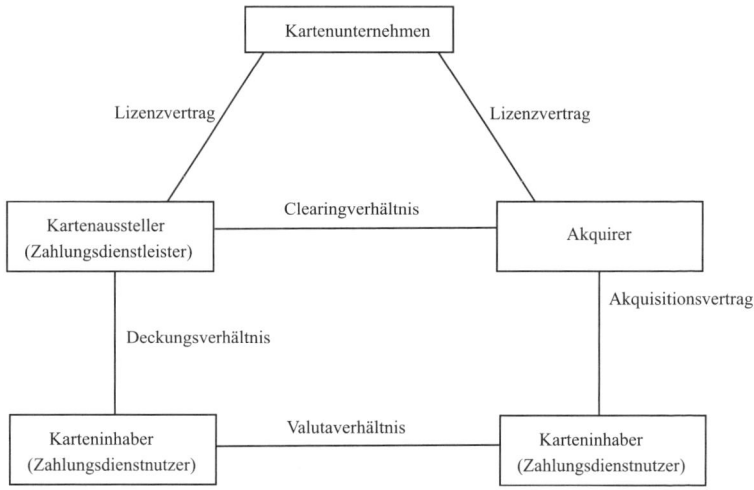

II. Die Vertragsbeziehungen im Einzelnen

589 Je nach konkreter Ausgestaltung basiert das System der Kreditkarte auf einem Mehrpersonen-, zumindest aber auf einem **Dreiecksverhältnis**. Beteiligte an dieser Dreiecksbeziehung, die im Folgenden aus Gründen der Vereinfachung zugrunde gelegt wird, sind der Kreditkartenaussteller (der Kartenemittent), der Karteninhaber und das Vertragsunternehmen.

1. Valutaverhältnis

590 Das Verhältnis zwischen dem Karteninhaber und dem Vertragsunternehmen bezeichnet man als Valutaverhältnis. Bei dieser Rechtsbeziehung kann es sich zum Beispiel um den Kauf einer Sache oder die Inanspruchnahme einer Dienstleistung handeln. Die Zahlung mit der Kreditkarte erfolgt erfüllungshalber, § 364 II BGB.

2. Vollzugsverhältnis

591 Zwischen dem Kreditkartenaussteller und dem Vertragsunternehmen besteht das sog. Vollzugsverhältnis bzw. der **Rahmenvertrag,** in dem die Zahlungsabwicklung erfolgt. Diese geschieht durch die

§ 35. Das Recht der Kreditkarte 315

Überweisung des Zahlungsbetrags vom Kreditkartenunternehmen an die Bank des Vertragsunternehmens. Häufig ist in diese Beziehung, wie in dem Schaubild in → Rn. 588 dargestellt, noch ein Acquirer zwischengeschaltet. Umstritten ist die Rechtsnatur der Zahlungsverpflichtung des Kartenausstellers oder Acquirers gegenüber dem Vertragshändler. Vertreten wird die Einordnung als Garantie- oder als abstraktes Schuldversprechen (§ 780 BGB). Der BGH hat sich inzwischen der letztgenannten Bewertung angeschlossen (BGHZ 150, 286, 294), nachdem er zunächst einen Forderungskauf angenommen hatte (*BGH* NJW 1990, 2880, 2881; BankRHdB/*Oechsler* § 67 Rn 64 ff.; für Garantieerklärung dagegen *Bitter* WM 2010 1773, 1775). Einwendungen (§ 242 BGB: Arglisteinwand) können dem abstrakten Zahlungsanspruch des Vertragsunternehmens nur entgegengehalten werden, wenn „offensichtlich oder liquide beweisbar ist, dass dem Vertragsunternehmen ein Anspruch gegen den Karteninhaber nicht zusteht" (vgl BGHZ 152, 75 = NJW 2002, 3698).

In diesem Fall entsteht kein Aufwendungsersatzanspruch des Kartenemittenten gegen den Karteninhaber. Damit entfällt auch der zwischen dem Kartenemittenten und dem Händler vereinbarte Sicherungszweck des abstrakten Schuldversprechens, weshalb der Emittent einen Anspruch auf Rückgewähr des abstrakten Schuldversprechens bzw. des bereits aufgrund des Schuldversprechens geleisteten Betrages aus § 812 I i. V. m. II 2 Halbs. 2 BGB hat.

Im **Fall b** kann Eurocard damit die gezahlten Beträge von A zurückverlangen. Dies ergibt sich einerseits aus einem hier zu bejahenden Einwendungsdurchgriff. Darüber hinaus muss im Fall der Geschäftsunfähigkeit davon ausgegangen werden, dass neben dem Valutageschäft auch die Anweisung nach § 105 I BGB nichtig ist. Die fehlende Anweisung lässt den Sicherungszweck des abstrakten Schuldversprechens ebenfalls entfallen.

3. Deckungsverhältnis

Die Beziehung zwischen dem Zahlungsdienstleister und dem Karteninhaber bezeichnet man schließlich als Deckungsverhältnis. Es bildet die Grundlage für die Verpflichtung des Zahlungsdienstleisters/Kartenemittenten zur Bewirkung der Zahlung und ist als Geschäftsbesorgungsvertrag zu qualifizieren (h. M.; vgl. *OLG Oldenburg* WM 1994, 378, 379). Der Kreditkarteninhaber gibt durch die Zahlung mit der Kreditkarte eine unwiderrufliche (§ 675p II 1 BGB) auftragsrechtliche Weisung (§§ 675, 675j I 1 BGB) an den Kartenemittenten (BGHZ 152, 75, 79 f.) Der Kartenemittent schuldet den Eintritt des Zahlungserfolgs und hat seinerseits Aufwendungsersatzansprüche gegen den Karteninhaber (§§ 675, 670 BGB, vgl. BGHZ 91, 221, 223 f.). 592

4. Der Missbrauch der Kreditkarte

592a Ein Missbrauch der Kreditkarte liegt vor, wenn sie durch einen unberechtigten Dritten verwendet wird. Im Standardfall wird eine entwendete Kreditkarte zur Zahlung vorgelegt und die Unterschrift auf dem Beleg gefälscht. Möglich ist auch eine fiktive Abrechnung durch das Vertragsunternehmen. Das abstrakte Schuldversprechen des Kreditkartenunternehmens gegenüber dem Vertragshändler ist in diesen Fällen wirksam, sodass dieser gegenüber dem Kreditkartenunternehmen Erfüllung seines Anspruchs aus § 780 S. 1 BGB verlangen kann. Allerdings sehen die AGB der Kreditkartenunternehmen gegenüber den Vertragshändlern zum Teil abweichende Bestimmungen vor (*Casper/Pfeifle*, WM 2009, 2348 f.).

Dem Kreditkartenunternehmen steht in den Missbrauchsfällen nach § 675u S. 1 BGB mangels Weisung kein Aufwendungsersatzanspruch gegen den Kreditkarteninhaber zu. Der Kreditkarteninhaber haftet aber nach § 675v I BGB bei Verlust der Karte bis zu einer Summe von 150,– € verschuldensunabhängig auf Schadensersatz. Erfolgt die unautorisierte Zahlung ohne Verlust der Karte, haftet der Kreditkarteninhaber nach § 675v II BGB bei vorsätzlichem oder grob fahrlässigem Verhalten (bspw. bei unsorgfältigem Umgang mit den Kreditkartendaten) unbeschränkt.

5. Die Kreditkarte im Mailorderverfahren

592b Die vorgenannten Grundsätze gelten für Präsenzgeschäfte. Umstritten ist deren Anwendung im **Mailorderverfahren**, bei dem der Karteninhaber über Telefon, E-Mail oder Internet lediglich die Kreditkartendaten (Kreditkartennummer, Verfallsdatum und Prüfziffer) übermittelt, eine Identifikation aber nicht erfolgt. Hier wird die Abgabe eines abstrakten Schuldversprechens in Frage gestellt (vgl. *Bitter*, WM 2010, 1773 ff.), womit der Vertragshändler das Missbrauchsrisiko tragen würde. Die Rechtsprechung unterscheidet demgegenüber unter Hinweis auf die **Bargeldersatzfunktion** der Kreditkarte (dazu BGHZ 159, 191 ff.) nicht zwischen Präsenzgeschäft und Mailorderverfahren. Hieran ist auch nach der gesetzlichen Neuregelung in den §§ 675 c ff. BGB festzuhalten, soweit das Kreditkartenunternehmen die Karte selbst in den Verkehr gebracht hat und der Vertragshändler gutgläubig ist (*Oechsler*, WM 2010, 1386). Neben den strukturellen Unterschieden zwischen dem Einzugsermächtigungsverfahren und dem Kreditkartenverfahren spricht insbesondere das aus den Händler- und Teilnahmebedingungen abzuleitende besondere Vertrauen des Vertragshändlers in das Kreditkartenverfahren für die Lösung der Rechtsprechung. Andernfalls wäre die Verwendung der Kreditkarte im Mailorderverfahren ein zweites Lastschriftverfahren mit höheren Gebühren, aber ohne Mehrwert (*Casper/Pfeifle*, WM 2009, 2348).

Empfehlungen zur vertiefenden Lektüre:
Rechtsprechung: *BGH* NJW 1990, 2880 (Rahmenvertrag zwischen Kreditkarten- und Vertragsunternehmen als Forderungskauf); BGHZ 150, 286 = NJW 2002, 2234 (Rahmenvertrag zwischen Kreditkarten- und Vertragsunternehmen als abstraktes Schuldverhältnis); BGHZ 152, 75 = NJW 2002, 3698 (Rechtsfolgen der Unterzeichnung eines Belastungsbelegs durch den Karteninhaber); *BGH* NJW-RR 2005, 1570 (Anforderungen an den Inhalt des Leistungsbelegs im Mailorder-Verfahren); *OLG Oldenburg* WM 1994, 378 (Rechtsbeziehung zwischen Kreditkartenunternehmen und Karteninhaber).

Literatur: *Bitter*, Problemschwerpunkte des neuen Zahlungsdienstrechts – Teil II –, WM 2010, 1773; *Bröcker*, Funktion und Begründung des abstrakten Schuldversprechens bei Giroüberweisung, Kreditkartengeschäft und POS-System, WM 1995, 468; *Casper/Pfeifle*, Missbrauch der Kreditkarte im Präsenz- und MailOrder-Verfahren nach neuem Recht, WM 2009, 2343; *Grundmann*, Das neue Recht des Zahlungsverkehrs – Teil II –, WM 2009, 1157; *Häde*, Die Zahlung mit Kredit- und Scheckkarten, ZBB 1994, 33; *Jungmann*, Die Verteilung der Missbrauchsrisiken beim Einsatz von Kreditkarten im E-Commerce, WM 2005, 1351; *Meder*, Bezahlen im E-Commerce, JZ 2004, 503; *Nobbe*, Neuregelungen im Zahlungsverkehrsrecht – Ein kritischer Überblick, WM 2011, 961; *Oechsler*, Die Entwicklung des privaten Bankrechts im Jahre 2005, NJW 2006, 1399; *ders.*, Die Haftung nach § 675v BGB im kreditkartengestützten Mailorderverfahren, WM 2010, 1381; *Pausch*, Risikobetrachtung des elektronischen Zahlungsverkehrs mit ec-Karten und Kreditkarten, CR 2004, 308; *Presel*, Die zivilrechtlichen Grundlagen des Kreditkartengeschäfts, Jura 2010, 321; *Schimansky/Bunte/Lwowski*, Bankrechts-Handbuch, Bd. 1, 4. Aufl., 2011, § 67; *Steiner*, Examensklausur ZR – Kreditkartenzahlung im Internet –, Jura 2003, 627; *Zwade/Mühl*, Der Aufwendungs- und Schadensersatzanspruch im Kreditkartengeschäft, WM 2006, 1225.

§ 36. Bargeldlose Zahlung an automatisierten Kassen mit Zahlungsgarantie

Das ursprünglich „Point of Sale" (POS) genannte *electronic cash*-System stellt dem Karteninhaber ebenfalls eine Möglichkeit zur bargeldlosen Zahlung zur Verfügung und verschafft zugleich dem Vertragsunternehmen eine Zahlungsgarantie (dazu *Köndgen*, JuS 2011, 481, 482). Das Deutsche Geldautomaten-System (DGS) der Deutschen Kreditwirtschaft ist ein System, das den Kunden der am DGS angeschlossenen Kreditinstitute Abhebungen mittels einer Debitkarte an Geldautomaten des DGS ermöglicht. Die Kreditwirtschaft verwendet für das *electronic cash*-System und das DGS den einheitlichen Namen und das einheitliche Logo *girocard*. 593

I. Die Vertragsbeziehungen im *electronic cash*-System

594 Das *electronic cash*-System ist ebenso wie das Kreditkartensystem vertragsrechtlich ein Dreiecksverhältnis zwischen kartenemittierender Bank, Karteninhaber und Vertragsunternehmen.
Das **Deckungsverhältnis** besteht auch hier zwischen der kartenemittierenden Bank und dem Karteninhaber. Grundlage ist ein bestehendes Giroverhältnis. Auf ihm baut der Kartenvertrag auf, der durch die „Bedingungen für ec/Maestro-Service" (abgedruckt in *Baumbach/Hefermehl/Casper*, Bankbedingungen I. 3) ausgestaltet wird. Die Zusatzvereinbarung berechtigt den Karteninhaber, sein Überweisungsrecht auch durch die Kartenfunktion auszuüben. Das Recht des Kunden ist im Innenverhältnis durch einen monatlichen Verfügungsrahmen und die Deckung des Kontos bzw. einen für das Konto gewährten Kredit („Überziehungskredit") begrenzt.

595 Zwischen dem Karteninhaber und dem Vertragsunternehmen, etwa einem Händler oder Dienstleister, wird wiederum das **Valutaverhältnis** begründet. Seine rechtliche Ausgestaltung bestimmt sich nach dem abgeschlossenen Vertrag, z. B. einem Kaufvertrag.

596 Hinzu tritt als dritte Rechtsbeziehung das **Abwicklungsverhältnis** zwischen der kartenemittierenden Bank und dem Vertragsunternehmen. Maßgeblich hierfür sind die „Bedingungen für die Teilnahme am *electronic cash*-System der deutschen Kreditwirtschaft" (Händlerbedingungen). Nach Nr. 2 der Händlerbedingungen werden die teilnehmenden Vertragsunternehmer verpflichtet, diskriminierungsfrei Debitkarten mit einem *electronic cash*-Zeichen bzw. *girocard*-Zeichen zu Barzahlungspreisen und -bedingungen zu akzeptieren. Beschränkungen auf eine bestimmte Mindestsumme sind unzulässig (E/B/J/S/ *Grundmann*, BankR II Rn. II 322). Diese AGB begründen im Verhältnis zum Kunden einen **echten Vertrag zugunsten Dritter,** § 328 I BGB (*LG Düsseldorf* NJW-RR 1991, 310, 311). Der Vertragshändler muss die technischen Voraussetzungen zur Durchführung des Verfahrens vorhalten und auf die Teilnahme am *electronic cash*-Verfahren deutlich hinweisen. Zudem muss der Vertragshändler bestimmte Sicherheitsvorkehrungen treffen. Für Umsätze bis zu 25,56 € zahlt der Vertragshändler ein Entgelt von 0,08 €, bei höheren Beträgen 0,3 % des Umsatzes an die kartenemittierende Bank. Im Gegenzug verpflichtet sich die kartenemittierende Bank, nach einer elektronischen Prüfung ein Zahlungsversprechen abzugeben (dazu → Rn. 599).

II. Die Durchführung des *electronic cash*-Verfahrens

Im Rahmen der Abwicklung des Zahlungsvorgangs werden zunächst die Kundendaten, vor allem die Bankverbindung, von der Karte ausgelesen. Der Kunde hat sodann seine persönliche Geheimzahl (PIN) einzugeben und durch Tastenbetätigung zu bestätigen. Sodann muss der Kunde den zu zahlenden Betrag ebenfalls durch Betätigung einer Taste bestätigen. Nach jedem Schritt muss der Abbruch des Vorgangs möglich sein. Die Bestätigung der Geheimzahl und des Betrages können gleichzeitig erfolgen („kombinierte Bestätigung"; vgl. Technischer Anhang zu den Händlerbedingungen, Nr. 2.3). 597

Mit der letzten Bestätigung werden die Kundendaten an die Gesellschaft für Zahlungssysteme gesendet, die wiederum Verbindung zu der kartenausgebenden Bank aufnimmt. Dort werden die Korrektheit der Angaben sowie die Einhaltung des Verfügungsrahmens und das Nichtvorliegen einer Sperrung der Karte überprüft. Sind diese Voraussetzungen erfüllt, wird die Meldung „Zahlung erfolgt" an das Kartenterminal gesendet. Damit ist die Zahlung durch die Bank autorisiert (dazu *Köndgen*, JuS 2011, 481, 482). 598

Mit der Autorisierungsmeldung (vgl. § 675p II BGB), die eine elektronische Willenserklärung ist (E/B/J/S/*Grundmann*, BankR II Rn. II 325), geht die Bank gegenüber dem Vertragshändler eine abstrakte Zahlungsverpflichtung ein (Nr. 5 der Händlerbedingungen). Voraussetzung ist, dass die technischen Anforderungen und die Fristen eingehalten werden. Rechtlich ist die elektronische Willenserklärung als abstraktes Schuldversprechen nach § 780 BGB einzuordnen (h. M.; *Baumbach/Hefermehl/Casper*, Kartenzahlungen Rn. 54 ff.; E/B/J/S/ *Grundmann*, BankR II Rn. II 326). Die Zahlung des Karteninhabers mit dem *electronic cash*-System erfolgt erfüllungshalber (*Baumbach/ Hefermehl/Casper*, Kartenzahlung Rn. 50). Die Zahlungsanweisung ist nicht widerrufbar (*Baumbach/Hefermehl/Casper*, Kartenzahlung Rn. 48). 599

III. Das *clearing*-Verfahren

Die Daten aller Transaktionen werden bei dem Netzbetreiber, der gleichzeitig als Clearingstelle fungiert, gespeichert. Von dort aus werden die Umsätze an die Hausbank des Vertragsunternehmens geleitet, die die Beträge innerhalb einer Frist von acht Tagen (Nr. 5 der Händlerbedingungen) im Wege des Lastschriftverfahrens bei den jeweiligen 600

320   3. Abschnitt. Kreditkarten und Zahlungskarten/Debitkarten

kartenemittierenden Banken einzieht. Aufgrund des von der kartenemittierenden Bank abgegebenen abstrakten Schuldversprechens ist eine Rückgabe der Lastschrift, etwa wegen Unterdeckung des Kontos des Karteninhabers, nicht möglich.

IV. Haftung

601   Die kartenemittierende Bank haftet für **missbräuchlich verwendete oder gefälschte Karten** (Nr. 5 der Händlerbedingungen). Der Händler erhält also auch in diesen Fällen von der Bank den autorisierten Betrag. Der Bank steht bei missbräuchlicher Verwendung durch einen Dritten auch kein Aufwendungsersatzanspruch (§§ 675, 670 BGB) gegen den wahren bzw. vermeintlichen Karteninhaber zu, § 675u S. 1 BGB. Bei Kartenverlust haftet der Karteninhaber aber verschuldensunabhängig bis zu einer Höhe von 150,– €, § 675v I BGB. Die günstigere Ziff. III 1.4. der ec/Maestro-Bedingungen stellt den Kunden aber von dieser Haftung frei, wenn er die ihm obliegenden Sorgfaltspflichten beachtet hat (*Schwintowski*, Bankrecht, § 9 Rn. 87). Die gesetzliche Haftung entfällt zu dem Zeitpunkt, in dem der Kartenverlust der Bank angezeigt wird, § 675v III 1 BGB. Ist die Karte nicht verlorengegangen und hat der Karteninhaber mindestens grob fahrlässig seine Pflicht zur sorgsamen Verwahrung von Karte und PIN verletzt, kommt ein Schadensersatzanspruch nach § 675v II BGB in Betracht. Ist hingegen die Weisung – etwa wegen Geschäftsunfähigkeit des Karteninhabers – unwirksam, so kann die Bank beim Vertragsunternehmer das Zahlungsversprechen kondizieren (E/B/J/S/ *Grundmann*, BankR II Rn. II 329). Einwendungen aus dem Deckungsverhältnis (etwa Überschreiten des Verfügungsrahmens) betreffen ausschließlich das Verhältnis zwischen kartenemittierender Bank und Karteninhaber. Der Vertragsunternehmer behält daher seinen Zahlungsanspruch gegen die kartenemittierende Bank.

V. Elektronisches Lastschriftverfahren

601a   Eine weitere, bargeldlose Zahlungsmöglichkeit bietet die elektronische Lastschrift. Dabei werden aus der ec-Karte die Kontodaten des Karteninhabers ausgelesen und auf einem Beleg ausgedruckt. Dieser Beleg dient als konventioneller Lastschriftbeleg mit Einzugsermächtigung. Die Autorisierung erfolgt lediglich durch Vergleich der Unterschrift des Karteninhabers auf der Kartenrückseite mit der auf dem Beleg geleisteten Unterschrift. Da weder eine Echtheitsprüfung der

Karte oder eine Autorisierung durch PIN-Eingabe noch eine Abfrage des Verfügungsrahmens oder einer Sperrdatei bei der kartenemittierenden Bank erfolgt, ist das elektronische Lastschriftverfahren gegenüber dem *electronic cash*-System missbrauchsanfälliger. Ein weiterer Nachteil liegt in der fehlenden Zahlungsgarantie durch die kartenemittierende Bank. Scheitert die Einziehung der Lastschrift mangels Deckung, hat der Händler aufgrund der Weisung des Karteninhabers lediglich einen Anspruch gegen die kartenemittierende Bank auf Herausgabe des Namens und der Adresse des Karteninhabers (vgl. *Baumbach/Hefermehl/Casper*, Kartenzahlungen Rn. 63). Dennoch ist das Verfahren im Handel wegen der Kostenersparnis verbreitet. Einzelne Serviceunternehmen bieten den Händlern die Abfrage einer internen Sperrdatei sowie den Abkauf von Forderungen bei zurückgegebenen Lastschriften an, wodurch das Ausfallrisiko vom Händler auf das Serviceunternehmen übertragen wird. Die Kosten für dieses von der Kreditwirtschaft missbilligte System liegen noch unter denen des *electronic cash*-Systems.

Empfehlungen zur vertiefenden Lektüre:
Rechtsprechung: *BGH* NJW 2003, 1237 (Ermächtigung der kontoführenden Bank zur Mitteilung, ob die vom Kunden angegebenen ec-Karten/Kreditkarten-Daten zutreffend sind); *LG Köln* NJW-RR 2001, 1340 (Klauselkontrolle bei ec-Karten-Bedingungen).
Literatur: *Baumbach/Hefermehl/Casper*, Kartenzahlungen, II. Debitkarten; *Grundmann*, Das neue Recht des Zahlungsverkehrs – Teil II –, WM 2009, 1157; *Köndgen*, Das neue Recht des Zahlungsverkehrs, JuS 2011, 481; *Schimansky/Bunte/Lwowski*, Bankrechts-Handbuch, Bd. 1, 4. Aufl., 2011, § 68; *Schwintowski*, Bankrecht, 4. Aufl. 2014, § 9.

Vierter Abschnitt. Die Wertpapiere des BGB und des HGB

§ 37. Die Anweisung

Die bürgerlich-rechtliche Anweisung hat in der Praxis seit jeher nur einen sehr engen Anwendungsbereich. Sie ist jedoch die (dogmatische) **Grundform** für den gezogenen Wechsel, den Scheck und die kaufmännische Anweisung des § 363 (→ Rn. 529). Die wirtschaftliche Bedeutung dieser spezialgesetzlich geregelten Sonderformen ist in den letzten Jahrzehnten erheblich zurückgegangen, ohne dass es zu einem

602

parallelen Bedeutungszuwachs der Anweisung gekommen wäre. Vielmehr sind an die Stelle dieser Erleichterungen des Zahlungsverkehrs die Kreditkarten (→ Rn. 587 ff.) und ec-Karten (→ Rn. 593 ff.) getreten. Die Anweisung wird daher nur in Grundzügen behandelt.

Die Banküberweisung ist – auch wenn sie kein Wertpapier darstellt – ebenfalls auf die anweisungsrechtlichen Grundstrukturen zurückzuführen.

I. Begriff, Entstehung und Rechtsverhältnisse

1. Begriff und Entstehung

603 a) Die Anweisung ist ein **Wertpapier** in der Form eines **Rektapapiers,** in dem der Aussteller (der Anweisende) einen anderen (den Angewiesenen) anweist, an einen Dritten (den Anweisungsempfänger) Geld, Wertpapiere oder andere vertretbare Sachen zu leisten (§ 783 BGB).

Eine Anweisung kann auch mündlich erteilt werden; dann fällt sie jedoch nicht unter §§ 783 ff. BGB.

b) Zur Entstehung sind die **Schaffung der Urkunde** und ein **Begebungsvertrag** erforderlich. Mit der Aushändigung der Anweisungsurkunde an den Anweisungsempfänger tritt eine Doppelermächtigung in Kraft: Der Anweisungsempfänger ist ermächtigt, die Leistung bei dem Angewiesenen im eigenen Namen zu erheben; der Angewiesene ist ermächtigt, für Rechnung des Anweisenden an den Anweisungsempfänger zu leisten (§ 783 BGB).

2. Rechtsverhältnisse

604 Zweck der Anweisung ist es, dass der Anweisende durch die Leistung des Angewiesenen dem Anweisungsempfänger Geld, Wertpapiere oder andere vertretbare Sachen zuwendet. Rechtlich soll also nur eine Leistung des Angewiesenen an den Anweisungsempfänger erfolgen. Dieser Leistung liegen aber zwei Rechtsbeziehungen, nämlich das Zuwendungsverhältnis und das Deckungsverhältnis, zugrunde.

a) Aus dem **Zuwendungs-(= Valuta)verhältnis** zwischen dem Anweisenden und dem Anweisungsempfänger ergibt sich der Grund, warum der Anweisende dem Empfänger durch den Angewiesenen etwas zuwenden will. Die Zuwendung erfolgt meistens zahlungshalber, weil der Anweisende eine Schuld gegenüber dem Anweisungsempfänger tilgen will. Die Tilgung tritt erst mit der Zuwendung des Angewiesenen ein. Die Anweisung selbst ist noch keine Zahlung (vgl. § 788 BGB).

b) Das **Deckungsverhältnis** zwischen dem Anweisenden und dem Angewiesenen gibt den Grund an, warum der Angewiesene die Anweisung des Anweisenden befolgen soll. 605

(1) Schuldet der Angewiesene dem Anweisenden eine Leistung, spricht man von einer **Anweisung auf Schuld**. Im Falle einer Anweisung auf Schuld wird der Angewiesene durch die Leistung in deren Höhe von der Schuld befreit (§ 787 I BGB). Zugleich erlischt damit auch die Schuld des Anweisenden gegenüber dem Anweisungsempfänger aus dem Zuwendungsverhältnis.

(2) Ist der Anweisende nicht Gläubiger des Angewiesenen, liegt eine **Anweisung auf Kredit** vor. Durch seine Leistung erlangt der Angewiesene einen Anspruch auf Rückzahlung des Darlehens gegen den Anweisenden; bis zu seiner Befriedigung hat der Angewiesene dem Anweisenden also einen Kredit eingeräumt.

II. Wirkungen

Für die Wirkungen ist zu unterscheiden, ob der Angewiesene die Anweisung annimmt oder nicht. 606

1. Nicht angenommene Anweisung

Die Anweisung **verpflichtet** den Angewiesenen **nicht zur Leistung** an den Anweisungsempfänger; er wird dazu nur ermächtigt. Das gilt selbst dann, wenn der Angewiesene Schuldner des Anweisenden ist (§ 787 II BGB). 606a

2. Angenommene Anweisung

a) Nimmt der Angewiesene die Anweisung an, so ist er **dem Anweisungsempfänger gegenüber zur Leistung verpflichtet** (§ 784 I 1. Halbs. BGB); die Annahme erfolgt durch einen schriftlichen Vermerk des Angewiesenen auf der Anweisung (§ 784 II 1 BGB). 607

b) Nach der Annahme kann der Angewiesene dem Anweisungsempfänger nur solche **Einwendungen** entgegensetzen, welche die Gültigkeit der Annahme betreffen, sich aus dem Inhalt der Anweisung oder dem Inhalt der Annahme ergeben oder dem Angewiesenen unmittelbar gegen den Anweisungsempfänger zustehen (§ 784 I 2. Halbs. BGB).

III. Übertragung

608 Die Anweisung ist grundsätzlich übertragbar; die Übertragung kann jedoch ausgeschlossen werden (§ 792 I, II BGB). Die Übertragung geschieht – entsprechend dem Charakter als Rektapapier (→ Rn. 532) – durch Abtretungsvertrag des Anweisungsempfängers mit dem Erwerber (§ 792 I 1 BGB) und Übergabe der Anweisungsurkunde (§ 792 I 3 BGB). Die Erklärung des Anweisungsempfängers (nicht die des Erwerbers) bedarf der Schriftform (§ 792 I 2 BGB).

Ein gutgläubiger Erwerb findet bei der Anweisung als Rektapapier nicht statt. Da das Rektapapier nach den Regeln der Forderungsabtretung übertragen wird, hat der Angewiesene gem. § 404 BGB dem Erwerber gegenüber alle Einwendungen, die ihm gegen den Anweisungsempfänger zustanden.

§ 38. Die Schuldverschreibung auf den Inhaber

609 **Fall a:** Die X-AG gibt Obligationen zum Nennwert von 100,- € aus. D stiehlt einige Vordrucke aus dem Safe der X, fälscht die Unterschriften der Vorstandsmitglieder und verkauft die Papiere an I. Dieser verlangt von X Zahlung. → Rn. 610

Fall b: I findet auf der Kirmes ein Los des Ausstellers A. Auf dem Los heißt es: „Der Inhaber dieses Loses erhält den Preis Nr. 25". Muss A an I leisten, obwohl er gesehen hat, wie I das Los vom Boden aufgehoben und an sich genommen hat? → Rn. 621

I. Begriff und Bedeutung

1. Begriff

609a Die Inhaberschuldverschreibung ist eine Urkunde, in welcher der Aussteller dem Inhaber der Urkunde eine Leistung verspricht (§ 793 I 1 BGB). Sie ist ein **Inhaberpapier** (→ Rn. 521 ff.). Gegenstand des Versprechens ist ein Forderungsrecht. Die Art der versprochenen Leistung ist unerheblich; meist handelt es sich um einen Anspruch auf eine Geldleistung.

2. Bedeutung

609b Praktische Bedeutung hat die Inhaberschuldverschreibung in erster Linie als **Kapitalmarktpapier.** So sind die Anleihen des Bundes, der Länder oder der Kommunen, die Pfandbriefe der Hypothekenbanken und die Obligationen der Industrie sowie der Sparkassen Inhaberschuldverschreibungen. Sie dienen den Ausstellern dazu, Kredite aufzunehmen. Allerdings werden sie nur noch äußerst selten als Wertpapier verbrieft.

II. Entstehung und Übertragung

1. Entstehung

a) Als Wertpapier entsteht die Inhaberschuldverschreibung (vgl. bereits → Rn. 535 ff.) durch **Schaffung der Urkunde** (Skripturakt) und **Begebungsvertrag**; ausnahmsweise genügt der Rechtsschein der Begebung (→ Rn. 538 f.). 610

Im **Fall a** hat D gegen die X-AG keinen Anspruch aus der Urkunde, da es zwischen ihm und der X-AG an einem Begebungsvertrag fehlt. Auch dem gutgläubigen Erwerber I ist die X-AG nicht zur Zahlung verpflichtet, da sie durch die Herstellung der Vordrucke allein noch keinen Rechtsschein gesetzt hat.

b) Im Gegensatz zu § 126 I BGB ist für die Wahrung der Schriftform keine eigenhändige Unterzeichnung durch den Aussteller erforderlich. Zur Unterzeichnung genügt vielmehr eine im Wege der mechanischen Vervielfältigung hergestellte Namensunterschrift (Faksimile; § 793 II 2 BGB). Das entspricht den Bedürfnissen der Massenemissionen bei Inhaberschuldverschreibungen.

Im Übrigen kann der Aussteller die Gültigkeit der Urkunde von der Beachtung einer besonderen Form (Unterzeichnung mehrerer Personen, Beifügung eines Siegels) abhängig machen. Die Bestimmung einer besonderen Form muss jedoch in die Urkunde selbst aufgenommen sein (§ 793 II 1 BGB).

2. Übertragung

Für die Übertragung der Inhaberschuldverschreibung gilt der **Grundsatz: Das Recht aus dem Papier folgt dem Recht am Papier** (→ Rn. 523). Inhaberschuldverschreibungen werden wie bewegliche Sachen nach §§ 929 ff. BGB übertragen. Es ist also auch ein gutgläubiger Erwerb des Papiers und damit der Forderung möglich. Im kaufmännischen Verkehr wird auch der gute Glaube an die Verfügungs- und Vertretungsbefugnis des Veräußerers geschützt (§ 366; → Rn. 309 ff.). Um die Umlauffähigkeit der Inhaberschuldverschreibung noch zu erweitern, ist ein gutgläubiger Erwerb sogar selbst dann möglich, wenn die Urkunde dem Aussteller abhandengekom- 611 men ist (§ 935 II BGB; vgl. aber auch § 367; → Rn. 315 f.). Die Inhaberschuldverschreibung genießt damit die gleiche Umlauffähigkeit wie Geld (vgl. dazu *Neuner*, JuS 2007, 401, 403). Die zugrunde liegende Forderung kann nach h. M. außerdem durch Abtretung übertragen werden.

III. Geltendmachung der Forderung und Erfüllung

1. Geltendmachung

612 Zur Geltendmachung der Forderung ist die **Vorlage der Urkunde** erforderlich.

a) Der Inhaber der Schuldverschreibung kann von dem Aussteller der Urkunde nach Maßgabe des Versprechens die Leistung verlangen, es sei denn, dass er zur Verfügung über die Urkunde nicht berechtigt ist (§ 793 I 1 BGB). Daraus folgt, dass materiell Berechtigter der Inhaberschuldverschreibung zwar der Eigentümer des Papiers ist, zur Geltendmachung aber die Vorlage des Papiers genügt. Die **Vorlage des Papiers legitimiert also den Inhaber als Berechtigten;** er braucht sein Recht nicht nachzuweisen. Vielmehr ist es Sache des Schuldners, das fehlende Recht des Inhabers zu beweisen.

b) Der Aussteller ist nur gegen Aushändigung der Schuldverschreibung zur Leistung verpflichtet (§ 797 S. 1 BGB). Demnach ist die Vorlage des Papiers im Interesse des Schuldners erforderlich.

c) Ist dem Inhaber die Schuldverschreibung abhandengekommen oder ist sie vernichtet, so kann er sie im Wege des Aufgebotsverfahrens für kraftlos erklären lassen, wenn nicht in der Urkunde das Gegenteil bestimmt ist (§ 799 I 1 BGB; zur Zahlungssperre: § 802 BGB, § 480 FamFG). Wird die Inhaberschuldverschreibung für kraftlos erklärt, so kann derjenige, der das Ausschlussurteil erwirkt hat, vom Aussteller die Erteilung einer neuen Inhaberschuldverschreibung verlangen (§ 800 S. 1 BGB). Ebenso ist der Inhaber einer Schuldverschreibung berechtigt, vom Aussteller bei Beschädigung oder Verunstaltung der Urkunde die Erteilung einer neuen Schuldverschreibung gegen Rückgabe der alten Urkunde zu fordern, sofern ihr wesentlicher Inhalt und ihre Unterscheidungsmerkmale noch mit Sicherheit erkennbar sind (§ 798 S. 1 BGB).

d) Das Recht aus der Inhaberschuldverschreibung erlischt mit Ablauf von 30 Jahren ab Fälligkeit der Forderung. Bei dieser **Vorlegungsfrist** handelt es sich um eine Ausschlussfrist (§ 801 I 1 BGB). Wurde das Wertpapier vorgelegt, so verjährt der verbriefte Anspruch nach § 801 I 2 BGB in 2 Jahren seit dem Ende der Vorlegungsfrist. Der Vorlegung steht die gerichtliche Geltendmachung des Anspruchs aus der Urkunde gleich (§ 801 I 3 BGB).

2. Erfüllung

a) Bei der **Leistung an den Berechtigten** wird der Schuldner von seiner Leistung frei (§ 362 I BGB). Mit der Aushändigung der Inhaberschuldverschreibung an den Schuldner wird dieser Eigentümer der Urkunde (§ 797 S. 2 BGB).

b) Bei der **Leistung an einen Nichtberechtigten,** der die Urkunde vorlegt, wird der Aussteller ebenfalls grundsätzlich von seiner Leistungspflicht frei (§ 793 I 2 BGB). Das erspart dem Schuldner die Nachprüfung, ob der Vorlegende wirklich der Berechtigte ist. Nach zutreffender h. M. gilt § 793 I 2 BGB auch gegenüber einem geschäftsunfähigen oder in der Geschäftsfähigkeit beschränkten Urkundeninhaber (*Gursky* S. 114; *Zöllner*, § 27 I 3; a. A. *Hueck/Canaris*, § 24 III 3). Der erforderliche Verkehrsschutz bei Inhaberschuldverschreibungen würde über Gebühr eingeschränkt, wenn man den Schuldner mit dem Risiko von in der Person des Inhabers liegenden Gründen belasten würde. Entgegen dem zu weit gefassten Wortlaut des § 793 I 2 BGB wird der Aussteller bei der Leistung an einen Nichtberechtigten ausnahmsweise entsprechend allgemeinen Gutglaubensregeln (vgl. auch Art. 40 III WG) dann nicht frei, wenn er die Nichtberechtigung des Vorlegenden kennt oder diese ihm aufgrund von grober Fahrlässigkeit unbekannt geblieben ist (so die überwiegende Auffassung im Schrifttum: MünchKomm-BGB/*Habersack,* § 793 Rn. 36 f.; *Gursky* S. 114; vgl. zum parallel gelagerten Problem bei § 808 BGB Rn. 633). An die grobe Fahrlässigkeit sind strenge Anforderungen zu stellen, da sich der Aussteller um die internen Angelegenheiten des Inhabers der Schuldverschreibung grundsätzlich nicht kümmern muss.

613

Wenn die Leistung an einen Nichtberechtigten zur Befreiung des Ausstellers führt, erwirbt dieser gem. § 797 S. 2 BGB das Eigentum an der Urkunde. Das gilt auch dann, wenn der Aussteller die Nichtberechtigung des Inhabers kennt.

IV. Einwendungen

Der Aussteller kann dem Inhaber der Schuldverschreibung nach § 796 BGB nur solche Einwendungen entgegensetzen, welche die

614

Gültigkeit der Ausstellung betreffen oder sich aus der Urkunde ergeben oder dem Aussteller unmittelbar gegen den Inhaber zustehen. Losgelöst vom Wortlaut des § 796 BGB sind die für die Einwendungen bei Wechsel und Scheck geltenden Regeln anzuwenden. Es wäre schwer verständlich, wenn die Inhaberschuldverschreibung hinsichtlich der Einwendungen anders als der Inhaberscheck behandelt würde. Demnach kann eine persönliche Einwendung einem Zweiterwerber entsprechend Art. 17 WG, Art. 22 SchG nur dann mit Erfolg entgegengesetzt werden, wenn der Zweiterwerber beim Erwerb bewusst zum Nachteil des Schuldners gehandelt hat.

V. Nebenpapiere

615 Als Nebenpapiere werden Zinsscheine, Gewinnanteilscheine, Rentenscheine und Erneuerungsscheine bezeichnet; ihnen ist gemeinsam, dass sie nur zusammen mit einer Hauptukunde ausgegeben werden.

1. Zinsscheine

615a a) Der Aussteller verzinslicher Wertpapiere kann bei der heute unüblichen Ausfertigung und Aushändigung einer Urkunde (sog. Tafelgeschäft) zusätzlich zur Urkunde Bögen ausgeben, an denen für jede Zinsrate ein Zinsschein (Kupon) hängt. Bei Fälligkeit des Zinsanspruchs wird der entsprechende Zinsschein abgeschnitten und zur Einlösung vorgelegt.

Damit wird zweierlei erreicht:
(1) Im Interesse des Gläubigers soll bei der Geltendmachung eines Zinsanspruchs eine Vorlegung des Hauptpapiers und damit die Gefahr eines Verlusts vermieden werden. Es genügt die Vorlage des Zinsscheins.
(2) Im Interesse des Schuldners ist der Zinsschein ein selbständiges Wertpapier. Der Schuldner muss den Zinsanspruch nur gegen Vorlage des Scheins erfüllen. Seine Zahlung an den Inhaber hat Befreiungswirkung.

b) Zinsscheine sind also Inhaberschuldverschreibungen über Zinsansprüche. Jedoch findet bei ihrem Verlust kein umständliches Aufgebotsverfahren statt (§ 799 I 2 BGB; Hilfsmittel: § 804 BGB), weil es sich nur um geringe Beträge handelt.
Der Zinsschein ist unabhängig vom Hauptpapier. Er bleibt mangels einer gegenteiligen Bestimmung selbst dann in Kraft, wenn die Hauptforderung erlischt (§ 803 I BGB).

2. Gewinnanteilscheine (Dividendenscheine)

Gewinnanteilscheine sind wie die Zinsscheine Inhaberschuldver- 616
schreibungen. Sie verbriefen aber keinen Anspruch auf einen bestimmten Betrag, sondern einen Anspruch auf einen (ausgeschütteten) Gewinn (z. B. bei Aktien, vgl. §§ 72 II, 75 AktG). Auf sie ist nicht § 803 BGB, wohl aber § 804 BGB anzuwenden.

3. Rentenscheine

Rentenscheine sind Nebenpapiere zu einem Hauptpapier, das einen 617
Rentenanspruch verbrieft. Auf sie ist ebenfalls nicht § 803 BGB, wohl aber § 804 BGB anwendbar.

VI. Inhaberzeichen

1. Begriff

Inhaberzeichen nach § 807 BGB (Karten, Marken und ähnliche 618
Urkunden) liegen vor, wenn der Aussteller der Urkunde sich durch Leistung an den Inhaber befreien kann, der Inhaber die versprochene Leistung zu fordern berechtigt ist und der Besitz der Urkunde zur Geltendmachung des Rechts oder der Forderung erforderlich ist (§ 807 BGB; vgl. BGHZ 164, 286, 290). Sie werden auch als **kleine, unvollkommene Inhaberpapiere** bezeichnet.

a) Meist sind sie äußerlich und ihrem Werte nach **klein** (z. B. Rabattmarken).

b) Sie sind **unvollkommen,** weil sie häufig den Gegenstand der Leistung nur unvollkommen angeben, den Aussteller nicht immer erkenntlich machen und meist auch die Unterschrift des Ausstellers fehlt (z. B. Biermarke für ein Betriebsfest, auf der sich nur der Stempel des Arbeitgebers befindet).

c) Im Einzelfall kann die Feststellung schwierig sein, ob eine be- 619
stimmte Karte oder Marke ein Inhaberzeichen oder lediglich ein (qualifiziertes) Legitimationspapier (→ Rn. 512, → Rn. 623 ff.) ist. Der wesentliche Unterschied liegt darin, dass beim Inhaberzeichen der **Aussteller verpflichtet ist, an den jeweiligen Inhaber der Urkunde zu leisten.** Beim Legitimationspapier kann der Aussteller zwar mit befreiender Wirkung an den Inhaber leisten; zur Leistung verpflichtet ist er jedoch nur gegenüber dem (materiell) berechtigten Forderungsinhaber. Welche Bedeutung die Marke oder Karte im Einzelfall hat, lässt sich nur aus der Gesamtheit aller Umstände und un-

ter Berücksichtigung der Verkehrssitte ermitteln. Die praktische Bedeutung der Abgrenzung der Inhaberzeichen von den Legitimationspapieren ist weiterhin beachtlich, wie bei den Eintrittskarten für die Spiele der Fußballweltmeisterschaft 2006 deutlich wurde (→ Rn. 623).

Die Eisenbahnfahrkarte bleibt auch nach Reiseantritt Inhaberzeichen, verbrieft aber nur den Anspruch auf eine einheitliche Leistung, d. h. auf Beförderung derjenigen Person, welche die Reise angetreten hat (*Gursky* S. 118).

620 Die üblichen Eintrittskarten für Veranstaltungen (Theater-, Kino- oder Stadionkarten) sind Inhaberzeichen. Da es sich dabei in der Regel um Veranstaltungen handelt, bei denen dem Kartenaussteller die Identität des Besuchers nicht wichtig ist, ist es im Interesse des Ausstellers, die Leistung an den jeweiligen Inhaber der Karte erbringen zu können (vgl. aber → Rn. 623). Weitere Beispiele für Inhaberzeichen sind: Rabattmarken, Biermarken, Kantinenmarken.

Auch eine Briefmarke stellt ein solches kleines Inhaberpapier dar. Dies ergibt sich aus den Umständen der Herausgabe einer Briefmarke und nach der allgemeinen Verkehrssitte als Faktoren, die für die Ermittlung des Verpflichtungswillens des Ausstellers von Bedeutung sind. Danach verkörpert die Briefmarke einen Anspruch auf Beförderung einer Postsendung im Umfang, der dem aufgedruckten Wert entspricht. Die Post will die Beförderungsleistung gegenüber jedem mit schuldbefreiender Wirkung erbringen, der gültige Briefmarken in vorgeschriebener Höhe auf die Postsendung klebt. Die Briefmarke legitimiert jeden Inhaber zur Inanspruchnahme der Beförderungsleistung, gleichgültig, ob er die Marke von der Post oder von einem Dritten, sei es auch unter ihrem Nennwert erworben hat. Schließlich ist der Besitz der Briefmarke zur Geltendmachung des in ihr verkörperten Beförderungsanspruchs erforderlich. Der Inhaber einer Briefmarke kann nach deren Untergang nämlich keine Leistung mehr verlangen, selbst wenn er die Zahlung eines entsprechenden Geldbetrags für die Marke sicher nachweisen könnte. Die Schutzfunktion des § 797 BGB wird durch die Stempelung erreicht, mit der die Briefmarke entwertet wird (BGHZ 164, 286, 290 f.).

2. Anwendbare Vorschriften

621 a) Auf die Inhaberzeichen finden grundsätzlich die Vorschriften über Inhaberschuldverschreibungen Anwendung (§ 807 BGB). So gelten die Vorschriften über die Legitimationswirkung zugunsten des Inhabers und die Liberationswirkung zugunsten des Schuldners (§ 793 I BGB), über den Erwerb im Falle des Abhandenkommens des Zeichens (§ 794 BGB), über die Einwendungen (§ 796 BGB) und über die Vorlegungspflicht (§ 797 BGB). § 935 II BGB gilt schon nach seinem Wortlaut auch für Inhaberkarten und -marken.

Im **Fall b** ist I als Besitzer des Loses formell berechtigter Inhaber eines Inhaberzeichens, materiell aber nicht berechtigt. Durch Übergabe des Preises an I wird A von seiner Leistungspflicht gem. § 793 I 2 BGB frei. Seine Kenntnis davon, wie I das Los erlangt hat, steht der Befreiung nicht entgegen, da nicht sicher ist, ob A die fehlende Berechtigung des I nachweisen kann.

b) § 807 BGB verweist nicht auf alle Vorschriften über die Inhaber- 622
schuldverschreibungen:

(1) Es gelten geringere Formvorschriften (z. B. keine Unterzeichnung).
(2) Es gibt kein Aufgebotsverfahren (z. B. für eine verlorene Biermarke).
(3) Die Vorlegungs- und Verjährungsvorschriften sind nicht anwendbar.

Empfehlungen zur vertiefenden Lektüre:
Rechtsprechung: *BGH* NJW-RR 2004, 989 (Inkassoauftrag an ein gewerbsmäßiges Inkassounternehmen: Behandlung sog. „Service-Coupons" zum Abruf von Mahndiensten); BGHZ 164, 286 = NJW 2006, 54 (Briefmarke als „kleines Inhaberpapier"); *OLG Köln* ZIP 2000, 1836 (Zulässigkeit von Gültigkeitsvermerken auf Telefonkarten); *OLG Hamburg* NJW 2005, 3003 (Weiterveräußerungsverbot für Bundesligakarten durch AGB); *BGH* WRP 2009, 177 („Schwarzhandel" mit Bundesligakarten).
Schrifttum: *Ernsthaler/Zech,* Verkehrsfähigkeit von Inhaberkarten nach § 807 BGB – Abtretungsverbote für Fußball-Bundesliga-Karten, NJW 2005, 3389; *Gehrlein,* Zum Umtauschrecht für ungültige Briefmarken, JZ 2006, 371; *Gutzeit,* Handelsbeschränkungen für Eintrittskarten, BB 2007, 113; *Knöfel,* Werbegutscheine im Bürgerlichen Recht, AcP 210 (2010), 654; *Neuhöfer/ Schmidt,* Fußball-Bundesliga-Tickets: Möglichkeiten zur Unterbindung der Weiterveräußerung, SpuRt 2010, 5; *Neuner,* Der Redlichkeitsschutz bei abhanden gekommenen Sachen, JuS 2007, 401.

§ 39. Die qualifizierten Legitimationspapiere

Fall a: G will seine Rechte aus dem Sparbuch gegen die Sparkasse S zur Si- 623
cherheit auf X übertragen oder dem X verpfänden. Er will wissen, ob er das durch Übereignung oder Verpfändung des Sparbuchs erreichen oder ob er sein Vorhaben auch ohne Übergabe des Sparbuchs verwirklichen kann.
→ Rn. 626
Fall b: G hat sein Sparbuch verlegt. Er bittet die Sparkasse um Auszahlung von 1.000,- €. Darf die Kasse die Zahlung ablehnen, obwohl ihr G persönlich als zuverlässig bekannt ist? Wird sie frei, wenn sie ohne Vorlage des Buchs zahlt? → Rn. 631
Fall c: Die Sparkasse zahlt unter Vorlage des Buchs an den minderjährigen G. → Rn. 633
Fall d: D, der dem G das Sparbuch gestohlen hat, hebt unter Vorlage des Buchs 3.000,- € ab. G meint, die Sparkasse sei nicht frei geworden, da sie unter

Verletzung der vereinbarten Kündigungsfrist von drei Monaten gezahlt habe. → Rn. 633

Fall e: Im Fall d weiß die Sparkasse, dass D nicht der Inhaber der Forderung ist. → Rn. 634

Fall f: K hat bei der Sparkasse S ein Sparkonto. Als das Sparbuch dem K gestohlen wird, unterrichtet K die S telefonisch von dem Diebstahl und veranlasst eine Kontosperrung. Wenig später erscheint in einer Zweigstelle der Sparkasse S eine Person D, die vorgibt, K zu sein. Unter Vorlage des Sparbuchs sowie des ebenfalls gestohlenen Reisepasses des K begehrt D Auszahlung von 6.000,– €. Nachdem D eine Erklärung über die Aufhebung der Kontosperrung unterzeichnet hat, zahlt die Zweigstelle den Betrag aus. → Rn. 634

Fall g: F hat Tickets für die Fußball-WM 2006 erstanden. Diese Karten werden vom Veranstalter nur personenbezogen ausgestellt. Dafür muss F bei der Bestellung Namen, Adresse und weitere Daten angeben. Vor Beginn der Veranstaltung will F seine Karte auf K übertragen. → Rn. 623, → Rn. 626

Fall h: Der Veranstalter der Fußball-WM hat die Übertragung der Tickets in seinen AGB von seiner Zustimmung abhängig gemacht. Auf Anfrage des F weigert der Veranstalter sich, die Tickets auf F zu überschreiben. → Rn. 627

I. Begriff, Arten und Abgrenzung

1. Begriff und Arten

623a a) Qualifizierte Legitimationspapiere sind Wertpapiere, bei denen der Schuldner **nur gegen Aushändigung** oder Vorlage der Urkunde zur Leistung verpflichtet ist; er kann jedoch an jeden Inhaber mit befreiender Wirkung **leisten.**

b) Wichtig sind die qualifizierten Legitimationspapiere des **§ 808 BGB.** Sie sind Rektapapiere (= Namenspapiere; → Rn. 530 ff.), da sie eine namentlich bezeichnete Person als berechtigt ausweisen (§ 808 I 1 BGB). Zu diesen Papieren gehören z. B. Sparbücher, auf den Namen des Berechtigten ausgestellte Fahrscheine (Monatskarte) oder Flugscheine (*BGH* NJW 1974, 852, 853), Leihhausscheine (BGHSt 27, 160, 163) sowie Inhaberversicherungsscheine (§ 4 I VVG). Auch ein auf eine individualisierte Person ausgestelltes Einlassticket für eine Veranstaltung ist als qualifiziertes Legitimationspapier einzuordnen. Bedeutsam wurde dies bei den personengebundenen Tickets für die Fußball-WM 2006 (**Fälle g und h;** vgl. dazu *Weller,* NJW 2005, 934, 935).

Bei nicht personalisierten Eintrittskarten handelt es sich dagegen um Inhaberkarten bzw. kleine Inhaberpapiere nach § 807 BGB (→ Rn. 619 f.; *Ernsthaler/Zech,* NJW 2005, 3389, 3390). Auch die Kreditkarte (→ Rn. 587 ff.) enthält kein Leistungsversprechen i. S. d. § 808 BGB (BGHZ 114, 238, 242).

2. Abgrenzung

Die qualifizierten Legitimationspapiere sind von den einfachen Legitimationspapieren und den Inhaberschuldverschreibungen abzugrenzen. 624

a) Im Gegensatz zu den **einfachen Legitimationspapieren** (z. B. Garderobenmarke; → Rn. 512), die überhaupt keine Wertpapiere sind, kann bei den „qualifizierten" Legitimationspapieren das Recht nicht auf andere Weise als durch Vorlage des Papiers nachgewiesen werden. Sie fallen damit unter den allgemeinen Wertpapierbegriff, auch wenn bei ihnen die Wertpapierfunktionen nur unvollkommen ausgeprägt sind.

b) Im Gegensatz zu den **Inhaberschuldverschreibungen** (→ Rn. 609 ff.), die Inhaberpapiere (→ Rn. 521 ff.) sind, ist bei den qualifizierten Legitimationspapieren der bloße Inhaber nicht berechtigt, die Leistung zu verlangen (§ 808 I 2 BGB), sondern nur der materiell Berechtigte, der außerdem im Besitz des Papiers sein muss. Da der Schuldner aber (mit befreiender Wirkung) an den Inhaber des Papiers leisten darf (§ 808 I 1 BGB), spricht man von „hinkenden" Inhaberpapieren.

Auch wenn sich der Begriff des „hinkenden" Inhaberpapiers eingebürgert hat (§ 483 FamFG hat sogar die amtliche Überschrift „Hinkende Inhaberpapiere"), ist er alles andere als glücklich gewählt (vgl. schon → Rn. 531). Da die Leistung an einen ganz bestimmten, zumeist namentlich benannten Gläubiger zu erfolgen hat, handelt es sich bei den unter § 808 BGB fallenden Papieren eben nicht um Inhaber-, sondern um Rektapapiere, die lediglich – im Hinblick auf die Befreiungswirkung (→ Rn. 633) – besonders ausgestaltet sind.

II. Entstehung und Übertragung des Rechts

1. Entstehung

Das Recht (z. B. des Sparers gegen die Sparkasse auf Zahlung aus 625 seinem Guthaben) entsteht nicht mit der Ausstellung der Urkunde (des Sparbuchs), sondern **durch Vertragsabschluss mit dem Aussteller** (Darlehensvertrag mit der Sparkasse; der Anspruch auf Auszahlung der Sparbuchforderung ergibt sich damit aus § 488 BGB).

2. Übertragung

Bei den qualifizierten Legitimationspapieren **folgt das Recht am** 626 **Papier dem Recht aus dem Papier** (§ 952 BGB). Im Interesse des

Rechtsverkehrs wird dadurch ein Auseinanderfallen von Eigentum und Forderungsberechtigung verhindert. Die Übertragung des im Papier verbrieften Rechts richtet sich also nach Forderungsrecht. Daraus ergibt sich:
a) Die verbriefte Forderung wird – wie jede andere Forderung – **durch Abtretung** übertragen (§ 398 BGB). Schon mit der Abtretung wird der neue Gläubiger Eigentümer des Papiers (§ 952 BGB), auch wenn dieses nicht übergeben wird oder sich im Besitz eines Dritten befindet (vgl. *Neuner,* JuS 2007, 401, 403, 406 f.).

Infolgedessen muss G im **Fall a** seine Forderung gegen die Sparkasse dem X abtreten. „Übereignet" G dem X das Sparbuch nach § 929 BGB, ist darin eine Abtretung der Forderung zu erblicken (vgl. *BGH* WM 1972, 383, 384). – Zur Verpfändung der Forderung ist eine Anzeige gegenüber S erforderlich (§ 1280 BGB). Fehlt sie, ist ein Pfandrecht nicht entstanden; jedoch kann die „Verpfändung" des Sparbuchs u. U. in ein vertraglich vereinbartes Zurückbehaltungsrecht des X an dem Buch umgedeutet werden (§ 140 BGB).

Ebenso muss F in **Fall g** den Anspruch gegen den WM-Veranstalter auf Besuch des Fußballspiels (nach h. M. ein Anspruch aus einem Werkvertrag) an K abtreten. Die personenbezogenen Tickets werden daher nicht – wie übliche Eintrittskarten – nach den §§ 929 ff. BGB übertragen. Aus Sicht des Kartenbesitzers reicht der Besitz der Karte also nicht. Der Besitzer muss gegenüber dem Veranstalter zugleich materiell Berechtigter des Anspruchs aus dem Werkvertrag sein, um Einlass begehren zu können.

627 b) Da die Übertragung durch Abtretung erfolgt, ist auch § 399, 2. Alt. BGB anwendbar. Die Parteien des Schuldverhältnisses können die Abtretbarkeit des Anspruchs ausschließen oder beschränken (z. B. von der Genehmigung des Gläubigers abhängig machen). Damit hat der Aussteller bei qualifizierten Legitimationspapieren die Möglichkeit, die **Übertragung** (durch Inhaltsbestimmung des Rechts nach § 399, 2. Alt. BGB) zu **steuern**. Bei Inhaberzeichen nach § 807 BGB kann er dagegen die Übertragung nach den §§ 929 ff. BGB nicht ausschließen, da deren Veräußerung wegen § 137 S. 1 BGB nicht eingeschränkt werden kann.

In **Fall h** konnte der Veranstalter grundsätzlich die Übertragbarkeit der Tickets von seiner Zustimmung abhängig machen. Diese Einschränkung der Abtretung in AGB ist aber einer Inhaltskontrolle nach § 307 I 1 BGB zu unterziehen. Dabei ist zu prüfen, ob der Verwender der Klausel ein schützenswertes Interesse (z. B. Schutz vor sog. Hooligans oder Eindämmung des Schwarzmarkthandels bei Fußballspielen) an dem Zustimmungsvorbehalt hat, das im Verhältnis zum Interesse des Kunden an der freien Abtretbarkeit als höherwertig einzustufen ist (BGHZ 110, 241, 243; *AG Frankfurt a. M.* ZGS 2006, 197).

c) Ein **gutgläubiger Erwerb vom Nichtberechtigten** scheidet aus, 628
da es einen Gutglaubenserwerb bei Forderungen nicht gibt.
Etwas anderes gilt, wenn die Sparkasse und der Kunde die Abtretbarkeit
der Guthabenforderung ausgeschlossen oder an die Zustimmung der Sparkasse geknüpft hatten. In diesem Fall ist § 405, 1. Alt. BGB zu beachten: Hat
der (ursprüngliche) Forderungsinhaber bei der Abtretung das Sparbuch vorgelegt, kann sich das Kreditinstitut nicht darauf berufen, dass die Abtretung
durch Vereinbarung mit dem ursprünglichen Gläubiger ausgeschlossen sei, es
sei denn, dass der neue Gläubiger bei der Abtretung den Sachverhalt kannte
oder kennen musste. Die Anwendbarkeit des § 405 BGB kommt auch in Betracht, wenn die Sparkasse ein Sparbuch ausgibt, obwohl sie weiß, dass die
dort verzeichnete Einlage nicht erbracht ist, oder wenn die Bank ein Guthaben auszahlt, ohne dies im Sparbuch einzutragen.

d) Der Schuldner kann dem neuen Gläubiger die Einwendungen 629
entgegensetzen, die ihm gegen den bisherigen Gläubiger zustanden
(§ 404 BGB). Es gibt also auch **keinen Einwendungsausschluss.**

Auf **§ 407 BGB** kann sich der Schuldner allerdings nicht berufen,
wenn er ohne Vorlage der Urkunde an den ihm bekannten bisherigen
Gläubiger leistet. Die Vorschrift wird durch § 808 II BGB verdrängt,
weil der Aussteller durch das Vorlageerfordernis hinreichend geschützt wird (vgl. *OLG Düsseldorf* NJW-RR 1991, 1337; *Hueck/Canaris*, § 27 III 2).

e) Vollstreckungsrechtlich werden Wertpapiere nicht nach §§ 821, 630
831 ZPO behandelt. Die Zwangsvollstreckung erfolgt nicht in das
Sparbuch, sondern in das Sparguthaben (*Becker*, JuS 2005, 232, 233).
Einschlägig sind die Regelungen der Forderungsvollstreckung (*Brox/Walker*, ZVR, Rn. 697 ff.).

III. Geltendmachung des Rechts und Erfüllung

1. Geltendmachung

a) Im Interesse des Schuldners besteht zur Geltendmachung eine 631
Vorlegungspflicht des Gläubigers (§ 808 II 1 BGB).

Die Sparkasse darf also im **Fall b** die Zahlung ablehnen. Zahlt sie dennoch,
leistet sie auf eigene Gefahr; denn § 407 BGB ist nicht anwendbar (→ Rn. 629).
Ist der Zahlungsempfänger – wie G im **Fall b** – der Berechtigte, wird sie nach
§ 362 I BGB von ihrer Leistung frei. Leistet sie dagegen an den Falschen,
bleibt sie weiterhin dem Berechtigten verpflichtet; sie kann sich auch nicht
auf § 808 I 1 BGB berufen, da sie nicht an den Inhaber des Sparbuchs geleistet
hat.

Der Berechtigte, dem das Papier abhandengekommen oder dessen Papier vernichtet worden ist, wird aber nicht rechtlos gestellt. Er kann das Papier für kraftlos erklären lassen (§ 808 II 2 BGB, § 480 FamFG). Das Ausschlussurteil ersetzt die Vorlegung der Urkunde.

b) Selbst wenn dem Schuldner das Papier vorgelegt wird, ist er nicht verpflichtet, die Leistung zu erbringen (§ 808 I 2 BGB). Vielmehr kann er vom **Inhaber** verlangen, dass dieser sein **Recht nachweist**. Der Besitz des Papiers begründet – anders als § 1006 BGB – nicht die Vermutung, dass der Besitzer auch Inhaber des Rechts ist (*BGH* WM 1973, 39, 41).

2. Erfüllung der Verbindlichkeit

632 a) Bei der **Leistung an den Berechtigten** wird der Schuldner von seiner Leistung frei (§ 362 I BGB). Dabei spielt es keine Rolle, ob er sich das Papier hat vorlegen lassen.

633 b) Bei der **Leistung an einen Nichtberechtigten** ist zu differenzieren:

(1) Im Regelfall leistet der Schuldner **an den Inhaber des Papiers.** Dann wird er nach § 808 I 1 BGB von seiner Leistung frei. Dem ursprünglichen Forderungsinhaber verblieben allein Ansprüche gegen den Nichtberechtigten, insbesondere aus § 816 II BGB.

Denkbar sind vertragliche Beschränkungen der Liberationswirkung. War vereinbart, dass sich der Inhaber des Sparbuchs zusätzlich durch ein Kennwort legitimieren muss, tritt die Befreiungswirkung des § 808 I 1 BGB nicht ein. Der Schuldner kann auf die Befreiungswirkung auch ganz verzichten.

(a) Geschützt wird nicht nur der gute Glaube daran, dass der Inhaber des Papiers auch Inhaber der Forderung ist, sondern auch derjenige an die Verfügungs- oder Vertretungsmacht und nach h. M. auch an die Geschäftsfähigkeit des Inhabers (*OLG Düsseldorf* WM 1971, 231, 232 f.; a. A. Staudinger/*Marburger,* § 808 Rn. 26).

Im **Fall c** muss der Minderjährigenschutz des G gegenüber dem Zweck des Sparbuchs, eine schnelle Abwicklung der Zahlungen zu ermöglichen und deshalb zeitraubende Überprüfungen zu ersparen, zurücktreten.

(b) Leistet der Schuldner gegen Vorlage des Papiers, unter Abweichung von einer vertraglich vereinbarten Kündigungsfrist an den Falschen **(Fall d)**, so verdient er keinen Schutz (BGHZ 64, 278, 280 ff.; MünchKomm-BGB/*Habersack,* § 808 Rn. 32; a. A. Großkomm/*Canaris,* Bankvertragsrecht Rn. 1187). Praktisch bedeutsam ist dies namentlich bei einer vorzeitigen, die Kündigungsfrist missachtenden Auszahlung der Sparbuchforderung an einen materiell nicht berechtigten Inhaber des Sparbuchs.

Soweit sich die ältere Rechtsprechung (BGHZ 28, 368, 371 ff.; 42, 302, 304 ff.; 64, 278, 280 ff.) auf § 22 KWG gestützt hatte, wonach von Spareinlagen mit gesetzlicher Kündigungsfrist ohne Kündigung monatlich lediglich 3.000,- DM zurückgefordert werden konnten, ist zwar zu beachten, dass diese Vorschrift seit 1993 weggefallen ist. An die Stelle der gesetzlichen Kündigungsfrist sind jedoch heute inhaltsgleiche vertragliche Kündigungsregelungen getreten (vgl. auch § 21 IV 1 Nr. 4 der VO über die Rechnungslegung der Kreditinstitute; BGBl. I, 3658). Es bleibt damit dabei, dass eine vorzeitige Leistung keine „versprochene Leistung" i. S. v. § 808 BGB ist, so dass die Befreiungswirkung des § 808 BGB nicht greift.

(c) Der Schuldner verdient den Schutz des § 808 I 1 BGB auch dann nicht, wenn er die Nichtberechtigung des Papierinhabers kennt (**Fall e**). Eine Leistung trotz Kenntnis der Nichtberechtigung wäre unredlich, so dass der Schuldner nicht frei wird.

Mit der heute h. M. ist dem Schuldner die Befreiungswirkung auch bei **grober Fahrlässigkeit** zu versagen. Nach allgemeinen Regeln ist das Kreditinstitut dann nicht als gutgläubig anzusehen, verdient also auch nicht den Schutz der Liberationswirkung; Art. 40 III WG gilt analog (*OLG Köln* VersR 1990, 1338, 1339; MünchKomm-BGB/*Habersack*, § 808 Rn. 14 f., 29; offen gelassen dagegen in *BGH* VersR 2010, 936, 938, wonach die Liberationswirkung nur bei einem Verstoß gegen Treu und Glauben, § 242 BGB, nicht greift). Die Bösgläubigkeit seiner Angestellten ist dem Kreditinstitut nach § 166 BGB zuzurechnen.

Die Liberationswirkung des § 808 I 1 BGB entfällt auch bei einer Kontosperre (legitimationsbeschränkende Abrede). Im **Fall f** konnte S daher nicht befreiend an D leisten. Die Legitimationswirkung des Sparbuchs erstreckt sich nicht auf die Abgabe dieser Erklärung. Dies liefe dem Sinn der Sperre zuwider. Vielmehr kann die Aufhebung der Sperre nur mit dem wahren Gläubiger der Spareinlage vereinbart werden. Die Vorlage auch des Reisepasses des Gläubigers legitimiert den Inhaber des Sparbuchs nicht zu der Erklärung, die Kontosperre aufzuheben, da der Besitz eines Reisepasses keinen Schutz des guten Glaubens an die Identität des Besitzers begründet. K kann daher von S nochmalige Zahlung der 6.000,- € verlangen.

(2) Leistet der Schuldner **ohne Vorlage des Papiers an einen Nichtberechtigten**, greift § 808 I 1 BGB nicht ein, so dass er nicht frei wird.

Empfehlungen zur vertiefenden Lektüre:
Rechtsprechung: BGHZ 28, 368 = NJW 1959, 622 (Legitimationswirkung des Sparbuchs); *BGH* NJW 1988, 2100 (Auszahlung des Sparguthabens trotz Sperrung des Sparkontos); *BGH* NJW-RR 1999, 898 (Kapitallebensversicherung: Versicherungsschein als qualifiziertes Legitimationspapier; Verstoß gegen Treu und Glauben bei Zahlung an den Inhaber des Versicherungsscheins); *BGH* VersR 2010, 936 (Kapitallebensversicherung: Legitimationswirkung des Versicherungsscheins erstreckt sich auch auf das Kündigungsrecht zur Erlangung des Rückkaufswerts).

Schrifttum: *Becker,* Zwangsvollstreckung in Wertpapiere, JuS 2005, 232; *Hadding,* Der praktische Fall – Bürgerliches Recht: Das abhanden gekommene Sparbuch, JuS 2003, 154 (Fallbearbeitung); *Herbst/Lang,* Legitimationsfragen in der Praxis, 12. Aufl., 2008; *Weller,* Das Übertragungsverbot der Fußball-WM-Tickets – eine angreifbare Vinkulierung durch den DFB, NJW 2005, 934; *ders.*, Die FIFA-Fußball-WM im Lichte des Privatrechts, JuS 2006, 497; *Welter,* Aktuelle Rechtsfragen zum Sparbuch, WM 1987, 1117.

§ 40. Die handelsrechtlichen Wertpapiere

635 **Fall a:** V, der dem K Eisenerz verkauft hat, lässt dieses durch den Schiffer F transportieren. F stellt einen Ladeschein aus, den V dem K übersendet. Später weist V den F an, das Erz nicht an K auszuliefern, sondern an ihn zurückzugeben, was geschieht. K verlangt von V Herausgabe des Erzes, da er Eigentümer sei. → Rn. 638 f.
Fall b: Wie ist es, wenn der Ladeschein erst zu einem Zeitpunkt bei K ankommt, als sich das Erz schon wieder bei V befindet? → Rn. 639
Fall c: Im Fall a stellt sich heraus, dass das Erz dem E gehört und diesem gestohlen worden war. K meint, er habe mit dem Ladeschein gutgläubig das Eigentum am Erz erworben. → Rn. 640

§ 363 nennt die sechs handelsrechtlichen Wertpapiere, nämlich die kaufmännische Anweisung, den kaufmännischen Verpflichtungsschein, die Transportversicherungspolice, den Ladeschein, das Konnossement und den Lagerschein (→ Rn. 529). Für die drei letztgenannten Papiere gibt es Sonderregeln, da sie Traditionspapiere sind.

I. Gemeinsame Regelungen

636 Die genannten handelsrechtlichen Wertpapiere sind **gekorene Orderpapiere.** Das heißt: Sie sind dann Orderpapiere, wenn sie die Orderklausel enthalten (→ Rn. 529); ohne Orderklausel sind sie Rektapapiere (→ Rn. 530, → Rn. 533).

Als Orderpapiere können sie durch **Indossament, Einigung und Übergabe** übertragen werden. Für die Form und die Wirkungen des

§ 40. Die handelsrechtlichen Wertpapiere

Indossaments verweisen §§ 364, 365 I weitgehend auf die entsprechenden Vorschriften des Wechselgesetzes. Das Indossament hat, wie das Indossament beim Wechsel, **Legitimationsfunktion** (→ Rn. 552 f.) und **Transportfunktion** (→ Rn. 554 f.).

Für die Prüfung der Legitimation des Inhabers und die befreiende Leistung an den Legitimierten gilt Art. 40 III WG. Es gibt also – wie beim Wechsel – auch einen gutgläubigen Erwerb vom Nichtberechtigten. Die Vorschrift des § 364 II über den Einwendungsausschluss entspricht den §§ 784 I, 796 BGB. Zwar fehlt eine Verweisung auf Art. 17 WG (→ Rn. 563 f.); diese Bestimmung ist aber wegen der gleichen Interessenlage analog anzuwenden.

Gegenüber Wechsel und Scheck besteht ein erheblicher Unterschied: Eine Verweisung auf Art. 15 WG ist bewusst unterlassen worden. Das Indossament hat also **keine Garantiefunktion**.

Der Inhaber hat keinen Regressanspruch aus dem Papier gegen den Indossanten. Dieser haftet aber möglicherweise aus dem Kausalgeschäft oder aus unerlaubter Handlung.

II. Besonderheiten bei den Traditionspapieren

1. Begriff und Bedeutung

a) Traditionspapiere sind solche Papiere, deren Übergabe dieselben Wirkungen wie die Übergabe des verbrieften Guts hat. Das sind der Orderlagerschein (§ 475c), der Ladeschein (§ 444) und das Konnossement (§ 643). 637

b) Die genannten Papiere verbriefen nicht nur den Anspruch auf Auslieferung bzw. Herausgabe des Guts, so dass durch die Übereignung eines solchen Papiers über den verbrieften Auslieferungsanspruch verfügt werden kann; sie **ermöglichen auch eine Verfügung über das Gut selbst**, ohne dass dieses übergeben werden muss.

Zwar könnte der Eigentümer das Eigentum am Gut durch Einigung und Abtretung des Herausgabeanspruchs (§ 931 BGB) auf einen anderen übertragen. Für diesen ist aber nicht erkennbar, ob der Veräußerer dazu berechtigt ist, da dieser das (eingelagerte oder auf dem Transport befindliche) Gut nicht in Händen hat. Will der Erwerber weiterveräußern, so fehlt ihm dazu jede äußerlich erkennbare Legitimation. Schließlich muss sich der Erwerber nach § 986 II BGB alle Einwendungen entgegenhalten lassen. Ähnliches gilt im Fall der Verpfändung des Guts. Diese Nachteile werden durch §§ 448, 475g, 524 vermieden, da die Übergabe des Papiers dieselbe Wirkung wie die Übergabe des Guts hat. Das Papier legitimiert den Veräußerer. Er kann durch Einigung und Übergabe des Papiers das Eigentum am Gut übertragen.

2. Voraussetzung der sachenrechtlichen Wirkung

638 a) Da die Übergabe des Papiers nur die Übergabe des Guts ersetzt, ist zur Übertragung des Eigentums am Gut außerdem die **dingliche Einigung** gem. § 929 BGB erforderlich.

Im **Fall a** liegt in der Übersendung des von F ausgestellten Ladescheins die Einigungserklärung des V an K, die dieser annimmt, ohne dass ein Zugang seiner Erklärung erforderlich ist (§ 151 BGB).

639 b) Die Übergabe des Papiers ersetzt nur dann die Übergabe des Guts, wenn das Gut von dem Lagerhalter (Frachtführer, Verfrachter) **übernommen** worden ist. Der Aussteller des Papiers muss also Besitz am Gut erlangt haben.

640 c) Streitig ist, ob eine Übereignung durch Einigung und Übergabe des Papiers auch dann noch möglich ist, wenn der Aussteller des Papiers inzwischen den Besitz am Gut verloren hat.

Drei Theorien versuchen, die Traditionswirkung zu erklären (Einzelheiten bei Großkomm/*Canaris*, § 363 Anm. 75 ff.):

Nach der **absoluten Theorie** fingiert die Übergabe des Papiers die Übergabe des Guts. Es genügt, dass der Aussteller des Papiers das Gut in Besitz genommen hat, und es spielt keine Rolle, ob er im Zeitpunkt der Papierübergabe noch Besitzer des Guts ist. Eine Ausnahme wird nur für den Fall gemacht, dass ein Dritter das Eigentum am Gut gutgläubig erworben hat.

Nach der **relativen Theorie** wird mit der Übergabe des Papiers lediglich der Herausgabeanspruch nach § 870 BGB abgetreten. Eine eigenständige Erwerbswirkung, wie sie die absolute Theorie ermöglicht, tritt dagegen nicht ein. Die Übereignung des Guts erfolgt also nach §§ 929, 931 BGB durch Einigung und Abtretung des Herausgabeanspruchs, wobei diese Abtretung durch Papierübergabe erfolgt. Demnach muss im Zeitpunkt der Papierübergabe der Veräußerer mittelbarer Besitzer des Guts sein, damit das Eigentum auf den Empfänger des Papiers übergeht.

Nach der herrschenden **Repräsentationstheorie** wirkt die Übergabe nicht nur wie die Abtretung des Herausgabeanspruchs nach § 870 BGB. Vielmehr „repräsentiert" das Papier das Gut, jedoch nur insoweit, als durch die Übergabe des Papiers der mittelbare Besitz an dem Gut übertragen werden kann. Demnach setzt die Übereignung des Guts durch Einigung und Papierübergabe voraus, dass der Aussteller des Papiers dem rechtmäßigen Inhaber des Papiers den Besitz vermittelt (vgl. BGHZ 49, 160, 163). Ein Eigentumserwerb mittels Papierübergabe ist nicht möglich, wenn das Gut nicht mehr im unmit-

§ 40. Die handelsrechtlichen Wertpapiere

telbaren Besitz des Ausstellers des Papiers ist oder dieser nicht mehr für den Papierinhaber besitzen will, weil er sich das Gut etwa selbst angeeignet hat.

Richtigerweise setzt der Eigentumserwerb durch Einigung und Übergabe des Papiers voraus, dass der **Aussteller noch im Besitz des Guts** ist. Das ergibt sich schon aus dem Wortlaut der §§ 448, 475g, 524, der auf die Übernahme des Guts und damit auf dessen Besitz abstellt. Dem entsprechen auch der Gesetzeszweck und die Interessenlage. Dem Erwerber soll Vertrauensschutz gewährt werden, der auf dem Besitz des Ausstellers am Gut beruht. Der Vertrauensschutz darf nicht derart eingeschränkt werden, dass man auf den äußerlich nicht erkennbaren Willen des unmittelbaren Besitzers abstellt; auch wenn dieser den Besitz nicht für den Empfänger des Papiers mitteln will, ist er Besitzer des Guts, was als Grundlage des Vertrauensschutzes ausreicht. Der Erwerber des Papiers erwirbt das Eigentum am Gut also auch dann, wenn er mit der Übergabe des Papiers nicht den mittelbaren Besitz erlangt.

Da im **Fall a** der Ladeschein in den Besitz des K gelangte, als F noch Besitzer des Erzes war, hat K das Eigentum erworben, so dass er das Erz nach § 985 BGB von V herausverlangen kann. – Im **Fall b** dagegen wird K nicht Eigentümer, da F nicht mehr Besitzer des Erzes ist, als der Ladeschein bei K ankommt.

d) Da die Übergabe des Papiers den Erwerber so stellen soll, als ob ihm das Gut selbst übergeben worden wäre, darf er auch nicht besser als bei der Übergabe des Guts stehen. Ist also das Gut dem Eigentümer abhandengekommen, scheidet wegen § 935 I BGB auch ein gutgläubiger Erwerb des Eigentums am Gut durch Übergabe des Papiers aus (*BGH* NJW 1958, 1485; **Fall c**).

Dagegen ist ein gutgläubiger Erwerb des Eigentums am Schein und damit am Gut möglich, wenn der Schein abhandengekommen war (§ 365 I i. V. m. Art. 16 II WG), sofern nur das Gut nicht abhandengekommen war.

3. Verfügungen ohne Papier

Trotz Ausstellung eines Papiers ist der Eigentümer des Guts nicht gehindert, das Eigentum ohne Übergabe des Papiers allein nach den Regeln der §§ 929ff. BGB zu übertragen. Eine Übereignung nach §§ 929, 931 BGB durch Einigung und Abtretung des Herausgabeanspruchs kann jedoch nur erfolgen, wenn gleichzeitig das Papier übergeben wird (BGHZ 49, 160, 163); denn der Herausgabeanspruch wird durch das Papier verkörpert und kann deshalb nicht ohne Übergabe des Papiers abgetreten werden.

Empfehlungen zur vertiefenden Lektüre:
Rechtsprechung: BGHZ 49, 160 = NJW 1968, 591 (Übereignung von Lagergut mit Orderlagerschein; beliebter Klausurfall).
Literatur: *J. Hager*, Lagerschein und gutgläubiger Erwerb, WM 1980, 666; *Schnauder*, Sachenrechtliche und wertpapierrechtliche Wirkungen der kaufmännischen Traditionspapiere, NJW 1991, 1642.

Gesetzesregister

Die Zahlen verweisen auf die Randnummern.
Hauptfundstellen sind *kursiv* gesetzt.

HGB		23	112	57	214
		24	112	58	214 f.
§§	Rn.	25	71 f., 80, 88,	59	237, 269
1	2, 24, 31 f.,		*136 ff.*, 151,	60	252
	41 f., 45 f., 55,		*159 f.*, 162	74	237, 252, 265
	236, 282	26	142 f., 153	75g	225, *227*
2	24, 31, *44 ff.*,	27	137, *159 ff.*	75h	226a f.
	55, 57, 63, 81,	28	*150 ff.*, 162,	84	4, 29, 45, 230,
	236		497		*233 ff.*, 246,
3	*44 ff.*	29	57, 71, 73,		248 f., 269
5	*54 ff.*, 66 f.,		116, 201	85	249
	69, 85	30	114	86	250 ff.
6	*49 f.*	31	*74*, 116, 201	86a	255
8	73	32	*74*, 116	86b	250, 254
8a	73, 77	33	*73a*, 116	87	*244*, 253 f.
8b	72	34	116	87a	*253 f.*, 274
9	70a	37	*117 ff.*	87b	253
9a	72	48	42, *194 ff.*,	87c	253
10	70a, 77		214	87d	254
11	74a	49	194a, *198*,	88a	256
12	74a		200, 217	89	259
13	*76*, 127, 205	50	127, 194a,	89a	260
14	75		*199*, 205,	89b	233, 241,
15	58, *78 ff.*,		209, 222		*262 ff.*
	96 ff., 142,	51	197, 214	90	252
	203, 211, 214,	52	78, *206*,	90a	252, 265
	310, 501		208, 501	91	*230a ff.*, 258
16	75	53	71, 78 f., 97,	91a	231a f., 240
17	42, 104a		194a, *197*,	92	247
18	64, 104a,		203, *211*,	92a	243
	108 ff., 114		214, 501	92b	247
19	105, *107–109*,	54	33, 195,	92c	247
	139		*213 ff.*, 228 -	93	266
21	112		f., 231	94	270, *273*
22	104a, *112*,	55	*225 ff.*, 258	95	273
	123a, 279 f.	56	228 ff.	96	267, 273a

98	267, 272	345	3, *287*	374	385	
99	274 f.	346	*16 ff.*, 288 f.,	375	3, *393 f.*	
100 ff.	273a		295	376	3, *395 ff.*	
105	25 f., 50, 52	347	272, *371 ff.*,	377	7, 49a, 280,	
106	75		431		285, 288,	
108	75	348	54, *379 ff.*		*398 ff.*	
124	36	349	383	379	419 f.	
125	203 f.	350	27, 287,	380	384	
126	127		*383*, 498 f.,	381	384, *399*	
127	206		501 a	383	34, 238, 310,	
128	50a, 86, 153	352	81, 288, *370*		389, *424a,*	
130	150	353	370		429 f.	
133	51a	354	*369 f.*, 435	384	426, *431 ff.*,	
161	*50 ff.*, 86, 150	354a	*374 ff.*		439, 470	
170	52a	355	287, 313,	385	433	
171	50a, 153		336 f.,	386	433	
173	150		*339 f.*, 342,	387	432	
176	150		344, 363	388	432, 438	
230 ff.	50	356	356 f.	389	438	
238 ff.	165, 166, 190	357	362	390	432	
240	163a, 180	358 f.	367	391	288	
241	180	359	17, *367*	392	439, *443 ff.*	
242	181 ff.	360	366	393	17, 432	
243	186 f.	361	366	394	432	
244	181	362	267, *290 ff.*,	395	434	
245	201		303 f., 306,	396	274, 427,	
246 ff.	187		457		*435 f.*	
247	182	363	529, 533 f.,	397	318, 437	
252	187		602, *635*	398	437	
253	188	364	636	399	437	
257	165a, 184	365	534, *636*	400	438	
258	191a	366	12, 68, 204,	406	266a, *425,*	
259	193		*308 ff.*, 318,		427, 429	
260	193		347, 462,	407	287, 448, 457,	
261	193		498, 501b,		461	
264	181		523, 611	408	456, 463	
325 ff.	185	367	*315,* 611	413	463	
336 ff.	164	368	319	418	459	
339	164	369	256, 288,	419	458	
343	3, 7, 20, 137,		*320 ff.*	420	461	
	266a, *280 ff.*,	371	320 f., 322,	421	*453,* 459	
	323, 326, 384,		*331 f.*	423	458	
	399, 429	372	333	425	460	
344	141, *285 f.,*	373	*384 ff.,* 420,	426	460	
	311, 323		438	427	460	

428	460	25	544	39	582
435	473, 490	28	544	40	568, 571, 578, *583 ff.*
437	455	32	573		
439	460, 473, 490	39	557	41	583
441	462	40	553, 557, *613*, 634, 636	43	583
442	461 f.			44	584
444	326, 456, 529, 637			45	585
		43	544, 556, *559*	46	585
448	456, 516			48	578
451	457	44	556, *560*	52	585
453	464 ff.	47	561 f.	54	569
456	474	48	561	55	578, 583
458	451, 476	75	541, 546	56	583
463	473	79	560	57	583
464	318, 475				
467	478, 484	**SchG**		**BGB**	
468	494 f.	1	573, *574*	§§	Rn.
469	480 f.	2	569, 573, 574, 584		
471	487 f., 493			12	117, 121
472	486, 495	3	569	13	494 f.
473	489, 493	5	524, 528, 566, 572, 574, *576*	14	4, 20, 233a, 384
474	491				
475	490			28	204
475a	490	7	574	90	502
475b	308, 318, 492	10	566	104 ff.	7
475c	326, 483	12	566, *573*, 584	108	38, 536 f.
475 g	529			111	536
		14	528, 566, 573, *577*	112	38
WG				116	7
		15	570	119	65, 232, 304, 306, 353, 416, 536 f., 563
Art.	Rn.	17	566		
1	*546*, 573	18	*566*, 573, 584		
2	573			121	409, 498, 501
9	544, 573	19	*566*, 573		
11	528, 534, *548*, 550, 573	21	*566*, 573, 576, 580a	123	133, 258, 307, 536 f.
13	528, *549*	22	*573*, 585, 614	125	498
14	527, 534			126	610
15	544, *556*, 573, 636	25	570	129	74 a
		27	573, 584	130	299, 408a
16	526, 534, *552*, *554*, 557, 573, 576, 641	28	*568*, 574	133	21
		29	*568*, 578	134	20, 27, 40, 259
		32	568, *578*, 581	137	627
17	*555*, *563*, 573, 585, 614, 636			138	20, 27, 381
		34	579		

140	195, 216, 259, 626	271	367	314	260, 430
		273	256, *321*, 322 ff., 334 f., 492	315	393
145	7, 289, 423, 537			323	7, 261, 394 f., 501
146	21	274	328	325	392, 394
150	298, 302, 423	275	445	326	392
151	21, 293, 638	276	272, 371, 373, 387	328	448, 596
157	16 f., 21			339	378
164	21, *194*, 202, 233, 257, 282, 501	278	372, 460, 473	343	54, 378, 380 f.
		280	133, 199, 222, 272, 293, 322, 372, 387, 392, 394, 397, 413, 416, 419, 490, 580a	346	7, 501
166	204, 634			362	230, 365, 391, 613, 631, 632
167	74a, 195, 206, 215, 233			364	355, 543
168	206 f., 223, 259, 498			366	347, 352
				367	352
171	63, 195, 206, 215			371	512
				372	386, 508
177	226 a f., 313, 536 f.	281	133, 293, 392, 394, 397	374	387 f.
				376	388
179	210, 222, 224, 257			378	388
		283	133	383	389
180	536, 539	285	439	384	390
181	442	286	392, 394	390	346
182	204	288	370	394	346
183	204	289	352	396	352
185	312, 318, 441	293	385	398	135, 504, 513, 530, 532, 534, 547 f., 626
195	354	295	394		
199	354	300	387		
205	348	305	19 f., 252, 469	399	346, 374, 376, 627
214	500				
232	335, 508	305b	302	400	376
233	335	306a	20	401	326
234	508	306	302	402	532
241	372	307	20, 381, 406, 430, 580, 627	404	362, 505, 534, 548, 608, 629
241a	415				
242	16, 61, 377, 402, 534, 634			405	63, 505, 628
		308	20	406	377
243	366, 392	309	20, 381	407	377, 504 f., 507, 522, 534, 629, 631
246	81, 370	310	20, 469		
247	370	311	143, 261, 372, 535 f.		
248	341, 352			409	63, 534
262	393	311a	133	410	504
269	125, 354, 366	311b	131	414	143
270	125	313	381	433	7, 398, 497, 501

Gesetzesregister

434 7,	133, 398, *401ff.*, 413ff., 416ff., 501		436, 448, 457, 469, 476, 580a, 592, 601	**802** **803** **804** **805**	612 615ff. 615ff. 618
435	398			**807**	524, *619f.*, 621ff.
437	7, 133, 398, 413, 498, 501	**679** **683**	369 254, 369	**808**	506f., 511, 531, 533f.,
438	412	**688**	484		613, *623*,
439	413, 415, 501	**689**	369		629ff.
440	413	**695**	323	**810**	191
441	413	**700**	482	**812**	353, 398,
444	133	**702**	508		414f., 417f.
447	468, 473	**704**	317	**814**	414, 417
453	123a, 130, 133	**705** **741**	14 481	**816**	148, 377, 445, 505, 633
474	473	**747**	481	**818**	313, 353,
478	384, 400	**762**	351		445
479	384	**765**	382, 497, 498, 501a,	**819**	353
480	384		579f., 592	**821**	353
488	625			**823**	117, 121,
518	131	**766**	10, 24, 383, 498f., 501 a		123a, 190,
578	317				398, 416, 468
611	241, 249, 369, 430	**771** **780**	383 383, 591	**826**	534
613a	144	**781**	353, 383	**839**	81, 102
620	259, 261	**782**	353	**855**	442
626	260	**783**	533, 541,	**868**	442
627	430		565, *603*	**870**	640
631	369, 430, 457	**784**	607f., 636	**873**	135
632	369	**787**	605f.	**891**	534
647	317	**788**	604	**892**	78, 95, 101,
649	430	**792**	532, 534,		532, 534
651	384		548, *608*	**925**	135
652	266, 270, 274ff., 369	**793**	507, 524, 534, 536,	**929**	135, 308a, 312, 329,
653	369		609f.,		441f., 499,
657	267		612f., 621f.		501 b, 516,
662	430	**794**	536, 538f.,		523, 527f.,
663	290, 292f.		621		534f., 576,
665	433	**796**	507, 614,		611, 626f.,
666	476		621, 636		638
667	391	**797**	612ff., 620		
670	254, 391, 436, 580a, 592, 601	**798** **799**	612 612	**930**	308a, 325, 329, 442
675	*234*, 241, 249, 261, 291, 430,	**800** **801**	612 612	**931**	308a, 329, 637

932	12, 66, 204, 308a, *312*, 315f., 498f., 501b, 507, 523, 534, 554	**1155**	532, 534	**21**	125	
		1157	532	**38**	68	
		1195	524	**50**	50b	
		1199	524	**256**	75	
		1205	316, 329	**286**	192	
935	308a, 315, 316, 507, 523, 534, 554, 611, 621, 641	**1209**	462	**416**	587	
		1280	626	**420**	191	
		1365	132	**423**	191	
		1423	132	**444**	192	
936	314	**1643**	38, 132, 196	**445**	201	
947	481	**1813**	508	**592 ff.**	545	
948	481	**1818**	508	**771**	377, 383, 444, 480f.	
952	324, 507, 530, 532, 534, 626	**1822**	38, 132, 196			
		1922	158	**894**	75	
985	323, 497, 499, 501b, 507, 532	**1942**	158	**808**	508	
		1953	160	**809**	330	
		1967	158	**814**	330, 331	
986	328f., 637	**2032**	159	**821**	508, 630	
1004	117	**2366**	505	**829**	358 ff., 444	
1006	507, 631	**ZPO**		**831**	630	
1008	481			**835**	358f., 362, 444	
1032	329	§§	Rn.			
1138	532			**851**	346, 359	
1154	532, 534	**17**	125			

Sachregister

Die Zahlen verweisen auf die Randnummern.
Hauptfundstellen sind *kursiv* gesetzt.

Abhandenkommen 315, 554, 612, 621, 641
Abschlussvertreter 257 f., 428
Abschlussvollmacht 225, *226*
Abstraktheit der Wechselforderung 542 f.
Abtretungsverbot (Unwirksamkeit) 374, 627
Aktie 517, 524, 528
Aktivtausch 172
Akzept (Annahme) 544
Akzeptant 556, 557, 561
Akzeptkredit 545
Akzeptverbot 570
Aliud 402, 414
Alleinvertreter 245
Allgemeine Geschäftsbedingungen 19 f.
– Bestätigungsschreiben 301 f.
– Frachtvertrag 457
– Handelsmakler 277 f.
– Handelsvertreter 252
– Kommissionsvertrag 430
– Qualifiziertes Legitimationspapier 627
– Scheck 580, 580a
– Vertragsstrafe 381
– Wettbewerbsbeschränkende Vereinbarungen 252
Anlagevermögen 42
Annahme s. Akzept
Annahmeverzug 385 ff.
Anteilskauf 134
Anweisung 602 ff.
– bürgerlich-rechtliche 602 ff.
– kaufmännische 529, 602, 635
– beim Scheck 573
– beim Wechsel 541

Apotheker 30
Arbeitsgemeinschaften (ARGE) 26
Asset deal 130
Aufbewahrungspflicht (Handelsbücher, Inventare, Bilanzen) 184
Auftragsbestätigung 298
Ausgleichsanspruch des Handelsvertreters 262 ff.
Aussteller 541 ff., 546, 574
Ausstellungsort 546, 574
Ausstellungstag 546, 574
Autorisierung 599

Begebungsvertrag 535 ff., 549, 575
– Theorien 535 ff.
– Unwirksamkeit 537 ff.
Berechtigung
– formelle 552, 526, 621
– materielle 552
Bestandskonten 167 ff.
Bestätigungsschreiben 12, 17, *294 ff.*
Betrieb 32 ff.
Beweisurkunden 512
Bezirksvertreter 244
Bezogener 541 ff., 565, 569, 574
Bilanz 168 ff., 181 f.
– Bilanzverkürzung 175
– Bilanzverlängerung 174
– Gliederung 182
Bilanzrichtlinien-Gesetz 164
Bildzeichen (Kennzeichnungskraft) 109a
Blankoindossament 527 f.
Briefmarke 620
Buchführung 6, 165 ff.
– doppelte 168 ff.
Buchungssatz 171
Bürgschaft 10, *382 ff.*

Clearing 600

Deckungsklausel 574
Deckungsverhältnis 575, 592, 604 f.
Deckungsverkauf 392
Delkredereprovision 254
Depot 517
Dividendenschein 616

Eigenhändler 241, 269, 428
Eigenwechsel 541
Einfirmenvertreter 243
Einrede 326, 328 f.
Eintragungsfähige Tatsachen 71, 80, 88
Eintragungspflichtige Tatsachen 71, 75, 79 f.
Eintrittskarten 619 f., 623, 626
Einwendungen beim Wechsel 563 f.
Electronic cash-System 593 ff.
– Autorisierung 598
– clearing 600
– Durchführung 597 ff.
– Haftung 601
– Vertragsbeziehung 594 ff.
Erfolgskonten 168, 170
Erneuerungsschein 615
Etablissementsnamen 107
Europäische Aktiengesellschaft 48, 49
EWIV 53

Fälschung
– beim Scheck 580
Falschlieferung 402, 414
Fiktivkaufmann s. Kaufmann kraft Eintragung
Filiale 76, *126 ff.*
Filialprokura 205
Finanzwechsel 545
Firma
– abgeleitete 111
– Begriff 104 ff.
– Eintragung 116
– Erlöschen 116
– Fortführung *136 ff.*, 151 ff., 159 ff.

– im Insolvenzverfahren 137
Firmen-
– ausschließlichkeit 114
– beständigkeit 111 ff.
– einheit 115
– fortführung 151 ff., 159 ff.
– kern 112
– öffentlichkeit 116
– schutz 117 ff.
– wahrheit 108 ff.
– zusatz 110, 113
Fixhandelskauf 3, *395 ff.*
Formkaufmann 49
Frachtbrief 456, 463
Frachtführer 447 ff., 639
– Begriff 447 ff.
– Haftung 460
– Hilfsperson 460
– Pflichten 458 f.
– Rechte 461 ff.
Frachtgeschäft 447 ff.
– Rechtsverhältnisse 452 ff.
– Urkunden 456
Franchising 242

Garantiefunktion 556, 636
– beim Scheck 566
– beim Wechsel 551, 556
Gattungskauf 392
Gattungsschuld 366
Generalvertreter 246
Genossenschaftsregister 72
Geschäftsbetrieb 42, 46 f.
Geschäftsbezeichnung 107
Gewerbe 24 ff., 58
Gewerbebetrieb 45
Gewinnanteilschein 615, 616
Gewinnerzielungsabsicht 28
Gewinn- und Verlustrechnung (GuV) 181, 183
Gewohnheitsrecht 15
Giro 525
Grundsätze ordnungsmäßiger Buchführung (GoB) 166, *186 ff.*
Grundschuldbrief 503, 524

Sachregister

Gutachten, handelsrechtliches 496 ff.
Guter Glaube
- an das Eigentum 309 a, 315, 611
- an die Geschäftsfähigkeit 554, 633
- an die Lastenfreiheit 314
- an die Verfügungsbefugnis *309 ff.*, 611, 633
- an die Vertretungsmacht 313, 611, 633

Gutgläubiger Erwerb 315, 507, 608, 628, 641
- Scheck 573, 576
- Wechsel 548, 554, 563

Haftung
- des Ausstellers 541, 558
- der Bank 580 f.
- des Bezogenen 544
- des Erben 158
- des Firmenerwerbers 136 ff.
- bei Gesellschaftseintritt 150 ff.
- des Indossanten 556, 558

Haftungsausschluss 140, 154, 160
Haftungsbeschränkung 161 f.
Handelsbrauch *16 ff.*, 166, 288
Handelsbücher *163 ff.*, 179, 184, 186, 191 f.
- Einsichtsrecht 193
- **im engeren Sinne 165a**
- im Rechtsstreit 191 ff.
- im weiteren Sinne 163a

Handelsfirma 104 ff.
Handelsgeschäft 10, *279 ff.*, 323, 399
- Arten 287 f.
- Begriff 280a ff.
- Zustandekommen 289 ff.

Handelsgesellschaften 47 ff.
Handelsgewerbe 24 ff., 50
Handelskauf 384 ff.
- Annahmeverzug 385 ff.
- Aufbewahrungspflicht 419
- Fixhandelskauf 3, *395 ff.*
- Hinterlegung 386 f.
- Mängelhaftung 7, *398 ff.*
- Notverkaufsrecht 420

- Rügelast 398b ff.
- Selbsthilfeverkauf 389 ff.
- Spezifikationshandelskauf 393 f.
- Verzögerung beim Handelskauf 385 ff.

Handelsklauseln 17
Handelsmakler 239, *266 ff.*
- Abgrenzung 269, 428
- Begriff 266a ff.
- Pflichten 271 ff.
- Rechte 274 f.
- Schlussnote 273

Handelsregister 6, *70 ff.*
- Anmeldung 74 ff.
- Begriff 70a f.
- Bekanntmachung 81, 86 ff., 98 f.
- Eintragung 31, 48 a, 58, *73 ff.*, 162, 197, 211
- guter Glaube 100, 211
- Publizitätswirkungen 78 ff.
- Verordnung 73 a

Handelsunternehmen 122 ff., s. auch Unternehmen
Handelsvertreter 233 ff.
- Abgrenzung 237 ff., 269, 428
- Arten 243 ff., 257
- Ausgleichsanspruch 262 ff.
- Beendigung des Vertragsverhältnisses 259 ff.
- Begriff 233a ff.
- Pflichten 250 ff.
- Rechte *253 ff.*, 262 ff.
- Rechtsverhältnisse 257 f.
- Verhältnis zum Kunden 257 f.
- Verhältnis zum Unternehmer 249 ff.
- Wettbewerbsverbot 252, 265

Handelswechsel 545
Handlungsbevollmächtigter 33, *212 ff.*
Handlungsgehilfe 237, 269
Handlungsvollmacht 212 ff.
- Arten *217 ff.*, 231 f.
- Erlöschen 223 ff.
- Erteilung 215 f.
- Grenzen 221 f.

- von Hilfspersonen 225 ff., 230 ff.
- des Ladenangestellten 228 ff.
- Umfang 217 ff.

Hauptniederlassung 125
Hinterlegung *386 ff.*, 394, 438, 493

Incoterms 17, *421*
Indossament 525, 528 f., 549 ff.
- Arten 528 f.
- Begriff 525
- Blanko- 527 f.
- Garantiefunktion 556
- Legitimationsfunktion 552 f.
- Transportfunktion 554 f.

Indossamentenkette 526, 552
Indossant 525, 549 f., 556
Indossatar 525
Inhaberaktie 524
Inhabergrundschuldbrief 524
Inhaberpapiere 513, 521 ff., 609a, *619 ff.*
- Arten 524
- Begriff 521
- Geltendmachung 522
- Übertragung 523

Inhaberrentenschuldbrief 524
Inhaberscheck 572, *576*, 580 a
Inhaberschuldverschreibung 517, 524, *609 ff.*, 624
Inhaberzeichen 524, 618 ff.
Inventar 180
Istkaufmann 41 ff., 46

Jahresabschluss 181 ff.

Kannkaufmann 44 ff.
Kapitalgesellschaften *47 ff.*, 105
Karenzentschädigung 265
Kaufmännische Anweisung 529, 602, 635
Kaufmännischer Verpflichtungsschein 529, 635
Kaufmännisches Bestätigungsschreiben 12, 17, *294 ff.*
- kreuzende Bestätigungsschreiben 302

Kaufmännisches Zurückbehaltungsrecht s. Zurückbehaltungsrecht
Kaufmann
- Begriff 2 f., *24 ff.*, 41 ff., 282
- Bürgschaft 382 ff.
- Form- 49
- Kann- 44 ff.
- kraft Eintragung 54 ff.
- Schein- 12, 27, 58, *63 ff.*, 92, 189, 282, 310
- Sorgfaltspflicht 371 ff.
- Vergütungsanspruch 369
- Vertragsstrafe 378 ff.
- Zinsanspruch 370

Kaufmannseigenschaft 24 ff.
- AG 47 ff.
- Entstehung 42
- Ende 43
- Forstwirt 46
- freie Berufe 30
- GmbH 47 ff.
- KG 50 ff.
- KGaA 47 ff.
- Landwirt 46
- oHG 50 ff.
- Verwalter fremden Vermögens 33

Kaufmannsrecht 1 ff.
Kausalverhältnis
- beim Scheck 575
- beim Wechsel 542 f.

Kommissionär 34, 238, 269, 291, *424 ff.*
- Abgrenzung 238, 428
- Begriff 424a ff.
- Pflichten 431 ff.
- Rechte 435 ff.

Kommissionsagent 240, 428
Kommissionsgeschäft *424 ff.*, 469
Kommittent 424 ff., *432 ff.*
Konnossement 326, 475, 516, *529*, 635 ff.
Konsenstheorie 302
Kontokorrent 336 ff.
- Arten 344
- Beendigung 363

- Begriff 339 f.
- Perioden- 344
- Pfändung 358 ff.
- Saldofeststellung 349 ff.
- Sicherheiten 356 f.
- Staffel- 344
- Verrechnung 349 ff.
- Voraussetzungen 341 ff.
- Wirkungen 346 ff.

Kreationstheorie 536
Kreditkarte 587 ff.
Kreditwechsel 545
Kupon 615 f.

Ladenangestellter 228 ff.
Ladeschein 326, *456*, 516, *529*, 635 ff.
Lagerempfangsschein 483
Lagergeschäft 478 ff.
Lagerhalter *478 ff.*, 529
- Begriff 478 f.
- Pflichten 485 ff.
- Rechte 491 ff.

Lagerschein 326, *483*, 516, *529*, 635 ff.
Land- und Forstwirtschaft 46
Lastschrift, elektronische *601a*
Legitimationsfunktion *507, 551f.*, 621, 636
- beim Scheck 566

Legitimationspapiere 512, 533, 618 f., *623 ff.*
- einfache 512, 624
- qualifizierte 533, *623 ff.*

Leistungszeit 367
Liberationsfunktion b. Wertpapier *506*, 512, 621
Lieferschein 483

Mangel 398 ff.
Mängelhaftung (beim Handelskauf) 11, *398 ff.*
- Aliudlieferung 402, 414
- Aufbewahrungspflicht 419
- Falschlieferung s. Aliudlieferung
- Mengenfehler s. Quantitätsmangel
- Notverkaufsrecht 420

- offene Mängel 410
- Qualitätsmangel 401, 405, 413, 416
- Quantitätsmangel 403, 415, 418
- Rechtsfolgen bei ordnungsgemäßer Rüge 413 ff.
- Rechtsfolgen bei nicht ordnungsgemäßer Rüge 416 ff.
- Schlechtlieferung s. Qualitätsmangel
- verborgene Mängel 412

Mängelrüge 11, *398 ff.*
- Ordnungsmäßigkeit 407 ff.
- Rechtsfolgen 413 ff.

Marken (i. S. d. MarkenG) 107
Marken 506 ff.
Maßgeblichkeitsgrundsatz 163a
Mehrakzept 528
Mengenfehler 403, 415, 418

Nachbesserung 280, 285
Nachfolgezusatz *111 ff.*, 139, 159
Namensaktie 528
Nebengewerbe 46
Namenspapiere s. Rektapapiere
Nebenpapiere 615 ff.
Negative Orderklausel 533, 566
Niederlassung 124 ff.
Notverkauf 420

Objektives System 3
Orderklausel 525, 528 f., 533
Orderlagerschein 637
Orderpapiere 324, 513, *525 ff.*
- Arten 528 f.
- Begriff 525
- geborene 528
- gekorene 529
- Geltendmachung des Rechts 526
- Übertragung 527

Orderscheck 566, 577

Partnerschaftsgesellschaft 50
- Partnerschaftsregister 72

Passivtausch 173
Personenhandelsgesellschaften 47, 50 ff., 383

Pfandrechtserwerb 316 ff.
POS 593 ff.
POZ *601 a*
Prokura *194 ff.*, 214
– Arten 203 ff.
– Erlöschen 79, 85, 87, *206 ff.*
– Erteilung 71, 79, 99, *195 ff.*
– Filial- 205
– Gesamt- 203 f.
– Grenzen 199, *200 ff.*
– Handelsregister 71, 79 f.
– Missbrauch 199
– Umfang 194, 198 f.
Prokurist 33, 79 f., 95, 127, 194 ff.
Protest 544, 556, *560,* 583
Protesturkunde 560
Provision
– des Handelsmaklers 274
– des Handelsvertreters 233, 235, 244 (Bezirksvertreter), *253 ff.*
– des Kommissionärs 435
Publizität 78 ff., 127 (bei Zweigniederlassung)
Publizitätspflicht (Jahresabschluss, Geschäftsbericht) 185

Qualifizierte Legitimationspapiere *623 ff.*
Qualitätsmangel 401, 405, 410 f., 413
Quantitätsmangel 403, 415, 418

Rechnungslegung 163 ff.
Rechtsanwalts-GmbH 49
Rechtsformzusatz 107
Rechtsschein *63 ff.*, 91 a ff.
Rechtsscheinstheorie 535, *538*
Registergericht 72 f., 75 ff. (Eintragung), 117 ff. (Firmenschutz)
Registerführung, elektronische 73
Rektapapiere 508, 513, 520, 525, *530 ff.*, 603, 608, 623 f., 636
– Arten 533
– Begriff 530
– Übertragung 532
Remittent 541, 546, 550, 556

Rentenschein 615, 617
Rentenschuldbrief 503
Rückgriff 544, *558 ff.*, 568, 571, 578, *583 ff.*
Rückindossament 550
Rücktrittsrecht 395
Rüge 398 ff.

Saldoanerkenntnis 345, 353
Scheck 503, 514, 524, 528, *565 ff.*, 636
– Arten 576 f.
– Begebungsvertrag 575, 577
– Begriff 565 ff.
– Bürgschaft 570
– disparischer- 580 a
– Einlösung 578 ff.
– Formerfordernisse 574
– gefälschter- 580
– Indossament 577
– Inhaber- 572, 574
– Order- 566, 577
– Rechtsnatur 565 f.
– Rückgriff 583 ff.
– Übertragung 576 f.
– Verrechnungs- 582
– Vertrag 579
– Vorlegungsfrist 568
Scheinkaufmann 12, 27, *63 ff.*, 189, 282, 310
Schlechtlieferung 401 ff., 413 ff.
Schlussnote 273
Schuldrechtsreform 123 a, 398, 401 f., 414, 423
Schweigen 289 ff.
– auf ein Angebot zur Geschäftsbesorgung 290 ff.
– auf ein kaufmännisches Bestätigungsschreiben 294 ff.
Share deal 130
Selbsthilfeverkauf *389 ff.*, 394, 438, 493
Skripturakt 536 f.
Societas Europaea (SE) 48 ff.
Sonderprivatrecht 6 f.
Sorgfaltspflicht, kfm. 250, *371 ff.*

Sachregister

Sparbuch 511, 531, 623, 626, 628, 631
Spediteur 464 ff.
- Begriff 464 ff.
- Pflichten 470 ff.
- Rechte 474 ff.
Speditionsgeschäft 464 ff.
Spezifikationshandelskauf 393 f.
Sprachzeichen (Kennzeichnungskraft) 109a
Stellvertretung
- im Handelsverkehr 194 ff.
Stille Gesellschaft 50
Subjektives System 3

Talon 618 f.
Tatsachen
- eintragungsfähige 71 f., 80, 87 f.
- eintragungspflichtige 71, 79, 81, 86, 88, 97
Tickets s. Eintrittskarten
Traditionspapiere 516, 635, 637 f., 642
- Begriff 637
- Einwendungen 637
- Verfügungen 637
- sachenrechtliche Wirkung 638 ff.
Transportfunktion 551, *554 f.*, 636
- beim Wechsel 554 f.
- bei sonst. Wertpapieren 636
Transportversicherungspolice *529*, 635

Überbringerklausel 524, 528, 566, 572, 576
Umdeutung 195, 259, 626
Umlaufvermögen 42
UN-Kaufrecht 422 f.
Unternehmen 4, 25, 42 ff., *122 ff.*
- Begriff 25, 122 f.
- Eintritt in das Unternehmen eines Einzelkaufmanns 150 ff.
- Erwerb unter Lebenden 129 ff.
- Erwerb von Todes wegen 157 ff.
- Hauptniederlassung 125
- Veräußerung 129 ff.

- Unternehmenskauf 133 ff.
Unternehmensregister 72
Unternehmer 4 f., 20, 233 ff., 249 ff., 258

Verbrauchsgüterkauf *384*, 473
Vereinsregister 72
Verfälschung 580
Verfallzeit 546, 568, 574
Vermittlungsvertreter 233a, 257 f., 428
Vermittlungsvollmacht 233a
Verrechnungsscheck 582
Vertragshändler 241, 428
Vertragsstrafe 378 ff.
Vertragstheorie 537
Vorlegungsfrist 568, 578, 581, 612
Vorlegungspflicht 191 f., 506, 511, 621, 631

Warenwechsel 545
Wechsel 286, 503, 513, 525, 536, *540 ff.*
- Annahme 544
- Bedingungsfeindlichkeit 546
- Formerfordernisse 546
- Funktionen 545
- Geschichte 545
- Grund-(Kausal-)Verhältnis 542 f.
- Haftungssystem 558 ff.
- Indossierungspflicht 434
- als Kreditmittel 515
- Orderpapier 528
- Protest *560*
- Rektapapier 533
- Rückgriff 557 ff.
- Übertragung 528, 547 ff.
- Vorlage 503
- Zahlung 544, 546, 553, 556 f.
Wechselklausel 546
Wechselprozess 545
Wechselrückgriff 557 ff.
- Ersatzrückgriff 562
- Erstrückgriff 558 ff.
- Rückgriffschuldner 562
- Voraussetzungen 558 ff.

Wechselstrenge 546
Wechselverbindlichkeit 557
Wertklausel 546
Wertpapiere 238, 266a, 424a, 442, *503 ff.*, 520 ff., 602 ff., 623 ff., 634, *635 ff.*
– Arten 520 ff.
– Begriff 521
– Funktionen 503 ff.
– als Gegenstand des Handelskaufs 384 ff.
– als Gegenstand des Zurückbehaltungsrechts 324
– Geltendmachung 522
– Grundlagen des Wertpapierrechts 502 ff.
– handelsrechtliche 533, *635 ff.*
– praktische Relevanz 586
– Vollstreckung 630
Wettbewerbsverbot 237, 252, 265

Zahlungsklausel 546

Zahlungsort (Wechsel) 546
Zinsen
– beim Handelsgeschäft 370
– beim Scheck 585
– beim Wechsel 561
Zinsschein 615 f.
Zwischenschein 528
Zwischenspediteur 465
Zurückbehaltungsrecht, kfm. 320 ff.
– Absonderungsrecht 334
– Ausschluss 327
– Erlöschen 335
– Verwertungsrecht 330 ff.
– Voraussetzungen 322 ff.
– Wirkungen 328 f.
Zustellungssaldo 362
Zuwendungsverhältnis 575, 604
Zwangsvollstreckung
– in ein Sparbuch 630
Zweigniederlassung 76, 115, 124, 126 ff.